高校强基计划

数学冲刺 十一讲

U0652145

▼

主 编

周逸飞

▼

参编者

周逸飞

何立鹏

华东师范大学出版社
·上海·

图书在版编目(CIP)数据

高校强基计划. 数学冲刺十一讲/周逸飞主编. —上海:
华东师范大学出版社,2023
ISBN 978 - 7 - 5760 - 3954 - 2

Ⅰ.①高… Ⅱ.①周… Ⅲ.①中学数学课–高中–升
学参考资料 Ⅳ.①G634

中国国家版本馆 CIP 数据核字(2023)第 112332 号

GAOXIAO QIANGJI JIHUA

高校强基计划
数学冲刺十一讲

主　　编　周逸飞
参编者　周逸飞　何立鹏
总策划　孔令志
责任编辑　石　战
特约审读　张丽玉
责任校对　时东明
装帧设计　卢晓红
责任发行　王　祥

出版发行　**华东师范大学出版社**
社　　址　上海市中山北路 3663 号　邮编 200062
网　　址　www.ecnupress.com.cn
电　　话　021 - 60821666　行政传真 021 - 62572105
客服电话　021 - 62865537　门市(邮购)电话 021 - 62869887
地　　址　上海市中山北路 3663 号华东师范大学校内先锋路口
网　　店　http://hdsdcbs.tmall.com

印刷者　上海中华商务联合印刷有限公司
开　　本　787 毫米×1092 毫米　1/16
印　　张　23.75
字　　数　405 千字
版　　次　2023 年 10 月第 1 版
印　　次　2024 年 3 月第 2 次
书　　号　ISBN 978 - 7 - 5760 - 3954 - 2
定　　价　98.50 元(含 2 册)

出版人　王　焰

(如发现本版图书有印订质量问题,请寄回本社客服中心调换或电话 021 - 62865537 联系)

如发现图书内容有差错,
或有更好的建议,请扫描
下面的二维码联系我们。

前　言

　　十年前,我捧着华东师大出版社的数学奥林匹克小丛书寒窗苦读,正是这套小蓝本让我领略了数学的奥妙与深邃,也助我取得了一定的竞赛成绩。如今能有幸在贵社出版一部数学教辅,首先必须表示衷心的感谢。

　　2020 年,强基计划正式实行,取代了原本的高校自主招生。强基计划是一项基础学科招生改革试点工作,目的是选拔培养有志于服务国家重大战略需求且综合素质优秀或基础学科拔尖的学生。首年便有 36 所试点高校,均为国内知名大学。这无疑为莘莘学子提供了更多的舞台与机遇,而数学学科作为基础中的基础,也是难度与深度之最,始终是强基计划的必考科目,也是最重要科目。为了能从全国的优秀学子中脱颖而出,考生必须拓宽数学视野,掌握进阶知识,提高思维水平,了解命题规律。

　　本书正是基于这一宗旨而写成的,共 11 讲,包括函数、三角函数、数列等高中数学的主干,也有集合、多项式理论、代数变形、复数等高中数学有所涉及但浅尝辄止的内容,更有数论、平面几何、组合基础(思想方法与例题散见于各讲)等对思维水平提出较高要求的竞赛内容。

　　每讲分为本讲概述、知识拓展、典例精析、强化训练四个板块,其中,知识拓展全部高于中学教学,在篇幅与宗旨所限的前提下,笔者尽可能地保证了其广度、高度、深度,并介绍清楚知识的来龙去脉,适用情形与彼此间的关联。典例精析则选用了质量极高以一当十的好题,大多为强基与自招真题,少量源于竞赛等其他途径。强化训练分为 A 组与 B 组,A 组主要选用了近三年来的清华、北大等高校的强基真题,B 组则难度较大,题目来源也更广,供学有余力的读者更上一层楼。

　　本书并非问题与答案的堆砌,具有下述三个最大的亮点。

　　系统。强基计划已实施三年,尽管各高校的数学命题范围与难度不尽相同,但万变不离其宗,对考生而言最重要的还是增加知识储备与提升思维水平。笔者几乎遍览了所有的强基与自招真题,这一方面保证了选题的质量与知识拓展的精准高效,另一方面也厘清了问题的脉络和背景,在书中读者常常能看到笔者的一些铺垫、伏笔、前后呼应、总结延伸。

深刻而生动。作为一名曾经的数学竞赛生,后又在大学里学习建筑设计并从事文学创作,笔者深感科学与艺术,尤其是数学与文学在某种程度上是高度统一的。因此,在编写本书的过程中,不仅保证数学格式证明等的严谨与完备,而且追求一定的可读性,拥有一份文学的色彩。例如思路的循循善诱,题后的概括总结,或是当年笔者亲历的真题,以及一些经典问题背后的故事,希望可以点燃读者的热情,激发思维,开阔眼界。这些内容,读者从随手翻到的思路点拨或评注中都可一叶知秋。

权威。在知识拓展部分,力求精准、严谨、深刻、高效;在例习题中,优先使用好题、真题、新题,确保答案正确,方法多多益善;在整体的章节编排上,详略得当,层次分明,一些非重难点内容例如立体几何、向量、概率统计等合并为一讲。但是,一方面时间有限,存在疏漏在所难免,另一方面人外有人,读者一定会有更好的思路,更新的解法,更高的观点,届时还请务必不吝赐教,与出版社或与笔者联系,在下先行致谢。

本书除作为强基计划等高校考试的辅导用书这一最主要用途之外,也可以用于高考培优与备战全国高中数学联赛,还可以作为具备一定数学天赋与兴趣的广大中学生的数学读物。

最后,我要向我的同学,我的挚友,本书的另一位编写者何立鹏表示无比衷心的感谢。十年前,我们作为母校当时数学竞赛的希望且并肩备战竞赛,如今,这本拿起来很轻很轻的书,背后也有我们共同讨论研究、反复修改、字斟句酌的日日夜夜。

周逸飞

2023.03.27

目 录

第 1 讲 集合

本讲概述

集合论包含集合、元素和彼此关系等最基本数学概念,提供了一种描述数学对象的语言,和逻辑共同构成了数学的公理化基础,因此有着极其重要和奠基性的意义。这也是高中数学课本将集合作为第一章的原因。

高考中,集合常常是最简单的一道题,但在强基计划与竞赛中恰恰相反,其往往很难。集合不仅高度抽象,而且深刻有趣。例如集合本身也可作为元素,考虑集合 $A=\{P\mid P$ 是集合,$P\notin P\}$,即集合 A 由全体不属于自身的集合构成,那么 $A\in A$ 将推出 $A\notin A$,反之亦然。这就是罗素悖论,用大众更易理解的语言来翻译,就是"理发师悖论",可见集合的元素不能太过"自由",且应该有更清晰明确的定义。为了解决这一悖论,可以使用公理集合论。

本讲我们会先介绍一些拓展知识,再以强基、自招、竞赛真题以及原创题等为例,给出一种或多种解法,来把握集合问题的几种常见类型。希望读者可以体会数学的抽象性与深刻性之美,多样性与统一性之美。

知识拓展

一　集合的运算

1. 集合除交集、并集、补集三种基本运算外,有时我们还要用到集合的差集运算。

差集:对于集合 A、B,将集合 $\{x \mid x \in A \text{ 且 } x \notin B\}$ 叫作集合 A 与 B 的差集,记作 $A-B$(或 $A \backslash B$)。

> 评注:对于一种新概念,在知晓抽象意义的基础上,要通过实例来加深理解。实例既包括具体的例子,也包括对前面已学概念的迁移、类比、应用。这里我们举两例。
>
> (1) 由差集的定义可以看出,补集是差集的一种特殊情况,也就是说,如果 $B \subseteq A$,则
>
> $$A-B=\complement_A B。$$
>
> (2) $A-B-C=A-C-B=A-(C \cup B)$。

2. n 个集合的德·摩根(De Morgan)定律(可结合韦恩(Venn)图来理解)。

$$\complement_U \left(\bigcap_{i=1}^{n} A_i\right)=\bigcup_{i=1}^{n} \complement_U A_i;$$

$$\complement_U \left(\bigcup_{i=1}^{n} A_i\right)=\bigcap_{i=1}^{n} \complement_U A_i。$$

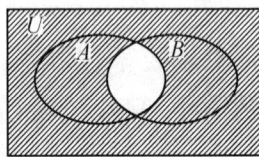

> 评注:交的补=补的并;并的补=补的交。上右图为前者 $n=2$ 的情形。

二　集合的等势

集合 A 的元素个数,称为 A 的势或基数,用符号 $|A|$ 或 card(A)表示. 集

合 A 的所有子集组成的集合,称为 A 的幂集,记为

$$2^A = \{S \mid S \subseteq A\}。$$

1. 当 $|A| = n \in \mathbf{N}$ 时,A 的子集个数 $|2^A| = 2^n$,例 1 中我们将给出这一结论的 3 种典型证明;

2. 如果两个集合的元素可以形成一一对应,则称这两个集合等势。有限集的等势显然等价于两个集合的元素个数相等,无限集的等势则可能有违直觉。

例如:(1) 奇数集与偶数集等势,只需令 $2n$ 对应 $2n + 1$;

(2) 整数集与偶数集也等势,只需令 n 对应 $2n$;

(3) 任意两条线段上的点集等势,只需令端点对应端点,其余点按所分线段长度之比相等来构成一一对应,例如中点对应中点,诸如此类。

三　集合的划分与覆盖

1. 设 S 为非空集合,A_1,A_2,$\cdots$,A_n 是 S 的非空子集,且满足

$$\bigcup_{i=1}^{n} A_i = S,$$

则称 A_1,A_2,$\cdots$,A_n 是 S 的一个覆盖;如果在满足上式的基础上还有

$$A_i \bigcap A_j = \varnothing (1 \leqslant i \neq j \leqslant n),$$

则称 A_1,A_2,$\cdots$,A_n 是 S 的一个划分。容易看到,划分是覆盖的一种特殊情况。

2. 集合划分的加法原理:设 S 为非空有限集,A_1,A_2,$\cdots$,A_n 是 S 的一个划分,则

$$|S| = \left| \bigcup_{i=1}^{n} A_i \right| = \sum_{i=1}^{n} |A_i|。$$

3. 容斥原理与筛法公式:设 S 为非空有限集,A_1,A_2,$\cdots$,A_n 是 S 的一个覆盖,则

$$|S| = \left| \bigcup_{i=1}^{n} A_i \right| = \sum_{i=1}^{n} |A_i| - \sum_{1 \leqslant i < j \leqslant n} |A_i \bigcap A_j| + \cdots +$$

$$(-1)^{k-1} \sum_{1 \leqslant i_1 < i_2 < \cdots < i_k \leqslant n} |A_{i_1} \bigcap A_{i_2} \bigcap \cdots \bigcap A_{i_k}| + \cdots +$$

$$(-1)^{n-1} |\bigcap_{i=1}^{n} A_i|。$$

证明：任取 $x \in \bigcup_{i=1}^{n} A_i$，设 x 属于 A_1，A_2，$\cdots$，A_n 中的 k 个集合（$1 \leqslant k \leqslant n$）。

显然 x 在等式左端的集合只计算了一次，在等式右端第一个和式中被计算了 C_k^1 次，在第二个和式中被计算了 C_k^2 次，依次类推，可知 x 在等式右端被计算的次数为

$$C_k^1 - C_k^2 + \cdots + (-1)^{j-1} C_k^j + \cdots + (-1)^{k-1} C_k^k = 1，$$

这里我们利用了二项式定理 $(1-1)^k = C_k^0 - C_k^1 + C_k^2 - \cdots + (-1)^k C_k^k$。

由此即证左式等于右式。

上述结论被称为容斥原理，是加法原理的推广。一般用于计算至少具有某几个性质之一的元素个数。

> 评注：想说明两名学生某次数学考试的总分相同，只需证明每道题的得分两人均相同。这是一个更强的结论，有时却更容易证明，因为整份试卷无从下手，但每道题却易于分析。触类旁通，我们转而证明每个元素对于等式两边的"贡献"是相同的。此即贡献法。

设 U 为全集，利用德·摩根律结合容斥原理可以得到如下逐步淘汰原理。

$$|\bigcap_{i=1}^{n} \complement_U A_i| = |U| - |\bigcup_{i=1}^{n} A_i| = |U| - \sum_{i=1}^{n} |A_i| + \sum_{1 \leqslant i < j \leqslant n} |A_i \bigcap A_j| - \cdots +$$

$$(-1)^k \sum_{1 \leqslant i_1 < i_2 < \cdots < i_k \leqslant n} |A_{i_1} \bigcap A_{i_2} \bigcap \cdots \bigcap A_{i_k}| + \cdots +$$

$$(-1)^n |\bigcap_{i=1}^{n} A_i|。$$

上式又被称为筛法公式，一般用于计算不具有某几个性质中的任何一个性质的元素个数。

四 斯佩纳(Sperner)定理

设 A_1, A_2, $\cdots$, A_k 为 n 元集合 S 的子集且互不包含,则 $k_{\max} = \mathrm{C}_n^{\left[\frac{n}{2}\right]}$。

证明:显然 A_i 非空且不等于 S, $i=1$, 2, $\cdots$, k, 将 A_i 中的元素作全排列,并在其后接上 $S - A_i$ 的元素的全排列,这样的 n 元排列共有

$$|A_i|!(n - |A_i|)!$$

个,因为 A_1, A_2, $\cdots$, A_k 互不包含,所以 A_1, A_2, $\cdots$, A_k 按这样方式产生的 n 元排列两两不同,又这些排列均为 S 的 n 个元素的全排列,所以

$$\sum_{i=1}^{k} |A_i|!\,(n - |A_i|)! \leqslant n!,$$

即

$$\sum_{i=1}^{k} \frac{1}{\mathrm{C}_n^{|A_i|}} \leqslant 1.$$

又由组合数的性质有 $\mathrm{C}_n^{|A_i|} \leqslant \mathrm{C}_n^{\left[\frac{n}{2}\right]}$, 所以

$$\frac{k}{\mathrm{C}_n^{\left[\frac{n}{2}\right]}} \leqslant \sum_{i=1}^{k} \frac{1}{\mathrm{C}_n^{|A_i|}} \leqslant 1,$$

所以 $k \leqslant \mathrm{C}_n^{\left[\frac{n}{2}\right]}$。又 S 的全体 $\left[\dfrac{n}{2}\right]$ 元子集显然满足要求,此时等号成立,所以 $k_{\max} = \mathrm{C}_n^{\left[\frac{n}{2}\right]}$。

典例精析

例1 证明:n 元集合的子集个数为 2^n。

点拨 本题的切入点有三种:从元素入手;以子集的某一性质分类;从结论的代数特征寻找线索。恰对应本题的如下三种证法。

解析 $n=0$ 时显然成立,下设 $n \geqslant 1$。

证法一:我们考虑单个元素,在某个子集中要么出现,要么不出现,所以有两种选择。由乘法原理,n 个元素,共有 2^n 种选择方式,显见这些选择方式恰与子集形成一一对应(例如,全都出现对应全集,全都不出现对应空集),所以子集个数为 2^n。

证法二:将子集按其元素个数分类,由排列组合的知识可知,k 元子集的个数为 $C_n^k (0 \leqslant k \leqslant n)$,结合二项式定理可知,子集个数为

$$C_n^0 + C_n^1 + \cdots + C_n^n = \sum_{k=0}^n C_n^k = 2^n。$$

证法三:对 n 归纳,奠基显然;

假设命题对于 $n=t$ 成立,即 t 元集合 $A_t = \{a_1, a_2, \cdots, a_t\}$ 的子集个数为 2^t,设为 $B_1, B_2, \cdots, B_{2^t}$。则当 $n=t+1$ 时,$t+1$ 元集合

$$A_{t+1} = \{a_1, a_2, \cdots, a_{t+1}\} = A_t \bigcup \{a_{t+1}\}。$$

显见其全部子集为 A_t 的子集 B_i,以及 $B_i \bigcup \{a_{t+1}\}$,$i = 1, 2, \cdots, 2^t$。

因此 A_{t+1} 的子集个数为 $2 \times 2^t = 2^{t+1}$,所以命题对于 $n=t+1$ 成立,结论得证。

例2 (2022 上海交大强基)集合 $A = \{1, 2, t\}$,$B = \{a^2 \mid a \in A\}$,$C = A \bigcup B$,C 中元素和为 6,则 C 中元素积为( )。

A. 1   B. -1 C. 8   D. -8

解析 因为 $A = \{1, 2, t\}$,$B = \{a^2 \mid a \in A\}$,所以 $1 \in B$,$4 \in B$,$t^2 \in B$,所以 $1 \in C$,$2 \in C$,$4 \in C$,$t \in C$,$t^2 \in C$。若 $t^2 = 1$,则 $t=1$(舍去)或 $t = -1$,此时 $C = \{1, 2, 4, -1\}$,符合题意,C 中的元素之积为 -8;若 $t^2 = 2$,则 $t = \sqrt{2}$ 或 $t = -\sqrt{2}$,此时 $C = \{1, 2, 4, \sqrt{2}\}$ 或 $\{1, 2, 4, -\sqrt{2}\}$,与已知 C 中的元素和为 6 不符;若 $t^2 = 4$ 或 $t^2 = t$ 或 $t = 4$,讨论易知不合题意;若 $t^2 \neq 1$ 或 2 或 4 或 t 且 $t \neq 4$,则 $C = \{1, 2, 4, t, t^2\}$,则 $1 + 2 + 4 + t + t^2 = 6$,即 $1 + t + t^2 = 0$,解得 $t = \omega$ 或 $\bar{\omega}$(这里 $\omega = \dfrac{-1 + \sqrt{3} i}{2}$,$i$ 为虚数单位),此时总有 $C = \{1, 2, 4, \omega, \bar{\omega}\}$ 且满足要求,元素之积为 8。

综上,本题选 CD。

例 3 (2020 清华强基)已知 A、B、C 是集合 $\{1,2,3,\cdots,2020\}$ 的子集,且满足 $A \subseteq B \subseteq C$,则这样的有序组 (A,B,C) 的总数为( )。

    A. 3^{2020} B. 4^{2020} C. 5^{2020} D. 6^{2020}

解析 证法一:画出集合 A、B、C 及全集 $U=\{1,2,3,\cdots,2020\}$ 的韦恩 Venn 图如右。

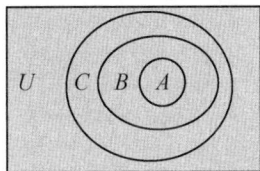

全集 U 被分为了四块区域,按照题意,只要把 1, 2, 3, $\cdots$, 2020 这些数依次填到这四块区域中即可。每个数都有 4 种填法,由乘法原理,2020 个数共有 4^{2020} 种填法,即为所求。

证法二:设 $|B|=k(0 \leqslant k \leqslant 2020)$,集合 B 是 U 的 k 元子集,共 C_{2020}^{k} 种可能;集合 A 是 B 的子集,共 2^{k} 种可能;集合 $C=B \bigcup C_{1}$,其中 $C_{1} \subseteq U-B$,因此集合 C 共 2^{2020-k} 种可能。于是我们可以得到有序组 (A,B,C) 的总数为

$$\sum_{k=0}^{2020} \mathrm{C}_{2020}^{k} \cdot 2^{k} \cdot 2^{2020-k} = 2^{2020} \sum_{k=0}^{2020} \mathrm{C}_{2020}^{k} = 4^{2020}。$$

故本题选 B。

例 4 (2019 中科大自招)已知 x_1、x_2、x_3、$x_4 \in \mathbf{N}_{+}$,且 $\{x_i x_j x_k \mid 1 \leqslant i <$

$j < k \leqslant 4\} = \{18, 36, 54\}$，则 $x_1 + x_2 + x_3 + x_4 = \underline{\qquad}$。

点拨 按理说 4 个数选 3 个求乘积，应有 4 个值，利用整体思维，将这 4 个值相乘，即得 4 个数乘积的立方，然后三次方根之后再分别除以这 4 个值，就得到原本的 4 个数。但本题取值集合只有 3 个元素，表明有重复取值，这是难点所在。为此，进行排序，最大与最小是明确的，再对余下的情况讨论即可。

解析 不妨设 $x_1 \leqslant x_2 \leqslant x_3 \leqslant x_4$，得到 $\begin{cases} x_1 x_2 x_3 = 18, \\ x_2 x_3 x_4 = 54, \end{cases}$ 进而有 $x_4 = 3x_1$。

下面分情况讨论：

(1) 若 $x_1 x_2 x_4 = x_1 x_3 x_4 = 36$，则 $x_2 = x_3 = \dfrac{3}{2} x_1$，得到

$$x_1 = 2, \quad x_2 = x_3 = 3, \quad x_4 = 6;$$

(2) 若 $x_1 x_2 x_4 = 18$，$x_1 x_3 x_4 = 36$，则 $x_4 = x_3$，得到 $x_1 = \sqrt[3]{4}$，舍去；

(3) 若 $x_1 x_2 x_4 = 36$，$x_1 x_3 x_4 = 54$，则 $\begin{cases} x_4 = 2x_3, \\ x_1 = x_2, \end{cases}$ 进而 $\begin{cases} x_4 = 2x_3, \\ x_3 = \dfrac{3}{2} x_1, \end{cases}$ 解得

$x_1 = \sqrt[3]{12}$，舍去；

所以只有第一种情形符合题意，$x_1 + x_2 + x_3 + x_4 = 14$。

例 5 （伯努利装错信封问题）有 n 封不同的信和 n 个配套的写有收信人地址的信封，现将 n 封信一对一地套入到 n 个信封中去，结果发现没有一封信套对，问有多少种不同的套法？

解析 设 U 表示 n 封信套入 n 个信封的方法构成的集合，由乘法原理知 $|U| = n!$。

设 $A_i (1 \leqslant i \leqslant n)$ 是 U 中第 i 封信套对的方法构成的集合，则所求套法数为 $\left| \bigcap\limits_{i=1}^{n} \complement_U A_i \right|$。

又第 $i_1, i_2, \cdots, i_k$ 封信装入正确信封的方法数为

$$|A_{i_1} \cap A_{i_2} \cap \cdots \cap A_{i_k}| = (n-k)!,$$

所以由容斥原理，有

$$\left|\bigcap_{i=1}^{n}\complement_{U}A_{i}\right|=|U|-\left|\bigcup_{i=1}^{n}A_{i}\right|=|U|-\sum_{i=1}^{n}|A_{i}|+\sum_{1\leqslant i<j\leqslant n}|A_{i}\bigcap A_{j}|-\cdots+$$

$$(-1)^{k}\sum_{1\leqslant i_{1}<i_{2}<\cdots<i_{k}\leqslant n}|A_{i_{1}}\bigcap A_{i_{2}}\bigcap\cdots\bigcap A_{i_{k}}|+\cdots+(-1)^{n}\left|\bigcap_{i=1}^{n}A_{i}\right|$$

$$=n!-C_{n}^{1}(n-1)!+C_{n}^{2}(n-2)!-\cdots+(-1)^{k}C_{n}^{k}(n-k)!$$

$$+\cdots+(-1)^{n}C_{n}^{n}$$

$$=n!\left(1-\frac{1}{1!}+\frac{1}{2!}-\cdots+\frac{(-1)^{k}}{k!}+\cdots+\frac{(-1)^{n}}{n!}\right)。$$

评注:语言很重要,本题的关键是用集合语言来翻译题干的要求和结论,再用逐步淘汰原理(筛法公式),也即容斥原理的"反面"即可。第 14 届加拿大数学奥林匹克的一道题曾直接利用本题的结论,见习题 12。

例6 (2022 北大强基)将不大于 12 的正整数分为 6 个两两交集为空的二元集合,且每个集合中两个元素互质,则不同的分法有_____种。

点拨 本题属于数集的划分,划分的要求是同一集合中的元素互质,这就启发我们,想一想那些最"差"的元素——偶数,与最"好"的元素——质数。由此作为突破口,进行分析,问题便可迎刃而解。

解析 先考虑偶数,$\{2,4,6,8,10,12\}$ 中的元素两两不互质,因此必然恰好分属于 6 个集合,分别记为 B_2,B_4,$\cdots$,B_{12}。此时剩余的 6 个数中,1,7,11 可以任意放,5 不能放在 B_{10} 中,3,9 不能放在 B_6 或 B_{12} 中,分两种情况讨论:

(1)若 5 放入了 B_6 或 B_{12} 中,有两种情况,此时 3 与 9 可在 4 个集合中自由选择其二,有 A_4^2 种情况,而 1,7,11 放入余下的 3 个集合有 A_3^3 种情况。

(2)若 5 没有放入 B_6 或 B_{12} 中,则 5 有 3 个集合可以选择,进而 3 与 9 可在 3 个集合中选择,有 A_3^2 种情况,而 1,7,11 放入集合有 A_3^3 种情况。

综上所述,不同的集合拆分方法共有 $A_2^1 A_4^2 A_3^3+A_3^1 A_3^2 A_3^3=252$ 种。

例7 证明:总可以将 n 元集合的子集染成黑色或白色,使得其中恰有 k 个白色子集,且白色子集的并集仍为白色,黑色子集的并集仍为黑色。这里

$$0 \leqslant k \leqslant 2^n。$$

证法一:当 $n=0$ 或 1 时,容易验证结论成立;

假设结论对 $n(n \geqslant 1)$ 元集合成立;对 $n+1$ 元集合

$$A_{n+1}=\{a_1, a_2, \cdots, a_n, a_{n+1}\},$$

它的一个 n 元子集为 $A_n=\{a_1, a_2, \cdots, a_n\}$。

1. 当 $0 \leqslant k \leqslant 2^n$ 时,由归纳假设,可将 A_n 的 k 个子集染白,其余 2^n-k 个子集染黑,使得白色子集之并仍为白色,黑色子集之并仍为黑色。A_{n+1} 已有 2^n 个子集染色,对于剩下的含有 a_{n+1} 的 2^n 个子集,全部染黑色。那么对于 A_{n+1} 的白色子集,它们也是 A_n 的白色子集,从而并集仍为白色;对于 A_{n+1} 的黑色子集,如果它们都是 A_n 的黑色子集,由归纳假设知并集为黑色,如果它们不全是 A_n 的黑色子集,那么其中必有至少一个黑色子集含有元素 a_{n+1},于是这些黑色子集的并集也含有 a_{n+1},根据我们的染色方法知此并集为黑色。

2. 当 $2^n+1 \leqslant k \leqslant 2^{n+1}$ 时,$0 \leqslant 2^{n+1}-k < 2^n$。由(1)知,可将 A_{n+1} 的 $2^{n+1}-k$ 个子集染白,其余 k 个子集染黑,使得白色子集的并集仍为白色,黑色子集的并集仍为黑色。我们再将白色子集变黑,黑色子集变白,就得到了符合题意的染色方式。

综上所述,由数学归纳法知结论对任意 n 元集合成立。

证法二:若 $k=0$ 或 2^n,将子集全部染成黑色或白色即可;

若 $1 \leqslant k \leqslant 2^n-1$,考虑 k 的二进制表示 $k=2^{a_r}+2^{a_{r-1}}+\cdots+2^{a_2}+2^{a_1}$($0 \leqslant a_1 < a_2 < \cdots < a_r \leqslant n-1$)。不妨设 n 元集合为 $\{1, 2, \cdots, n\}$,将最大元素为 $a_j+1(1 \leqslant j \leqslant r)$ 的子集全部染白,则白色子集的个数为

$$2^{a_1}+2^{a_2}+\cdots+2^{a_r}=k。$$

考虑若干白色子集的并集,此并集中的最大元素必为 $a_1+1, a_2+1, \cdots, a_r+1$ 中的某一个,于是由染色方法可知并集也被染成了白色。同样地,若干黑色子集的并集中的最大元素不会是 $a_1+1, a_2+1, \cdots, a_r+1$ 中任何一个,因此黑色子集的并仍为黑色。

评注:数学归纳法的强大功用在于,结论越强,归纳假设也越强,属于是借力打力,特别是对数列通项的求解或不等式的证明,往往是得心应手屡试不爽。但如何利用归纳假设,也往往是最大的难点,技巧很多,本题的关键是"反转",将 k 变进可以利用归纳假设的区间。数学归纳法的缺点是只见一"链",不知全貌,对整体结构缺乏直观把握。证法二是笔者当年高中时想出的另证,一步到位,直接构造,可对整体有清晰认知。

例8 (2019 清华金秋营)设 $A \subseteq \{1, 2, 3, \cdots, n\}$,满足 $|A| \geqslant 4\sqrt{n}$。求证:存在 $x_1 < x_2 < x_3 < x_4$ 成等差数列,且 x_i 为 A 中两个不同元素之和 $(i = 1, 2, 3, 4)$。

解析 由 $A \subseteq \{1, 2, 3, \cdots, n\}$ 结合 $|A| \geqslant 4\sqrt{n}$ 可得 $n \geqslant |A| \geqslant 4\sqrt{n}$,所以 $n \geqslant 16$。任取 $B \subseteq A$,$|B| = 2[\sqrt{n}]$,令 $C = A - B$ 为 B 在 A 中的补集。考虑函数 $f(b, c) = b + 2c$,$b \in B$,$c \in C$,f 的值域设为集合 S,则

$$S \subseteq \{4, \cdots, 3n - 1\},$$

所以 $|S| \leqslant 3n - 4$;再考虑集合 $B \times C$(这里集合 $B \times C = \{(b, c) \mid b \in B, c \in C\}$),因为 $|B \times C| = |B| \times |C| = |B| \times (|A| - |B|) \geqslant 2[\sqrt{n}] \cdot (4\sqrt{n} - 2[\sqrt{n}]) > 3n > |S|$(倒数第二个不等号成立只需 $2[\sqrt{n}] > \sqrt{n}$,当 $n \geqslant 16$ 显然满足),所以由抽屉原理,存在不同数对 (b, c),$(d, e) \in B \times C$,使得 $b + 2c = d + 2e$,显然 $b \neq d$(否则 $c = e$ 矛盾),又根据 B、C 取法,$b \neq c$,$b \neq e$,$d \neq c$,$d \neq e$。不妨设 $b > d$,则 $e > c$,则 $b - d = 2(e - c)$,则 $d + c$,$d + e$,$b + c$,$b + e$ 构成公差为 $e - c$ 的等差数列。综上即证。

评注:作为金秋营的压轴题,本题有相当难度。"两数之和"这样的要求,是障碍,也是指路牌,因为很容易想到尽可能选较少的元素两两配组,三个数只能构成 3 对,不够,四个数 a、b、c、d 可以构成 6 对,我们从中挑选 4 对构成等差数列,为此再去研究 a、b、c、d 需满足的条件。

证明中定义的函数及抽屉原理的使用看似神来之笔,其实都是从上述想法出发自然产生,读者需细细体会。

例9 (2019 清华自招)若集合 A、B 满足:$A \cap B = \varnothing$,$A \cup B = \mathbf{N}_+$,则称 (A,B) 为 $\mathbf{N}_+$ 的一个二分划,则( )。

    A. 设 $A = \{x \mid x = 3k, k \in \mathbf{N}_+\}$,$B = \{x \mid x = 3k \pm 1, k \in \mathbf{N}_+\}$,则 (A,B) 是 $\mathbf{N}_+$ 的一个二分划

    B. 设 $A = \{x \mid x > 0$ 且 x 为质数$\}$,$B = \{x \mid x > 0$ 且 x 为合数$\}$,则 (A,B) 是 $\mathbf{N}_+$ 的一个二分划

    C. 能找到 $\mathbf{N}_+$ 的一个二分划 (A,B) 满足:A 中不存在三个成等差数列的数,且 B 中不存在无穷的等差数列

    D. 能找到 $\mathbf{N}_+$ 的一个二分划 (A,B) 满足:A 中不存在三个成等比数列的数,且 B 中不存在无穷的等比数列

解析 A 和 B 显然错误,因为 1 不属于任一划分出的集合,C、D 选项正确。

    对于 C 选项,我们构造 $A = \{n! + n \mid n \in \mathbf{N}_+\}$,$B = \mathbf{N}_+ \backslash A$,$A$ 中没有等差数列是因为 A 中数的大小差异非常大,从小到大排序后,后一个数不小于前一个数的两倍,B 中没有无穷等差数列,这是因为,对于任意正整数 a、b,只需令 $n = ay + b$,$y \in \mathbf{N}_+$,那么 $ax + b = n! + n$ 就有正整数解 x(读者不妨自己写出这个解的具体形式,从而加深理解体会)。这就说明任意的等差数列会有无穷多项不在 B 中。

    对于 D 选项,构造有一定难度。我们在给出构造之前,先讲一下可数集的概念。集合按元素个数可分为有限集和无限集。如果无限集 A 中的元素可以按一定规律排成一列(也就是说 A 中元素可与正整数集建立一一对应),即

$$A = \{a_1, a_2, a_3, \cdots\},$$

则称 A 为可数集或可列集。有限集和可数集统称为至多可数集,至多可数集之外的集合称为不可数集。例如,有理数集 $\mathbf{Q}$ 是可数集。我们可以先按如下规律排列非负有理数:

$$0, \frac{1}{1}, \frac{1}{2}, \frac{2}{1}, \frac{1}{3}, \frac{3}{1}, \frac{1}{4}, \frac{2}{3}, \frac{3}{2}, \frac{4}{1}, \frac{1}{5}, \frac{2}{4}, \frac{5}{1}, \cdots$$

上述排列中我们用到了经典的字典序排法。我们设想一本英文字典,其中有两个英文单词 abandon 和 absolute,我们如何确定在字典中哪个单词在前呢? 先比较首字母,两个单词的首字母相同,于是比较第二个字母,仍然相同,我们继续比较第三个字母,一个是 a,另一个是 s,26 个英文字母中 a 排在 s 前面,那么我们就知道在英文字典中 abandon 排在 absolute 前面。这就是所谓的字典序排法。

类似地,对于正有理数 $\frac{p}{q}$($p, q \in \mathbf{N}_+$),我们先考虑 $p + q$ 的大小,规定 $p + q$ 较小的排在前面,对于 $p + q$ 相等的那些有理数,我们规定 p 较小的排在前面。这种排法会造成某些数被重复排列,例如 $1, \frac{2}{2}, \frac{3}{3}$ 等,因此我们补充规定,如果某个数在前面已经排过了,则删去不排(也可直接考虑全体既约分数避免重复)。按此规律,再将 0 排在首位,我们就已经把非负有理数全部排好了。对于负有理数 r,只要将其插入已排好的 $-r$ 后面一位就行了。

下面我们给出 D 选项的构造。首先说明:$\mathbf{N}_+$ 中有可数无穷多个无穷等比数列。任取 $\mathbf{N}_+$ 中的一个无穷等比数列,设其首项为 a,公比为 q,显然 $a, q \in \mathbf{N}_+$。我们用有序数对 (a, q) 即可表示这个等比数列。定义集合

$$\mathbf{N}_+ \times \mathbf{N}_+ = \{(x, y) \mid x \in \mathbf{N}_+, y \in \mathbf{N}_+\},$$

由字典序排法易知 $\mathbf{N}_+ \times \mathbf{N}_+$ 是可数集。而 $(a, q) \in \mathbf{N}_+ \times \mathbf{N}_+$,因此 $\mathbf{N}_+$ 中有可数无穷多个无穷等比数列,设为 $B_1, B_2, B_3, B_4, \cdots$,我们结合下表先来选取 A 中的元素 a_i,如果 a_i 和 B_j 在同一行,就表示 $a_i \in B_j$。

任取 $a_1 \in B_1$,取 $a_2 \in B_2$ 且满足 $a_2 > a_1$,取 $a_3 \in B_1$ 且满足 $a_3 > \frac{(a_2)^2}{a_1}$。

对于 $n \geqslant 3$,先按下表确定 a_n 所属的等比数列为 B_j,然后取 $a_n \in B_j$ 且满足 $a_n > \frac{(a_{n-1})^2}{a_1}$ 即可。请注意,下述表格采用了对角线排法,其目的是让每一个 B_j 中都被取出了无穷多项作为 A 中元素 a_i。

B_1	a_1	a_3	a_4	a_{10}	a_{11}	a_{21}	$\cdots$
B_2	a_2	a_5	a_9	a_{12}	a_{20}	$\cdots$	
B_3	a_6	a_8	a_{13}	a_{19}	$\cdots$		
B_4	a_7	a_{14}	a_{18}	$\cdots$			
B_5	a_{15}	a_{17}	$\cdots$				
B_6	a_{16}	$\cdots$					
B_7	$\cdots$						
$\vdots$							

这样我们就得到了无穷集合 $A = \{a_1, a_2, a_3, a_4, \cdots\}$。由 a_n 的取法易知 A 中任意三项不成等比数列,并且任意一个无穷等比数列 B_j 中都被取出了无穷多项,因此 $B = \mathbf{N}_+ - A$ 中不存在无穷等比数列。这就说明了 D 选项的正确性。

评注:构造有时是相当困难的,我们要满足题干和结论两方面。往往是先寻求充分条件或先满足必要条件。例如本题 C 选项,我们希望集合 A 中没有三项等差数列,为此考虑更强的要求——排序之后,后一个数大于前一个数的两倍。而 D 选项的构造手段也类似,但更难一些。应注意,考试时间有限,对于选择题,不要一味蛮干,也得相信自己的数感与直觉。

类似的将集合与数列综合考察的问题,在清北的考试中经常出现,见习题 9,10,14。

例 10 证明:一个集合 A 与其子集构成的集合(幂集)2^A 不等势。

解析 当 A 为有限集时,设 $|A| = n$,$n \in \mathbf{N}$,则 $|2^A| = 2^n$,注意到 2^n 恒大于 n,所以 A 与 2^A 不等势;当 A 为无限集时,假设集合 A 与其幂集 2^A 等势,则存在 A 到 2^A 的一一对应 f,$f:A \to 2^A$,$a \mapsto f(a)$。

考察如下集合 $B = \{x \in A \mid x \notin f(x)\}$,则 $B \subseteq A$,所以存在 $b \in A$ 使得 $f(b) = B$。

若 $b \in B$，则 $b \notin f(b) = B$；

若 $b \notin B = f(b)$，则由 B 定义知 $b \in B$。

无论哪种情况，都导致矛盾，因此假设不成立，不存在 A 到 2^A 的一一对应，也就是说集合与其幂集不等势。综上即证。

评注：本题的结论当 A 是有限集时显然成立，当 A 是无限集时可能会让人一筹莫展。实际上矛盾的导出与理发师悖论如出一辙。最大的困难，在于找出这个"理发师"与他所说的"这句话"。请注意无限集的证法同样适用于非空有限集的情形。

强化训练

A组

1. (2020 上海交大强基) 若集合 M 中任意两个元素的和差积商（商运算的除数不取 0）的运算结果都在 M 中，则称 M 是封闭集合。下列集合(1) $\mathbf{R}$；(2) $\mathbf{Q}$；(3) $\complement_{\mathbf{R}}\mathbf{Q}$；(4) $\{x \mid x = m + \sqrt{2}n, m, n \in \mathbf{Z}\}$ 中，封闭集合的个数为_____。

2. (2021 清华自强) 从集合 $\{1, 2, 3, \cdots, 12\}$ 中不重复地任取 3 个数，其和能被 3 整除的概率为_____。

3. (2020 上海交大强基) 小于 1000 的正整数中，既不是 5 的倍数，也不是 7 的倍数的整数有_____个。

4. (2017 清华标准学术能力测试) 若集合 N 的三个子集 A、B、C 满足 $|A \cap B| = |B \cap C| = |C \cap A| = 1$，且 $A \cap B \cap C = \varnothing$，则称 (A, B, C) 为 N 的"有序子集列"。设 $N = \{1, 2, 3, 4, 5, 6\}$，则 N 的有序子集列的个数为（　　）。

   A. 540　　　　　　B. 1280　　　　　　C. 3240　　　　　　D. 7680

5. (2016 北大自招)设 S 为有限集合，A_1，A_2，$\cdots$，A_{2016} 为 S 的子集，且对每个 $i \in \{1, 2, \cdots, 2016\}$，都有 $|A_i| \geqslant \dfrac{1}{5}|S|$，则一定有 S 中某个元素在至少（   ）个 A_i 中出现。

  A. 403   B. 404

  C. 2016   D. 前三个选项都不对

6. (2021 清华强基)已知集合 $U = \{0, 1, 2, \cdots, 2021\}$，$S \subseteq U$ 且 S 中任意两个元素（不重复）相加不是 5 的倍数，求 S 的元素个数最大值。

7. (飞哥原创)封闭集的定义如习题 1，已知 A、B 均为封闭集。

  证明：$A \bigcup B$ 不一定是封闭集，$A \bigcap B$ 一定是封闭集。

8. (2015 高联一试)设 a_1、a_2、a_3、a_4 是四个有理数，使得

$$\{a_i a_j \mid 1 \leqslant i < j \leqslant 4\} = \left\{-24, -2, -\frac{3}{2}, -\frac{1}{8}, 1, 3\right\},$$

求 $a_1 + a_2 + a_3 + a_4$ 的值。

9. (2017 北大博雅)有多少种方式可以将正整数集 $\mathbf{N}_+$ 分成两个不相交的子集的并，使得每个子集都不包含公差不为 0 的无穷等差数列（   ）。

  A. 0   B. 1

  C. 无穷   D. 前三个选项都不对

10. (2016 清华领军)设集合 $A \subseteq \{1, 2, 3, \cdots, 14\}$，若 A 中的任意三个元素均不构成等差数列，则 A 中元素最多有（   ）。

  A. 7 个   B. 8 个   C. 9 个   D. 10 个

11. (2017 北大学业能力测试)若一些实数组成的集合可划分为三个非空子集，使得对取自任两个不同子集的任意元素 x、y，均有 $2(x+y)$ 在第三个子集中，则称此集合具有可分二倍和性质，试判断有理数集是否具有可分二倍和的性质，并证明你的结论。

12. (第 14 届加拿大数学奥林匹克)设 φ 是集合 $X = \{1, 2, 3, \cdots, n\}$ 上的置换，将 X 上没有不动点的置换个数记为 f_n，恰有一个不动点的置换个数记为 g_n，证明：$|f_n - g_n| = 1$。

  注：集合 A 的一个置换 $\sigma: A \rightarrow A$ 是指 A 到自身的一个双射，双射定义见

本书第 2 讲。

13. (飞哥原创)对于实数集的两个非空有限子集 A、B,定义:

$$A + B = \{a + b \mid a \in A, b \in B\}。$$

证明:$|A| + |B| - 1 \leqslant |A + B| \leqslant |A||B|$。

B 组

14. (2017 清华大学全国中学生标准能力测试)已知集合 A 中元素均为非负实数,对 $\forall a_i, a_j \in A$ 且 $a_i \leqslant a_j$,均有 $a_i + a_j \in A$ 或 $a_j - a_i \in A$,并且集合 A 中任意三个元素的排列不构成等差数列,则集合 A 中元素个数可能为(   )。

A. 3   B. 4   C. 5   D. 6

15. (2013 清华金秋营)设 $S \subseteq \mathbf{R}$ 是一个非空的有限集,定义 $|S|$ 为 S 中元素的个数,$m(S) = \dfrac{1}{|S|} \sum_{x \in S} x$,$S' = \{m(A) \mid A \subseteq S, A \neq \varnothing\}$,证明:

$$m(S') = m(S)。$$

16. (2021 北大暑期学堂)集合 $\{1, 2, 3, \cdots, 2021\}$ 的非空子集中元素和为 3 的倍数的集合个数为_____。

17. (2014 高联二试)设 $S = \{1, 2, 3, \cdots, 100\}$。求最大的整数 k,使得 S 有 k 个互不相同的非空子集,具有性质:对这 k 个子集中任意两个不同子集,若它们的交非空,则它们交集中的最小元素与这两个子集中的最大元素均不相同。

18. (2019 清华金秋营)已知正数集 A,满足 $|A| = n$,求证:存在 $B \subseteq A$ 且 $|B| \geqslant \log_2 n$,满足对 $\forall b_i, b_j \in B, b_i + b_j \notin A$,其中 $b_i \neq b_j$。

19. (2020 清华金秋营)设 n、p 为正整数,集合 $A_1, A_2, \cdots, A_k$ 是 $\{1, 2, \cdots, n\}$ 的子集,且满足对 $\forall i \neq j$,有 $|A_i - A_j| \geqslant p$。证明:

$$k \leqslant \frac{(p-1)! \, n!}{\left(\left\lfloor \dfrac{n+p-1}{2} \right\rfloor\right)! \left(\left\lceil \dfrac{n+p-1}{2} \right\rceil\right)!}。$$

注:对于实数 x,这里$\lfloor x \rfloor$表示高斯函数(也称为取整函数或下取整函数,也可记为$[x]$),定义为不超过 x 的最大整数,即

$$\lfloor x \rfloor = \max\{a \mid a \leqslant x, a \in \mathbf{Z}\};$$

$\lceil x \rceil$表示天花板函数(也称为上取整函数),定义为不小于 x 的最小整数,即$\lceil x \rceil = \min\{a \mid a \geqslant x, a \in \mathbf{Z}\}$。

第 2 讲　函数

本讲概述

如果将高中数学比作一棵大树,那么集合就是它的根基,而函数则是主干。函数贯穿了高中数学的始终,作为一个基本而重要的知识点,有关函数的问题融汇了代数变形、方程、分类讨论、数形结合、换元、构造、放缩等重要的数学思想和方法。由此衍生出函数思想,即通过函数,运用函数性质来解题。函数问题是历年高考、强基自招、数学竞赛的重点、热点与难点,可以全面考查学生的数学素养与综合能力,需要深刻理解、熟练掌握、灵活运用。

本讲先引入一些拓展知识,再以强基真题为主,展示核心思路与详细解析,并挑选了近几年质量较高的高校强基与自招真题等作配套练习,相信读者会很有收获。

一 映射与对应

1. 映射

一般地,设 A、B 是两个给定的集合,如果按照某种对应法则 f,使得对于集合 A 中的任意一个元素 a,在集合 B 中都有唯一确定的元素 b 与它对应,那么就称 f 是集合 A 到集合 B 的一个映射,记为

$$f: A \to B。$$

b 称为 a 在映射 f 下的像,记为 $b = f(a)$,用符号 $f: a \mapsto b$ 表示,a 称为 b 在映射 f 下的一个原像。对于集合 A 到集合 B 的两个映射 f 和 g,若对 A 的每个元素 a 都有 $f(a) = g(a)$,则称它们相等,记作 $f = g$。

2. 单射、满射与双射

设 f 是集合 A 到集合 B 的一个映射,用 $f(A)$ 表示 A 在映射 f 下像的全体,即 $f(A) = \{f(a) \mid a \in A\}$,称为 A 在映射 f 下的像集合。如果 $f(A) = B$,则称 f 为满射。如果在映射 f 下,A 中不同元素的像也一定不同,即由 $a_1 \neq a_2$ 一定有 $f(a_1) \neq f(a_2)$,则称 f 为单射。如果 f 既是单射,又是满射,就称 f 为一一对应(或双射)。A 到 A 自身的映射,也称为 A 到自身的变换。A 到 A 自身的双射,也称为 A 到自身的置换。

> 评注:函数是一种特殊的映射,是两个数集间的对应关系,而映射中两个集合的元素可以是任意的数学对象。
>
> 数量关系是数学研究的一大方向。从上述抽象的理论中,我们应发现映射在计数与集合不等式证明中的应用。设 A 和 B 是两个集合,$f: A \to B$ 是一个映射,则有下面的结论。
>
> 若 f 为单射,则 $|A| \leqslant |B|$;
>
> 若 f 为满射,则 $|A| \geqslant |B|$;

若 f 为双射,则 $|A|=|B|$,也即第 1 讲所说的集合 A 与 B 等势。

二 构造函数

我们在处理某些方程、不等式、最值问题及一些组合问题时,常常构造辅助函数,利用函数的性质和图象来解决问题。

评注:即便是一次函数,也能派上用场。我们来看一道例题。

已知 $a, b, c \in [-1, 2]$,求证:$abc + 4 \geqslant ab + bc + ca$。

证明:将 a 看作主元,我们可以构造一次函数

$$f(a) = (bc - b - c)a - bc + 4, a \in [-1, 2],$$

只需证明两个端点处的函数值 $f(-1) \geqslant 0$,$f(2) \geqslant 0$。分别代入 $a = -1, 2$,得

$$f(-1) = b + c - bc - bc + 4$$

$$= \frac{1}{2}(2b + 2c - 4bc - 1 + 9)$$

$$= \frac{1}{2}[9 - (2b - 1)(2c - 1)],$$

$$f(2) = bc - 2b - 2c + 4 = (b - 2)(c - 2),$$

因为 $b, c \in [-1, 2]$,所以 $f(-1) \geqslant 0$,$f(2) \geqslant 0$,故原不等式成立。

三 函数迭代

设 $f: D \to D$ 是一个函数,对任意 $x \in D$,记

$$f^{(0)}(x) = x, f^{(n)}(x) = f(f^{(n-1)}(x))(n \geqslant 1),$$

则称 $f^{(n)}(x)$ 是函数 $f(x)$ 在 D 上的 n 次迭代,并称 n 是 $f^{(n)}(x)$ 的迭代指数。

如果 $f^{(n)}(x)$ 有反函数,则记为 $f^{(-n)}(x)$,于是,迭代指数可取所有整数。

对于一些简单的函数,它的 n 次迭代是容易利用数学归纳法求出的。

若 $f(x)=x+c$,则 $f^{(n)}(x)=x+nc$,$f^{-1}(x)=x-c$,$f^{(-n)}(x)=x-nc$;

若 $f(x)=x^3$,则 $f^{(n)}(x)=x^{3^n}$,$f^{(-1)}(x)=x^{\frac{1}{3}}$,$f^{(-n)}(x)=x^{\frac{1}{3^n}}$;

若 $f(x)=ax+b$,归纳易证 $f^{(n)}(x)=a^n\left(x-\dfrac{b}{1-a}\right)+\dfrac{b}{1-a}$。

评注:我们把满足 $f^{(n)}(x)=x$ 的函数称为 n 次迭代还原函数。例如,$f(x)=-x$ 是二次迭代还原函数,$g(x)=\dfrac{1}{1-x}$ 是三次迭代还原函数,$h(x)=\dfrac{1+x}{1-x}$ 是四次迭代还原函数。

如果 $g(x+a)=f(g(x))(a\neq 0)$,其中 $f(x)$ 是 n 次迭代还原函数,那么容易看到,

$$g(x+na)=f^{(n)}(g(x))=g(x),$$

即 $g(x)$ 是周期为 na 的周期函数。

函数迭代的问题,常常使用构造法、递推法、数学归纳法、不动点法、换元法等来解决。

四　函数方程

函数方程,顾名思义,就是含有未知函数的方程。能使函数方程成立的函数叫作函数方程的解,求函数方程的解或证明函数方程无解的过程叫解函数方程。函数方程近年来热度趋高,在强基与竞赛中频频出现,说不定某年就会摇身一变成为高考压轴题。我们简要介绍几种常见解法与处理思路。

1. 赋值法:对自变量赋予某些特殊的数值,从而得到一些具体的函数值,进一步地挖掘出函数的隐藏性质,如对称性、周期性、有界性等,并且通过这些新条件简化函数方程;

2. 代换法:将原自变量换成其他自变量或整体换为某些代数式(注意定义域),得到新的函数方程,从而联立求解或发现新的线索;

3. 递归法:定义域为正整数集的函数,考查递推关系,借助于数列思想与数学归纳法求解;

4. 柯西法:柯西法由数学大师柯西首创,他利用这一方法圆满解决了柯西方程(例8)。其核心思路是将自变量的取值范围逐步扩大,就像课本中数系的扩充一样,从 $x \in \mathbf{N} \Rightarrow x \in \mathbf{Z} \Rightarrow x \in \mathbf{Q} \Rightarrow x \in \mathbf{R}$,最终得解。这种典型的方法,就叫作柯西法。

典例精析

例1 证明柯西不等式:对任意的实数 a_1,a_2,$\cdots$,a_n 与 b_1,b_2,$\cdots$,b_n,都有

$$(a_1^2 + a_2^2 + \cdots + a_n^2)(b_1^2 + b_2^2 + \cdots + b_n^2) \geqslant (a_1 b_1 + a_2 b_2 + \cdots + a_n b_n)^2。$$

点拨 对于 $B^2 \leqslant AC$ 型的不等式,构造二次函数 $f(x) = Ax^2 - 2Bx + C$,转而证明 $\Delta \leqslant 0$ 是巧妙而常用的方法。

解析 令 $A = a_1^2 + a_2^2 + \cdots + a_n^2$,$B = a_1 b_1 + a_2 b_2 + \cdots + a_n b_n$,

$$C = b_1^2 + b_2^2 + \cdots + b_n^2,$$

当 $A = 0$ 或 $C = 0$ 时,不等式显然成立。我们只需考虑 $A > 0$,$C > 0$ 的情形。

作二次函数 $f(x) = Ax^2 - 2Bx + C$,配方得到

$$f(x) = \sum_{i=1}^{n} (a_i x - b_i)^2 \geqslant 0,$$

所以判别式 $\Delta = 4(B^2 - AC) \leqslant 0$,即 $B^2 \leqslant AC$,此即柯西不等式。$f(x) = 0$ 的充要条件为存在 $x_0 \in \mathbf{R}$ 使得 $a_i x_0 - b_i = 0 (i = 1, 2, \cdots, n)$。因为 $f(0) = C > 0$,故 $x_0 \neq 0$。若 a_i、b_i 其中之一为0,则另一个也必为0,此时从不等式两

边删去 a_i、b_i，不影响形式和结论，因此不妨设 a_i、b_i 均不为 $0(i=1, 2, \cdots,$ $n)$，所以 $f(x)=0$ 成立当且仅当 $\dfrac{a_1}{b_1}=\dfrac{a_2}{b_2}=\cdots=\dfrac{a_n}{b_n}$ 为常数。

综上柯西不等式得证，等号成立当且仅当存在 $k\in\mathbf{R}$ 使得 $k(a_1, a_2, \cdots,$ $a_n)=(b_1, b_2, \cdots, b_n)$ 或 $(a_1, a_2, \cdots, a_n)=k(b_1, b_2, \cdots, b_n)$。

评注：习题 20 是另一个构造二次函数的典例，但需要更敏锐的洞察力。

柯西不等式还有两种非常好的证法，提供如下。

1. 利用拉格朗日恒等式：对实数 $a_1, a_2, \cdots, a_n$ 与 $b_1, b_2, \cdots, b_n$，有如下恒等式

$$\left(\sum_{i=1}^n a_i^2\right)\left(\sum_{i=1}^n b_i^2\right)=\left(\sum_{i=1}^n a_i b_i\right)^2+\sum_{1\leqslant i<j\leqslant n}(a_i b_j-a_j b_i)^2,$$

立即得到 $\left(\sum_{i=1}^n a_i^2\right)\left(\sum_{i=1}^n b_i^2\right)\geqslant\left(\sum_{i=1}^n a_i b_i\right)^2$，等号成立条件显然。

2. 利用 n 维空间向量：令 $\boldsymbol{\alpha}=(a_1, a_2, \cdots, a_n)$，$\boldsymbol{\beta}=(b_1, b_2, \cdots, b_n)$，则对向量 $\boldsymbol{\alpha}$、$\boldsymbol{\beta}$，我们有 $\cos\langle\boldsymbol{\alpha}, \boldsymbol{\beta}\rangle=\dfrac{\boldsymbol{\alpha}\cdot\boldsymbol{\beta}}{|\boldsymbol{\alpha}||\boldsymbol{\beta}|}$，从而

$$\left|\dfrac{\boldsymbol{\alpha}\cdot\boldsymbol{\beta}}{|\boldsymbol{\alpha}||\boldsymbol{\beta}|}\right|=|\cos\langle\boldsymbol{\alpha}, \boldsymbol{\beta}\rangle|\leqslant1,$$

因此 $|\boldsymbol{\alpha}\cdot\boldsymbol{\beta}|^2\leqslant|\boldsymbol{\alpha}|^2|\boldsymbol{\beta}|^2$，将

$$\boldsymbol{\alpha}\cdot\boldsymbol{\beta}=\sum_{i=1}^n a_i b_i, |\boldsymbol{\alpha}|^2=\sum_{i=1}^n a_i^2, |\boldsymbol{\beta}|^2=\sum_{i=1}^n b_i^2$$

代入即得柯西不等式成立，且等号成立当且仅当 $\cos\langle\boldsymbol{\alpha}, \boldsymbol{\beta}\rangle=1$ 或 -1，即 $\boldsymbol{\alpha}$ 与 $\boldsymbol{\beta}$ 平行。

例 2 （2022 上海交大强基）等势集合是指两个集合的元素能形成一一对应，下列为等势集合的是（　　）。

A. $[0,1]$ 与 $\{E \mid 0 \leqslant E \leqslant 1\}$ B. $[0,1]$ 与 $\{a, b, c, d\}$

C. $(0,1)$ 与 $[0,1]$ D. $\{1,2,3\}$ 与 $\{a, b, c, d\}$

点拨 笔者所见的一些参考答案又错了,遗漏了 C 选项。这里我们建立一一对应的方法非常经典,先简要介绍一下希尔伯特旅馆,这是大数学家希尔伯特为了引入"可数无穷大"的概念而讲的故事。

假设一家旅馆有很多房间,但数量有限,所有房间都住满了,这时有一位新来的客人想入住,店主就会说:"对不起,我们已经客满了。"

我们再假设一家拥有无穷多房间的旅馆,同样都已住满了,这时也来了一位新客人想要一个房间,此时店主却会说:"没问题!"然后将原来住在 1 号房间的客人安排到 2 号房间,将原来 2 号房间的客人安排到 3 号房间,以此类推,原本住 n 号房的客人住到 $n+1$ 号房,空出来的 1 号房间给新来的客人住。

回到本题 C 选项,读者是否茅塞顿开了呢,$[0,1]$ 相当于多了两个"旅客" 0 和 1,为此,先找出无穷多个房间(构造数列),再将头两间挪给 0 和 1 即可。

解析 显然 A 选项正确,BD 选项错误。对于 C 选项,我们作出下面的映射 f:

$$f(x) = \begin{cases} 0, & x = \dfrac{1}{2}, \\[2mm] 1, & x = \dfrac{1}{4}, \\[2mm] \dfrac{1}{2^n}, & x = \dfrac{1}{2^{n+2}} (n \in \mathbf{N}_+), \\[2mm] x, & x \in (0,1) \backslash \left\{ \dfrac{1}{2^n} \,\middle|\, n \in \mathbf{N}_+ \right\}. \end{cases}$$

容易验证 f 为 $(0,1)$ 到 $[0,1]$ 的一一对应。因此本题选 AC。

例 3 (2019 北大暑期学堂)证明:不存在映射 $f:\{1,2,\cdots,2019\} \rightarrow \{-1, 1\}$,使得 $\displaystyle\sum_{1 \leqslant i < j \leqslant 2019} f(i) f(j) = 0$。

解析 假设存在这样的映射 f,注意到 $f(i) f(j)$ 为奇数,$\mathrm{C}_{2019}^2 = 2019 \times 1009$ 为奇数,因此 $\displaystyle\sum_{1 \leqslant i < j \leqslant 2019} f(i) f(j)$ 是奇数个奇数之和,仍为奇数,与值为 0 矛盾。

故假设不成立,不存在满足题意的映射。

评注:不要被庞大的年份数蒙蔽了双眼,大数字可能会带来构造的困难(设计具体的 f),可能需要考虑更一般的情形,但对于不存在性的证明,允许四两拨千斤,只需某些细小的切入点即可。本题要证明一个值不为 0,只需证明除以某个数的余数不为 0。最常见的就是模 2,也就是奇偶分析,证明其一定为奇数。

例4 (2020 复旦强基)记 $f(x) = 3^x - 3^{-x}$ 的反函数为 $y = f^{-1}(x)$,则 $g(x) = f^{-1}(x-1) + 1$ 在 $[-3, 5]$ 上的最大值与最小值的和为_____。

解析 因为 $f(x)$ 在 **R** 上为单调递增的奇函数且值域为 **R**,所以 $f^{-1}(x)$ 也为 **R** 上单调递增的奇函数,故 $g(x)$ 也在 **R** 上单调递增。由此可知 $g(x)$ 在 $[-3, 5]$ 上的最大值为 $g(5)$,最小值为 $g(-3)$,故所求即为

$$g(5) + g(-3) = f^{-1}(4) + f^{-1}(-4) + 2.$$

又 $f^{-1}(x)$ 为奇函数,故 $f^{-1}(-4) + f^{-1}(4) = 0$,所以 $g(5) + g(-3) = 2$,即 $g(x)$ 在 $[-3, 5]$ 上的最大值与最小值之和为 2。

评注:本题中,$f^{-1}(x)$ 在 **R** 上单调递增是显然的,我们这里简证其为奇函数。因为 $f(f^{-1}(-x)) = -x = -f(f^{-1}(x)) = f(-f^{-1}(x))$,又 $f(x)$ 单调,所以 $f^{-1}(-x) = -f^{-1}(x)$,由此即证。

读者不难将其拓展到更一般的结论:若一个奇函数存在反函数,则其反函数也必为奇函数。

例5 (2020 上海交大强基)设 $m(a)$ 是函数 $f(x) = |x^2 - a|$ 在区间 $[-1, 1]$ 上的最大值,求 $m(a)$ 的最小值。

点拨 $f(x)$ 的最大值与 a 有关,所以记为关于 a 的函数 $m(a)$,常规做法是分类讨论,得到 $m(a)$ 的具体表达式,比较繁琐,而在强基与竞赛问题中,经常利用绝对值不等式来消去变量,得到一个常数,从而更加迅速地得解。

解析 由 $m(a)$ 的最大性知：

$$m(a) \geqslant f(0) = |a|, \quad m(a) \geqslant f(1) = |1-a|,$$

两式相加，再利用绝对值不等式得到

$$m(a) \geqslant \frac{f(0)+f(1)}{2} = \frac{|a|+|1-a|}{2} \geqslant \frac{|a+1-a|}{2} = \frac{1}{2}。$$

当 $a = \dfrac{1}{2}$ 时，$f(x) = \left| x^2 - \dfrac{1}{2} \right|$ 在 $[-1, 1]$ 上的最大值 $m\left(\dfrac{1}{2}\right) = \dfrac{1}{2}$，所以上

述不等式中的等号可以取到，故 $m(a)$ 的最小值为 $\dfrac{1}{2}$。

例6 对任意 $a, b, c \in \mathbf{R}$，函数 $f(x) = |4x^3 + ax^2 + bx + c|$ 在区间 $[-1, 1]$ 上的最大值的最小值为 _____。

点拨 本题有两种思路，一种是类似上题，利用绝对值不等式来消去 a、b、c；另一种是敏锐地注意到区间 $[-1, 1]$ 与系数 4 和次数 3，联想到余弦三倍角公式。

解析 设 $f(x)$ 在 $[-1, 1]$ 上的最大值为 M。

解法一：利用绝对值不等式。

分别取 $x = \dfrac{1}{2}, -\dfrac{1}{2}, 1, -1$，我们有 $f\left(\dfrac{1}{2}\right) = \left| \dfrac{1}{2} + \dfrac{a}{4} + \dfrac{b}{2} + c \right|$,

$$f\left(-\frac{1}{2}\right) = \left| -\frac{1}{2} + \frac{a}{4} - \frac{b}{2} + c \right|,$$

$$f(1) = |4 + a + b + c|,$$

$$f(-1) = |-4 + a - b + c|。$$

由绝对值不等式知 $f\left(\dfrac{1}{2}\right) + f\left(-\dfrac{1}{2}\right) \geqslant |1+b|$,

$$f(1) + f(-1) \geqslant |8 + 2b|。$$

则 $6M \geqslant 2\left[f\left(\dfrac{1}{2}\right) + f\left(-\dfrac{1}{2}\right) \right] + f(1) + f(-1) \geqslant |-2-2b| + |8+2b| \geqslant 6$,

得 $M \geqslant 1$。

另一方面，取 $a=c=0$，$b=-3$，$f(x)=|4x^3-3x|$，易得 $f(x)$ 在 $[-1,1]$ 上的最大值为 1，因此 M 可以取到 1，故 $f(x)$ 在 $[-1,1]$ 上的最大值的最小值为 1。

解法二：利用三倍角公式先猜后证。

联想到三倍角公式，令 $a=c=0$，$b=-3$，$x=\cos\theta$，则满足题意，且

$$f(x)=|4x^3-3x|=|4\cos^3\theta-3\cos\theta|=|\cos3\theta|,$$

此时 $M=1$，猜测 M 的最小值就是 1。只需再证 $M\geqslant1$。

反证法，假设存在 $a,b,c\in\mathbf{R}$，使得对任意 $x\in[-1,1]$ 均有 $f(x)=|F(x)|<1$，其中 $F(x)=4x^3+ax^2+bx+c$。

设 $g(x)=4x^3-3x$，$h(x)=F(x)-g(x)=ax^2+(b+3)x+c$，则

$$h(-1)=F(-1)+1>0,\quad h\left(-\frac{1}{2}\right)=F\left(-\frac{1}{2}\right)-1<0,$$

$$h\left(\frac{1}{2}\right)=F\left(\frac{1}{2}\right)+1>0,\quad h(1)=F(1)-1<0,$$

由零点存在定理知 $h(x)$ 至少有三个根，但由 $h(x)=ax^2+(b+3)x+c$ 知其最多有两根，矛盾。故假设不成立，从而对任意 $a,b,c\in\mathbf{R}$，函数 $f(x)$ 的最大值 $M\geqslant1$，又 M 可以取到 1，因此 $f(x)$ 在 $[-1,1]$ 上的最大值的最小值为 1。

评注：有了例 6 的结论，我们可以直接瞬秒一道清华自招题。

（2019 清华自招）$\min\limits_{a,b\in\mathbf{R}}\max\limits_{x\in[0,4]}\{|(x-2)^3+ax+b|\}=(\quad)$。

A. 1   B. 2   C. $\dfrac{2\sqrt{3}}{27}$ D. $\dfrac{4\sqrt{3}}{27}$

注意到 $\min\limits_{a,b\in\mathbf{R}}\max\limits_{x\in[0,4]}\{|(x-2)^3+ax+b|\}=\min\limits_{a,b\in\mathbf{R}}\max\limits_{x\in[-2,2]}\{|x^3+a(x+2)+b|\}=\min\limits_{a,b\in\mathbf{R}}\max\limits_{x\in[-2,2]}\{|x^3+ax+b|\}=\min\limits_{a,b\in\mathbf{R}}\max\limits_{x\in[-1,1]}\{|(2x)^3+2ax+b|\}=2\min\limits_{a,b\in\mathbf{R}}\max\limits_{x\in[-1,1]}\{|4x^3+ax+b|\}$，又由例 6 不难推出 $\min\limits_{a,b\in\mathbf{R}}\max\limits_{x\in[-1,1]}\{|4x^3+ax+b|\}=1$，所以 $\min\limits_{a,b\in\mathbf{R}}\max\limits_{x\in[0,4]}\{|(x-2)^3+ax+b|\}=2$。

故本题选 B。

例 6 是笔者高中时所做,对比例 5,纯属降维打击了,但学习数学一定要时刻反思,举一反三,不难发现,例 5 同样有三角函数的背景,也就是余弦二倍角公式。

令 $x = \cos\theta$,则 $\left| x^2 - \dfrac{1}{2} \right| = \left| \dfrac{2\cos^2\theta - 1}{2} \right| = \left| \dfrac{\cos 2\theta}{2} \right| \in \left[0, \dfrac{1}{2} \right]$。

学无止境,还要继续思考,余弦四倍角的题,有吗? 有的,见习题 12,这道题很经典,但笔者所见的解析均没有指出其三角函数的背景,也就是说,这些解析只在第一层——利用绝对值不等式消元,都没能进入第二层——三角函数,可是还有五倍角,六倍角,一万倍角,我们不可能无限地做下去,有没有一般性的结论? 回答是肯定的,在第 3 讲中,笔者将和读者朋友一起进入大气层,介绍本题更深刻的本质——切比雪夫多项式。

例 7 （2019 北大博雅）$f(x)$ 满足对任意的 $x \neq 0$、1,有 $f(x) + f\left(\dfrac{1}{1-x} \right) = x$,求 $f(2)$。

解析 依次在原函数方程中代入 $x = 2, -1, \dfrac{1}{2}$,得到

$$f(2) + f(-1) = 2, \quad f(-1) + f\left(\dfrac{1}{2} \right) = -1, \quad f\left(\dfrac{1}{2} \right) + f(2) = \dfrac{1}{2},$$

联立三个方程,解得 $f(2) = \dfrac{7}{4}$。

评注:本题可更进一步,给出函数的解析式。注意到 $g(x) = \dfrac{1}{1-x}$ 为三次迭代还原函数,所以我们可以预见,进行两次整体代换后,我们会得到含有 3 个"未知数"的 3 个函数方程,从而得解。

在函数方程 $f(x)+f\left(\dfrac{1}{1-x}\right)=x$ 中用 $\dfrac{1}{1-x}$ 替换 x，得

$$f\left(\dfrac{1}{1-x}\right)+f\left(1-\dfrac{1}{x}\right)=\dfrac{1}{1-x},$$

在上式中继续用 $\dfrac{1}{1-x}$ 替换 x，得

$$f\left(1-\dfrac{1}{x}\right)+f(x)=1-\dfrac{1}{x}。$$

联立三个函数方程，解得

$$f(x)=\dfrac{x^3-x+1}{2x(x-1)}。$$

例8 （柯西方程）求满足方程 $f(x+y)=f(x)+f(y)(x,y\in\mathbf{R})$ 的所有连续函数 $f:\mathbf{R}\to\mathbf{R}$。

注：函数 $f(x)$ 在 x_0 处连续是指当 $x\to x_0$ 时，$f(x)\to f(x_0)$。在定义域内每一点都连续的函数称为连续函数。

解析 令 $x=y=0$，可得 $f(0)=0$。由 $f(nx)=f(x)+f((n-1)x)(\forall n\in\mathbf{N}_+)$，运用数学归纳法，易得 $f(nx)=nf(x)(\forall n\in\mathbf{N}_+)$，所以 $f(n)=nf(1)(n\in\mathbf{N}_+)$。

因为 $f(1)=f\left(n\cdot\dfrac{1}{n}\right)=nf\left(\dfrac{1}{n}\right)(\forall n\in\mathbf{N}_+)$，所以

$$f\left(\dfrac{1}{n}\right)=\dfrac{1}{n}f(1)(\forall n\in\mathbf{N}_+),$$

进而 $f\left(\dfrac{m}{n}\right)=mf\left(\dfrac{1}{n}\right)=\dfrac{m}{n}f(1)(\forall m,n\in\mathbf{N}_+)$，即 $f(x)=f(1)x(\forall x\in\mathbf{Q}_+)$。

由 $f(x)+f(-x)=f(0)=0$，得 $f(-x)=-f(x)$，所以

$$f(x)=f(1)x(\forall x\in\mathbf{Q})。$$

任取一个无理数 x，总存在一个无穷的有理数列 $\{r_n\}$，满足 $\lim\limits_{n \to +\infty} r_n = x$，又因为函数 $f : \mathbf{R} \to \mathbf{R}$ 连续，所以 $f(x) = f(\lim\limits_{n \to +\infty} r_n) = \lim\limits_{n \to +\infty} f(r_n) = \lim\limits_{n \to +\infty} r_n f(1) = f(1)x$。

令 $k = f(1)$，则 $f(x) = kx \, (x \in \mathbf{R})$。

评注：我们补充一下有理数列 $\{r_n\}$ 的具体构造，事实上，任给无理数 x，可取 $r_n = \dfrac{[nx]}{n}$，由高斯函数的性质有 $r_n \in \mathbf{Q}$ 且 $\dfrac{nx-1}{n} < r_n \leqslant x$，故 $|r_n - x| < \dfrac{1}{n}$，因此 $\lim\limits_{n \to +\infty} r_n = x$。

在求解过程中，函数连续性起着关键作用，缺之不可。将连续性改成单调性，可以得到同样的结果。以单调递增为例，令 $k = f(1)$，则 $k > f(0) = 0$，且当 $x > 0$ 时，$f(x) > 0$，当 $x < 0$ 时，$f(x) < 0$；假设存在一个无理数 a，使得 $f(a) \neq ka$，分为两种情况：$f(a) < ka$ 或 $f(a) > ka$；

若 $f(a) < ka$，则 $\dfrac{f(a)}{k} < a$，总存在有理数 r，使 $\dfrac{f(a)}{k} < r < a$，即 $f(a) < kr < ka$，由递增性，得 $kr = f(r) < f(a)$，矛盾。

若 $f(a) > ka$，同理可导致矛盾，故不存在无理数 a，使得 $f(a) \neq ka$，所以 $f(x) = kx \, (\forall x \in \mathbf{R})$，其中常数 $k > 0$。

例 9 （2016 北大博雅）方程 $\left(\dfrac{x^3 + x}{3}\right)^3 + \dfrac{x^3 + x}{3} = 3x$ 的所有实数根的平方和为 _____。

解析 构造辅助函数 $f(x) = \dfrac{x^3 + x}{3}$，显然 $f(x)$ 单调递增，原方程等价于

$$f(f(x)) = x。$$

设满足此方程的一个实根为 x_0，我们证明必有 $f(x_0) = x_0$。若不然，则 $f(x_0) > x_0$ 或 $f(x_0) < x_0$。若 $f(x_0) > x_0$，则 $x_0 = f(f(x_0)) > f(x_0) >$

x_0，矛盾。若 $f(x_0) < x_0$，同理可推出矛盾，故必有 $f(x_0) = x_0$，即

$$\frac{x_0{}^3 + x_0}{3} = x_0,$$

解得 $x_0 = 0$ 或 $\sqrt{2}$ 或 $-\sqrt{2}$，所以原方程的所有实根的平方和为 4。

> 评注：形式，先于蛮力。第一步构造函数最重要，化腐朽为神奇。后面便水到渠成，单调函数的二阶不动点必为一阶不动点。习题 13 中，也运用了类似的结论与证法。

例 10 （2019 北大暑期学堂）已知函数 $f(x)$ 满足对任意实数 x 有 $f(f(x)) = x - 1$，请问是否存在整数 n 使得 $f(n)$ 是整数？若有，请写出所有符合条件的 n；若无，请说明理由。

点拨 "请写出所有符合条件的 n"这句话提示我们：大概的确是没有了。但无论是否存在这样的 n，核心一定是要充分利用题干中的等式条件。在函数迭代中，有时会使用一种类似于算两次的技巧，即从两种角度来看同一个式子，得到一些等量关系。

解析 由题意可知，$f(f(f(x))) = f(x-1)$，$f(f(f(x))) = f(x) - 1$，所以

$$f(x-1) = f(x) - 1，即 \ f(x) = f(x-1) + 1,$$

假设 $\exists x_0 \in \mathbf{Z}$，使得 $f(x_0) \in \mathbf{Z}$，则由上式可知，对 $\forall x \in \mathbf{Z}$，都有 $f(x) \in \mathbf{Z}$，且 $f(x) = f(x_0) + x - x_0$。设 $f(0) = a (a \in \mathbf{Z})$，则 $f(x) = f(0) + x = x + a$，$f(f(x)) = f(x+a) = x + 2a = x - 1$，所以 $a = -\dfrac{1}{2}$，矛盾。所以假设不成立，不存在整数 n 使得 $f(n)$ 为整数。

例 11 将一张地图按比例缩小之后放入原地图中，证明：有且仅有一点代表了两张地图的同一位置（不动点）。

点拨 容易说明的是最多只可能有一个不动点，否则两张地图全等，关键是证明存在性。存在一个不动点似乎是"显然"的，在脑海中展开动态的想象，我们会有一种"旋转逼近"的感觉，最后总会"收敛"于一个点，但是却很难写清楚。

这里我们需利用复平面与函数迭代,复平面可以很好地处理"数与形"的关系,而函数迭代则是运用数学语言来刻画上述那些朴素的直观感受。

解析 如图所示,将两张地图放入一个复平面内。记 A、B 两点对应的复数为 0 和 1,A'、B' 两点对应的复数为 z_1 和 z_2,因为是缩小后的地图,所以 $|z_1-z_2|=|A'B'|<1$,原地图上的点集与缩小后的地图上的点集显然是一一对应,记对应关系为 f。

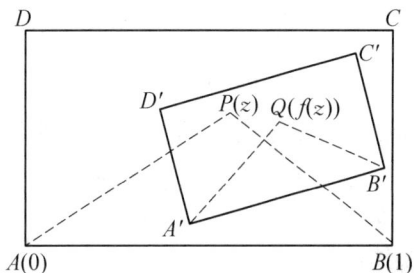

例 11 图

在地图 $ABCD$ 中任取一点 P,记对应的复数为 z,我们考虑 $f(z)$,连接 PA、PB。在小地图中显然存在一点 Q 使 $\triangle QA'B' \backsim \triangle PAB$,则 Q 对应的复数即为 $f(z)$,若 $f(z)=z$,则点 P 就是不动点,否则,再按同样的操作得到 $f^{(2)}(z)$,$f^{(3)}(z)$,$\cdots$ 注意到,因为 $\triangle QA'B' \backsim \triangle PAB$,所以

$$\frac{f(z)-z_1}{z_2-z_1}=\frac{z-0}{1-0},$$

所以 $f(z)=(z_2-z_1)z+z_1$,则 $f^{(n)}(z)=(z_2-z_1)^n z+\dfrac{1-(z_2-z_1)^n}{1+z_1-z_2}z_1$。

因为 $|z_2-z_1|<1$,故 $\lim\limits_{n\to\infty}f^{(n)}(z)=\dfrac{z_1}{1+z_1-z_2}$,则 $\dfrac{z_1}{1+z_1-z_2}$ 对应的点即为所求。

又显然不可能有两个不动点,否则两张地图等大。证毕。

评注:笔者曾经读过一篇小说,大概是讲沙漠中有一张与王国等大的地图,王国灭亡了,而地图仍在。数学与文学的和而不同在此可见一斑。文学有时是神采飞扬充满想象的,而数学则必须慎之又慎严谨求真。当然,本题也可以直接求出不动点。设不动点为 K,对应的复数为 z_0,则由 $\triangle KA'B' \backsim \triangle KAB$ 得 $\dfrac{z_0-z_1}{z_2-z_1}=\dfrac{z_0-0}{1-0}$,解得 $z_0=\dfrac{z_1}{1+z_1-z_2}$。

例12 （2010 罗马尼亚大师杯）对每一个正整数 n，求具有下述性质的最大常数 C_n：对任意 n 个定义在闭区间 $[0，1]$ 上的实值函数 $f_1(x)$，$f_2(x)$，$\cdots$，$f_n(x)$，都存在实数 x_1，x_2，$\cdots$，x_n，满足 $0 \leqslant x_i \leqslant 1$，且 $|f_1(x_1)+f_2(x_2)+\cdots+f_n(x_n)-x_1x_2\cdots x_n| \geqslant C_n$。

点拨 又见绝对值，联想到赋值 0 和 1，利用绝对值不等式消去未知量，得到 C_n 的下界。而这，只是我们万里长征的第一步。

解析 $C_n = \dfrac{n-1}{2n}$。

一方面，取 $x_1=x_2=\cdots=x_n=1$，题中不等式的左边 $= \left| \sum\limits_{i=1}^{n} f_i(1)-1 \right|$，取 $x_1=x_2=\cdots=x_n=0$，不等式的左边 $= \left| \sum\limits_{i=1}^{n} f_i(0) \right|$，对 $i \in \{1，2，3\cdots，n\}$ 取 $x_i=0$，$x_j=1(j \neq i)$，不等式的左边 $= \left| \sum\limits_{j \neq i} f_j(1)+f_i(0) \right|$。

由绝对值不等式可知

$$(n-1)\left| \sum\limits_{i=1}^{n} f_i(1)-1 \right|+\sum\limits_{i=1}^{n}\left| \sum\limits_{j \neq i} f_j(1)+f_i(0) \right|+\left| \sum\limits_{i=1}^{n} f_i(0) \right|$$

$$\geqslant \left| (n-1)(\sum\limits_{i=1}^{n} f_i(1)-1)-\sum\limits_{i=1}^{n}(\sum\limits_{j \neq i} f_j(1)+f_i(0))+\sum\limits_{i=1}^{n} f_i(0) \right|$$

$$=n-1，$$

所以 $\left| \sum\limits_{i=1}^{n} f_i(1)-1 \right|$，$\left| \sum\limits_{i=1}^{n} f_i(0) \right|$，$\left| \sum\limits_{j \neq i} f_j(1)+f_i(0) \right|(i=1，2，\cdots，n)$ 中必有一个数不小于 $\dfrac{n-1}{2n}$，所以 $C_n \geqslant \dfrac{n-1}{2n}$。

另一方面，令 $f_i(x) = \dfrac{x}{n}-\dfrac{n-1}{2n^2}$，$i=1，2，\cdots，n$，我们证明：

对任意实数 x_1，x_2，$\cdots$，$x_n \in [0，1]$，都有 $| f_1(x_1)+f_2(x_2)+\cdots+f_n(x_n)-x_1x_2\cdots x_n | \leqslant \dfrac{n-1}{2n}$。

代入解析式，化简整理可得上式等价于 $1-n \leqslant nx_1\cdots x_n-\sum\limits_{i=1}^{n} x_i \leqslant 0$。

$$(1)$$

左边不等式等价于$(n-1)x_1\cdots x_n+(x_1-1)(x_2\cdots x_n-1)+\cdots+(x_{n-1}-1)(x_n-1)\geqslant 0$,此式中每一个加项都不小于0,故成立。

右边不等式等价于$\sum\limits_{i=1}^{n}x_i\left(1-\dfrac{x_1\cdots x_n}{x_i}\right)\geqslant 0$,同上可知亦成立,所以,

$$C_n\leqslant\dfrac{n-1}{2n}。$$

综上所述,所求的最大常数$C_n=\dfrac{n-1}{2n}$。

评注:这是笔者高中时期耗时最久的一道题,足足三个小时。首先,第一眼联想到浙江省某年的一道预赛题,是本题的$n=2$的特殊情形,然后以此为起点,顺利得到了关于C_n的不等式,但构造时遇到了巨大困难,尝试了许久失败了数次,反思自身,还是思路不清,凡事先从简单的情况入手,应该先考虑n个函数相同均为一次函数,利用绝对值不等式取等条件,可以很快得到具体的解析式;最后一步小障碍,是不等式(1)的证明,参考答案的恒等变形比较稀奇,读者可以参考笔者当年的证法,也许更朴实易懂。

先证右边,由均值不等式结合$x_i\in[0,1]$,有$\sum\limits_{i=1}^{n}x_i\geqslant n\sqrt[n]{\prod\limits_{i=1}^{n}x_i}\geqslant$ $n\prod\limits_{i=1}^{n}x_i$,再证左边,作一个换元,令$y_i=1-x_i$,代入,则原不等式等价于 $n\prod\limits_{i=1}^{n}(1-y_i)\geqslant 1-\sum\limits_{i=1}^{n}y_i$,事实上我们有更强的结论$\prod\limits_{i=1}^{n}(1-y_i)\geqslant 1-\sum\limits_{i=1}^{n}y_i$,此为伯努利不等式,对$n$归纳,当$n=2$时易证,设$n=k$时结论成立,则当$n=k+1$时,由归纳假设及$n=2$的结论知

$$\prod_{i=1}^{k+1}(1-y_i)=(1-y_{k+1})\prod_{i=1}^{k}(1-y_i)$$

$$\geqslant(1-y_{k+1})(1-\sum_{i=1}^{k}y_i)$$

第2讲 函数

$$\geqslant 1 - \sum_{i=1}^{k+1} y_i,$$

这就完成了归纳证明。

当然，对于不等式的左边，正如我们知识拓展中的举例一样，我们也可以将本题中 $nx_1\cdots x_n - \sum_{i=1}^{n} x_i$ 视为关于 x_1 的一次函数，只需说明其在端点 0 和 1 处的函数值均不小于 $1-n$ 即可，端点 0 处显然，而端点 1 处可利用数学归纳法，读者自证不难。

强化训练

A组

1. (2022 上海交大强基)偶函数 $f(x)$ 满足 $f(x+4)=f(x)+2f(2)$，求 $f(2022)$ 的值。

2. (2020 清华强基)已知函数 $f(x)=\dfrac{2e^x}{e^x+e^{-x}}+\sin x$ 在区间 $[-2,2]$ 上的最大值为 M，最小值为 m，则（　　）。

A. $M+m=2$　　　　　　　　　B. $M+m=1$

C. $M-m=2$　　　　　　　　　D. $M-m=1$

3. (2020 北大强基)已知 $f(x)$ 是二次函数，$f(-2)=0$，且 $2x\leqslant f(x)\leqslant \dfrac{x^2+4}{2}$，则 $f(10)=$_____。

4. (2019 清华自招)设函数 $f(x)=9^x-3^{x+1}+a$（a 为常数），则（　　）。

A. 当 $f(x)<0$ 对任意的 $x\in(0,1)$ 成立时，a 的取值范围是 $(-\infty,-3)$

B. 当存在 $x\in(0,1)$，使得 $f(x)<0$ 成立时，a 的取值范围是 $\left(-\infty,\dfrac{9}{4}\right)$

C. 当方程 $f(x)=3^x a$ 在 $[0,1]$ 上有唯一解时，a 的取值范围是 $(-\infty,0]$

D. 当方程 $f(x)=3^x a$ 在 $[0,1]$ 上有解时，a 的取值范围是 $(-\infty,0]$

5. (2022 清华强基) 对 $x \in \mathbf{R}$，$f(x)$ 满足 $f(x)+f(1-x)=1$，$f(x)=2f\left(\dfrac{x}{5}\right)$，且对 $0 \leqslant x_1 \leqslant x_2 \leqslant 1$，恒有 $f(x_1) \leqslant f(x_2)$，则 $f\left(\dfrac{1}{2022}\right)=$ _____。

6. (2022 上海交大强基) $f(x)=|x|+2x+1+3^x$ 的反函数为 $g(x)$，则 $(g(x^2))^2=1$ 的根有（　　）个。

A. 1 　　　　　B. 2 　　　　　C. 3 　　　　　D. 4

7. (2018 中科大自招) 已知定义在 $(0,+\infty)$ 上的函数 $f(x)$ 是单射，对任意的 $x>0$，有 $xf(x)>1$，$f(xf(x)-1)=2$，则 $f(2)=$ _____。

8. (2022 上海交大强基) $f(x)=|x+1|+|x|-|x-2|$，$f(f(x))+1=0$ 根的个数为（　　）。

A. 1 　　　　　B. 2 　　　　　C. 3 　　　　　D. 0

9. (2021 清华强基) 将函数 $y=\sqrt{4+6x-x^2}-2$（$x \in [0,6]$）的图象绕原点逆时针旋转角 θ（$0 \leqslant \theta \leqslant \alpha$），得到曲线 C。若对于每一个旋转角 θ，曲线 C 都是一个函数的图象，则 α 的最大值为（　　）。

A. $\arctan\dfrac{3}{2}$ 　　B. $\arctan\dfrac{2}{3}$ 　　C. $\dfrac{\pi}{4}$ 　　D. $\dfrac{\pi}{3}$

10. (飞哥原创) 证明：函数 $f(x)=\cos x^3$ 不是周期函数。

11. (2017 清华领军) 已知实数 a、b 满足：当 $|x| \leqslant 1$ 时，恒有 $|x^2+ax+b| \leqslant 2$，则（　　）。

A. $a \geqslant -2$ 　　B. $a \leqslant 2$ 　　C. $b \geqslant -1$ 　　D. $b \leqslant 1$

12. 已知 $f(x)=ax^2+bx+c$ 在 $[0,1]$ 上的函数值的绝对值不超过 1，求 $|a|+|b|+|c|$ 的最大值。

13. (2019 北大寒假学堂) 已知 $f(x)=\sqrt{5+\sqrt{5+\sqrt{5+\sqrt{5+x}}}}$，求 $f(x)$ 图象与它的反函数图象交点的横坐标。

14. (2019 浙大自招) 定义在 $\mathbf{R}$ 上的偶函数 $f(x)$ 满足

$$f(x+1) = \frac{1}{2} + \sqrt{f(x) - f^2(x)},$$

求 $f\left(\dfrac{121}{2}\right)$。

15. (2021 清华强基)设 a 为常数，$f(0) = \dfrac{1}{2}$，$f(x+y) = f(x)f(a-y) + f(y)f(a-x)$，则（　　）。

A. $f(a) = \dfrac{1}{2}$　　　　　　　　B. $f(x) = \dfrac{1}{2}$ 恒成立

C. $f(x+y) = 2f(x)f(y)$　　　　D. 满足条件的 $f(x)$ 不止一个

B 组

16. (2011 北大夏令营)是否存在定义域为全体实数的实值函数 $f(x)$，使得 $f(-n^2 + 3n + 1) = f^2(n) + 2$，对于任意整数 n 均成立？

17. (2021 中科大强基)写出一个函数 $f(x)$，使得 $f(x - f(y)) = f(f(y)) + 2xf(y) + f(x) - 1$ 对于任意的 x、$y \in \mathbf{R}$ 恒成立。

18. (2019 北大金秋营)设函数 $f:[0, +\infty) \to [0, +\infty)$，$f$ 单调不增。给定常数 $C > 0$，$\alpha > 0$，$\beta > 1$，对任意的 $x > y \geqslant 0$，都有 $f(x) \leqslant \dfrac{C}{(x-y)^\alpha} f(y)^\beta$。证明：0 属于 f 的值域。

19. 设 $f(x) = \sqrt{2+x}$，求 $f^{(n)}(x)$。

20. (2009 保加利亚国家队选拔考试)设 $a_1, a_2, \cdots, a_n$；$b_1, b_2, \cdots, b_n$ 均为实数，$c_1, c_2, \cdots, c_n$ 为正实数。证明：

$$\left(\sum_{i,j=1}^n \frac{a_i a_j}{c_i + c_j}\right)\left(\sum_{i,j=1}^n \frac{b_i b_j}{c_i + c_j}\right) \geqslant \left(\sum_{i,j=1}^n \frac{a_i b_j}{c_i + c_j}\right)^2.$$

第 3 讲 多项式、代数变形

本讲概述

代数是研究数、数量、关系、结构与代数方程的通用解法及其性质的数学分支。其涵盖极广，内涵丰富，分为初等代数与高等代数，就高中数学及强基竞赛而言，函数、不等式、复数、数列等几大领域都可被统归为代数麾下。本讲的标题为"多项式、代数变形"，这二者在高中数学课本中鲜有专门介绍，但相关思想与技巧在各种考试中频繁出现；代数千变万化，又妙趣横生，所以笔者专门写下此讲。

本讲的知识延伸依然丰富，例题更加精彩，需要说明的是，代数变形涵盖的范围极广，经常与其他板块，例如复数、不等式甚至数论等相结合，因此我们选题分类的依据是所涉知识点的主次。本书各讲的题目彼此独立又相互联系，形成一个统一的整体。

知识延伸

一 多项式

1. **多项式的定义**：形如 $a_n x^n + a_{n-1} x^{n-1} + \cdots + a_1 x + a_0 (a_i \in F, i = 0, 1, \cdots, n)$ 的表达式称为 F 上的一元多项式，F 可以是复数集 **C**，实数集 **R**，有理数集 **Q**，整数集 **Z**。F 上全体一元多项式组成的集合记为 $F[x]$。

记 $f(x) = a_n x^n + a_{n-1} x^{n-1} + \cdots + a_1 x + a_0$，$a_k x^k (0 \leqslant k \leqslant n)$ 称为 $f(x)$ 的 k 次项，a_k 称为 k 次项系数。若 $f(x)$ 的各项系数全为 0，则称 $f(x)$ 为零多项式。若 $a_n \neq 0$，则 $a_n x^n$ 称为多项式 $f(x)$ 的首项，a_n 称为首项系数，n 称为 $f(x)$ 的次数，记为 $\deg(f(x)) = n$，$f(x)$ 就称为一个 n 次多项式。零多项式的次数定义为 $-\infty$。

2. **多项式的带余除法**：对于 $F[x]$（F 是域）中的任意两个多项式 $f(x)$ 与 $g(x)$，其中 $g(x) \neq 0$，一定存在 $q(x), r(x) \in F[x]$ 使得 $f(x) = q(x)g(x) + r(x)$，其中 $\deg(r(x)) < \deg(g(x))$，并且这样的 $q(x), r(x)$ 是唯一的。

3. **多项式的整除**：设 $f(x), g(x) \in F[x]$，如果存在 $h(x) \in F[x]$ 使得 $f(x) = g(x)h(x)$，则称多项式 $g(x)$ 整除 $f(x)$，记为 $g(x) \mid f(x)$，$g(x)$ 不整除 $f(x)$ 记为 $g(x) \nmid f(x)$。

4. **不可约多项式**：对于数域 F 上次数大于 1 的多项式 $f(x)$，如果 $f(x)$ 不能表示成 F 上的两个次数低于 $\deg(f(x))$ 的多项式的乘积，则称 $f(x)$ 为 F 上的不可约多项式。

5. 设多项式 $f(x) = a_n x^n + a_{n-1} x^{n-1} + \cdots + a_1 x + a_0$，其中 $a_i \in F$，在 F 中的数 α 使 $f(\alpha) = 0$，则称 α 为 $f(x)$ 的根或零点。设 $f(x) = (x-\alpha)^m q(x)$，其中 $m \in \mathbf{N}_+$，$q(\alpha) \neq 0$，当 $m = 1$ 时，称 α 为单根，当 $m > 1$ 时，称 α 为 m 重根，计算 $f(x)$ 的零点个数时，重根计入重数。

6. **因式定理**：设 $f(x) \in F[x]$，则 $x = \alpha$ 是 $f(x)$ 的零点的充要条件是 $f(x)$ 被 $x - \alpha$ 整除。

7. **代数基本定理**：次数大于 1 的复系数多项式必有复数根。由代数基本定理结合因式定理与数学归纳法，我们立即得到：$\mathbf{C}[x]$ 中 $n(n \geqslant 1)$ 次多项式

恰有 n 个零点(重根按重数计算)。由此可知，$F[x]$ 中 n 次多项式至多有 n 个零点，若 n 次多项式 $f(x)$ 在 F 中至少有 $n+1$ 个零点，则 $f(x)$ 是零多项式，即 $f(x)=0$。结合因式定理可知，复系数多项式 $C[x]$ 中任一个 n 次多项式 $f(x)(n \geqslant 1)$，在 C 上可唯一地分解为 $f(x)=a_n(x-\alpha_1)(x-\alpha_2)\cdots(x-\alpha_n)$，其中 a_n 是 $f(x)$ 的首项系数，α_1，α_2，$\cdots$，α_n 为 $f(x)$ 的 n 个复数根。

8. 恒等定理：设 $f(x)$，$g(x) \in F[x]$，如果有无穷多个 $\alpha \in F$，使得 $f(\alpha)=g(\alpha)$，则 $f(x)=g(x)$。这一结论是显然的，只需注意到多项式 $f(x)-g(x)$ 有无穷多个零点，而 $\deg(f(x)-g(x)) \leqslant \max\{\deg(f(x))$，$\deg(g(x))\}$，所以 $f(x)-g(x)=0$。

9. 设 $f(x) \in \mathbf{Z}[x]$，p 是一个质数。若整数 α 满足 $f(\alpha) \equiv 0(\bmod p)$，则称 α 是 $f(x)$ 模 p 的一个零点，或称 α 是同余方程 $f(x) \equiv 0(\bmod p)$ 的一个解。

10. 拉格朗日定理：设 $f(x) \in \mathbf{Z}[x]$，p 是一个质数，$f(x)$ 模 p 的次数为 n，则同余方程 $f(x) \equiv 0(\bmod p)$ 至多有 n 个互不相同(即模 p 不同余)的解。此定理对 n 归纳易证，请注意，如果 p 是合数，则结论不正确，如 $x^2 \equiv 1(\bmod 8)$ 有 4 个解 $x \equiv 1$，3，5，$7(\bmod 8)$。

11. 设 $f(x)=a_n x^n+\cdots+a_1 x+a_0 \in \mathbf{Z}[x]$，$n \geqslant 1$，$a_n a_0 \neq 0$，且 $(a_n，\cdots，a_1，a_0)=1$，若既约分数 $\dfrac{b}{c}$ 是 $f(x)$ 的一个有理根，则 $c \mid a_n$，$b \mid a_0$。

证明：易知 $0=c^n f\left(\dfrac{b}{c}\right)=a_n b^n+a_{n-1} b^{n-1} c+\cdots+a_1 bc^{n-1}+a_0 c^n$，因为 $b \mid a_n b^n+a_{n-1} b^{n-1} c+\cdots+a_1 bc^{n-1}$，所以 $b \mid a_0 c^n$。又由 $(b，c)=1$，可得 $b \mid a_0$。同理可得 $c \mid a_n$。特别地，若 $a_n=1$，则 $c=\pm 1$，这表明了一个重要事实：首项系数为 1 的整系数方程的有理根一定是整数，且为常数项的因数。

12. 艾森斯坦判别法：设整系数多项式 $f(x)=a_n x^n+a_{n-1} x^{n-1}+\cdots+a_1 x+a_0$，如果存在质数 p 使得 $p \nmid a_n$；$p \mid a_i(i=0，1，\cdots，n-1)$；$p^2 \nmid a_0$，那么 $f(x)$ 在有理数域上不可约。

13. 韦达定理：设 α_1，α_2，$\cdots$，α_n 是 $f(x)=a_n x^n+\cdots+a_1 x+a_0=0$ 的 n 个根，则由 $f(x)=a_n(x-\alpha_1)(x-\alpha_2)\cdots(x-\alpha_n)$，展开可得

$$\sum_{i=1}^{n} \alpha_i = -\frac{a_{n-1}}{a_n}, \quad \sum_{1 \leqslant i < j \leqslant n} \alpha_i \alpha_j = \frac{a_{n-2}}{a_n},$$

$$\sum_{1 \leqslant i < j < k \leqslant n} \alpha_i \alpha_j \alpha_k = -\frac{a_{n-3}}{a_n}, \quad \cdots, \quad \prod_{i=1}^{n} \alpha_i = (-1)^n \frac{a_0}{a_n}.$$

评注:上述知识重要且常用,站在更高的观点上,对一些旧知也能有新的体会,例如,熟知 $x - y \mid x^n - y^n$,从多项式的角度来看,考虑 $f(x) = x^n - y^n$,则 y 是 $f(x)$ 的一个零点,由因式定理即得 $x - y \mid f(x)$;韦达定理指出了多项式的根与系数之间的紧密联系,我们经常使用其 $n = 2$ 的特殊情形。

艾森斯坦判别法、拉格朗日定理等结论表明,多项式经常作为数论问题的载体与工具。关于质数、合数、整除与模等概念的定义与性质,详见本书第 9 讲数论。

二 代数变形

代数变形的根本目的是化隐为显,化难为易,使问题便于求解,所以需要具体问题具体分析,采取最佳的策略,我们列举一些常见的思想与技巧。

1. 分类讨论:当代数式的变换受到取值范围的影响时,可按不同情况分类,逐一讨论,分而破之。例如处理绝对值。

2. 因式分解:因式分解是指将一个多项式化为几个最简整式的乘积,这是初等数学中最重要的恒等变形。在数论的不定方程问题中,因式分解的使用极普遍且更广义,例如,求解不定方程 $3a - 4b - 2ab = 0$ 的整数解 (a, b),尽管 $3a - 4b - 2ab$ 不能直接因式分解,但很"接近",考虑 $2(a + m)(n - b)$,这里 m、n 为待定常数,易得 $(a + 2)(3 - 2b) = 3a - 4b - 2ab + 6$,所以原方程可变形为 $(a + 2)(3 - 2b) = 6$,注意到 $3 - 2b$ 为奇数,且为 6 的因数,所以 $3 - 2b = \pm 1$ 或 ± 3,最终可求出全部解 $(a, b) = (0, 0)$,$(-4, 3)$,$(4, 1)$,$(-8, 2)$。

几个常用的因式分解:

(1) n 为大于 1 的整数,$x^n - y^n = (x - y)(x^{n-1} + x^{n-2} y + x^{n-3} y^2 + \cdots +$

$xy^{n-2}+y^{n-1}$);

（2）n 为大于 1 的奇数，$x^n+y^n=(x+y)(x^{n-1}-x^{n-2}y+x^{n-3}y^2-\cdots$
$-xy^{n-2}+y^{n-1}）$。

（3）$x^4+4y^4=(x^2+2y^2)^2-4x^2y^2=(x^2+2y^2+2xy)(x^2+2y^2-2xy)$；

（4）$a^3+b^3+c^3-3abc=(a+b+c)(a^2+b^2+c^2-ab-ac-bc)$

$$=\frac{1}{2}(a+b+c)[(a-b)^2+(b-c)^2+(c-a)^2]；$$

3. 利用对称性：一个 n 元解析式 $f(x_1,x_2,\cdots,x_n)$ 称为对称式，当且仅当对于任意的 $1\leqslant i<j\leqslant n$ 都有 $f(x_1,\cdots,x_i,\cdots,x_j,\cdots,x_n)=f(x_1,\cdots,x_j,\cdots,x_i,\cdots,x_n)$。具有对称性的变元可以排序，且恒等变形后的结果依然保持对称性，可以利用这一点迅速化简复杂式子。

> 评注：若对解析式 $f(x_1,x_2,\cdots,x_{n-1},x_n)$，有 $f(x_1,x_2,\cdots,x_{n-1},x_n)=f(x_2,x_3,\cdots,x_n,x_1)=f(x_3,x_4,\cdots,x_n,x_1,x_2)=\cdots$，则称 f 为轮换式。我们可以想象 n 个人围坐在一个圆桌旁，每个人同时顺时针挪一位，这就是轮换。总可以假设某个人坐在上位，所以轮换式可以设出最大的变元。容易看到：对称式一定是轮换式，轮换式不一定是对称式。例如：$ab+bc+ca$ 是对称式，$a^2b+b^2c+c^2a$ 是轮换式但不是对称式。

4. 换元：换元法是指将某个式子看成一个整体，用一个变量去代替它。换元的实质是转化，关键是依据形式特征或条件特点选择合适的元。例如已知两数平方和为 1，可考虑三角换元。

5. 重新组合：指把几个独立的式子依据某一特征组合成新的式子，其目的是使组合后的解析式变得简单，以便于问题求解。

6. 构造法：根据式子的结构特征或代数特征，运用构造法来解题。例如构造对偶式，构造函数。

7. 数形结合：某些代数式具有显著的几何意义，我们可利用这一点，将代数问题转换为几何问题,也许曲径通幽,更易求解。

评注:代数变形不是单纯地化简,有时甚至要化简为繁,本质核心是要便于解题。1的妙用就是典型,我们举几例。

1. 已知 $abc=1$,解方程:

$$\frac{x}{ab+a+1}+\frac{x}{bc+b+1}+\frac{x}{ca+c+1}=2022。$$

解: $\dfrac{x}{ab+a+1}+\dfrac{x}{bc+b+1}+\dfrac{x}{ca+c+1}$

$$=\left(\frac{abc}{ab+a+abc}+\frac{1}{bc+b+1}+\frac{b}{abc+bc+b}\right)x$$

$$=\left(\frac{bc}{b+1+bc}+\frac{1}{bc+b+1}+\frac{b}{1+bc+b}\right)x=x,$$

所以 $x=2022$。

2. 已知 $\tan A=k$,求 $\sin 2A-\cos 2A$ 的值。

解:原式 $=2\sin A\cos A-\cos^2 A+\sin^2 A$

$$=\frac{2\sin A\cos A-\cos^2 A+\sin^2 A}{1}$$

$$=\frac{2\sin A\cos A-\cos^2 A+\sin^2 A}{\cos^2 A+\sin^2 A}$$

$$=\frac{2\tan A-1+\tan^2 A}{1+\tan^2 A}=\frac{2k-1+k^2}{1+k^2}。$$

（三） 高次方程的求解思想

我们首先简要介绍求解一元三次方程的经典方法。对于一般的一元三次方程 $ax^3+bx^2+cx+d=0(a,b,c,d\in\mathbf{C},a\neq 0)$,由代数基本定理,它在复数域上恰有 3 个根(重根计算重数)。我们总可以将所有系数除以 a,化成一个首项系数为 1 的三次多项式

$$x^3 + \frac{b}{a}x^2 + \frac{c}{a}x + \frac{d}{a} = 0,$$

即

$$x^3 + b'x^2 + c'x + d' = 0 \, (b', \, c', \, d' \in \mathbf{C}),$$

进一步,我们可以作代换 $z = x + \dfrac{b'}{3}$,以消去原方程的二次项,化为

$$z^3 + pz + q = 0 \, (p, \, q \in \mathbf{C}),$$

令 $z = u + v$,方程可以化为

$$(u+v)^3 + p(u+v) + q = 0,$$

整理得

$$(u+v)(3uv+p) = -q - (u^3 + v^3),$$

考虑关于 $u, \, v$ 的方程组

$$\begin{cases} 3uv + p = 0, \\ u^3 + v^3 = -q。 \end{cases}$$

消去 v 得到关于 u^3 的二次方程,显然有解,后面的过程不再赘述。

评注:解多元方程的常见思维是消元,但在一元三次方程中,出现了神之一手——增元,令 $z = u + v$,这一步石破天惊,所以三次方程的求解困扰了人类许久。一元四次方程的解法同样使用了类似的思想,同时,上述解法也存在一定的不足,感兴趣的读者可以自行查阅资料。

伽罗瓦创立的群论表明,五次及以上方程没有求根公式,如果题中出现了高次方程且需要求解,往往采用如下几种方法。

1. 试根法:通过尝试特殊值,得出方程的特解,从而利用因式定理分解降次。特别地,对于首项系数为 1 的整系数方程,其整数解一定是常数项的因数。

2. 整体换元法:当方程的形式具备对称性时,可利用整体换元,将方程

降次。

3. 代数变形:掌握一些典型的因式分解和变形技巧,因地制宜,分析题中形式特征,从而变形简化,帮助解题。

四 拉格朗日插值公式

设函数 $f(x)$ 在区间 $[a, b]$ 上有定义,且已知在点 $a \leqslant x_0 < x_1 < x_2 < \cdots < x_n \leqslant b$ 上的函数值 $y_0, y_1, \cdots, y_n$,求构造一个次数不超过 n 的插值多项式 $L_n(x) = a_0 + a_1 x + \cdots + a_n x^n$ 使 $L_n(x_i) = y_i (i = 0, 1, \cdots, n)$ 成立,则

$$L_n(x) = \sum_{i=0}^{n} \left(\prod_{j=0, j \neq i}^{n} \frac{x - x_j}{x_i - x_j} \right) y_i。$$

评注:方法、过程比结果更重要,甚至提出问题比解决问题更重要。小时候,经常做一些找规律填数字的题,比如 1, 2, 3, 4, (　　),参考答案自然是 5,笔者就十分狐疑,有没有某种代数式,能使得括号里的结果不是 5 呢?拉格朗日插值公式就解决了笔者的疑问,它表明,括号里可以填任何数,因为总可以找到一个四次多项式在 1, 2, 3, 4, 5 处的函数值为 1, 2, 3, 4 与我们所填的数。

拉格朗日插值公式形式复杂,不可死记硬背,而应深刻理解。可以先从简单的情形入手。例如,平面直角坐标系中已知有下面三点 (x_1, y_1),(x_2, y_2),(x_3, y_3),因为平面上三点无法确定三次多项式,所以我们考虑二次多项式。我们假设有多项式 $L_2(x) = a_0 + a_1 x + a_2 x^2$ 经过这三个点,那么将三点的坐标代入,可以通过解如下方程组得出 a_0、a_1、a_2 的值。

$$\begin{cases} y_1 = a_0 + a_1 x_1 + a_2 x_1^2, \\ y_2 = a_0 + a_1 x_2 + a_2 x_2^2, \\ y_3 = a_0 + a_1 x_3 + a_2 x_3^2。 \end{cases}$$

于是我们就解出了经过这三点的二次曲线。这是常规做法。更好的想

法是,所求曲线可通过三根二次曲线的线性组合来得到。第一根曲线 $f_1(x)$ 在 x_1 点处,取值为 1,其余两点取值为 0;第二根曲线 $f_2(x)$ 在 x_2 点处,取值为 1,其余两点取值为 0;第三根曲线 $f_3(x)$ 在 x_3 点处,取值为 1,其余两点取值为 0。于是二次曲线 $f(x) = y_1 f_1(x) + y_2 f_2(x) + y_3 f_3(x)$ 就经过所给的三点。

由上,构造 $f_i(x) = \prod\limits_{j=1, j \neq i}^{3} \dfrac{x - x_j}{x_i - x_j}$,$i = 1, 2, 3$ 即可。不难由此推知一般的情形。

再深入思考会发现,拉格朗日插值公式的思想本质与数论中的中国剩余定理如出一辙,力所能及的读者可自行阅读研究加深体会。

典例精析

例 1 （2021 清华强基）定义 $x * y = \dfrac{x + y}{1 + xy}$,则 $(\cdots((2 * 3) * 4) \cdots) * 21$ = _____。

点拨 本题的背景是双曲函数。由 $x * y = \dfrac{x + y}{1 + xy}$ 联想到双曲正切函数的加法公式:

$$\tanh(x + y) = \frac{\tanh x + \tanh y}{1 + \tanh x \tanh y},\text{这里 } \tanh x = \frac{e^x - e^{-x}}{e^x + e^{-x}} = \frac{e^{2x} - 1}{e^{2x} + 1}。$$

解析 令 $\lambda = -\dfrac{x + 1}{x - 1}$,$\mu = -\dfrac{y + 1}{y - 1}$,则

$$x = \frac{\lambda - 1}{\lambda + 1}, \quad y = \frac{\mu - 1}{\mu + 1}, \quad x * y = \frac{\dfrac{\lambda - 1}{\lambda + 1} + \dfrac{\mu - 1}{\mu + 1}}{1 + \dfrac{\lambda - 1}{\lambda + 1} \cdot \dfrac{\mu - 1}{\mu + 1}} = \frac{\lambda\mu - 1}{\lambda\mu + 1},$$

这表明，若设 $z = \dfrac{v-1}{v+1}$，即 $v = -\dfrac{z+1}{z-1}$，则 $(x*y)*z = \dfrac{\lambda\mu v - 1}{\lambda\mu v + 1}$，所以

$$(\cdots((2*3)*4)\cdots)*21 = \dfrac{\left(-\dfrac{3}{1}\right)\left(-\dfrac{4}{2}\right)\cdots\left(-\dfrac{22}{20}\right) - 1}{\left(-\dfrac{3}{1}\right)\left(-\dfrac{4}{2}\right)\cdots\left(-\dfrac{22}{20}\right) + 1}$$

$$= \dfrac{21 \times 11 - 1}{21 \times 11 + 1} = \dfrac{115}{116}。$$

例2 （2021 北大强基）已知 a、b、c 是三个不全相等的实数且满足 $a = ab + c$，$b = bc + a$，$c = ca + b$，则 $a + b + c = $ _____ 。

点拨 条件是轮换的，通过对条件的整体利用，反复变形，得到三元对称式 $a + b + c$，$ab + bc + ac$，abc，$a^2 + b^2 + c^2$ 之间的关系，进而求解。

解析 题中三式相加可得 $ab + bc + ca = 0$。

题中三式分别乘以 c、a、b，得到 $ac = abc + c^2$，$ab = abc + a^2$，$bc = abc + b^2$，此三式相加得到 $ab + bc + ca = 3abc + a^2 + b^2 + c^2$，即

$$a^2 + b^2 + c^2 = -3abc。$$

题中三式可变形为 $a(1-b) = c$，$b(1-c) = a$，$c(1-a) = b$，这三个式子说明 a、b、c 全不为 0，若不然，假设其中一个为 0，可推出另外两个也为 0，与 a、b、c 不全相等矛盾。三式相乘得到 $abc(1-a)(1-b)(1-c) = abc$，则 $(1-a)(1-b)(1-c) = 1$。展开有

$$1 - (a+b+c) + (ab+bc+ca) - abc = 1，$$

将 $ab + bc + ca = 0$ 代入上式，得 $a + b + c = -abc \neq 0$。因此我们有

$$(a+b+c)^2 = a^2 + b^2 + c^2 = -3abc = 3(a+b+c)，$$

由 $a + b + c \neq 0$，知 $a + b + c = 3$。

> 评注：事实上，本题可更进一步，解出 a、b、c 的具体值。
>
> 由以上过程，可知 $a + b + c = 3$，$ab + bc + ca = 0$，$abc = -3$。由韦

达定理，a、b、c 即为方程 $x^3-3x^2+3=0$ 的三个根。方程形式启发我们联想到余弦三倍角公式 $\cos 3\theta=4\cos^3\theta-3\cos\theta$，我们可以利用解一元三次方程中的操作消去方程中的二次项。

作代换 $x=y+1$，代入原方程可得 $y^3-3y+1=0$，为了使得三次项与一次项的系数之比为 $4:(-3)$，再令 $y=2z$，则 $8z^3-6z+1=0$，即 $4z^3-3z=-\dfrac{1}{2}$。利用导数研究图像易知其有三个实数根，且 $|z|\leqslant 1$，故可设 $z=\cos\theta$，则 $4z^3-3z=-\dfrac{1}{2}$ 等价于 $\cos 3\theta=-\dfrac{1}{2}$，易知 $\cos 40°$，$\cos 80°$，$\cos 160°$ 是 $4z^3-3z=-\dfrac{1}{2}$ 的所有根，所以原方程的根为 $1+2\cos 40°$，$1+2\cos 80°$，$1+2\cos 160°$。

值得注意的是，原题中的三个条件是轮换的，易知 $(a,b,c)=(1+2\cos 40°,1+2\cos 80°,1+2\cos 160°)$ 及其轮换。

例 3 （2020 清华强基）已知实数 a、b 满足 $a^3+b^3+3ab=1$，设 $a+b$ 的所有可能值组成的集合为 M，则（ ）。

　A. M 为单元素集　　　　　　B. M 为有限集，但不是单元素集

　C. M 为无限集，且有下界　　D. M 为无限集，且无下界

解析 由熟知的因式分解，我们有

$$0=a^3+b^3-1+3ab=(a+b-1)(a^2+b^2+1-ab+a+b)$$

$$=\frac{1}{2}(a+b-1)[(a+1)^2+(b+1)^2+(a-b)^2],$$

所以 $a+b=1$ 或 $a=b=-1$，此时 $a+b=-2$。

所以 $M=\{1,-2\}$。本题选 B。

评注：对于代数式 $a^2+b^2+1-ab+a+b=0$，如果对配方不熟悉，我们也可采用主元法，将其视为关于 a 的一元二次方程，因为方程有实数

解，所以 $\Delta = (1-b)^2 - 4(b^2+b+1) = -3(b+1)^2 \geq 0$，故必有 $b+1 = 0$，即 $b = -1$，代入原方程可解得 $a = -1$。

本题的关键在于看出形式的本质是下述因式分解：

$$a^3 + b^3 + c^3 - 3abc = (a+b+c)(a^2+b^2+c^2-ab-ac-bc).$$

这一代数变形在清北自招考试中已多次出现，希望读者加以重视，只要能看出因式分解，解题就是手到擒来，因此我们不加解答，仅将真题列举如下。

1. (2014 北大综合营)设实数 a、b、c 满足 $a+b+c=0$，$a^3+b^3+c^3=0$，其中 $n \in \mathbf{N}_+$，求 $a^{2n+1} + b^{2n+1} + c^{2n+1}$ 的值。

2. (2016 北大自招)已知对于实数 a，存在实数 b、c 满足 $a^3 - b^3 - c^3 = 3abc$，$a^2 = 2(b+c)$，则这样的实数 a 的个数为(　　)。

A. 1　　　　　　　　　　B. 3

C. 无穷个　　　　　　　D. 前三个选项都不对

3. (2019 清华领军)设实数 x、y 满足 $x^3 + 27y^3 + 9xy = 1$，则(　　)。

A. $x^3 y$ 的最大值为 $\dfrac{1}{3}$　　　B. $x^3 y$ 的最大值为 $\dfrac{27}{64}$

C. $x^3 y$ 的最小值为 $-\dfrac{\sqrt{3}}{3}$　　D. $x^3 y$ 无最小值

4. (2021 北大寒假学堂)设正整数 m、n 满足 $m^3 + n^3 + 99mn = 33^3$，则数对 (m, n) 有(　　)组。

A. 32　　　　　　　　　　B. 33

C. 34　　　　　　　　　　D. 前三个选项都不对

例 4 (2021 北大暑期学堂)已知 a、b、c 为三角形三边长，则 $\dfrac{ab+bc+ca}{(a+b+c)^2}$ 的取值范围为_____。

解析　令 $\begin{cases} x = \dfrac{b+c-a}{2}, \\ y = \dfrac{a+c-b}{2}, \\ z = \dfrac{a+b-c}{2}, \end{cases}$ 则 x，y，$z > 0$，且 $\begin{cases} a = y+z, \\ b = x+z, \\ c = x+y, \end{cases}$ 所以

$$\frac{ab+bc+ca}{(a+b+c)^2} = \frac{(x+y+z)^2+(xy+yz+zx)}{4(x+y+z)^2} = \frac{1}{4} + \frac{xy+yz+zx}{4(x+y+z)^2},$$

熟知 $3(xy+yz+zx) \leqslant (x+y+z)^2$，当且仅当 $x = y = z$ 时取等号，所以

$$\frac{ab+bc+ca}{(a+b+c)^2} \leqslant \frac{1}{4} + \frac{1}{12} = \frac{1}{3}.$$

另一方面，显然有 $xy+yz+zx > 0$，且当 $x \to 0$，$y \to 0$，z 固定不变时，$\dfrac{xy+yz+zx}{4(x+y+z)^2} \to 0$，所以 $\dfrac{ab+bc+ca}{(a+b+c)^2}$ 的取值范围为 $\left(\dfrac{1}{4}, \dfrac{1}{3} \right]$。

> 评注：三角形的三边常用本题中的代换式，可自动满足两边之和大于第三边，从而将条件"三角形三边长 a、b、c"简化为"三个正数 x、y、z"。这一代换具有几何背景，x、y、z 是该三角形的内切圆在三边上的切点将三边所分成的线段长。

例 5　（2013 北大自招）以 $\sqrt{2}$ 和 $1-\sqrt[3]{2}$ 为两根的有理系数多项式的次数最小是（　　）。

    A. 2　　　　　　B. 3　　　　　　C. 5　　　　　　D. 6

解析　令 $f(x) = (x^2-2)\left[(1-x)^3-2\right]$，满足题意，此时 $f(x)$ 次数为 5，设 $f(x) = \sum_{k=0}^{n} a_k x^k$ 是一个有理系数多项式，且以 $\sqrt{2}$ 和 $1-\sqrt[3]{2}$ 为两根。令 $x = \sqrt{2}$，则 $f(\sqrt{2}) = p + q\sqrt{2} = 0$，其中

$$p = \sum_{\substack{k=0 \\ 2 \mid k}}^{n} a_k 2^{\frac{k}{2}}, \quad q = \sum_{\substack{k=0 \\ 2 \nmid k}}^{n} a_k 2^{\frac{k-1}{2}}$$

均为有理数,故 $p=q=0$。令 $x=-\sqrt{2}$,则 $f(-\sqrt{2})=p-q\sqrt{2}=0$,这说明$-\sqrt{2}$ 也是 $f(x)$ 的根,因此 $f(x)$ 含有因式 x^2-2,可写为 $f(x)=(x^2-2)h(x)$,其中 $h(x)$ 也是有理系数多项式并且有一根为 $1-\sqrt[3]{2}$。由求根公式可知,二次及二次以下的有理多项式的根不会出现三次根号的形式,故 $h(x)$ 的次数至少为 3,因此 $f(x)$ 次数至少为 5。

综上,本题应选 C。

> 评注:在熟悉多项式理论和相关知识后,还需掌握一些常见技巧,例如本题中的先猜后证,提取因式,配对思想。

例6 (2021 北大寒假学堂)$f(x)$ 是常数项不为 0 的整系数多项式,$a_1=0$,$a_{n+1}=f(a_n)$,则 $a_2,a_4,\cdots,a_{2020}$ 中有_____项为 0。

点拨 若 $f(x)$ 是整系数多项式,则 $m-n \mid f(m)-f(n)$,特别地,若数列 $\{a_n\}$ 满足 $a_1 \in \mathbf{Z}$,$a_{n+1}=f(a_n)$,则由 $a_n-a_{n-1} \mid f(a_n)-f(a_{n-1})$,可得

$$a_n-a_{n-1} \mid a_{n+1}-a_n,$$

所以 $|a_n-a_{n-1}| \leqslant |a_{n+1}-a_n|$ 或 $a_{n+1}-a_n=0$。这是整系数多项式重要且常用的结论。

解析 由题意,$a_2=f(a_1)=f(0) \neq 0$。

若对 $\forall n>1$,$a_n \neq 0$,则显然 $a_2,a_4,\cdots,a_{2020}$ 中有 0 项为 0。

假设存在 $n_0>1$ 使得 $a_{n_0}=0$,结合 $a_{n+1}=f(a_n)$ 易知 $\{a_n\}$ 是周期为 n_0-1 的数列。显然不存在正整数 m 使得 $a_m=a_{m+1}$,否则 $a_m=a_{m+1}=a_{m+2}=\cdots$ 结合周期性易知 $\{a_n\}$ 为常数列,这与 $a_1=0$,$a_2 \neq 0$ 矛盾。因此 $\{a_n\}$ 中任意相邻两项不相等,即 $a_{n+1}-a_n \neq 0(n \in \mathbf{N}_+)$。

由因式定理,有 $a_n-a_{n-1} \mid f(a_n)-f(a_{n-1})$,即 $a_n-a_{n-1} \mid a_{n+1}-a_n$。又由整除的性质结合 $a_{n+1}-a_n \neq 0$,可得 $|a_{n+1}-a_n| \geqslant |a_n-a_{n-1}|$。设 $b_n=a_{n+1}-a_n$,则 $b_n \neq 0$ 且 $|b_n| \geqslant |b_{n-1}|$。又由 $\{a_n\}$ 是周期为 n_0-1 的数列知 $\{b_n\}$ 也是周期为 n_0-1 的数列,因此必有 $|b_1|=|b_2|=\cdots=|b_{n_0}|$。注意到

$$\sum_{k=1}^{n_0-1} b_k = \sum_{k=1}^{n_0-1} (a_{n+1}-a_n) = a_{n_0} - a_1 = 0,$$

这说明 b_1，b_2，$\cdots$，b_{n_0-1} 中有一半为正，一半为负，因此必存在两个相邻项符号相反，即存在 $2 \leqslant k \leqslant n_0-1$ 使得 $b_{k-1} = -b_k$。由此可得 $a_{k-1} = a_{k+1}$，结合 $a_{n+1} = f(a_n)$ 及 $\{a_n\}$ 是周期数列可知，$\{a_n\}$ 是周期为 2 的数列。因为 $a_2 \neq 0$，所以所有偶数项均不为 0。

综上，$\{a_n\}$ 的偶数项中有 0 项为 0。特别地，a_2，a_4，$\cdots$，a_{2020} 中有 0 项为 0。

> 评注：笔者高中时曾经在"小蓝本"上做过一道题——$f(x)$ 是整系数多项式，$a_1 = 0$，$a_{n+1} = f(a_n)$，若 $\{a_n\}$ 为纯周期数列，证明最小正周期为 1 或 2。上述解析其实也证明了这一结论。

例 7 (2021 清华强基)已知非负实数 a、b、c 满足 $a+b+c=1$，则

$$a^2(b-c) + b^2(c-a) + c^2(a-b)$$

的最大值为 _____ 。

点拨 第一步很重要，发现 $a=b$ 时原式为 0，这表明 $a^2(b-c) + b^2(c-a) + c^2(a-b)$ 存在因式 $a-b$，由此可将原式因式分解。

解析 记 $f(a, b, c) = a^2(b-c) + b^2(c-a) + c^2(a-b) = 0$，令 $a=b$，则

$$f(a, b, c) = f(b, b, c) = 0,$$

所以 $a-b \mid f(a, b, c)$。同理 $b-c \mid f(a, b, c)$，$c-a \mid f(a, b, c)$，因此

$$(a-b)(b-c)(c-a) \mid f(a, b, c)。$$

又 $f(a, b, c)$ 为三次多项式，可设 $f(a, b, c) = k(a-b)(b-c)(c-a)$，比较系数得 $k = -1$，即 $f(a, b, c) = (a-b)(b-c)(a-c)$。易知 $f(a, b, c)$ 为轮换式，不妨设 $a = \max\{a, b, c\}$，只需考虑 $a \geqslant c \geqslant b$ 和 $a \geqslant b \geqslant c$ 两种情况。

(1) 若 $a \geqslant c \geqslant b$，此时 $f(a, b, c) \leqslant 0$。

(2) 若 $a \geqslant b \geqslant c$，此时 $f(a,b,c) \geqslant 0$。

注意到

$$f(a,b,c) \leqslant f(a+c,b,0) = (a+c-b)b(a+c)$$
$$= (1-2b)b(1-b),$$

且 $1 = a+b+c \geqslant b+b+0 = 2b$，即 $b \leqslant \dfrac{1}{2}$。设 $g(x) = (1-2x)x(1-x)$，

$x \in \left[0, \dfrac{1}{2}\right]$，求导有

$$g'(x) = 6x^2 - 6x + 1。$$

当 $x \in \left[0, \dfrac{3-\sqrt{3}}{6}\right]$ 时，$g(x)$ 单调增，当 $x \in \left[\dfrac{3-\sqrt{3}}{6}, \dfrac{1}{2}\right]$ 时，$g(x)$ 单调减。

因此 $g(x)_{\max} = g\left(\dfrac{3-\sqrt{3}}{6}\right)$，所以 $f(a,b,c) \leqslant g\left(\dfrac{3-\sqrt{3}}{6}\right) = \dfrac{\sqrt{3}}{18}$，且当

$$a = \dfrac{3+\sqrt{3}}{6}, \ b = \dfrac{3-\sqrt{3}}{6}, \ c = 0$$

可取到等号。

因此 $a^2(b-c) + b^2(c-a) + c^2(a-b)$ 的最大值为 $\dfrac{\sqrt{3}}{18}$。

评注：得到 $f(a,b,c) = (a-b)(b-c)(a-c)$ 后，先大致感受，其表示两两之差的积，要取得最大值，显然三个数应尽可能地"远离"，或者说最小的数必然是 0，正因此，我们才能发现 $f(a,b,c) \leqslant f(a+c,b,0)$，问题由此变得简单。当然，控制变量 b，运用调整法也是殊途同归。

这里我们再介绍一种重要方法——增量代换，由 $a \geqslant b \geqslant c$，不妨设 $b = c+s$，$a = c+s+t$，这里 s、$t \geqslant 0$，$3c+2s+t = a+b+c = 1$，则 $f(a,b,c) = g(s,t) = ts(t+s)$ 取到最大值时，显然必有 $c = 0$。

例8 （2022 清华强基）设 $a^2+b^2+c^2+d^2+e^2=1$，求 $|a-b|+|b-c|+|c-d|+|d-e|+|e-a|$ 的最大值。

解析 记 $f(a,b,c,d,e)=|a-b|+|b-c|+|c-d|+|d-e|+|e-a|$，注意到 a，b，c，d，e 五个数中必有两个相邻的数（e、a 也视为相邻）同为非正数或同为非负数，不妨设 e、a 同为非负数（若为非正就将 a，b，c，d，e 均换成相反数不影响结论），且 $e\geqslant a$，则

$$
\begin{aligned}
f(a,b,c,d,e) &= |a-b|+|b-c|+|c-d|+|d-e|+|e-a| \\
&\leqslant |a|+|b|+|b|+|c|+|c|+|d|+ \\
&\quad |d|+|e|+|e|-|a| \\
&= 2(|b|+|c|+|d|+|e|) \\
&\leqslant 2\sqrt{(1+1+1+1)(b^2+c^2+d^2+e^2)} \\
&= 4\sqrt{1-a^2}\leqslant 4,
\end{aligned}
$$

当 $a=0$，$c=e=\dfrac{1}{2}$，$b=d=-\dfrac{1}{2}$ 时可取等号。

评注：本题我们可以研究更一般的结论：

设 $\sum_{i=1}^{n}a_i^2=1$，求 $\sum_{i=1}^{n}|a_i-a_{i+1}|$ 的最大值，这里 $a_{n+1}=a_1$。

先考虑简单情形：n 为偶数。此时

$$
\sum_{i=1}^{n}|a_i-a_{i+1}|\leqslant 2\sum_{i=1}^{n}|a_i|\leqslant 2\sqrt{n}\sqrt{\sum_{i=1}^{n}a_i^2}=2\sqrt{n},
$$

上式两个不等号我们分别使用了绝对值不等式和柯西不等式。当偶数项取 $\dfrac{1}{\sqrt{n}}$，奇数项取 $-\dfrac{1}{\sqrt{n}}$ 时可取等号。因此 n 为偶数时最大值为 $2\sqrt{n}$。

当 n 为奇数时，令 $n=2m+1$，$m\in\mathbf{N}_+$，我们断言：和式 $\sum_{i=1}^{2m+1}|a_i-a_{i+1}|$ 中去掉绝对值符号之后至少有一个 a_i 被抵消了。仿照本题解析同理可证。我们介绍另一种证法，假设 a_i 均未被抵消，不妨

设 $|a_1-a_2|=a_1-a_2$，则必有 $|a_2-a_3|=a_3-a_2$，同理有 $|a_3-a_4|=a_3-a_4$，依此下去，最终得到 $|a_{2m+1}-a_1|=a_{2m+1}-a_1$，这导致 a_1 被抵消了，矛盾！故断言成立。

不妨设 a_{2m+1} 被抵消了，于是

$$\sum_{i=1}^{2m+1}|a_i-a_{i+1}| \leqslant 2\sum_{i=1}^{2m}|a_i| \leqslant 2\sqrt{2m}\sqrt{\sum_{i=1}^{2m}a_i^2}$$

$$=2\sqrt{2m}\sqrt{1-a_{2m+1}^2}$$

$$\leqslant 2\sqrt{2m}=2\sqrt{n-1},$$

当 $a_n=0$，$a_{2k-1}=\dfrac{1}{\sqrt{n-1}}$，$a_{2k}=-\dfrac{1}{\sqrt{n-1}}\left(k=1,2,\cdots,\dfrac{n-1}{2}\right)$ 时可取等号。

例 9 证明：若 $\cos\theta$ 与 $\dfrac{\theta}{\pi}$ 都是有理数，则 $\cos\theta \in \left\{\pm 1,\pm\dfrac{1}{2},0\right\}$。

点拨 这是一道经典的难题，看似是一道三角函数题，其实联系着多项式与数论，涉及到两个重要且常用的结论，所以说，知识多多益善，更要融会贯通。

解析 我们先给出两个引理。

引理 1：首项系数为 1 的整系数多项式的有理根必为整数；

引理 2：对任意正整数 n，$2\cos n\theta$ 可以表示为关于 $2\cos\theta$ 的首项系数为 1 的 n 次整系数多项式。

引理的证明：引理 1 在本讲的知识延伸部分已有证明。下证引理 2，对 n 归纳，$n=1$ 时，$2\cos\theta=2\cos\theta$，$n=2$ 时，$2\cos 2\theta=(2\cos\theta)^2-2$，结论均成立。

假设 $n\leqslant k(k\geqslant 2)$ 时命题成立，当 $n=k+1$ 时，由和差化积公式有：

$$2\cos(k+1)\theta=2\cos\theta\cdot 2\cos k\theta-2\cos(k-1)\theta,$$

需要指出的是，一些公开资料在这一步使用了

$$2\cos(k+1)\theta=2\cos k\theta\cos\theta-2\sin k\theta\sin\theta,$$

就会复杂一些,需要处理正弦,所以形式的判断与选择很重要。

由归纳假设易知 $n=k+1$ 时,结论也成立,这就归纳证明了引理 2。

回到原题,因为 $\dfrac{\theta}{\pi}$ 是有理数,可设 $\dfrac{\theta}{\pi}=\dfrac{m}{n}(m\in\mathbf{Z},\ n\in\mathbf{N}_+)$,则 $n\theta=m\pi$。
由引理 2 知:

$$2\cos m\pi=2\cos n\theta=(2\cos\theta)^n+a_{n-1}(2\cos\theta)^{n-1}$$
$$+\cdots+a_1(2\cos\theta)+a_0,$$

其中 $a_i\in\mathbf{Z}(i=0,1,2,\cdots,n-1)$。因此 $x=2\cos\theta$ 是整系数方程

$$x^n+a_{n-1}x^{n-1}+\cdots+a_1x+a_0-2(-1)^m=0$$

的有理根,再由引理 1 结合 $-2\leqslant 2\cos\theta\leqslant 2$ 知上述方程的有理根必然属于 $\{\pm 2,\pm 1,0\}$。 因此

$$\cos\theta\in\left\{\pm 1,\pm\dfrac{1}{2},0\right\}。$$

例 10 (2013 北大百年数学)解方程:$x^5+10x^3+20x-4=0$。

点拨 这是 2013 年北大百年数学体验营的压轴题,数百位来自全国各地的考生无一人做出。在考场上,笔者想到了倒数换元,尝试令 $x=z-\dfrac{1}{z}$,无果,时间不够了。后来的讲座中,本题由韦东奕给我们讲解,时隔多年,笔者记忆有些模糊了,似乎本题原为北大考试题,结果仅他一人做出,但无论如何,解法我记忆犹新,他说,只需令 $x=z-\dfrac{2}{z}$ 即可。

解析 解法一:令 $x=z-\dfrac{2}{z}$,则原方程 $x^5+10x^3+20x-4=0$ 化为

$$z^5-\dfrac{32}{z^5}-4=0,$$

解得 $z^5=8$ 或 $z^5=-4$,故 $z=\sqrt[5]{8}\mathrm{e}^{\frac{2k\pi}{5}\mathrm{i}}$ 或 $z=-\sqrt[5]{4}\mathrm{e}^{\frac{2k\pi}{5}\mathrm{i}}(k=0,1,2,3,4)$。
于是相应的 $x=\sqrt[5]{8}\mathrm{e}^{\frac{2k\pi}{5}\mathrm{i}}-\sqrt[5]{4}\mathrm{e}^{-\frac{2k\pi}{5}\mathrm{i}}(k=0,1,2,3,4)$。

解法二:注意到满足 $f(2\sqrt{2}\sinh t)=8\sqrt{2}\sinh 5t$ 的多项式是

$$f(x) = x^5 + 10x^3 + 20x,$$

所以令 $x = 2\sqrt{2}\sinh t = \sqrt{2}(e^t - e^{-t})$，则 $8\sqrt{2} \times \sinh 5t = 4$，即

$$4\sqrt{2} \times (e^{5t} - e^{-5t}) = 4,$$

所以 $e^{5t} = \sqrt{2}$ 或 $-\dfrac{\sqrt{2}}{2}$。于是 $e^t = \sqrt[10]{2}\,e^{\frac{2k\pi}{5}i}$ 或 $e^t = -\dfrac{1}{\sqrt[10]{2}}e^{\frac{2k\pi}{5}i}$ $(k = 0, 1, 2, 3, 4)$。

因此 $x = \sqrt{2}(e^t - e^{-t}) = \sqrt[5]{8}\,e^{\frac{2k\pi}{5}i} - \sqrt[5]{4}\,e^{-\frac{2k\pi}{5}i}$ $(k = 0, 1, 2, 3, 4)$。

评注：本题的背景是切比雪夫多项式，在例题 9 与第 2 讲中也有所涉及，我们作一个介绍。对任意正整数 n，$\cos n\theta$ 可以表示为 $\cos\theta$ 的首项系数为 2^{n-1} 的 n 次整系数多项式，这种多项式即称为切比雪夫多项式。证明方法完全类同于例 9 的引理 2，可以归纳证明，我们再介绍一种利用复数的方法。

设 $z = \cos\theta + i\sin\theta$，则 $z^n = \cos n\theta + i\sin n\theta = (\cos\theta + i\sin\theta)^n$。

比较两边的实部可得 $\cos n\theta = \cos^n\theta - C_n^2\cos^{n-2}\theta\sin^2\theta + C_n^4\cos^{n-4}\theta\sin^4\theta - \cdots = \cos^n\theta - C_n^2\cos^{n-2}\theta(1 - \cos^2\theta) + C_n^4\cos^{n-4}\theta(1 - \cos^2\theta)^2 - \cdots = g(\cos\theta)$，即 $\cos n\theta = T(\cos\theta)$，其中 $T(x)$ 为 n 次多项式。$T(x)$ 的首项系数为 $1 + C_n^2 + C_n^4 + \cdots = 2^{n-1}$。

设切比雪夫多项式的表达式 $\cos n\theta = T_n(\cos\theta)$，换元，令 $x = \cos\theta$，得到 $T_n(x)$ 的表达式 $T_n(x) = \cos(n\arccos x)$，$n = 1, 2, 3, \cdots$ 但要写出通项是困难的，仅对 n 较小的情况下，我们可以较轻松地求出具体式子。

切比雪夫多项式有一些重要性质，记 n 次的切比雪夫多项式为 $T_n(x)$。

(1) 递推关系：$T_0(x) = 1$，$T_1(x) = x$，

$$T_{n+2}(x) = 2xT_{n+1}(x) - T_n(x);$$

(2) 零点和极值点：$T_n(x)$ 在 $[-1, 1]$ 中有 n 个单根，分别为 $x_k = \cos\left(\dfrac{2k-1}{2n}\pi\right)$ $(k = 1, 2, \cdots, n)$。

$T_n(x)$ 在 $[-1,1]$ 中有 $n+1$ 个极值点,分别为 $x_k=\cos\left(\dfrac{k}{n}\pi\right)$ $(k=0,1,2,\cdots,n)$,且对于每个极值点,其极值为 $T_n(x_k)=(-1)^k$。

所以在 $[-1,1]$ 上,切比雪夫多项式有 n 个单根与 $n+1$ 个极值点。

(3) 在所有首项系数相同的实系数多项式中,切比雪夫多项式是使得多项式在 $[-1,1]$ 上的绝对值的最大值最小的多项式。

定理:任给 n 次实系数多项式,首项系数为 1,那么一定存在 $x_0\in[-1,1]$,使得 $|f(x_0)|\geqslant\dfrac{1}{2^{n-1}}$。

证明:完全类同本书第 2 讲的例 6,考虑 $F(x)=2^{n-1}f(x)$。

假设对 $\forall x\in[-1,1]$,$|F(x)|<1$。引入 n 次切比雪夫多项式 $T(x)$。已知在 $x=x_k=\cos\left(\dfrac{k}{n}\pi\right)$ $(k=0,1,2,\cdots,n)$ 这 $n+1$ 个点上 $|T(x_k)|=1$,且 $T(x_k)$ 正负交替。则 $F(x)-T(x)$ 在 $x_0,x_1,x_2,\cdots,x_n$ 这 $n+1$ 个点上正负交替,由零点存在定理,可知 $F(x)-T(x)=0$ 至少有 n 个解,又 $F(x)-T(x)$ 最多为 $n-1$ 次的多项式,这说明恒有 $F(x)=T(x)$。但 $T(x)$ 不满足假设,故假设不成立,进一步地,当且仅当 $F(x)$ 为切比雪夫多项式时,$|F(x)|$ 的最大值恰等于 1。

所以在所有首项系数相同的多项式中,切比雪夫多项式是使得多项式在 $[-1,1]$ 上的绝对值的最大值最小的多项式。

有了上述结论,我们可直接写出:

$$\min_{a,b,c,d,e\in\mathbf{R}}\ \max_{x\in[-1,1]}\{|16x^5+ax^4+bx^3+cx^2+dx+e|\}=1,$$

且等号成立时,其所对应的多项式为

$$16x^5+ax^4+bx^3+cx^2+dx+e=T_5(x)=16x^5-20x^3+5x。$$

至此,读者可能会质疑,本题的解法 2 使用了双曲正弦函数,并非三角函数,为什么说背景是切比雪夫多项式呢?理由很简单,在双曲函数中也存在着类似的多项式。双曲函数与三角函数的定义和性质高度相似,在欧拉提出复变函数中最重要的公式 $\mathrm{e}^{\mathrm{i}\theta}=\cos\theta+\mathrm{i}\sin\theta$ 后,双曲函数与三角函数更是取得了前所未有的统一,受限于篇幅及本书主旨,这里我们不作展开。同时,上述的 $T(n)$ 被称为第一类切比雪夫多项式,还有第二类切比雪夫多项式 $U(n)$,具有丰富的背景与延伸,三角函数仅仅只是之一,学有余力的读者可以自主拓展研习。

这道看似平平无奇的解方程,题目和答案都很短,但有人束手无策,有人屡试屡败,也有人信手拈来。笔者的困难,是别人的显然。这不由令人感慨,在数学面前,我们必须永远持有一颗谦虚而好学的心。

最后,让我们再回眸第 2 讲的相关问题,便是一目了然,一笑而过了。

强化训练

A 组

1. (2022 清华强基) $x \& (y \& z)=x \& y+z$,$x \& x=0$,求 $2000 \& 2022$。

2. (2020 上海交大强基)若 a,$b<0$ 且满足 $\dfrac{1}{a}+\dfrac{1}{b}=\dfrac{1}{a-b}$,则 $\dfrac{a}{b}=$ _____。

3. (2012 北大自招)三个不同的实数 x、y、z 满足 $x^3-3x^2=y^3-3y^2=z^3-3z^2$,则 $x+y+z=$ _____。

4. (2022 上海交大强基)对于多项式 $f(x)$、$g(x)$,设命题 $p:f(x)$ 是 $g(x)$ 因式,命题 $q:f(f(x))$ 是 $g(g(x))$ 因式,则 p 是 q 的(   )条件。

A. 充分不必要　　　　　　　B. 必要不充分

C. 充分必要　　　　　　　　D. 既不充分又不必要

5. 已知 $a \neq b$,且 $a^2(b+c)=b^2(a+c)=1$,则 $c^2(a+b)-abc$ 的值为(   )。

A. 2　　　　　　　　　　　B. 1

C. 0   D. 以上答案都不对

6. (2015 北大博雅)整数 x、y、z 满足 $xy+yz+zx=1$,则 $(1+x^2)(1+y^2)(1+z^2)$ 可能取到的值为( )。

   A. 16 900   B. 17 900

   C. 18 900   D. 前三个答案都不对

7. 若实数 $x^3+8y^3+6xy-1=0$,求 $f=x^3y$ 的取值范围。

8. (2017 清华全国中学生标准能力测试)已知非负整系数多项式 $f(x)$ 满足 $f(1)=6$,$f(3)=32$,则 $f(2)$ 的值可能为( )。

   A. 14   B. 16   C. 13   D. 15

9. (2020 北大强基)设 p、q 均为不超过 100 的正整数,则存在有理根的多项式 $f(x)=x^5+px+q$ 的个数为( )。

   A. 99   B. 133

   C. 150   D. 前三个答案都不对

10. (飞哥原创)解方程:$x^5-x^4-10x^3-x^2+x=0$。

11. (2021 北大暑期学堂)已知 x、y、z、w 满足方程 $(1+\sqrt{2}+\sqrt{3}+\sqrt{6})(x+\sqrt{2}y+\sqrt{3}z+\sqrt{6}w)=2021$,则有理数对 (x,y,z,w) 的对数为_____。

12. 设 $x,y,z>0$,求证:$(x+y+z)^5-(x^5+y^5+z^5)\geqslant 10(x+y)(y+z)(z+x)(xy+yz+zx)$,等号成立当且仅当 $x=y=z$。

13. (2021 北大暑期学堂)已知 $\dfrac{(2x+1)^{4042}}{(x+1)^{2021}}=\sum_{i=0}^{2021}a_ix^i+\dfrac{1}{(x+1)^{2021}}\sum_{j=0}^{2020}b_jx^j$ 对任意的实数 x 均成立,则 $a_{2020}=$_____。

14. (2020 清华强基)设实数 $x_1,x_2,\cdots,x_{21}$ 满足 $0\leqslant x_i\leqslant 1(i=1,2,\cdots,21)$,则 $\sum_{i=1}^{21}\sum_{k=1}^{21}|x_i-x_k|$ 的最大值为( )。

   A. 110   B. 120   C. 220   D. 240

B 组

15. (2017 北大自招)满足 $f(f(x))=f^4(x)$ 的实系数多项式 $f(x)$ 的个数为

（　　）。

A. 2   B. 4

C. 无穷多   D. 前三个答案都不对

16. （2017 清华全国中学生标准能力测试）已知 $Q(x) = a_{2017}x^{2017} + a_{2016}x^{2016} + \cdots + a_1x + a_0$，对任意正数 x，均有 $Q(x) > 0$ 成立。

若 $a_i \in \{1, -1\}$，$i = 0, 1, \cdots, 2017$，则 $a_0, a_1, \cdots, a_{2017}$ 中取值为 -1 的项数最多为（　　）。

A. 1006   B. 1007   C. 1008   D. 1009

17. （1）已知 $a, b \in \mathbf{Q}$ 且 $\sqrt{a} + \sqrt{b} \in \mathbf{Q}$，求证：$\sqrt{a} \in \mathbf{Q}$。

（2）已知 $a, b, c \in \mathbf{Q}$ 且 $\sqrt{a} + \sqrt{b} + \sqrt{c} \in \mathbf{Q}$，求证：$\sqrt{a} \in \mathbf{Q}$。

（3）已知 $a, b, c, d \in \mathbf{Q}$ 且 $\sqrt{a} + \sqrt{b} + \sqrt{c} + \sqrt{d} \in \mathbf{Q}$，求证：$\sqrt{a} \in \mathbf{Q}$。

18. （2021 中科大强基广东线上）设 $f(x)$ 是 n 次实系数多项式，其中 $n \geqslant 1$，

$$g(x) = f(x) - f'(x)。$$

证明：若 $f(x)$ 的 n 个根都是实数，则 $g(x)$ 的 n 个根也都是实数。

19. （2014 清华金秋营）$f(x, y, z) = x^l y^m z^n + \sum_{s=1}^{t} A_s x^{p_s} y^{q_s} z^{r_s}$ 是关于 x、y、z 的三元多项式，其中 $l, m, n \in \mathbf{N}_+$，A_s 是实数，$p_s, q_s, r_s (1 \leqslant s \leqslant t)$ 是非负整数，且 $\min\{p_s - l, q_s - m, r_s - n\} < 0$，$\forall 1 \leqslant s \leqslant t$。

给定三组实数 $a_0 < a_1 < \cdots < a_l$，$b_0 < b_1 < \cdots < b_m$，$c_0 < c_1 < \cdots < c_n$，令

$$N(a_i, b_j, c_k) = \prod_{\substack{0 \leqslant i' \leqslant l \\ i' \neq i}} (a_i - a_{i'}) \prod_{\substack{0 \leqslant j' \leqslant m \\ j' \neq j}} (b_j - b_{j'}) \prod_{\substack{0 \leqslant k' \leqslant n \\ k' \neq k}} (c_k - c_{k'}),$$

求 $\sum_{\substack{0 \leqslant i \leqslant l \\ 0 \leqslant j \leqslant m \\ 0 \leqslant k \leqslant n}} \dfrac{f(a_i, b_j, c_k)}{N(a_i, b_j, c_k)}$ 的值。

20. （2021 中科大强基）$f(x), g(x), h(x)$ 为实系数多项式，且两两互质，有：$(f(x))^n + (g(x))^n = (h(x))^n$，证明：$n$ 只能是 1 或 2。

第 **4** 讲 不等式

不等式是由不等号连接的式子。恒等式很重要,不等式更重要,也困难得多。用一张百元大钞换两张五十没有任何难度,也没有任何思想包袱,因为是等价交换,若是试图换取三张五十,或者反之只换九张十块,则显然不对劲,一个多了,一个少了,但仔细想想,也有合情合理的时候,比如一张钞票具有特殊的纪念意义,则价值就会超过面额,再如收款时会抹去零头。这恰好对应不等式处理中的两种情形,一种是挖掘出条件中隐藏的有力信息来加强命题,一种是大胆而准确地放缩,将复杂的形式变得易于处理。不等式的困难和有趣还在于选择的多样性、思维的深入性,甚至具有哲学的意味。例如,对于 x^2+1,一方面由均值不等式,有 $x^2+1 \geqslant 2|x|$,另一方面又有 $x^2+1 \geqslant 1$;再如,我们知道对于正数 a、b、c,有 $a+b \geqslant 2\sqrt{ab}$,$a+b+c \geqslant 3\sqrt[3]{abc}$,事实上,更进一步,我们还有 $a+b+c-3\sqrt[3]{abc} \geqslant a+b-2\sqrt{ab}$,这似乎意味着"人多手杂",差距变大。

本讲我们的知识拓展部分很重要,其中的数个著名不等式及其证法都非常经典而实用。例题大部分来自强基自招与竞赛,也是精挑细选得来的,精彩纷呈。

知识拓展

一 证明不等式的常用方法

1. 比较法：差式比较法；商式比较法。

2. 综合法：从已知条件出发，推出待证目标（待证目标是已知条件的必要条件）。

3. 分析法：探究待证目标成立的充分条件，追溯到已知条件（已知条件是待证目标的充分条件）。

4. 反证法：假设结论不成立，导出矛盾，从而证明结论成立。等价于证明原命题的逆否命题：$(A \Rightarrow B) \Leftrightarrow (\neg B \Rightarrow \neg A)$。

5. 放缩法：要证明不等式 $x < y$ 成立，可以寻找一个中间量 z，转而证明 $x < z$ 和 $z < y$，这种方法便称为放缩法。放缩的核心在于"表里如一"，既要关注形式特征，也要牢牢围绕条件和结论的内涵。

6. 函数法：将待证的不等式转为函数，将不等式的证明转化为对函数单调性、极值最值、导数、图像特征等性质的研究。

7. 数学归纳法：证明对 $\forall n \in \mathbf{N}_+$，均有 $f(n) > g(n)$，可以考虑使用数学归纳法。先证 $f(1) > g(1)$，再证由 $f(k) > g(k)$ 成立，可推出 $f(k+1) > g(k+1)$ 成立。

二 几个常用不等式

1. 均值不等式：设 $a_i > 0 (i = 1, 2, \cdots, n)$，记

$$A_n = \frac{1}{n} \sum_{i=1}^{n} a_i, \quad G_n = \sqrt[n]{a_1 a_2 \cdots a_n},$$

则 $A_n \geqslant G_n$，等号成立当且仅当 $a_1 = a_2 = \cdots = a_n$。

证法一（倒向归纳法）：首先用数学归纳法证明如下结论：当 $n = 2^m (m \in \mathbf{N}_+)$ 时，均值不等式成立。

当 $m = 1$ 时，易知 $\sqrt{a_1 a_2} \leqslant \dfrac{a_1 + a_2}{2}$。

假设 $m=k(k \geqslant 1)$ 时结论成立，则当 $m=k+1$ 时，

$$A_{2^{k+1}} = \frac{1}{2}\left(\frac{a_1+a_2+\cdots+a_{2^k}}{2^k} + \frac{a_{2^k+1}+a_{2^k+2}+\cdots+a_{2^{k+1}}}{2^k}\right)$$

$$\geqslant \frac{1}{2}\left(\sqrt[2^k]{a_1 a_2 \cdots a_{2^k}} + \sqrt[2^k]{a_{2^k+1} a_{2^k+2} \cdots a_{2^{k+1}}}\right)$$

$$\geqslant \sqrt[2^{k+1}]{a_1 a_2 \cdots a_{2^k} a_{2^k+1} a_{2^k+2} \cdots a_{2^{k+1}}} = G_{2^{k+1}},$$

所以对于具有 $n=2^m$ 形式的正整数 n，均值不等式成立，即对无穷多个正整数 n，均值不等式成立。

又假设 $n=k+1$ 时，均值不等式成立，即

$$\frac{a_1+a_2+\cdots+a_k+a_{k+1}}{k+1} \geqslant \sqrt[k+1]{a_1 a_2 \cdots a_k a_{k+1}},$$

在上式中令 $a_{k+1}=A_k$，我们有

$$\frac{a_1+a_2+\cdots+a_k+a_{k+1}}{k+1} = A_k \geqslant \sqrt[k+1]{a_1 a_2 \cdots a_k A_k},$$

由此易得 $A_k \geqslant \sqrt[k]{a_1 a_2 \cdots a_k} = G_k$，故 $n=k$ 时均值不等式成立。

综上可知，对一切正整数 n，均值不等式成立。由证明过程不难看出，当且仅当所有的 a_i 相等时等号成立。

> 评注：在苏教版的高中数学教科书必修一上，有一处问题与探究——基本不等式的推广，问对于正数 a、b、c、d，是否类似地有 $\sqrt[3]{abc}$ $\leqslant \dfrac{a+b+c}{3}$ 和 $\sqrt[4]{abcd} \leqslant \dfrac{a+b+c+d}{4}$。
>
> 这两个问题比较容易，我们有：
>
> $$a+b+c-3\sqrt[3]{abc} = (\sqrt[3]{a}+\sqrt[3]{b}+\sqrt[3]{c})(\sqrt[3]{a^2}+\sqrt[3]{b^2}+\sqrt[3]{c^2}$$
> $$-\sqrt[3]{ab}-\sqrt[3]{bc}-\sqrt[3]{ac})$$
> $$\geqslant 0,$$
> $$a+b+c+d \geqslant 2\sqrt{ab}+2\sqrt{cd} \geqslant 4\sqrt[4]{abcd},$$

但对于更一般的情形，前者的因式分解证法不再适用，而后者仍具备价值，但只能推广到对于 2 的幂成立，此时的关键，在于发现，在四元的情形 $a+b+c+d \geqslant 4\sqrt[4]{abcd}$ 中，令

$$d = \frac{a+b+c}{3}$$

就能推出 $a+b+c \geqslant 3\sqrt{abc}$（为什么作这个代换？1. 注意取等条件；2. 均值不等式反映的是和与积的关系，将 d 换成算术均值，最后推出的必然还是和与积的关系，必然就是三元的情形），由此我们豁然开朗，采用倒向归纳法。

倒向归纳法的核心在于两点：(1)命题对 $n+1$ 成立可以推出命题对 n 也成立；(2)命题对正整数列的一个无穷子列成立。其中(2)是为了确保总有在"后面"的，我们才能利用(1)来倒推回我们想要的 n。

倒向归纳的思路步骤较多，但每一步都很精妙自然，正向归纳更直接，但构造困难一些。我们也展示如下。

证法二（正向归纳法）：当 $n=2$ 时，对 $\forall a_1, a_2 > 0$，均有 $\frac{a_1+a_2}{2} \geqslant \sqrt{a_1 a_2}$ 成立。

假设当 $n=k(k \geqslant 1)$ 时不等式成立，则 $n=k+1$ 时，对 $a_1, a_2, \cdots, a_{k+1} > 0$，由归纳假设，有

$$a_1 + a_2 + \cdots + a_k \geqslant k\sqrt[k]{a_1 a_2 \cdots a_k},$$

$$a_{k+1} + (k-1)\sqrt[k+1]{a_1 a_2 \cdots a_k a_{k+1}} \geqslant k\sqrt[k]{(a_1 a_2 \cdots a_k)^{\frac{k-1}{k+1}} (a_{k+1})^{\frac{2k}{k+1}}},$$

所以

$$a_1 + a_2 + \cdots + a_k + a_{k+1} + (k-1)\sqrt[k+1]{a_1 a_2 \cdots a_k a_{k+1}}$$
$$\geqslant k\left(\sqrt[k]{a_1 a_2 \cdots a_k} + \sqrt[k]{(a_1 a_2 \cdots a_k)^{\frac{k-1}{k+1}} (a_{k+1})^{\frac{2k}{k+1}}}\right)$$

$$\geqslant 2k\sqrt{\sqrt[k]{a_1 a_2 \cdots a_k} \cdot \sqrt[k]{(a_1 a_2 \cdots a_k)^{\frac{k-1}{k+1}} (a_{k+1})^{\frac{2k}{k+1}}}}$$

$$= 2k\sqrt{(a_1 a_2 \cdots a_k)^{\frac{k-1}{(k+1)k} + \frac{1}{k}} (a_{k+1})^{\frac{2}{k+1}}}$$

$$= 2k\sqrt[k+1]{a_1 a_2 \cdots a_k a_{k+1}},$$

故 $a_1 + a_2 + \cdots + a_k + a_{k+1} \geqslant (k+1)\sqrt[k+1]{a_1 a_2 \cdots a_k a_{k+1}}$，其中"="成立的条件是 $a_1 = a_2 = \cdots = a_k$ 且 $a_{k+1} = \sqrt[k+1]{a_1 a_2 \cdots a_k a_{k+1}}$，即 $a_1 = a_2 = \cdots = a_k = a_{k+1}$。

综上所述，由数学归纳法可知命题得证。

2. 柯西不等式

对任意的实数 $a_1, a_2, \cdots, a_n$ 与 $b_1, b_2, \cdots, b_n$，都有

$$(a_1^2 + a_2^2 + \cdots + a_n^2)(b_1^2 + b_2^2 + \cdots + b_n^2) \geqslant (a_1 b_1 + a_2 b_2 + \cdots + a_n b_n)^2,$$

等号成立当且仅当存在 $k \in \mathbf{R}$ 使得 $k(a_1, a_2, \cdots, a_n) = (b_1, b_2, \cdots, b_n)$ 或

$$(a_1, a_2, \cdots, a_n) = k(b_1, b_2, \cdots, b_n)。$$

评注：在第2讲中，我们已经给出了柯西不等式的几种证明，这里不再赘述。下面我们介绍柯西不等式的几个常用变形。

变形1：设 $a_i \in \mathbf{R}, b_i > 0 (i = 1, 2, \cdots, n)$，则

$$\sum_{i=1}^{n} \frac{a_i^2}{b_i} \geqslant \frac{\left(\sum_{i=1}^{n} a_i\right)^2}{\sum_{i=1}^{n} b_i},$$

等号成立的充分必要条件是 $\dfrac{a_1}{b_1} = \dfrac{a_2}{b_2} = \cdots = \dfrac{a_n}{b_n}$。

变形2：设 $a_i b_i > 0 (i = 1, 2, \cdots, n)$，则

$$\sum_{i=1}^{n} \frac{a_i}{b_i} \geqslant \frac{\left(\sum_{i=1}^{n} a_i\right)^2}{\sum_{i=1}^{n} a_i b_i},$$

等号成立的充分必要条件是 $b_1 = b_2 = \cdots = b_n$。

变形 3：设 $a_i > 0, b_i > 0 (i = 1, 2, \cdots, n)$，则

$$\sum_{i=1}^{n} \sqrt{a_i} \sqrt{b_i} \leqslant \sqrt{\sum_{i=1}^{n} a_i \sum_{i=1}^{n} b_i},$$

等号成立的充分必要条件是 $\dfrac{a_1}{b_1} = \dfrac{a_2}{b_2} = \cdots = \dfrac{a_n}{b_n}$。

3. 排序不等式

设两个实数组 $a_1, a_2, \cdots, a_n$ 和 $b_1, b_2, \cdots, b_n$ 满足

$$a_1 \leqslant a_2 \leqslant \cdots \leqslant a_n, b_1 \leqslant b_2 \leqslant \cdots \leqslant b_n,$$

则

$$a_1 b_1 + a_2 b_2 + \cdots + a_n b_n \text{（同序和）}$$
$$\geqslant a_1 b_{j_1} + a_2 b_{j_2} + \cdots + a_n b_{j_n} \text{（乱序和）}$$
$$\geqslant a_1 b_n + a_2 b_{n-1} + \cdots + a_n b_1 \text{（反序和）},$$

其中 $j_1, j_2, \cdots, j_n$ 是 $1, 2, \cdots, n$ 的一个排列，等号成立当且仅当 $a_1 = a_2 = \cdots = a_n$ 或 $b_1 = b_2 = \cdots = b_n$。

证明：令 $A = a_1 b_{j_1} + a_2 b_{j_2} + \cdots + a_n b_{j_n}$。如果 $j_n \neq n$，且假设此时 b_n 所在的项是 $a_{j_m} b_n$，则由 $(b_n - b_{j_n})(a_n - a_{j_m}) \geqslant 0$，得

$$a_n b_n + a_{j_m} b_{j_n} \geqslant a_{j_m} b_n + a_n b_{j_n},$$

也就是说，$j_n \neq n$ 时，调换 A 中 b_n 与 b_{j_n} 的位置，其余都不动，则得到 $a_n b_n$ 项，并使 A 变为 A_1，且 $A_1 \geqslant A$。用同样的方法，可以再得到 $a_{n-1} b_{n-1}$ 项，并使 A_1 变为 A_2，且 $A_2 \geqslant A_1$。

继续这个过程，至多经过 $n - 1$ 次调换，得 $a_1 b_1 + a_2 b_2 + \cdots + a_n b_n$，故 $a_1 b_1 + a_2 b_2 + \cdots + a_n b_n \geqslant A$。同样可以证明 $A \geqslant a_1 b_n + a_2 b_{n-1} + \cdots + a_n b_1$。

显然当 $a_1 = a_2 = \cdots = a_n$ 或 $b_1 = b_2 = \cdots = b_n$ 时，两个等号同时成立。反之，如果 $\{a_1, a_2, \cdots, a_n\}$ 及 $\{b_1, b_2, \cdots, b_n\}$ 中的数都不全相同，则必有 $a_1 \neq$

a_n，$b_1 \neq b_n$。于是 $a_1b_1 + a_nb_n > a_1b_n + a_nb_1$，且 $a_2b_2 + \cdots + a_{n-1}b_{n-1} \geqslant a_2b_{n-1} + \cdots + a_{n-1}b_2$，从而有 $a_1b_n + a_2b_2 + \cdots + a_nb_n > a_1b_n + a_2b_{n-1} + \cdots + a_nb_1$。故这两个等号中至少有一个不成立。

评注：排序不等式的证明是典型的调整法。妙处在于化整为零，将整体的问题转为局部。但有一处细节希望读者注意，"至多经过 $n-1$ 次调换"，这是必要的，调整的步数必须是有限的。排序不等式的一个推论是切比雪夫不等式：

设实数组 a_1，a_2，$\cdots$，a_n 和 b_1，b_2，$\cdots$，b_n 满足 $a_1 \leqslant a_2 \leqslant \cdots \leqslant a_n$；$b_1 \leqslant b_2 \leqslant \cdots \leqslant b_n$，则

$$n\sum_{k=1}^{n} a_k b_{n-k+1} \leqslant \sum_{k=1}^{n} a_k \sum_{k=1}^{n} b_k \leqslant n\sum_{k=1}^{n} a_k b_k,$$

当且仅当 $a_1 = a_2 = \cdots = a_n$ 或 $b_1 = b_2 = \cdots = b_n$ 时等号成立。

证明：作差有

$$n\sum_{k=1}^{n} a_k b_k - \sum_{k=1}^{n} a_k \sum_{k=1}^{n} b_k$$

$$= \sum_{k=1}^{n} \sum_{j=1}^{n} (a_k b_k - a_k b_j)$$

$$= \sum_{j=1}^{n} \sum_{k=1}^{n} (a_j b_j - a_j b_k)$$

$$= \frac{1}{2} \sum_{k=1}^{n} \sum_{j=1}^{n} (a_k b_k + a_j b_j - a_k b_j - a_j b_k)$$

$$= \frac{1}{2} \sum_{k=1}^{n} \sum_{j=1}^{n} (a_k - a_j)(b_k - b_j) \geqslant 0。$$

左边同理可证。或者在

$$a_1 b_1 + a_2 b_2 + \cdots + a_n b_n \text{（同序和）}$$
$$\geqslant a_1 b_{j_1} + a_2 b_{j_2} + \cdots + a_n b_{j_n} \text{（乱序和）}$$
$$\geqslant a_1 b_n + a_2 b_{n-1} + \cdots + a_n b_1 \text{（反序和）}，$$

中取 $(j_1, j_2, \cdots, j_n)$ 为 $(1, 2, \cdots, n)$, $(2, 3, \cdots, n, 1)$, $(3, 4, \cdots,$ $n, 1, 2)$, $\cdots$, $(n, 1, \cdots, n-2, n-1)$ 各一,得到 n 组不等式,再将这 n 组不等式相加即证。

4. 琴生不等式

在介绍琴生不等式之前,我们先介绍凸函数(也称为下凸函数)的概念。

凸函数:设 f 为区间 I 中定义的函数,如果对任意 a、$b \in I$ 且 $a < b$,均有

$$f(x) \leqslant l(x), \forall x \in (a, b) \tag{1}$$

成立,则称 f 为凸函数。这里

$$l(x) = \frac{f(b) - f(a)}{b - a}(x - a) + f(a)$$
$$= \frac{f(b) - f(a)}{b - a}(x - b) + f(b)。$$

当 $x \in (a, b)$ 时,x 可写为

$$x = ta + (1-t)b, \ t = \frac{b - x}{b - a} \in (0, 1)。$$

于是(1)式化为

$$f(ta + (1-t)b) \leqslant tf(a) + (1-t)f(b), \forall t \in (0, 1)。 \tag{2}$$

(2)中不等号反向时,则称相应的函数为凹函数(也称为上凸函数)。有的书上也用

$$f\left(\frac{a+b}{2}\right) \leqslant \frac{1}{2}f(a) + \frac{1}{2}f(b) \tag{3}$$

作为凸函数定义,事实上(2)和(3)是等价的。

可以通过二阶导数判断函数的凹凸性,对于二阶可导函数 $f(x)$,当 $f''(x) > 0$ 时,f 为凸函数;当 $f''(x) < 0$ 时,f 为凹函数。

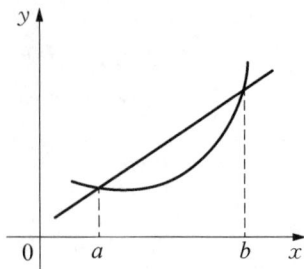

（琴生不等式）设 f 是定义在区间 I 中的凸函数，则对任意的 $x_i \in I$，$\lambda_i \geqslant 0 (i = 1, 2, \cdots, n)$，$\sum_{i=1}^n \lambda_i = 1$，

有
$$f\left(\sum_{i=1}^n \lambda_i x_i\right) \leqslant \sum_{i=1}^n \lambda_i f(x_i).$$

注：取 $\lambda_i = \dfrac{1}{n}(i = 1, 2, \cdots, n)$ 是琴生不等式的常用形式。

证明：我们用归纳法证明。$n = 1$ 的情形显然，$n = 2$ 即为凸函数的定义。

假设不等式对 $n = k$ 成立，则当 $n = k + 1$ 时，若 $\lambda_{k+1} = 1$，则 $\lambda_1 = \lambda_2 = \cdots = \lambda_k = 0$，此时不等式显然成立。下设 $0 \leqslant \lambda_{k+1} < 1$，此时

$$\sum_{i=1}^k \frac{\lambda_i}{1 - \lambda_{k+1}} = 1.$$

由归纳假设，有

$$
\begin{aligned}
f\left(\sum_{i=1}^{k+1} \lambda_i x_i\right) &= f\left((1 - \lambda_{k+1}) \sum_{i=1}^k \frac{\lambda_i}{1 - \lambda_{k+1}} x_i + \lambda_{k+1} x_{k+1}\right) \\
&\leqslant (1 - \lambda_{k+1}) f\left(\sum_{i=1}^k \frac{\lambda_i}{1 - \lambda_{k+1}} x_i\right) + \lambda_{k+1} f(x_{k+1}) \\
&\leqslant (1 - \lambda_{k+1}) \sum_{i=1}^k \frac{\lambda_i}{1 - \lambda_{k+1}} f(x_i) + \lambda_{k+1} f(x_{k+1}) \\
&= \sum_{i=1}^{k+1} \lambda_i f(x_i).
\end{aligned}
$$

这说明不等式对 $n = k + 1$ 也成立。

综上，由数学归纳法知琴生不等式成立。

评注：凸这个字是"两边低中间高"，但凸函数反之。读者可能会困惑，我们稍作解释，这是因为凸集的定义是明确的，而凸函数和凸集存在关联，因此这般定义。

5. 幂平均不等式

设 a_1，a_2，$\cdots$，a_n 为正实数，且设 $r > 0$，称

$$M_r = \left(\frac{\sum_{i=1}^{n}(a_i)^r}{n}\right)^{\frac{1}{r}}$$

为 a_1，a_2，$\cdots$，a_n 的 r 次幂平均值。我们有如下幂平均不等式。

对 $\alpha > \beta > 0$，有

$$M_\alpha \geqslant M_\beta,$$

等号成立当且仅当 $a_1 = a_2 = \cdots = a_n$。

证明：我们利用琴生不等式给出证明。记 $f(x) = x^r \,(r > 0, x > 0)$。易得

$$f''(x) = r(r-1)x^{r-2},$$

因此 $r > 1$ 时，$f''(x) > 0$ 时，f 为凸函数。对 $\alpha > \beta > 0$，令 $r = \dfrac{\alpha}{\beta} > 1$，

$$x_i = (a_i)^\beta \,(i = 1, 2, \cdots, n),$$

则由琴生不等式有

$$\left(\frac{\sum_{i=1}^{n}x_i}{n}\right)^r = f\left(\frac{\sum_{i=1}^{n}x_i}{n}\right) \leqslant \frac{1}{n}\sum_{i=1}^{n}f(x_i) = \frac{1}{n}\sum_{i=1}^{n}(x_i)^r,$$

即

$$\left(\frac{\sum_{i=1}^{n}(a_i)^\beta}{n}\right)^{\frac{\alpha}{\beta}} \leqslant \frac{1}{n}\sum_{i=1}^{n}(a_i)^\alpha,$$

再由 $g(x) = x^{\frac{1}{\alpha}}$ 的单调性可得

$$\left(\frac{\sum_{i=1}^{n}(a_i)^\beta}{n}\right)^{\frac{1}{\beta}} \leqslant \left(\frac{\sum_{i=1}^{n}(a_i)^\alpha}{n}\right)^{\frac{1}{\alpha}},$$

等号成立当且仅当 $x_1 = x_2 = \cdots = x_n$，即 $a_1 = a_2 = \cdots = a_n$。

6. 对数不等式

对 $n>0$, 有 $\dfrac{1}{n+1}<\ln\left(1+\dfrac{1}{n}\right)<\dfrac{1}{n}$。

证明：设 $f(x)=\ln(1+x)-x$, $x>0$, 则 $f'(x)=\dfrac{1}{1+x}-1=-\dfrac{x}{1+x}$, 所以 $f(x)$ 在 $(0,+\infty)$ 上单调减, 因此 $f(x)<f(0)=0$, 即 $\ln(1+x)<x$。

又设 $g(x)=\ln(1+x)-\dfrac{x}{1+x}$, $x>0$, 则

$$g'(x)=\dfrac{1}{1+x}-\dfrac{1}{(1+x)^2}=\dfrac{x}{(1+x)^2}>0,$$

所以 $g(x)$ 在 $(0,+\infty)$ 上单调增, 因此 $g(x)>g(0)=0$, 即

$$\ln(1+x)>\dfrac{x}{1+x}。$$

综上, 当 $x>0$ 时, 总有 $\dfrac{x}{1+x}<\ln(1+x)<x$, 当且仅当 $x=0$ 时取等号。对 $n>0$, 将 $x=\dfrac{1}{n}$ 代入上述不等式, 即得 $\dfrac{1}{n+1}<\ln\left(1+\dfrac{1}{n}\right)<\dfrac{1}{n}$。

评注：尽管结论等价于 $x>0$ 时, 有 $\dfrac{x}{1+x}<\ln(1+x)<x$, 但笔者认为 $\dfrac{1}{n+1}<\ln\left(1+\dfrac{1}{n}\right)<\dfrac{1}{n}(n>0)$ 的形式远远优于前者, 有三方面的原因。一是考虑不等式的精确程度, 当 x 很大时, $\ln(1+x)<x$ 是无意义的, 当 x 趋于 0^+ 时, $\ln(1+x)$ 和 x 都趋于 0^+, 此时分清二者的大小关系才有价值, 而 $\ln\left(1+\dfrac{1}{n}\right)<\dfrac{1}{n}$ 中倒数的形式以及字母 n 的使用更能强调这一点；二是形式的美感, 后者更统一, 便于记忆；三是当 n 充分大时, 后者较为紧凑地给出了对数所在的区间, 例如, 由该不等式可知

$$\ln\dfrac{101}{100}\in\left(\dfrac{1}{101},\dfrac{1}{100}\right)。$$

7. 伯努利不等式

(1) 对 $x > -1$, $a \geqslant 1$, 有 $(1+x)^a \geqslant 1+ax$;

(2) 对 $x > -1$, $0 < a < 1$, 有 $(1+x)^a \leqslant 1+ax$;

(3) 对 $x > -1$, $a < 0$, 有 $(1+x)^a \geqslant 1+ax$;

(4) $(1+x_1)(1+x_2)\cdots(1+x_n) \geqslant 1+x_1+x_2+\cdots+x_n$, 其中的 x_i 同号且大于或等于 -1;

(5) 对 $y \geqslant x > 0$, 有 $(1+x)^y \geqslant (1+y)^x$。

证明:我们先给出命题(1)(2)(3)的证明。

构造函数 $f(x) = (1+x)^a - (1+ax)(x > -1)$。求导有 $f'(x) = a[(1+x)^{a-1} - 1]$。分情况讨论可知:

当 $a \geqslant 1$ 或 $a < 0$ 时, $f(x)$ 在 $(-1, 0)$ 上单调减, 在 $(0, +\infty)$ 上单调增, $f(0) = 0$ 是极小值也是最小值。因此 $f(x) \geqslant 0$。

当 $0 < a < 1$ 时, $f(x)$ 在 $(-1, 0)$ 上单调增, 在 $(0, +\infty)$ 上单调减, $f(0) = 0$ 是极大值也是最大值。因此 $f(x) \leqslant 0$。

命题(4)在第 2 章函数的例题 12 中已经出现过, 对 n 归纳可证。

命题(5)等价于 $y\ln(1+x) \geqslant x\ln(1+y)$。

令 $g(y) = y\ln(1+x) - x\ln(1+y)(y \geqslant x > 0)$, 求导有

$$g'(y) = \ln(1+x) - \frac{x}{1+y} \geqslant \ln(1+x) - \frac{x}{1+x} > 0,$$

这里我们运用了对数不等式。

因此 $g(y) \geqslant g(x) = 0$, 得证。

8. 舒尔不等式

设 x、y、$z \geqslant 0$, $r \in \mathbf{R}$, 则

$$x^r(x-y)(x-z) + y^r(y-x)(y-z) + z^r(z-x)(z-y) \geqslant 0,$$

等号成立当且仅当 $x = y = z$ 或者两个数相等而另一个数为 0。

证明:由对称性,不妨设 $x \geqslant y \geqslant z \geqslant 0$。

当 $r \geqslant 0$ 时, $x^r(x-y)(x-z) + y^r(y-x)(y-z) = (x-y)(x^r(x-z) - y^r(y-z))$, 由 $x-y \geqslant 0$, $x^r \geqslant y^r \geqslant 0$, $x-z \geqslant y-z \geqslant 0$, 知

$$x^r(x-y)(x-z) + y^r(y-x)(y-z) \geq 0。$$

又显然有 $z^r(z-x)(z-y) \geq 0$，因此原不等式成立。

当 $r < 0$ 时，$y^r(y-x)(y-z) + z^r(z-x)(z-y) = (y-z)(y^r(y-x) - z^r(z-x)) = (y-z)(z^r(x-z) - y^r(x-y))$，由 $y-z \geq 0$，$z^r \geq y^r \geq 0$，$x-z \geq x-y \geq 0$，知 $y^r(y-x)(y-z) + z^r(z-x)(z-y) \geq 0$。又显然有 $x^r(x-y)(x-z) \geq 0$，因此原不等式成立。

综上，对 x、y、$z \geq 0$，$r \in \mathbf{R}$，始终有

$$x^r(x-y)(x-z) + y^r(y-x)(y-z) + z^r(z-x)(z-y) \geq 0，$$

取等条件由证明过程容易看出。

评注：舒尔不等式的证明是惊人的，直接舍弃了一个非负项，有舍才有得，余下两项就容易操作，其和非负。这种敏锐的洞察力与判断力令人惊叹。那么，一个合理的质疑也会产生，这样大胆的放缩，舒尔不等式会不会很弱？

当 $r = 1$ 时，我们有

$$x(x-y)(x-z) + y(y-x)(y-z) + z(z-x)(z-y) \geq 0，$$

恒等变形为

$$x^3 + y^3 + z^3 + 3xyz \geq x^2(y+z) + y^2(x+z) + z^2(x+y)。$$

注意到由排序不等式我们有

$$x^3 + y^3 + z^3 \geq x^2y + y^2z + z^2x \geq 3xyz，$$
$$x^3 + y^3 + z^3 \geq x^2z + y^2x + z^2y \geq 3xyz，$$

相加除以 2 得

$$x^3 + y^3 + z^3 \geq \frac{x^2(y+z) + y^2(x+z) + z^2(x+y)}{2} \geq 3xyz，$$

这就表明,舒尔不等式并不弱,在 $r=1$ 时,可通俗地理解为:"大+小$\geqslant$两倍的中"。

典例精析

例1 (2022 清华强基)已知 $a^2+ab+b^2=3$,求 a^2+b^2-ab 的最大值和最小值。

点拨　$a^2+b^2-ab=a^2+ab+b^2-2ab=3-2ab$,只需求出 ab 的范围即可。由此联想到均值不等式,注意到既要求最大值也要求最小值,因此考虑使用两种形式,$a^2+b^2\geqslant 2ab$ 和 $a^2+b^2\geqslant -2ab$。

解析　$a^2+b^2-ab=a^2+ab+b^2-2ab=3-2ab$。

由 $3=a^2+ab+b^2\geqslant 3ab$,知 $ab\leqslant 1$;又由 $3=a^2+ab+b^2\geqslant -2ab+ab=-ab$,知 $ab\geqslant -3$。

因此 $1\leqslant 3-2ab\leqslant 9$。 当 a、b 同为 1 或者同为 -1 时可取到最小值 1,当 a、b 一个取 $\sqrt{3}$,另一个取 $-\sqrt{3}$ 时可取到最大值 9。

例2 (2020 复旦强基)设实数 x、y 满足 $x^2+2xy-1=0$,则 x^2+y^2 的最小值是_____。

点拨　不要被条件的奇怪形式所迷惑,不要忘记最朴素的思路——消元。

解析　由 $x^2+2xy-1=0$ 得 $x\neq 0$,$y=\dfrac{1}{2}\left(\dfrac{1}{x}-x\right)$,所以

$$x^2+y^2=x^2+\frac{1}{4}\left(\frac{1}{x}-x\right)^2=\frac{5}{4}x^2+\frac{1}{4x^2}-\frac{1}{2}\geqslant\frac{\sqrt{5}-1}{2},$$

当且仅当 $\dfrac{5}{4}x^2=\dfrac{1}{4x^2}$,即 $x=\pm\sqrt[4]{\dfrac{1}{5}}$ 时取得等号。

例3 (2022 上海交大强基)x、y、z 为正整数,则 $\dfrac{10x^2+10y^2+z^2}{xy+yz+xz}$ 的最

小值为_____。

解析 我们用待定系数法来配凑系数。

$$10x^2 + 10y^2 + z^2 = \lambda x^2 + \lambda y^2 + (10-\lambda)y^2 + \frac{1}{2}z^2 + (10-\lambda)x^2 + \frac{1}{2}z^2$$

$$\geqslant 2\lambda xy + \sqrt{2(10-\lambda)}\, yz + \sqrt{2(10-\lambda)}\, xz,$$

令 $2\lambda = \sqrt{2(10-\lambda)}$，解得 $\lambda = 2$，所以 $10x^2 + 10y^2 + z^2 \geqslant 4(xy + yz + xz)$，当且仅当 $4x = 4y = z$ 时可取等号。

满足上述条件的正整数有无穷多组，因此 $\dfrac{10x^2 + 10y^2 + z^2}{xy + yz + xz}$ 的最小值为 4。

> 评注：配凑系数是不等式处理中的一种重要手段，均值不等式便是典型的一种。对于任意的正数 a、b、λ，这里 λ 是待定的参数，有 $2ab \leqslant \lambda a^2 + \dfrac{1}{\lambda}b^2$，此处的 λ 就给了我们操作的空间，根据需要来选择合适的 λ。例 2 亦可这样来解，读者可自主尝试。在柯西不等式中，同样可以通过调配系数来契合目标，我们试举一例，如下。

例 4 (2021 北大强基)若实数 a、b、c、d 满足 $ab + bc + cd + da = 1$，则 $a^2 + 2b^2 + 3c^2 + 4d^2$ 的最小值为_____。

点拨 $1 = ab + bc + cd + da = (a+c)(b+d)$，又目标式子为平方和，这启发我们利用柯西不等式，将平方和放缩为和的平方，再利用均值不等式放缩出 $(a+c)(b+d)$ 的形式。此外需注意系数的配凑。

解析 注意到 $1 = ab + bc + cd + da = (a+c)(b+d)$，又由柯西不等式，有

$$\left(a^2 + 3c^2\right)\left(1 + \frac{1}{3}\right) \geqslant (a+c)^2,$$

$$\left(2b^2 + 4d^2\right)\left(\frac{1}{2} + \frac{1}{4}\right) \geqslant (b+d)^2,$$

即 $a^2+3c^2 \geqslant \dfrac{3}{4}(a+c)^2$，$2b^2+4d^2 \geqslant \dfrac{4}{3}(b+d)^2$，两式相加结合均值不等式得

$$a^2+2b^2+3c^2+4d^2 \geqslant \dfrac{3}{4}(a+c)^2 + \dfrac{4}{3}(b+d)^2$$

$$\geqslant 2(a+c)(b+d)=2,$$

当 $(a,b,c,d)=\left(\dfrac{\sqrt{3}}{2}, \dfrac{\sqrt{3}}{3}, \dfrac{\sqrt{3}}{6}, \dfrac{\sqrt{3}}{6}\right)$ 或 $\left(-\dfrac{\sqrt{3}}{2}, -\dfrac{\sqrt{3}}{3}, -\dfrac{\sqrt{3}}{6}, -\dfrac{\sqrt{3}}{6}\right)$ 时可取等号。故 $a^2+2b^2+3c^2+4d^2$ 的最小值为 2。

例 5　（2018 清华领军）设 x、y、z 均为正数，则

$$\dfrac{xy^2z}{(x^2+2xy+4y^2)(y^2+4yz+z^2)}$$

的最大值是（　　）。

A. $\dfrac{1}{36}$　　　　　B. $\dfrac{1}{32}$　　　　　C. $\dfrac{1}{18}$　　　　　D. $\dfrac{1}{16}$

解析　　原式 $=\dfrac{1}{\left(\dfrac{x}{y}+2+\dfrac{4y}{x}\right)\left(\dfrac{y}{z}+4+\dfrac{z}{y}\right)}$

$$\leqslant \dfrac{1}{\left(2+2\sqrt{\dfrac{x}{y} \cdot \dfrac{4y}{x}}\right)\left(4+2\sqrt{\dfrac{y}{z} \cdot \dfrac{z}{y}}\right)}$$

$$=\dfrac{1}{6 \times 6}=\dfrac{1}{36},$$

等号成立当且仅当 $x=2y=2z$，故本题选 A。

评注：齐次性很重要，笔者曾经举过一道初中竞赛题为例。

已知实数 a、b、c 满足 $\dfrac{c}{a+b}+\dfrac{b}{a+c}+\dfrac{a}{b+c}=1$，则

$$\dfrac{c^2}{a+b}+\dfrac{b^2}{a+c}+\dfrac{a^2}{b+c}$$

的值为_____。

本题有三种解法,解法一为赋值,是处理填空题选择题的常见思路,解法二为标准答案,巧妙但不易想到,解法三则是笔者的灵感,考虑齐次性,可直接得出答案。

解法一:可取 $a=1$,$b=-2$,对第一个式子化简得到 $c^3-2c-7=0$,显然 c 有实数解且 $c \neq -1$,2。利用等式 $c^3=2c+7$,此时有

$$\frac{c^2}{a+b}+\frac{b^2}{a+c}+\frac{a^2}{b+c}$$

$$=-c^2+\frac{4}{c+1}+\frac{1}{c-2}$$

$$=\frac{-c^3-c^2+4}{c+1}+\frac{1}{c-2}$$

$$=\frac{-2c-7-c^2+4}{c+1}+\frac{1}{c-2}$$

$$=\frac{-c^3-2c^2-3c+2c^2+4c+6+c+1}{(c+1)(c-2)}=0,$$

解法二:注意到

$$\frac{c}{a+b}(a+b+c)=\frac{c^2}{a+b}+c,$$

$$\frac{b}{a+c}(a+b+c)=\frac{b^2}{a+c}+b,$$

$$\frac{a}{b+c}(a+b+c)=\frac{a^2}{b+c}+a,$$

三式相加并利用 $\frac{c}{a+b}+\frac{b}{a+c}+\frac{a}{b+c}=1$,即得 $\frac{c^2}{a+b}+\frac{b^2}{a+c}+\frac{a^2}{b+c}=0$。

解法三:约束条件 $\frac{c}{a+b}+\frac{b}{a+c}+\frac{a}{b+c}=1$ 是一个齐次式,记

$$M(a,b,c)=\frac{c^2}{a+b}+\frac{b^2}{a+c}+\frac{a^2}{b+c},$$

用 $(\lambda a, \lambda b, \lambda c)$ 替换 $(a, b, c)(\lambda \neq 0)$，显然仍满足约束条件，而

$$M(\lambda a, \lambda b, \lambda c) = \lambda \left(\frac{c^2}{a+b} + \frac{b^2}{a+c} + \frac{a^2}{b+c} \right) = \lambda M(a, b, c)。$$

这表明，如果 $M(a, b, c)$ 可以取到一个非零实数值，则 $M(a, b, c)$ 可以取到所有非零实数值。但本题是填空题，因此 $M(a, b, c)$ 的值只能是 0。

例 6 (2021 中科大强基)已知正实数 a、b、c 满足 $a+b+c=1$，则 $a^2 + b^2 + c^2 + 2abc$ 的取值范围是_____。

解析 记 $S = a^2 + b^2 + c^2 + 2abc$，则 $S = (a+b)^2 + c^2 + 2ab(c-1) = 2c^2 - 2c + 1 + 2ab(c-1) < 2c(c-1) + 1 < 1$。又因为 $c-1 < 0$，$4ab \leqslant (a+b)^2 = (1-c)^2$，所以 $S \geqslant 2c^2 - 2c + 1 + \frac{(c-1)^3}{2}$。

设 $f(x) = \frac{1}{2}(x-1)^3 + 2x^2 - 2x + 1$，$0 < x < 1$，求导有 $f'(x) = \frac{3}{2}(x-1)^2 + 4x - 2 = \frac{3}{2}x^2 + x - \frac{1}{2} = \frac{1}{2}(3x-1)(x+1)$，由此易知 $f(x)$ 在 $(0, 1)$ 上的最小值为 $f\left(\frac{1}{3}\right) = \frac{11}{27}$，所以 $S \geqslant f(c) \geqslant f\left(\frac{1}{3}\right) = \frac{11}{27}$。

当 $a = b = c = \frac{1}{3}$ 时，$S = \frac{11}{27}$；当 $a \to 0$，$b \to 0$，$c \to 1$ 时，$S \to 1$，所以 $a^2 + b^2 + c^2 + 2abc$ 的取值范围是 $\left[\frac{11}{27}, 1\right)$。

评注:同样是消元，本题就困难一些。首先注意到次数，将条件等式平方是必由之路，接着对于 ab 这一多余项，利用均值不等式放缩为关于 $a+b$ 即 $1-c$ 的代数式，最终得到了关于 c 的单元函数，这是我们所喜闻乐见的。

例7 （2015 清华领军）已知非负实数 x、y、z 满足 $4x^2+4y^2+z^2+2z=3$，则 $5x+4y+3z$ 的最小值为（　　）。

　　A. 1　　　　　　B. 2　　　　　　C. 3　　　　　　D. 4

解析　所给等式可变形为 $(2x)^2+(2y)^2+(z+1)^2=4$，由此知 $|2x|\leqslant 2$，$|2y|\leqslant 2$，$|z+1|\leqslant 2$，结合 x、y、z 非负可得 $0\leqslant x$，y，$z\leqslant 1$，因此

$$5x+4y+3z\geqslant 5x^2+4y^2+3z\geqslant 4x^2+4y^2+z^2+2z=3,$$

当且仅当 $x=y=0$，$z=1$ 时可取到等号，故本题选 C。

评注：这就是不等式放缩的奇妙之处，有时锱铢必较，有时又大手大脚。

本题我们还可以利用柯西不等式求最大值。

$$77=\left[(2x)^2+(2y)^2+(z+1)^2\right]\cdot\left(\frac{25}{4}+4+9\right)$$

$$\geqslant(5x+4y+3z+3)^2,$$

推出 $5x+4y+3z\leqslant\sqrt{77}-3$，等号当且仅当

$$\frac{4x}{5}=y=\frac{z+1}{3}\text{ 且 }(2x)^2+(2y)^2+(z+1)^2=4$$

时取到，此时 $x=\dfrac{5}{\sqrt{77}}$，$y=\dfrac{4}{\sqrt{77}}$，$z=\dfrac{12}{\sqrt{77}}-1$。

求最大值是常规问题，能反映出一个学生的基本数学素养与知识面广度，而求最小值，则需要一些直觉与悟性。

例8　（2022 北大强基）已知 y、f、d 为正整数，

$$f(x)=(1+x)^y+(1+x)^f+(1+x)^d,$$

其中 x 的系数为 10，则 x^2 的系数的最大可能值与最小可能值之和为_____。

解析　由题意得 $y+f+d=10$，x^2 的系数为

$$\mathrm{C}_y^2 + \mathrm{C}_f^2 + \mathrm{C}_d^2 = \frac{1}{2}(y^2 + f^2 + d^2 - y - f - d) = \frac{1}{2}(y^2 + f^2 + d^2 - 10)。$$

一方面,由柯西不等式得 $y^2 + f^2 + d^2 \geqslant \frac{1}{3}(y + f + d)^2 = \frac{100}{3}$。又因为 y、f、d 为正整数,所以 $y^2 + f^2 + d^2 \geqslant 34$。又当 $y = 3$,$f = 3$,$d = 4$ 时,

$$y^2 + f^2 + d^2 = 34,$$

因此 $y^2 + f^2 + d^2$ 的最小值为 34,x^2 的系数最小为 12。

另一方面,因为 y、f、d 均为正整数,所以 $1 \leqslant y, f, d \leqslant 8$。固定 y 不变,易知当 f、d 中有一个取 1 时,$f^2 + d^2$ 取到最大值。不妨设 $d = 1$,下面固定 $d = 1$ 不变,则当 y、f 中有一个取 1 时,$y^2 + f^2$ 取到最大值。由上述调整过程可知,当 y、f、d 取值为 1、1、8 的一个排列时,$y^2 + f^2 + d^2$ 的最大值为 66,所以 x^2 的系数最大为 28。

综上,x^2 的系数的最大可能值与最小可能值之和为 40。

评注:正整数的要求导致柯西不等式取不到等号,但取等条件为我们指明了方向,应使得 y、f、d 尽可能地接近,反之,为使得 $y^2 + f^2 + d^2$ 最大,y、f、d 应尽可能地"远离"。这种朴素的数学感受是重要的。

例 9 (2014 高联二试)设 a、b、$c \in \mathbf{R}$,满足 $a + b + c = 1$,$abc > 0$,求证:

$$bc + ca + ab < \frac{\sqrt{abc}}{2} + \frac{1}{4}。$$

解析 若 $ab + bc + ca \leqslant \frac{1}{4}$,则命题已成立。

若 $ab + bc + ca > \frac{1}{4}$,由对称性,不妨设 $a = \max\{a, b, c\}$,则由 $a + b + c = 1$ 知 $a \geqslant \frac{1}{3}$。由均值不等式,有

$$ab + bc + ca - \frac{1}{4} \leqslant \frac{(a+b+c)^2}{3} - \frac{1}{4} = \frac{1}{12} \leqslant \frac{a}{4}, \tag{1}$$

另一方面，我们有

$$ab + bc + ca - \frac{1}{4} = a(b+c) + bc - \frac{1}{4} \leqslant \left(\frac{a+b+c}{2}\right)^2 + bc - \frac{1}{4} = bc,$$

$$(2)$$

(1) 式等号成立当且仅当 $a = b = c = \frac{1}{3}$，(2) 式等号成立当且仅当 $a = b + c = \frac{1}{2}$，所以 (1) 式和 (2) 式不能同时取等号。又由 $ab + bc + ca - \frac{1}{4} > 0$，将 (1) 式和 (2) 式相乘得到

$$\left(ab + bc + ac - \frac{1}{4}\right)^2 < \frac{abc}{4},$$

即 $ab + bc + ac < \dfrac{\sqrt{abc}}{2} + \dfrac{1}{4}$。

综上，无论哪种情况，总有 $ab + bc + ac < \dfrac{\sqrt{abc}}{2} + \dfrac{1}{4}$ 成立。

评注：上述参考答案非常巧妙，蕴含了算两次的思想，对同一个式子作了两方面的估计。当年在考场上，笔者采用了另一种更容易想到的策略，介绍如下。

证明：显然 a、b、c 中至少有一个正数。若 a、b、c 中一正两负，不妨设 $a < 0, b < 0, c > 0$。此时

$$ab + bc + ca < b(a+c) = b(1-b) < 0 < \frac{\sqrt{abc}}{2} + \frac{1}{4}。$$

下设 $a, b, c > 0$，则 $a, b, c \in (0, 1)$，只要证

$$bc + ca + ab - \frac{\sqrt{abc}}{2} = ab - \frac{\sqrt{c}}{2} \cdot \sqrt{ab} + c(1-c) < \frac{1}{4}。$$

设 $t = \sqrt{ab} > 0$，$f(t) = t^2 - \frac{\sqrt{c}}{2}t + c(1-c)$。又 $\sqrt{ab} \leqslant \frac{a+b}{2} =$

$\dfrac{1-c}{2}$，故 $t \in \left(0, \dfrac{1-c}{2}\right]$。由二次函数的性质，只要说明 $f(0) \leqslant \dfrac{1}{4}$，

$f\left(\dfrac{1-c}{2}\right) < \dfrac{1}{4}$ 即可。

易见 $f(0) = c(1-c) \leqslant \dfrac{1}{4}$，而

$$f\left(\dfrac{1-c}{2}\right) = \dfrac{(1-c)^2}{4} - \dfrac{(1-c)\sqrt{c}}{4} + c(1-c),$$

将此式看作关于 c（$0 < c < 1$）的函数，利用导数，读者不难自证。

本题也可利用舒尔不等式迅速得证，同证法二，a、b、c 中一正两负的情形是容易的。下面仍设 $a, b, c > 0$。由舒尔不等式有

$$a(a-b)(a-c) + b(b-a)(b-c) + c(c-a)(c-b) \geqslant 0,$$

上式恒等变形，有

$$(a+b+c)^3 - 4(a+b+c)(ab+bc+ca) + 9abc \geqslant 0,$$

利用 $a+b+c=1$，上式化为

$$ab + bc + ca \leqslant \dfrac{9}{4}abc + \dfrac{1}{4},$$

因此只要证

$$\dfrac{9}{4}abc < \dfrac{\sqrt{abc}}{2},$$

即证

$$abc < \dfrac{4}{81},$$

注意到 $a, b, c \in (0, 1)$，由均值不等式有

$$abc \leqslant \left(\dfrac{a+b+c}{3}\right)^3 = \dfrac{1}{27} < \dfrac{4}{81}，\text{原不等式得证。}$$

例10　（2021 北大强基）已知 a、b、c 为正实数，且

$$(a+b-c)\left(\frac{1}{a}+\frac{1}{b}-\frac{1}{c}\right)=3,$$

求 $(a^4+b^4+c^4)\left(\frac{1}{a^4}+\frac{1}{b^4}+\frac{1}{c^4}\right)$ 的最小值。

解析　解法一：由 $3=(a+b-c)\left(\frac{1}{a}+\frac{1}{b}-\frac{1}{c}\right)=(a+b)\left(\frac{1}{a}+\frac{1}{b}\right)-(a+$

$b)\left(\frac{1}{c}+\frac{c}{ab}\right)+1=\left(\frac{a}{b}+\frac{b}{a}+2\right)-(a+b)\left(\frac{1}{c}+\frac{c}{ab}\right)+1$，可得

$$\frac{a}{b}+\frac{b}{a}=(a+b)\left(\frac{1}{c}+\frac{c}{ab}\right),$$

于是　　　　　　　　$\dfrac{a^2+b^2}{ab(a+b)}=\dfrac{1}{c}+\dfrac{c}{ab}\geqslant\dfrac{2}{\sqrt{ab}}$，

由齐次性，不妨设 $ab=1$，则 $\dfrac{a^2+b^2}{a+b}\geqslant 2$，即 $(a+b)^2-2\geqslant 2(a+b)$，解得

$$a+b\geqslant 1+\sqrt{3}。$$

因此 $a^4+b^4=(a^2+b^2)^2-2\geqslant((1+\sqrt{3})^2-2)^2-2=14+8\sqrt{3}$，进而

$$(a^4+b^4+c^4)\left(\frac{1}{a^4}+\frac{1}{b^4}+\frac{1}{c^4}\right)$$

$$=(a^4+b^4+c^4)\left(b^4+a^4+\frac{1}{c^4}\right)$$

$$=(a^4+b^4)(b^4+a^4)+(a^4+b^4)\left(\frac{1}{c^4}+c^4\right)+1$$

$$\geqslant(a^4+b^4)^2+2(a^4+b^4)+1=(a^4+b^4+1)^2$$

$$\geqslant(15+8\sqrt{3})^2=417+240\sqrt{3},$$

当 $c=1$，$ab=1$，$a+b=1+\sqrt{3}$ 时可取到等号，这样的正实数 a、b 显然是存在的。故所求式子的最小值为 $417+240\sqrt{3}$。

解法二：由 $\dfrac{a}{b}+\dfrac{b}{a}=(a+b)\left(\dfrac{1}{c}+\dfrac{c}{ab}\right)=\dfrac{c}{a}+\dfrac{b}{c}+\dfrac{c}{b}+\dfrac{a}{c}$

$$\geqslant 2\sqrt{\dfrac{b}{a}}+2\sqrt{\dfrac{a}{b}}=2\sqrt{\dfrac{b}{a}+\dfrac{a}{b}+2}\,,$$

解得

$$\dfrac{b}{a}+\dfrac{a}{b}\geqslant 2(1+\sqrt{3})\,。$$

由柯西不等式有

$$(a^4+b^4+c^4)\left(\dfrac{1}{a^4}+\dfrac{1}{b^4}+\dfrac{1}{c^4}\right)$$

$$=(a^4+b^4+c^4)\left(\dfrac{1}{b^4}+\dfrac{1}{a^4}+\dfrac{1}{c^4}\right)\geqslant\left(\dfrac{b^2}{a^2}+\dfrac{a^2}{b^2}+1\right)^2$$

$$=\left[\left(\dfrac{b}{a}+\dfrac{a}{b}\right)^2-1\right]^2\geqslant\left[(2(1+\sqrt{3}))^2-1\right]^2=417+240\sqrt{3}\,。$$

当 $c^2=ab$，$\dfrac{b}{a}+\dfrac{a}{b}=2(1+\sqrt{3})$，即 $\dfrac{b}{a}=1+\sqrt{3}\pm\sqrt{3+2\sqrt{3}}$，$c=\sqrt{ab}$ 时可取到等号，这样的正实数 a、b、c 显然是存在的。故所求式子的最小值为 $417+240\sqrt{3}$。

评注：数学在一定程度上是形式主义的，但数学一定是表里如一的。作为 2021 年北大强基数学压轴题，本题的障碍和困难，在于条件式子中的减号破坏了 a、b、c 的对称性，而目标的形式是好的，是对称的，我们可以用柯西不等式得出其大于等于 9，但显然取不到等号，所以这是一道打破常规推陈出新的好题。

上述的内容，笔者希望读者朋友们都能够想到，就是说，即便这题不会做，也能知道其难点和亮点，判断出它的质量和价值。当然，最终要弄懂弄明白。

解法一，关注到条件和目标中的 a、b 是对称的，所以将 c"孤立"，尝试放缩和消去 c。

解法二同理,得到

$$\frac{b}{a}+\frac{a}{b}\geqslant 2+2\sqrt{3}\text{。}$$

关键的一步,是对柯西不等式形式的深刻理解,先前我们已经介绍了调配系数的手段,这里我们则更改了配对的项。为了产生 $\frac{b}{a}$ 与 $\frac{a}{b}$ 的形式,我们将 a^4 与 b^{-4},b^4 与 a^{-4} 配对,剩下的 c^4 与 c^{-4} 自然配对,巧妙而合理,问题也就迎刃而解了。

例 11 (2015 高联二试)设 a_1,a_2,$\cdots$,$a_n(n\geqslant 2)$ 是实数,证明:可以选取 ε_1,ε_2,$\cdots$,$\varepsilon_n\in\{1,-1\}$,使得

$$\Big(\sum_{i=1}^{n}a_i\Big)^2+\Big(\sum_{i=1}^{n}\varepsilon_ia_i\Big)^2\leqslant (n+1)\sum_{i=1}^{n}a_i^2\text{。}$$

解析 证法一:由柯西不等式有

$$\Big(\sum_{i=1}^{n}a_i\Big)^2\leqslant n\sum_{i=1}^{n}a_i^2,$$

因此只需证明可以选取 ε_1,ε_2,$\cdots$,$\varepsilon_n\in\{1,-1\}$,使得

$$\Big(\sum_{i=1}^{n}\varepsilon_ia_i\Big)^2\leqslant \sum_{i=1}^{n}a_i^2\text{。}$$

记

$$f(\varepsilon_1,\varepsilon_2,\cdots,\varepsilon_n)=\Big(\sum_{i=1}^{n}\varepsilon_ia_i\Big)^2,$$

注意到

$$\sum_{\varepsilon_i\in\{1,-1\}}f(\varepsilon_1,\varepsilon_2,\cdots,\varepsilon_n)=2^n\sum_{i=1}^{n}a_i^2,$$

由平均值原理,必存在一组 ε_1,ε_2,$\cdots$,$\varepsilon_n\in\{1,-1\}$ 使得

$$f(\varepsilon_1, \varepsilon_2, \cdots, \varepsilon_n) = \left(\sum_{i=1}^{n} \varepsilon_i a_i\right)^2 \leqslant \sum_{i=1}^{n} a_i^2,$$

综上即证。

证法二:我们证明

$$\left(\sum_{i=1}^{n} a_i\right)^2 + \left(\sum_{i=1}^{\left[\frac{n}{2}\right]} a_i - \sum_{j=\left[\frac{n}{2}\right]+1}^{n} a_j\right)^2 \leqslant (n+1) \sum_{i=1}^{n} a_i^2, \tag{1}$$

即对 $i = 1, 2, \cdots, \left[\frac{n}{2}\right]$,取 $\varepsilon_i = 1$;对 $j = \left[\frac{n}{2}\right]+1, \cdots, n$,取 $\varepsilon_j = -1$ 可满足要求。

(1) 式的左边为

$$\left(\sum_{i=1}^{\left[\frac{n}{2}\right]} a_i + \sum_{j=\left[\frac{n}{2}\right]+1}^{n} a_j\right)^2 + \left(\sum_{i=1}^{\left[\frac{n}{2}\right]} a_i - \sum_{j=\left[\frac{n}{2}\right]+1}^{n} a_j\right)^2$$

$$= 2\left(\sum_{i=1}^{\left[\frac{n}{2}\right]} a_i\right)^2 + 2\left(\sum_{j=\left[\frac{n}{2}\right]+1}^{n} a_j\right)^2$$

$$\leqslant 2\left[\frac{n}{2}\right] \sum_{i=1}^{\left[\frac{n}{2}\right]} a_i^2 + 2\left(n - \left[\frac{n}{2}\right]\right) \sum_{j=\left[\frac{n}{2}\right]+1}^{n} a_j^2 \text{(利用柯西不等式)}$$

$$= 2\left[\frac{n}{2}\right] \sum_{i=1}^{\left[\frac{n}{2}\right]} a_i^2 + 2\left[\frac{n+1}{2}\right] \sum_{j=\left[\frac{n}{2}\right]+1}^{n} a_j^2 \left(\text{利用 } n - \left[\frac{n}{2}\right] = \left[\frac{n+1}{2}\right]\right)$$

$$\leqslant n \sum_{i=1}^{\left[\frac{n}{2}\right]} a_i^2 + (n+1) \sum_{j=\left[\frac{n}{2}\right]+1}^{n} a_j^2 \text{(利用} [x] \leqslant x)$$

$$\leqslant (n+1) \sum_{i=1}^{n} a_i^2,$$

所以(1)式得证,从而本题得证。

证法三:同证法一,只需证明可以选取 $\varepsilon_1, \varepsilon_2, \cdots, \varepsilon_n \in \{1, -1\}$,使得

$$\left(\sum_{i=1}^{n} \varepsilon_i a_i\right)^2 \leqslant \sum_{i=1}^{n} a_i^2。$$

由于问题中 a_1，a_2，$\cdots$，a_n 的对称性，不妨设 $a_1 \geqslant a_2 \geqslant \cdots \geqslant a_n$。此外，若将 a_1，a_2，$\cdots$，a_n 中的负数改为相反数，则右边的 $\sum_{i=1}^{n} a_i^2$ 不变，而这一调整并不影响 $\varepsilon_i = \pm 1$ 的选取（只需将对应的 ε_i 改为 $-\varepsilon_i$），因此我们可进一步设 $a_1 \geqslant a_2 \geqslant \cdots \geqslant a_n \geqslant 0$。下证 $0 \leqslant \sum_{i=1}^{n} (-1)^{i-1} a_i \leqslant a_1$。

事实上，由于 $a_i \geqslant a_{i+1}(i=1,2,\cdots,n-1)$，故当 n 是偶数时，

$$\sum_{i=1}^{n} (-1)^{i-1} a_i = (a_1 - a_2) + (a_3 - a_4) + \cdots + (a_{n-1} - a_n) \geqslant 0,$$

$$\sum_{i=1}^{n} (-1)^{i-1} a_i = a_1 - (a_2 - a_3) - (a_4 - a_5) - \cdots - (a_{n-2} - a_{n-1}) - a_n \leqslant a_1.$$

当 n 是奇数时，

$$\sum_{i=1}^{n} (-1)^{i-1} a_i = (a_1 - a_2) + (a_3 - a_4) + \cdots + (a_{n-2} - a_{n-1}) + a_n \geqslant 0,$$

$$\sum_{i=1}^{n} (-1)^{i-1} a_i = a_1 - (a_2 - a_3) - (a_4 - a_5) - \cdots - (a_{n-1} - a_n) \leqslant a_1.$$

所以 $0 \leqslant \sum_{i=1}^{n} (-1)^{i-1} a_i \leqslant a_1$，结合柯西不等式及上述结论可知

$$\left(\sum_{i=1}^{n} a_i\right)^2 + \left(\sum_{i=1}^{n} (-1)^{i-1} a_i\right)^2 \leqslant n \sum_{i=1}^{n} a_i^2 + a_1^2 \leqslant (n+1) \sum_{i=1}^{n} a_i^2,$$

这就证明了本题。

评注：这个不等式很弱却质量很高，正因此，其证法各异，颇具代表性。

证法一是整体思维，完全类似于第 3 讲习题 17 一般情形的证法，希望读者们能够触类旁通；

证法三从局部出发，尽管我们很难研究清楚如何取 1、-1 才能使得 $\left(\sum_{i=1}^{n} \varepsilon_i a_i\right)^2$ 最小，但是，我们可以很轻松地让其变得比较小，也即从大到小排序再一正一负，这又与第 3 讲习题 16 的构造如出一辙。当然，要做好准备工作，不妨设 $a_i \geqslant 0$，这都应成为我们下意识的习惯和眼力。

证法一和证法三的共同之处是都利用了 $\left(\sum_{i=1}^{n} a_i\right)^2 \leqslant n \sum_{i=1}^{n} a_i^2$，所以只需再想办法使得 $\left(\sum_{i=1}^{n} \varepsilon_i a_i\right)^2 \leqslant \sum_{i=1}^{n} a_i^2$，证法二则不太一样。

证法二是整体思维结合待定参数法，读者不可本末倒置，纠结于答案中的高斯函数。核心其实只有两个，一个是确定每一项的 1 和 -1 之后，将选择 1 的那些项的和记为 A，选择 -1 的那些项的和记为 B，则不等式的左边 $=(A-B)^2+(A+B)^2=2(A^2+B^2)$，自然想到利用柯西来放缩出平方和的形式，由此立即得到第二个关键：假设其中有 k 个 1，$n-k$ 个 -1，来确定可以使得不等式成立的充分条件 $k=\left[\dfrac{n}{2}\right]$。

例 12 （2018 高联二试）设 n 是正整数，a_1，a_2，$\cdots$，a_n，b_1，b_2，$\cdots$，b_n，A，B 均为正实数，满足 $a_i \leqslant b_i$，$a_i \leqslant A$，$i=1$，2，$\cdots$，n，且 $\dfrac{b_1 b_2 \cdots b_n}{a_1 a_2 \cdots a_n} \leqslant \dfrac{B}{A}$。

证明：$\dfrac{(b_1+1)(b_2+1)\cdots(b_n+1)}{(a_1+1)(a_2+1)\cdots(a_n+1)} \leqslant \dfrac{B+1}{A+1}$。

解析 由条件知，$k_i = \dfrac{b_i}{a_i} \geqslant 1$，$i=1$，2，$\cdots$，$n$。记 $\dfrac{B}{A}=K$，则 $\dfrac{b_1 b_2 \cdots b_n}{a_1 a_2 \cdots a_n} \leqslant \dfrac{B}{A}$ 化为 $k_1 k_2 \cdots k_n \leqslant K$。 要证明

$$\prod_{i=1}^{n} \frac{k_i a_i + 1}{a_i + 1} \leqslant \frac{KA+1}{A+1}。 \tag{1}$$

对 $i=1$，2，$\cdots$，n，由于 $k_i \geqslant 1$ 及 $0 < a_i \leqslant A$ 知，

$$\frac{k_i a_i + 1}{a_i + 1} = k_i - \frac{k_i - 1}{a_i + 1} \leqslant k_i - \frac{k_i - 1}{A+1} = \frac{k_i A + 1}{A+1}。$$

结合 $K \geqslant k_1 k_2 \cdots k_n$ 知，为证明 (1)，仅需证明当 $A>0$，$k_i \geqslant 1 (i=1$，2，$\cdots$，$n)$ 时，有

$$\prod_{i=1}^{n} \frac{k_i A + 1}{A+1} \leqslant \frac{k_1 k_2 \cdots k_n A + 1}{A+1}。$$

对 n 进行归纳。当 $n=1$ 时,结论显然成立。

当 $n=2$ 时,由 $A>0$, k_1, $k_2 \geqslant 1$ 可知

$$\frac{k_1A+1}{A+1} \cdot \frac{k_2A+1}{A+1} - \frac{k_1k_2A+1}{A+1} = -\frac{A(k_1-1)(k_2-1)}{(A+1)^2} \leqslant 0,$$

因此 $n=2$ 时,结论成立。

设 $n=m$ 时结论成立,则当 $n=m+1$ 时,由归纳假设及 $n=2$ 的结论知,

$$\prod_{i=1}^{m+1} \frac{k_iA+1}{A+1}$$

$$= \left(\prod_{i=1}^{m} \frac{k_iA+1}{A+1} \right) \cdot \frac{k_{m+1}A+1}{A+1}$$

$$\leqslant \frac{k_1k_2\cdots k_mA+1}{A+1} \cdot \frac{k_{m+1}A+1}{A+1}$$

$$\leqslant \frac{k_1k_2\cdots k_{m+1}A+1}{A+1},$$

从而 $n=m+1$ 时结论成立。

由数学归纳法可知,(2)对所有正整数 n 成立,故命题得证。

评注:好的不等式题目,往往形式是朴实的,而思想是优美的,不会整一些花里胡哨看似高深的东西。本题的关键有三处,一是变形,注意到条件和目标形式,考虑令 $k_i=\dfrac{b_i}{a_i}$,将欲证结论转为关于 k_i 的不等式,事实上起到了消元和简化的作用;二是发现 $\dfrac{k_ia_i+1}{a_i+1} \leqslant \dfrac{k_iA+1}{A+1}$ 从而统一分母,这其实就是我们熟知的糖水不等式,$\dfrac{k_ia_i+1}{a_i+1} = \dfrac{k_i+\dfrac{1}{a_i}}{1+\dfrac{1}{a_i}} \leqslant \dfrac{k_i+\dfrac{1}{A}}{1+\dfrac{1}{A}} =$

$\dfrac{k_i A + 1}{A + 1}$;三是最终的归纳证明,发现从 $n = m$ 推 $n = m + 1$ 可回到 $n = 2$ 的情形,这又与我们先前介绍的伯努利不等式 $(1 + x_1)(1 + x_2) \cdots (1 + x_n) \geqslant 1 + x_1 + x_2 + \cdots + x_n$ (x_i 同号且不小于 -1) 的归纳证明如出一辙。

强化训练

A组

1. (2022 南大强基) 已知 x、y、z 满足 $x + y + z = 1$,则 $x^2 + 4y^2 + 9z^2$ 的最小值为_____。

2. (2022 上海交大强基) $a > b > 0$,则 $a + \dfrac{4}{a+b} + \dfrac{1}{a-b}$ 的最小值为( )。

   A. $2\sqrt{3}$ B. $\dfrac{3\sqrt{10}}{2}$ C. $3\sqrt{2}$ D. 4

3. (2019 清华领军) 若正数 a、b 满足 $ab(a + 8b) = 20$,则 $a + 3b$ 的最小值为( )。

   A. 4 B. 5 C. $\sqrt[3]{60}$ D. $\dfrac{4}{3} \cdot \sqrt[3]{60}$

4. (2020 复旦强基) 下列不等式恒成立的有( )。

   A. $x^2 + \dfrac{1}{x^2} \geqslant x + \dfrac{1}{x}$ B. $|x - y| + \dfrac{1}{x - y} \geqslant 2$

   C. $|x - y| - \dfrac{1}{x - y} \geqslant 2$ D. $|x - y| \geqslant |x - z| + |y - z|$

5. (2018 北大博雅) 设 a、b、c 为非负实数,满足 $a + b + c = 3$,则 $u = a + ab + abc$ 的最大值为( )。

A. 3   B. 4

C. $3\sqrt{2}$ D. 以上答案都不对

6. (2018 清华领军) 设实数 a、b、c 满足 $a^2+b^2+c^2=1$,则 $u=a(a+b+c)$ 的最大值是(   )。

A. $\dfrac{1+\sqrt{3}}{2}$ B. $1+\sqrt{3}$ C. $2+\sqrt{2}$ D. $1+\sqrt{2}$

7. (2020 北大强基) 使得 $5x+12\sqrt{xy}\leqslant a(x+y)$ 对所有正实数 x、y 都成立的实数 a 的最小值为(   )。

A. 8   B. 9

C. 10   D. 前三个答案都不对

8. (2021 北大强基) 若 a、b、c 为非负实数,且 $a^2+b^2+c^2-ab-bc-ca=25$,则 $a+b+c$ 的最小值为_____。

9. (2018 清华领军) 已知 $a_k(k=1, 2, \cdots, 7)$ 是和为 1 的 7 个非负实数,记 $M=\max\{a_1+a_2+a_3, a_2+a_3+a_4, a_3+a_4+a_5, a_4+a_5+a_6, a_5+a_6+a_7\}$,则 M 的最小值为(   )。

A. $\dfrac{3}{7}$ B. $\dfrac{1}{3}$ C. $\dfrac{1}{2}$ D. $\dfrac{2}{7}$

10. (2016 北大博雅) 已知实数 a、b、c 满足 $a+b+c=1$,则 $\sqrt{4a+1}+\sqrt{4b+1}+\sqrt{4c+1}$ 的最大值和最小值的乘积属于区间(   )。

A. $[10, 11)$ B. $[11, 12)$

C. $[12, 13)$ D. 以上答案都不对

11. (2020 北大强基) 正实数 x、y、z、w 满足 $x\geqslant y\geqslant w$,$x+y\leqslant 2(w+z)$,则 $\dfrac{w}{x}+\dfrac{z}{y}$ 的最小值为(   )。

A. $\dfrac{3}{4}$ B. $\dfrac{7}{8}$

C. 1   D. 前三个答案都不对

12. (2019 北大暑期学堂) 设 a、b 均为正实数,则满足不等式 $\sqrt{x^2-\sqrt{2}ax+a^2}+\sqrt{x^2-\sqrt{2}bx+b^2}\leqslant\sqrt{a^2+b^2}$ 的 x 的取值范围是(   )。

A. $\left(0, \dfrac{ab}{a+b}\right]$　　　　　B. $\left(0, \dfrac{\sqrt{2}\,ab}{a+b}\right]$

C. $\left(0, \dfrac{2ab}{a+b}\right]$　　　　　D. 前三个选项都不对

13. (2021 中科大强基)已知正实数 x、y 满足 $\dfrac{8}{x}+\dfrac{1}{y}=1$,则 $\sqrt{x^2+y^2}$ 的最小值为_____。

14. (2019 北大暑期学堂)设 x_1,x_2,$\cdots$,x_n 为正实数,$x_1x_2\cdots x_n>1$,求证: $x_1^2+x_2^2+\cdots+x_n^2>x_1+x_2+\cdots+x_n$。

B 组

15. (2022 武大强基)设 x_1,x_2,$\cdots$,$x_n(n\geqslant 2)$ 皆为正数,且满足 $\dfrac{1}{x_1+2022}+\dfrac{1}{x_2+2022}+\cdots+\dfrac{1}{x_n+2022}=\dfrac{1}{2022}$,证明:$\dfrac{\sqrt[n]{x_1x_2\cdots x_n}}{n-1}\geqslant$ 2022。

16. (2019 北大暑期学堂)实数 x、y、z 满足 $x+y+z=x^2+y^2+z^2=2$,求 xyz 的最大值和最小值。

17. (2014"北约"自招)已知正实数 x_1,x_2,$\cdots$,x_n 满足 $x_1x_2\cdots x_n=1$,证明: $\prod_{i=1}^{n}(\sqrt{2}+x_i)\geqslant(\sqrt{2}+1)^n$。

18. 已知正实数 x_0,x_1,x_2,$\cdots$,x_n。求最大的正实数 λ,使得对任意的正整数 n,均有

$$\sum_{i=0}^{n}\frac{1}{x_i}\geqslant\lambda\sum_{i=1}^{n}\frac{1}{x_0+x_1+\cdots+x_i}。$$

19. (2016 高联二试)设实数 a_1,a_2,$\cdots$,a_{2016} 满足 $9a_i>11a_{i+1}^2(i=1$, 2,$\cdots$,$2015)$。求 $(a_1-a_2^2)(a_2-a_3^2)\cdots(a_{2015}-a_{2016}^2)(a_{2016}-a_1^2)$ 的最大值。

第 **5** 讲 三角函数

三角函数也是函数,之所以独立成章,是因为极其特殊。例如,正弦函数、余弦函数具有周期性、有界性、对称性、存在无数个零点、导函数互相关联等其他初等函数鲜有的性质,且三角函数还有各式各样的恒等变换,让很多学生眼花缭乱晕头转向。有诗云,问渠那得清如许,为有源头活水来。授人以鱼不如授人以渔,亦不如授人以鱼塘。三角函数的公式看似复杂多样,其实源头无非几个,完全可以一步一步推导得出所有结论。这比生搬硬套死记硬背高明得多,洞悉其本质与特征、内涵与延伸、关联与不同,自然可以信手拈来。

本讲我们直接给出一些三角恒等式或定理,例习题则挑选了近些年强基自招中的好题。此外,三角法是解决平面几何问题的强有力武器,因此笔者高中时对其青睐有加,曾经自编过一些有趣的题目,也得到过不少别出心裁的巧解,这些都将在本章有所呈现,望读者可以领略三角之奥妙。

一 三角函数恒等式

1. 积化和差与和差化积公式

$$\cos\alpha\cos\beta=\frac{1}{2}\left[\cos(\alpha+\beta)+\cos(\alpha-\beta)\right],$$

$$\sin\alpha\sin\beta=\frac{1}{2}\left[\cos(\alpha-\beta)-\cos(\alpha+\beta)\right],$$

$$\sin\alpha\cos\beta=\frac{1}{2}\left[\sin(\alpha+\beta)+\sin(\alpha-\beta)\right],$$

$$\cos\alpha\sin\beta=\frac{1}{2}\left[\sin(\alpha+\beta)-\sin(\alpha-\beta)\right]。$$

$$\cos\alpha+\cos\beta=2\cos\frac{\alpha+\beta}{2}\cos\frac{\alpha-\beta}{2},\ \cos\alpha-\cos\beta=-2\sin\frac{\alpha+\beta}{2}\sin\frac{\alpha-\beta}{2},$$

$$\sin\alpha+\sin\beta=2\sin\frac{\alpha+\beta}{2}\cos\frac{\alpha-\beta}{2},\ \sin\alpha-\sin\beta=2\cos\frac{\alpha+\beta}{2}\sin\frac{\alpha-\beta}{2}。$$

2. 三倍角公式

$$\sin 3\alpha=3\sin\alpha-4\sin^3\alpha=4\sin\left(\frac{\pi}{3}-\alpha\right)\sin\alpha\sin\left(\frac{\pi}{3}+\alpha\right),$$

$$\cos 3\alpha=4\cos^3\alpha-3\cos\alpha=4\cos\left(\frac{\pi}{3}-\alpha\right)\cos\alpha\cos\left(\frac{\pi}{3}+\alpha\right),$$

$$\tan 3\alpha=\frac{3\tan\alpha-\tan^3\alpha}{1-3\tan^2\alpha}=\tan\left(\frac{\pi}{3}-\alpha\right)\tan\alpha\tan\left(\frac{\pi}{3}+\alpha\right)。$$

3. 伪平方差公式

$$\sin^2\alpha-\sin^2\beta=\sin(\alpha+\beta)\sin(\alpha-\beta)$$

> 评注:值得注意的是,恒等变形也可能有多种选择,需要判断与取舍。例如,对于三倍角正弦,有 $\sin 3\alpha=3\sin\alpha-4\sin^3\alpha$,还有 $\sin 3\alpha=$

二　与三角形有关的恒等式和不等式

1. 三角形的面积公式

设 $\triangle ABC$ 内切圆半径为 r，角 A、B、C 所对的三边分别记为 a、b、c，p 为半周长，h 为边 BC 上的高，则

$$S=\frac{1}{2}ah=\frac{1}{2}ab\sin C=\sqrt{p(p-a)(p-b)(p-c)}=pr。$$

其中 $S=\sqrt{p(p-a)(p-b)(p-c)}$ 称为海伦公式，我国的秦九韶也提出了类似的公式，称为三斜求积术。我们简证海伦公式如下。

$$S=\frac{1}{2}ab\sin C=\frac{1}{2}ab\sqrt{1-\cos^2 C}=\frac{1}{2}ab\sqrt{1-\left(\frac{a^2+b^2-c^2}{2ab}\right)^2}\text{（三斜求积）}$$

$$=\frac{1}{4}\sqrt{(2ab+a^2+b^2-c^2)(2ab-a^2-b^2+c^2)}$$

$$=\frac{1}{4}\sqrt{(a+b+c)(a+b-c)(c-a+b)(c+a-b)}$$

$$=\sqrt{p(p-a)(p-b)(p-c)}。$$

评注：天才的光芒不会被时间所掩盖，海伦与秦九韶这两个千年以前的名字，将永远在数学的天空上熠熠生辉。我们有幸站在了巨人们的肩膀上，才得以看得更远。当然，就形式而言，海伦公式更为优美，创造性地引入了半周长 p，形式对称简洁，而且由海伦公式结合均值不等式，可知在周长一定的三角形中，正三角形的面积最大，这是由于

$$S = \sqrt{p(p-a)(p-b)(p-c)}$$

$$\leqslant \sqrt{p\left(\frac{p-a+p-b+p-c}{3}\right)^3}$$

$$= \frac{\sqrt{3}\,p^2}{9},$$

当且仅当 $a = b = c$ 时取等。

2. 设 $\triangle ABC$ 的外接圆半径为 R，内切圆半径为 r，则

$$\sin A + \sin B + \sin C = 4\cos\frac{A}{2}\cos\frac{B}{2}\cos\frac{C}{2},$$

$$\cos A + \cos B + \cos C = 1 + 4\sin\frac{A}{2}\sin\frac{B}{2}\sin\frac{C}{2},$$

$$\tan A + \tan B + \tan C = \tan A \tan B \tan C,$$

$$\cos^2 A + \cos^2 B + \cos^2 C = 1 - 2\cos A \cos B \cos C,$$

$$r = 4R\sin\frac{A}{2}\sin\frac{B}{2}\sin\frac{C}{2} = R(\cos A + \cos B + \cos C - 1),$$

我们只证最后一个等式，由面积公式 $S = pr$，结合相关定理与公式，有

$$r = \frac{S}{p} = \frac{ab\sin C}{a+b+c} = 2R\,\frac{\sin A \sin B \sin C}{\sin A + \sin B + \sin C}$$

$$= 2R\,\frac{8\sin\frac{A}{2}\cos\frac{A}{2}\sin\frac{B}{2}\cos\frac{B}{2}\sin\frac{C}{2}\cos\frac{C}{2}}{4\cos\frac{A}{2}\cos\frac{B}{2}\cos\frac{C}{2}}$$

$$= 4R\sin\frac{A}{2}\sin\frac{B}{2}\sin\frac{C}{2} = R(\cos A + \cos B + \cos C - 1)。$$

3. 嵌入不等式

设 x、y、$z \in \mathbf{R}$，$A + B + C = \pi$，则

$$x^2 + y^2 + z^2 \geqslant 2xy\cos C + 2yz\cos A + 2zx\cos B,$$

事实上,左边减右边 $= (x - y\cos C - z\cos B)^2 + (y\sin C - z\sin B)^2 \geqslant 0$。

> 评注:配方法是不等式证明的重要手段,但有时难以配凑,导致我们看到答案知其然而不知其所以然,这里介绍一种更自然易算的思路——将 x 看作主元,则左边减右边是关于 x 的开口向上的二次函数。判别式 $\Delta = (2y\cos C + 2z\cos B)^2 - 4(y^2 + z^2 - 2yz\cos A) = 4(y^2\cos^2 C + z^2\cos^2 B + 2yz\cos B\cos C - y^2 - z^2 - 2yz\cos(B+C)) = -4(y\sin C - z\sin B)^2 \leqslant 0$,由此即证。我们熟知的不等式 $x^2 + y^2 + z^2 \geqslant xy + yz + zx$ 是 $A = B = C = \dfrac{\pi}{3}$ 的特殊情况。

三 解题策略

我们在第 3 讲多项式与代数变形中,介绍了一些技巧与思路。三角函数自然也适用,更有其独特的解题策略。

1. 常值代换。例如 $1 = \cos^2\theta + \sin^2\theta = \tan 45°$ 等;

2. 角的配凑,整体代换。例如 $\alpha = \dfrac{\alpha + \beta}{2} + \dfrac{\alpha - \beta}{2}$,$\beta = \dfrac{\alpha + \beta}{2} - \dfrac{\alpha - \beta}{2}$ 等;

3. 降次与升次。可利用倍角公式,半角公式,相关不等式等等,例如:

$$\cos 4\alpha = 8\cos^4\alpha - 8\cos^2\alpha + 1, \quad \sin\frac{\alpha}{2} = \pm\sqrt{\frac{1 - \cos\alpha}{2}},$$

对于锐角 θ,有 $1 > \sin\theta > \sin^2\theta$。

4. 利用辅助角公式,万能公式。辅助角公式和万能公式都可以将异名三角函数"消元"化为单一三角函数,从而视为单元函数来求解。

5. 两端出发。从条件和结论双管齐下,观察各自的繁简难易程度,进而判断前进的方向,更要观察细节,例如三角函数名称、次数、结构,发现异同,抓住主要矛盾,灵活运用公式,统一内外,解决问题。

6. 数形结合。不可舍本逐末,忽略了三角函数的几何意义。作出相关图形,有时会有四两拨千斤之妙。

7. 复数法, 泰勒展开法。本讲不作涉及, 笔者将在本书第 7 讲复数、第 10 讲极限与导数中对此作一些阐释。

典例精析

例 1 (2022 南大强基)函数 $y = \sqrt{x-4} + \sqrt{15-3x}$ 的值域为_____。

解析 $y = \sqrt{x-4} + \sqrt{15-3x} = \sqrt{x-4} + \sqrt{3} \cdot \sqrt{5-x}$, 定义域为 $[4, 5]$。注意到 $(\sqrt{x-4})^2 + (\sqrt{5-x})^2 = 1$, 可作三角换元令 $\cos\theta = \sqrt{x-4}$, $\sin\theta = \sqrt{5-x}$, 其中 $\theta \in \left[0, \dfrac{\pi}{2}\right]$。原式化为 $y = \cos\theta + \sqrt{3}\sin\theta = 2\sin\left(\theta + \dfrac{\pi}{6}\right)$, 由 $\theta + \dfrac{\pi}{6} \in \left[\dfrac{\pi}{6}, \dfrac{2\pi}{3}\right]$ 知, 值域为 $[1, 2]$。

> 评注: 也可利用不等式, 由柯西不等式
>
> $$\sqrt{x-4} + \sqrt{3} \cdot \sqrt{5-x} \leqslant \sqrt{1+3} \cdot \sqrt{x-4+5-x} = 2,$$
>
> 又 $\sqrt{x-4} + \sqrt{3} \cdot \sqrt{5-x} \geqslant \sqrt{x-4} + \sqrt{5-x} \geqslant \sqrt{x-4+5-x} = 1$。

例 2 (2022 北大强基)若 $\triangle ABC$ 三边长为等差数列, 则 $\cos A + \cos B + \cos C$ 的取值范围是_____。

点拨 两大方向, 一是利用等差关系设出三边, 通过余弦定理转为代数问题, 二是利用三角恒等式和不等式。前者思路直接, 计算稍繁, 后者更为快捷, 但需严谨。

解析 解法一: 不妨设三边长为 $1-d$、1、$1+d$, 其中 $0 \leqslant d < \dfrac{1}{2}$。由余弦定理有

$$\cos A + \cos B + \cos C$$
$$= \frac{(1+d)^2 + 1 - (1-d)^2}{2(1+d)} + \frac{(1-d)^2 + 1 - (1+d)^2}{2(1-d)} + \frac{(1+d)^2 + (1-d)^2 - 1}{2(1+d)(1-d)}$$

$$=\frac{3(1-2d^2)}{2(1-d^2)}=\frac{3}{2}\Big(2-\frac{1}{1-d^2}\Big)\in\Big(1,\ \frac{3}{2}\Big]。$$

解法二:利用三角恒等式

$$\cos A+\cos B+\cos C=1+4\sin\frac{A}{2}\sin\frac{B}{2}\sin\frac{C}{2}$$

可以迅速得出取值范围的上下界。

一方面,显然有 $\cos A+\cos B+\cos C>1$。又设角 A、B、C 所对的三边

长为 $1-d$、1、$1+d$,则当 $d\rightarrow\dfrac{1}{2}$ 时,角 $A\rightarrow 0$。事实上,此时

$$\cos A=\frac{(1+d)^2+1-(1-d)^2}{2(1+d)}=\frac{1+4d}{2(1+d)}\rightarrow 1,$$

故 $A\rightarrow 0$,从而 $\sin\dfrac{A}{2}\rightarrow 0$,所以 $\cos A+\cos B+\cos C\rightarrow 1$。

另一方面,$f(x)=\sin x$ 在 $[0,\ \pi]$ 上是上凸函数,由琴生不等式有

$$\sin\frac{A}{2}+\sin\frac{B}{2}+\sin\frac{C}{2}\leqslant 3\sin\frac{A+B+C}{6}=\frac{3}{2}。$$

又由均值不等式得

$$\sin\frac{A}{2}\sin\frac{B}{2}\sin\frac{C}{2}\leqslant\Big(\frac{\sin\dfrac{A}{2}+\sin\dfrac{B}{2}+\sin\dfrac{C}{2}}{3}\Big)^3\leqslant\Big(\frac{1}{2}\Big)^3=\frac{1}{8}。$$

因此 $\cos A+\cos B+\cos C=1+4\sin\dfrac{A}{2}\sin\dfrac{B}{2}\sin\dfrac{C}{2}\leqslant\dfrac{3}{2}$,等号当且仅当

$\triangle ABC$ 为等边三角形时取得。

综合两方面知 $\cos A+\cos B+\cos C\in\Big(1,\ \dfrac{3}{2}\Big]$。

例 3 在锐角 $\triangle ABC$ 中,证明:$\sin A+\sin B+\sin C>2$。

解析 证法一: $\sin A+\sin B+\sin C>2$

$$\Leftrightarrow 4\cos\frac{A}{2}\cos\frac{B}{2}\cos\frac{C}{2}>2$$

$$\Leftrightarrow 16\left(\cos\frac{A}{2}\cos\frac{B}{2}\cos\frac{C}{2}\right)^2 > 4$$

$$\Leftrightarrow (\cos A + 1)(\cos B + 1)(\cos C + 1) > 2$$

而 $(\cos A + 1)(\cos B + 1)(\cos C + 1) > 1 + \cos A + \cos B + \cos C$

$$= 1 + \left(1 + 4\sin\frac{A}{2}\sin\frac{B}{2}\sin\frac{C}{2}\right) > 2。$$

证法二（原创）：在锐角 $\triangle ABC$ 中，我们先证一个熟知的结论：$\sin B > \cos C$。

由 $\dfrac{\pi}{2} > B > \dfrac{\pi}{2} - C > 0$ 得 $\sin B > \sin\left(\dfrac{\pi}{2} - C\right) = \cos C$，类似地有 $\sin C > \cos B$，注意到 $\sin B$，$\sin C \in (0, 1)$，所以 $\sin B > \sin^2 B$，$\sin C > \sin^2 C$，所以

$$\sin A + \sin B + \sin C$$
$$= \sin B\cos C + \cos B\sin C + \sin B + \sin C$$
$$> \cos^2 B + \cos^2 C + \sin^2 B + \sin^2 C = 2。$$

证法三：当 $x \in \left[0, \dfrac{\pi}{2}\right]$ 时，利用导数易证有如下不等式成立 $\dfrac{2}{\pi}x \leqslant \sin x$。（当且仅当 $x = 0$ 或 $\dfrac{\pi}{2}$ 取等号）

因此 $\sin A + \sin B + \sin C \geqslant \dfrac{2}{\pi}(A + B + C) = 2$。因为 A、B、C 为锐角，故等号取不到，即

$$\sin A + \sin B + \sin C > 2。$$

证法四：如图，作锐角 $\triangle ABC$ 的外接圆 O，边 BC、AC 的中点分别记为 A'、B'，连接 AO 并延长交圆 O 于点 M，连接 $A'M$ 并延长交以 BC 为直径的圆 A' 于点 C'。

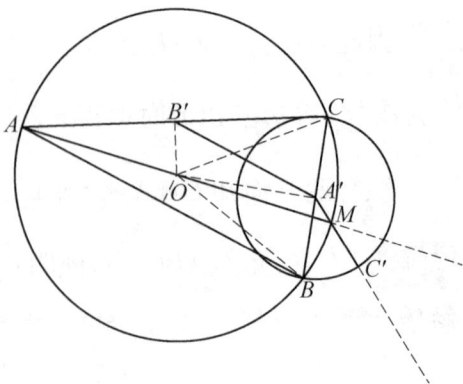

例 3 图

设圆 O 的半径为 R。易知，$AB' = R\sin B$，$B'A' = R\sin C$，$A'C' = R\sin A$，

由

$$AB' + B'A' + A'C' > AB' + B'A' + A'M$$
$$> AM = 2R$$

可知原不等式成立。

伦的新证法,这里的证法三出自一位网友,证法四及配图源于笔者的大学同班挚友,是黑龙江省的理科状元。证法三的切割线放缩尤为精彩,借助这一方法,我们可以迅速解决 2019 北大寒假学堂的压轴题(习题 23)。

例 4 (2021 清华强基)已知 $f(x) = \sin x \cos x + \sin x + \dfrac{2}{5} \cos x$,$x \in \left[0, \dfrac{\pi}{2}\right]$,设 $f(x)$ 的最大值为 M,最小值为 m,则(   )。

A. $M = \dfrac{23}{8}$ 　　　 B. $m = \dfrac{2}{5}$ 　　　 C. $M = \dfrac{38}{25}$ 　　　 D. $m = \dfrac{1}{5}$

解析 显然 $f'(x) = \cos 2x + \cos x - \dfrac{2}{5} \sin x$ 在 $\left[0, \dfrac{\pi}{2}\right]$ 上单调递减,且 $f'(0) = 2 > 0$,$f'\left(\dfrac{\pi}{2}\right) = -\dfrac{7}{5} < 0$,由零点存在定理结合单调性知 $f'(x)$ 在 $\left(0, \dfrac{\pi}{2}\right)$ 上有唯一零点。令 $f'(x) = 0$,则

$$\frac{2}{5} \sin x = \cos 2x + \cos x = 2\cos^2 x + \cos x - 1$$

$$= (2\cos x - 1)(\cos x + 1),$$

两边平方得

$$\frac{4}{25}(1 - \cos^2 x) = (2\cos x - 1)^2 (\cos x + 1)^2。$$

因为 $\cos x + 1 \neq 0$,所以

$$\frac{4}{25}(1 - \cos x) = (2\cos x - 1)^2 (\cos x + 1),$$

由试根法可知 $\cos x = \dfrac{3}{5}$ 是一根,因此 $x_0 = \arccos \dfrac{3}{5}$ 是 $f'(x)$ 在 $\left(0, \dfrac{\pi}{2}\right)$ 上的唯一零点,所以 $f(x)$ 在 $(0, x_0)$ 上单调增,在 $\left(x_0, \dfrac{\pi}{2}\right)$ 上单调减。计算知

$f(0) = \dfrac{2}{5}$，$f(x_0) = \dfrac{38}{25}$，$f\left(\dfrac{\pi}{2}\right) = 1$，因此 $M = \dfrac{38}{25}$，$m = \dfrac{2}{5}$，本题应选 BC。

评注：这道题的难点在于如何猜根，得到 $x_0 = \arccos\dfrac{3}{5}$。是异想天开吗？并不是，自有线索，注意到方程的左边有分母25，这就启发我们优先考虑 $\cos x = \dfrac{3}{5}$ 或 $\cos x = \dfrac{4}{5}$。也是这一年，中科大考了一道看似相仿，实则别有洞天的题，见例5。

例5 （2021 中科大强基）求函数 $f(x) = 5 + 6\cos x - 3\cos^2 x - 4\cos^3 x + \dfrac{1}{4}\sin\dfrac{3x}{2}$ 的值域。

解析 令 $g(x) = 6x - 3x^2 - 4x^3$，$-1 \leqslant x \leqslant 1$，求导有

$$g'(x) = 6 - 6x - 12x^2 = -6(2x - 1)(x + 1),$$

所以 $f(x)$ 在 $\left(-1, \dfrac{1}{2}\right)$ 上单调增，在 $\left(\dfrac{1}{2}, 1\right)$ 上单调减。计算知 $g(-1) = -5$，$g\left(\dfrac{1}{2}\right) = \dfrac{7}{4}$，$g(1) = -1$，所以

$$g(\cos x) = 6\cos x - 3\cos^2 x - 4\cos^3 x$$

在 $x = \pi$ 时取最小值 -5，在 $x = \dfrac{\pi}{3}$ 时取最大值 $\dfrac{7}{4}$。

另一方面，容易看到 $\dfrac{1}{4}\sin\dfrac{3x}{2}$ 同样在 $x = \pi$ 时取最小值 $-\dfrac{1}{4}$，在 $x = \dfrac{\pi}{3}$ 时取最大值 $\dfrac{1}{4}$。这说明 $f(x)_{\min} = f(\pi) = 5 + (-5) + \left(-\dfrac{1}{4}\right) = -\dfrac{1}{4}$，

$$f(x)_{\max} = f\left(\dfrac{\pi}{3}\right) = 5 + \dfrac{7}{4} + \dfrac{1}{4} = 7,$$

从而 $f(x)$ 的值域为 $\left[-\dfrac{1}{4}, 7\right]$。

评注:本题看似情理之外,实则尽在意料之中。无论是函数本身,还是导数的形式,都指明最后一项是狗尾续貂,分开考虑即可。但正是这处尾大不掉,引无数英雄尽折腰。

例6 （2008 北大自招）求证:边长为 1 的正五边形对角线长为 $\dfrac{\sqrt{5}+1}{2}$。

点拨　作图,可知等价于求出 $\sin 18°$ 的具体数值,两大方向,一是数形结合,利用黄金三角形构造相似来求解,二是纯代数,抓住 $18°$ 的特征,利用多倍角公式来解方程。

解析　解法一:如图,作 $\angle ABC$ 的平分线交 AC 于点 D,易得 $\triangle ACB \backsim \triangle BCD$。因此

$$\frac{AC}{BC} = \frac{BC}{CD},$$

即 $AC \cdot CD = 1$。又注意到 $AD = BD = BC = 1$,故 $AC = AD + CD = 1 + \dfrac{1}{AC}$,解得

$$AC = \frac{\sqrt{5}+1}{2}。$$

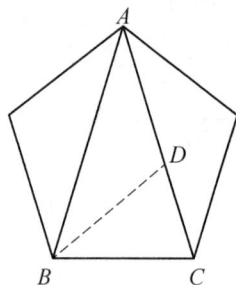

例 6 图

　　解法二:如图,连接正五边形的两条对角线得到等腰 $\triangle ABC$,易得 $\angle BAC = 36°$,所以

$$AC = \frac{\frac{1}{2}BC}{\sin 18°} = \frac{1}{2\sin 18°}。$$

下面计算 $\sin 18°$ 的值,为了叙述简洁,令 $\alpha = 18°$。

　　注意到 $\cos 2\alpha = \sin 3\alpha$,由二倍角及三倍角公式有:

$$1 - 2\sin^2 \alpha = 3\sin \alpha - 4\sin^3 \alpha,$$

容易看出方程有一根为 $\sin \alpha = 1$,因此可因式分解为

$$(\sin\alpha - 1)(4\sin^2\alpha + 2\sin\alpha - 1) = 0。$$

因为 $\alpha = 18°$，所以 $\sin\alpha \in \left(0, \dfrac{1}{2}\right)$，解得 $\sin\alpha = \dfrac{\sqrt{5}-1}{4}$。于是 $AB = \dfrac{\sqrt{5}+1}{2}$。

评注：$\sin 18°$ 也可用四倍角公式来计算，令 $\alpha = 18°$ 注意到

$$\cos\alpha = \sin 4\alpha = 4\sin\alpha\cos\alpha(1 - 2\sin^2\alpha),$$

而 $\cos\alpha \neq 0$，故 $1 = 4\sin\alpha(1 - 2\sin^2\alpha)$，容易看出方程有一根为 $\sin\alpha = \dfrac{1}{2}$，因此方程可因式分解为 $(2\sin\alpha - 1)(4\sin^2\alpha + 2\sin\alpha - 1) = 0$。后面同理。

需要特别指出的是，本题又一次体现了形式与选择的重要性，对于法二，如果不用 $\cos 2\alpha = \sin 3\alpha$，而用 $\sin 2\alpha = \cos 3\alpha$，则有 $2\sin\alpha\cos\alpha = \cos 3\alpha = 4\cos^3\alpha - 3\cos\alpha$，从而直接得出 $2\sin\alpha = 4\cos^2\alpha - 3 = 1 - 4\sin^2\alpha$，就容易得多，尽管殊途同归，但我们应总结出正弦和余弦各自的特点。对于正弦，其在平面几何中更常用，正弦定理很强大，且正弦二倍角的形式只含乘法较为优越，但 $\sin n\alpha$ 有时不能化为关于 $\sin\alpha$ 的函数。对于余弦，余弦定理形式较复杂，余弦二倍角含有加减运算，但余弦很大的一个优点在于 $\cos n\alpha$ 可化为 $\cos\alpha$ 的整系数多项式，也即切比雪夫多项式，这在前面几讲已经详细阐述。

例7 （飞哥原创）已知 $\triangle ABC$ 的三个内角的正切值均为整数，请求出这三个整数。

解析 $\triangle ABC$ 中有如下恒等式

$$\tan A + \tan B + \tan C = \tan A \tan B \tan C。$$

因此我们只需要求出不定方程 $a + b + c = abc$ 的非零整数解即可（三角形正切值不为 0）。注意到若 a、b、c 满足该不定方程，那么 $-a$、$-b$、$-c$ 也满足，因此我们只需考虑 a、b、c 一正两负的情况或者全为正数的情况。

由对称性,不妨设 $a \leqslant b \leqslant c$,再由 a、b、c 一正两负的情况或者全为正数知必有

$$c > 0, ab > 0。$$

又 $abc = a+b+c \leqslant 3c$,所以 $ab \leqslant 3$,因此 ab 只能是 1、2、3 中某个值。分情况讨论易得解为 $a=1$,$b=2$,$c=3$。因此 $a+b+c=abc$ 的非零整数解是 1、2、3(或 -1、-2、-3)的一个排列。考虑到三角形的正切值不可能全为负数,因此所求三个整数为 1、2、3。

评注:高中时,笔者知道不定方程 $a+b+c=abc$ 的非零整数解只有 $(1,2,3)$ 或 $(-1,-2,-3)$,又看到正切的恒等式,自然就编出了本题。后来也在许多大学的自招考试中见过本质完全相同的题目。本题前期的一些准备工作例如正负的讨论等,不可忽略,成败有时在于细节。

学无止境,温故知新。同样是在网络平台,有小伙伴向笔者提供了一种精巧的新思路,令人赞叹。利用平均值原理,$\triangle ABC$ 中必有一个内角不大于 $60°$,所以正切值为不大于 $\sqrt{3}$ 的正数,又其正切值为整数,故只能为 1,由此问题得到简化,转为求不定方程 $a+b+1=ab$ 即 $(a-1)(b-1)=2$ 的整数解,这是容易的。

例 8　求 $\cos \dfrac{\pi}{13} + \cos \dfrac{3\pi}{13} + \cos \dfrac{9\pi}{13}$ 的具体数值。

点拨　在常见的三角函数求值问题中,这是最难的一道,需要构造互补的式子,从和与积两个角度考虑。本题的难度从答案 $\dfrac{1+\sqrt{13}}{4}$ 也可见一斑。读者只要能完全掌握本题,就一定能轻松解决其余同类问题。

解析　设 $x = \cos \dfrac{\pi}{13} + \cos \dfrac{3\pi}{13} + \cos \dfrac{9\pi}{13}$,

$$y = \cos \dfrac{5\pi}{13} + \cos \dfrac{7\pi}{13} + \cos \dfrac{11\pi}{13},$$

则利用积化和差公式,有

$$x + y = \sum_{k=1}^{6} \cos \frac{(2k-1)\pi}{13} = \frac{1}{2\sin \frac{\pi}{13}} \sum_{k=1}^{6} 2\sin \frac{\pi}{13} \cos \frac{(2k-1)\pi}{13}$$

$$= \frac{1}{2\sin \frac{\pi}{13}} \sum_{k=1}^{6} \left(\sin \frac{2k\pi}{13} - \sin \frac{(2k-2)\pi}{13} \right)$$

$$= \frac{\sin \frac{12\pi}{13}}{2\sin \frac{\pi}{13}} = \frac{1}{2}。$$

再利用积化和差公式,有

$$x \cdot \cos \frac{5\pi}{13} = \frac{1}{2}\left(\cos \frac{6\pi}{13} + \cos \frac{4\pi}{13} + \cos \frac{8\pi}{13} + \cos \frac{2\pi}{13} + \cos \frac{14\pi}{13} + \cos \frac{4\pi}{13} \right)$$

$$x \cdot \cos \frac{7\pi}{13} = \frac{1}{2}\left(\cos \frac{8\pi}{13} + \cos \frac{6\pi}{13} + \cos \frac{10\pi}{13} + \cos \frac{4\pi}{13} + \cos \frac{16\pi}{13} + \cos \frac{2\pi}{13} \right),$$

$$x \cdot \cos \frac{11\pi}{13} = \frac{1}{2}\left(\cos \frac{12\pi}{13} + \cos \frac{10\pi}{13} + \cos \frac{14\pi}{13} + \cos \frac{8\pi}{13} + \cos \frac{20\pi}{13} + \cos \frac{2\pi}{13} \right),$$

所以

$$xy = \frac{1}{2}\left(3\cos \frac{2\pi}{13} + 3\cos \frac{4\pi}{13} + 2\cos \frac{6\pi}{13} + 3\cos \frac{8\pi}{13} + 2\cos \frac{10\pi}{13} \right.$$

$$\left. + \cos \frac{12\pi}{13} + 2\cos \frac{14\pi}{13} + \cos \frac{16\pi}{13} + \cos \frac{20\pi}{13} \right)$$

$$= \frac{1}{2}\left(-3\cos \frac{\pi}{13} + 3\cos \frac{2\pi}{13} - 3\cos \frac{3\pi}{13} + 3\cos \frac{4\pi}{13} - 3\cos \frac{5\pi}{13} + 3\cos \frac{6\pi}{13} \right)$$

$$= \frac{3}{2}\left[\left(-\cos \frac{\pi}{13} - \cos \frac{3\pi}{13} + \cos \frac{4\pi}{13} \right) + \left(-\cos \frac{5\pi}{13} + \cos \frac{6\pi}{13} + \cos \frac{2\pi}{13} \right) \right]$$

$$= \frac{3}{2}\left[\left(-\cos \frac{\pi}{13} - \cos \frac{3\pi}{13} - \cos \frac{9\pi}{13} \right) + \left(-\cos \frac{5\pi}{13} - \cos \frac{7\pi}{13} - \cos \frac{11\pi}{13} \right) \right]$$

$$= \frac{3}{2}(-x - y) = -\frac{3}{4}。$$

由以上知 x、y 是方程 $t^2 - \dfrac{1}{2}t - \dfrac{3}{4} = 0$ 的两根，又显然 $x = \cos\dfrac{\pi}{13} +$

$\cos\dfrac{3\pi}{13} + \cos\dfrac{9\pi}{13} > \cos\dfrac{3\pi}{13} > 0$，解得 $x = \dfrac{1+\sqrt{13}}{4}$。

评注：通过构造配对式，还可证明下述结论：

$$\cos\frac{\pi}{2n+1}\cos\frac{2\pi}{2n+1}\cos\frac{3\pi}{2n+1}\cdots\cos\frac{n\pi}{2n+1} = \frac{1}{2^n}\,(n \in \mathbf{N}_+)。$$

证明：令

$$S = \cos\frac{\pi}{2n+1}\cos\frac{2\pi}{2n+1}\cos\frac{3\pi}{2n+1}\cdots\cos\frac{n\pi}{2n+1},$$

$$T = \sin\frac{\pi}{2n+1}\sin\frac{2\pi}{2n+1}\sin\frac{3\pi}{2n+1}\cdots\sin\frac{n\pi}{2n+1},$$

则

$$ST = \frac{1}{2^n}\sin\frac{2\pi}{2n+1}\sin\frac{4\pi}{2n+1}\sin\frac{6\pi}{2n+1}\cdots\sin\frac{2n\pi}{2n+1}$$

$$= \frac{1}{2^n}\sin\frac{2\pi}{2n+1}\sin\frac{4\pi}{2n+1}\cdots\sin\frac{3\pi}{2n+1}\sin\frac{\pi}{2n+1} = \frac{1}{2^n}T,$$

所以 $S = \dfrac{1}{2^n}$。

对于三角函数值的累乘及累和，还有下述简单结论：

$$\prod_{k=0}^{n}\cos(2^k\theta) = \frac{\sin(2^{n+1}\theta)}{2^n\sin\theta}\,(\sin\theta \neq 0),$$

$$\sum_{k=1}^{n}\cos(k\theta) = \frac{1}{2\sin\dfrac{\theta}{2}}\sum_{k=1}^{n}\left(\sin\left(k+\frac{1}{2}\right)\theta - \sin\left(k-\frac{1}{2}\right)\theta\right)$$

$$= \frac{\sin\left(n+\dfrac{1}{2}\right)\theta - \sin\dfrac{\theta}{2}}{2\sin\dfrac{\theta}{2}}\left(\sin\frac{\theta}{2} \neq 0\right),$$

$$\sum_{k=1}^{n} \sin(k\theta) = \frac{1}{2\sin\frac{\theta}{2}} \sum_{k=1}^{n} \left(\cos\left(k-\frac{1}{2}\right)\theta - \cos\left(k+\frac{1}{2}\right)\theta\right)$$

$$= \frac{\cos\frac{\theta}{2} - \cos\left(n+\frac{1}{2}\right)\theta}{2\sin\frac{\theta}{2}} \left(\sin\frac{\theta}{2} \neq 0\right)。$$

例9 (2021 中科大少年班)x、y、z 均为正数,若 $x^2 + y^2 = x^2 + z^2 + \sqrt{3}\,xz = z^2 + y^2 + yz = 16$,则 $2xy + xz + \sqrt{3}\,yz = $ _____。

点拨 注意到代数表达式的几何含义,或可柳暗花明。本题的条件是明显的余弦定理形式,可构造图形轻松解决。

解析 构造图形,满足 $OA = y$,$OB = x$,$OC = z$,$\angle AOB = \frac{\pi}{2}$,$\angle AOC = \frac{2\pi}{3}$,$\angle BOC = \frac{5\pi}{6}$,则由余弦定理可知 $AB^2 = x^2 + y^2$,$BC^2 = x^2 + z^2 + \sqrt{3}\,xz$,$CA^2 = z^2 + y^2 + yz$,结合题中条件可知 $AB = BC = CA$,$\triangle ABC$ 是边长为 4 的等边三角形,所以 $2xy + xz + \sqrt{3}\,yz = 4(S_{\triangle AOB} + S_{\triangle BOC} + S_{\triangle AOC}) = 4S_{\triangle ABC} = 16\sqrt{3}$。

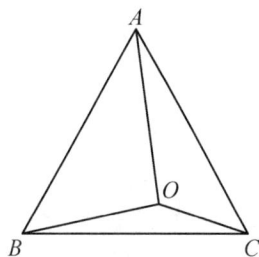

例9图

例10 (2020 清华强基)使得 $n\sin 1 > 1 + 5\cos 1$ 成立的最小正整数 n 等于( )。

    A. 3   B. 4   C. 5   D. 6

点拨 $\sin 1$ 是不友好的,我们更青睐特殊角的正弦余弦值。注意到正弦和余弦在 $\left(0, \frac{\pi}{2}\right)$ 上的单调性相反,因此可以进行放缩,给出 n 需满足的必要条件,再证明其充分性。

解析 注意到若 $n\sin 1 > 1 + 5\cos 1$,则 $n\sin\frac{\pi}{3} > n\sin 1 > 1 + 5\cos 1 > 1 + 5\cos\frac{\pi}{3}$,得 $n > \frac{7}{\sqrt{3}} > 4$。又因为 n 为正整数,所以 $n \geq 5$。下面证明 $n = 5$ 可

使原不等式成立，即证 $5\sin 1 > 1 + 5\cos 1$，这等价于 $\sin\left(1 - \dfrac{\pi}{4}\right) > \dfrac{\sqrt{2}}{10}$。令 $g(x)$

$= \sin x - \dfrac{2\sqrt{2}}{\pi}x$，$0 < x < \dfrac{\pi}{4}$，其导函数 $g'(x) = \cos x - \dfrac{2\sqrt{2}}{\pi}$ 在 $\left(0, \dfrac{\pi}{4}\right)$ 上单

调减，且 $g'(0) > 0$，$g'\left(\dfrac{\pi}{4}\right) < 0$，因此存在唯一的 $x_0 \in \left(0, \dfrac{\pi}{4}\right)$ 使 $g'(x_0) =$

0。由 $g(x)$ 在 $(0, x_0)$ 上单调增，在 $\left(x_0, \dfrac{\pi}{4}\right)$ 上单调减，$g(0) = g\left(\dfrac{\pi}{4}\right) = 0$，可知

当 $0 < x < \dfrac{\pi}{4}$ 时，$g(x) > 0$。注意到 $0 < 1 - \dfrac{\pi}{4} < \dfrac{\pi}{4}$，则

$$\sin\left(1 - \dfrac{\pi}{4}\right) > \dfrac{2\sqrt{2}}{\pi} \cdot \left(1 - \dfrac{\pi}{4}\right) > \dfrac{2\sqrt{2}}{3.2} \cdot (1 - 0.8) = \dfrac{\sqrt{2}}{8} > \dfrac{\sqrt{2}}{10}.$$

综上，正整数 n 的最小值等于 5，本题应选 C。

> 评注：$g(x)$ 的构造并非天外飞仙，而是与例 3 的法三一模一样，本
> 质都是利用了 $\sin x$ 在 $\left(0, \dfrac{\pi}{2}\right)$ 上为凹函数。笔者在解本题时还有一种
> 思路，注意到 $5\left(\dfrac{4}{5} - \dfrac{3}{5}\right) = 1$，这表明函数 $h(x) = 5\sin x - 5\cos x - 1$ 在
> $\left(0, \dfrac{\pi}{2}\right)$ 上的零点为 $\arcsin\dfrac{4}{5}$，又显然 $h(x)$ 在 $\left(0, \dfrac{\pi}{2}\right)$ 上单调递增，因此
> 只需证明 $1 > \arcsin\dfrac{4}{5}$，事实上，我们熟知，$1 \approx 57.3°$，$\arcsin\dfrac{4}{5} \approx 53°$，由
> 此即得。

例 11 （2022 北大强基）已知 $\sqrt{1 - x^2} = 4x^3 - 3x$，则该方程所有实根个数
与所有实根乘积的比值为 _____。

点拨 知识是多多益善的，只要熟知三倍角公式，就能看出本题的实质为三角
函数，作三角换元即可。如果左右平方，则一方面可能有增根，不好判断原方
程实根个数，另一方面也不能直接使用韦达定理，因为还可能有重根，所以直

接平方是欠妥的。

解析 令 $x = \cos\theta\,(\theta \in [0,\pi])$，则原方程等价于 $\sin\theta = \cos 3\theta$，即 $\cos\left(\dfrac{\pi}{2} - \theta\right) = \cos 3\theta$。因为 $\dfrac{\pi}{2} - \theta \in \left[-\dfrac{\pi}{2}, \dfrac{\pi}{2}\right]$，$3\theta \in [0, 3\pi]$，所以 $3\theta = \dfrac{\pi}{2} - \theta$ 或 $3\theta = \theta - \dfrac{\pi}{2}$ 或 $3\theta = \dfrac{\pi}{2} - \theta + 2\pi$ 或 $3\theta = \theta - \dfrac{\pi}{2} + 2\pi$，解得 $\theta = \dfrac{\pi}{8}$ 或 $-\dfrac{\pi}{4}$（舍去）或 $\dfrac{5\pi}{8}$ 或 $\dfrac{3\pi}{4}$。因此方程的全部解为 $x = \cos\dfrac{\pi}{8}$ 或 $\cos\dfrac{5\pi}{8}$ 或 $\cos\dfrac{3\pi}{4}$。所以所求值为

$$\frac{3}{\cos\dfrac{\pi}{8}\cos\dfrac{5\pi}{8}\cos\dfrac{3\pi}{4}} = \frac{3}{-\cos\dfrac{\pi}{8}\sin\dfrac{\pi}{8}\cos\dfrac{3\pi}{4}} = \frac{6}{\sin\dfrac{\pi}{4}\cos\dfrac{\pi}{4}} = \frac{12}{\sin\dfrac{\pi}{2}} = 12。$$

例12 （莫勒定理）如图，任意 $\triangle ABC$，作其三个角的三等分线，两两成对相交，证明：三个交点一定构成正三角形。

解析 如图，设 $\angle BAC = 3\alpha$，$\angle ABC = 3\beta$，$\angle BCA = 3\gamma$，则 $\alpha + \beta + \gamma = \dfrac{\pi}{3}$。设 $\triangle ABC$ 外接圆半径为 R。

在 $\triangle ABF$ 中，由正弦定理有

$$AF = \frac{AB}{\sin(\alpha + \beta)}\sin\beta = \frac{2R\sin 3\gamma}{\sin(\alpha + \beta)}\sin\beta，$$

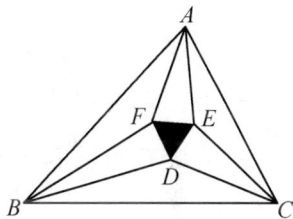
例12图

利用三倍角公式

$$\sin 3\gamma = 3\sin\gamma - 4\sin^3\gamma = 4\sin\left(\frac{\pi}{3} - \gamma\right)\sin\gamma\sin\left(\frac{\pi}{3} + \gamma\right)，$$

所以

$$AF = 8R\sin\gamma\sin\left(\frac{\pi}{3} + \gamma\right)\sin\beta，$$

同理，有

$$AE = 8R\sin\beta\sin\left(\frac{\pi}{3} + \beta\right)\sin\gamma。$$

在$\triangle AEF$中，由余弦定理有

$$EF^2 = (8R\sin\beta\sin\gamma)^2\left[\sin^2\left(\frac{\pi}{3}+\gamma\right)+\sin^2\left(\frac{\pi}{3}+\beta\right)\right.$$

$$\left.-2\cos\alpha\sin\left(\frac{\pi}{3}+\gamma\right)\sin\left(\frac{\pi}{3}+\beta\right)\right],$$

构造外接圆直径为 1 的$\triangle ABC$，其中$\angle B=\dfrac{\pi}{3}+\beta$，$\angle C=\dfrac{\pi}{3}+\gamma$，则$\angle A=\alpha$，由正弦定理和余弦定理立得

$$\sin^2\left(\frac{\pi}{3}+\gamma\right)+\sin^2\left(\frac{\pi}{3}+\beta\right)-2\cos\alpha\sin\left(\frac{\pi}{3}+\gamma\right)\sin\left(\frac{\pi}{3}+\beta\right)$$

$$=b^2+c^2-2bc\cos A=a^2=\sin^2\alpha,$$

因此$EF^2=(8R\sin\alpha\sin\beta\sin\gamma)^2$，同理可得$DE^2=(8R\sin\alpha\sin\beta\sin\gamma)^2$，$DF^2=(8R\sin\alpha\sin\beta\sin\gamma)^2$，故$EF=DE=DF$，因此$\triangle DEF$是等边三角形。

评注：这是笔者最喜欢的平面几何定理，配图也是拙作小说封面的一角。证明过程是典型的三角法，有两处核心，一是三倍角的恒等变形；二是得到关键表达式

$$EF^2 = (8R\sin\beta\sin\gamma)^2\left[\sin^2\left(\frac{\pi}{3}+\gamma\right)+\sin^2\left(\frac{\pi}{3}+\beta\right)\right.$$

$$\left.-2\cos\alpha\sin\left(\frac{\pi}{3}+\gamma\right)\sin\left(\frac{\pi}{3}+\beta\right)\right],$$

此时，从结论为等边三角形可知，右式必须关于α、β、γ对称，所以我们相信：中括号里一定等于$\sin^2\alpha$。解析通过构造图形，巧妙得证。当然，利用降幂、和差化积等等常见手段，我们也可以得出结果。

$$\sin^2\left(\frac{\pi}{3}+\gamma\right)+\sin^2\left(\frac{\pi}{3}+\beta\right)-2\cos\alpha\sin\left(\frac{\pi}{3}+\gamma\right)\sin\left(\frac{\pi}{3}+\beta\right)$$

$$=1-\frac{1}{2}\left(\cos\left(\frac{2\pi}{3}+2\gamma\right)+\cos\left(\frac{2\pi}{3}+2\beta\right)\right)$$

$$+\cos\alpha\left(\cos\left(\frac{2\pi}{3}+\gamma+\beta\right)-\cos(\gamma-\beta)\right)$$

$$=1-\cos\left(\frac{2\pi}{3}+\gamma+\beta\right)\cos(\gamma-\beta)$$

$$+\cos\alpha\left(\cos\left(\frac{2\pi}{3}+\gamma+\beta\right)-\cos(\gamma-\beta)\right)$$

$$=1+\cos\alpha\cos(\gamma-\beta)+\cos\alpha(-\cos\alpha-\cos(\gamma-\beta))$$

$$=\sin^2\alpha。$$

强化训练

A 组

1. (2022 上海交大强基) $\tan 15°+2\sqrt{2}\sin 15°=($　　$)$。

A. $\sqrt{3}$　　　　B. $\sqrt{2}$　　　　C. 2　　　　D. 1

2. (2022 南大强基) 设 $x\in\left(0,\frac{\pi}{2}\right)$，则函数 $y=\sin^2 x\cos x$ 的最大值为 _____。

3. (2022 上海交大强基) 方程 $|\sin x|+|\cos x|=\frac{\pi}{6}$ 的实根的个数为 _____。

4. (2020 复旦强基) $\arcsin\frac{\sqrt{14}+3\sqrt{2}}{8}+\arcsin\frac{3}{4}=$ _____。

5. (2020 上海交大强基) 函数 $y=\frac{4\sin x\cos x+3}{\sin x+\cos x}$，$x\in\left(-\frac{\pi}{4},\frac{3\pi}{4}\right)$ 的最小值是 _____。

6. (2022 上海交大强基) 在 $\triangle ABC$ 中，$A=3B=9C$，则 $\cos A\cos B+\cos B\cos C+\cos C\cos A=($　　$)$。

A. $\frac{1}{4}$　　　　B. $-\frac{1}{4}$　　　　C. $\frac{1}{3}$　　　　D. $-\frac{1}{3}$

7. (2020 清华强基)已知实数 x、y 满足 $x^2 + y^2 \leqslant 1$,则 $x^2 + xy - y^2$ 的最大值为(   )。

A. 1 　　　　 B. $\dfrac{\sqrt{5}}{2}$ 　　　　 C. $\dfrac{\sqrt{10}}{3}$ 　　　　 D. $\sqrt{2}$

8. (2019 北大寒假学堂)已知 $\alpha \in (0, 1)$,则关于 x 的方程 $\left(\dfrac{2\alpha}{1+\alpha^2}\right)^x + \left(\dfrac{1-\alpha^2}{1+\alpha^2}\right)^x = 1$ 的解的个数为(   )。

A. 0 　　　　 B. 1 　　　　 C. 2 　　　　 D. 无穷多

9. (2017 清华领军)设 A、B、C 是三角形的三个内角,则 $\sin A + \sin B \sin C$ 的最大值为(   )。

A. $\dfrac{3}{2}$ 　　　　　　　　　　 B. $\dfrac{3+2\sqrt{2}}{4}$

C. $\dfrac{\sqrt{5}+1}{2}$ 　　　　　　　 D. 不存在

10. (2021 北大寒假学堂)在锐角 $\triangle ABC$ 中,$\tan A \tan B + 2\tan B \tan C + 3\tan C \tan A$ 的最小值为_____。

11. (2020 北大强基)设 x、y、z 均不为 $\left(k+\dfrac{1}{2}\right)\pi$,其中 k 为整数。已知 $\sin(y+z-x)$,$\sin(x+z-y)$,$\sin(x+y-z)$ 成等差数列,则下列依然成等差数列的是(   )。

A. $\sin x$,$\sin y$,$\sin z$ 　　　　　　 B. $\cos x$,$\cos y$,$\cos z$

C. $\tan x$,$\tan y$,$\tan z$ 　　　　　　 D. 前三个选项都不对

12. (2022 北大强基)在 $\triangle ABC$ 中,$S_{\triangle ABC} = \dfrac{c}{2}(a-b)$,其外接圆半径 $R=2$,且 $4(\sin^2 A - \sin^2 B) = (\sqrt{3}a - b)\sin B$,则 $\sin\dfrac{A-B}{2} + \sin\dfrac{C}{2} = $_____。

13. (2023 北大寒假学堂)设 $x, y \in \left(0, \dfrac{\pi}{2}\right)$,则 $\dfrac{1}{\cos^2 x} + \dfrac{1}{\sin^2 x \sin^2 y \cos^2 y}$ 的最小值为(   )。

A. 8 　　　　　　　　　　 B. 10

C. 9   D. 前三个选项都不对

14. (2020 中科大强基)已知 $x \in \left[0, \dfrac{\pi}{2}\right]$，求 $y = 3\sin^2 x - 2\sin 2x + 2\sin x - \cos x$ 的值域。

15. (2020 清华强基)设 α、β 为锐角，且 $\cos(\alpha + \beta) = \dfrac{\sin \alpha}{\sin \beta}$，则 $\tan \alpha$ 的最大值为（　　）。

A. $\dfrac{\sqrt{2}}{4}$ B. $\dfrac{\sqrt{3}}{3}$ C. 1   D. $\sqrt{2}$

16. (2021 中科大少年班)在 $\triangle ABC$ 中，证明：$\dfrac{\sqrt{3}}{2}\cos A + \cos B + \sqrt{3}\cos C \leqslant 2$。

17. (2021 中科大少年班)对 $\forall x, y \in \mathbf{R}$，有 $f(x + y) = f(x)\cos y + f(y)f\left(\dfrac{\pi}{2} - x\right)$，求 $f(x)$ 的解析式。

18. (飞哥原创) $f(x) = \tan x + \dfrac{1}{\tan x} - \dfrac{1}{\sin x} + \dfrac{1}{\cos x}$，$x \in \left(-\dfrac{2\pi}{3}, -\dfrac{\pi}{2}\right) \cup \left(-\dfrac{\pi}{2}, 0\right) \cup \left(0, \dfrac{\pi}{2}\right)$，求 $f(x)$ 的最小值。

19. (2020 复旦强基)已知函数 $f(x) = a\sin 2\pi x + b\cos 2\pi x + c\sin 4\pi x + d\cos 4\pi x$，若 $f\left(x + \dfrac{1}{2}\right) + f(x) = f(2x)$ 恒成立，则 a、b、c、d 中能确定的参数有_____。

B 组

20. (2021 中科大强基)已知 α、β 为锐角，求

$$\frac{2\sin^4\alpha + 3\cos^4\beta}{4\sin^2\alpha + 5\cos^2\beta} + \frac{2\cos^4\alpha + 3\sin^4\beta}{4\cos^2\alpha + 5\sin^2\beta}$$

的最小值。

21. (2020 北大强基)函数 $\sqrt{3 + 2\sqrt{3}\cos\theta + \cos^2\theta} + \sqrt{5 - 2\sqrt{3}\cos\theta + \cos^2\theta + 4\sin^2\theta}$ 的最大值为（　　）。

A. $\sqrt{2}+\sqrt{3}$ B. $2\sqrt{2}+\sqrt{3}$

C. $\sqrt{2}+2\sqrt{3}$ D. 前三个选项都不对

22. (飞哥原创)设 a, b, $c>0$ 且 $a+b+c=abc$, 证明:

$$\frac{6}{\sqrt{a^2+1}}+\frac{10}{\sqrt{b^2+1}}+\frac{15}{\sqrt{c^2+1}}\leqslant 19。$$

23. (2019 北大寒假学堂)已知 $\angle 1$, $\angle 2$, $\cdots$, $\angle n$ 为 n 边形的 n 个外角,均为锐角。求证:$\sin\angle 1+\sin\angle 2+\cdots+\sin\angle n>4$。

24. (2021 中科大少年班)已知 $g_0(x)=1$, $g_1(x)=x$, $g_n(x)=\dfrac{[g_{n-1}(x)]^2-2^{n-1}}{g_{n-2}(x)}$,证明:$g_n(x)$ 为 n 次整系数多项式,并求 $g_n(x)=0$ 的所有根。

25. (飞哥原创)设 $0<x_1<x_2<\cdots<x_n<\dfrac{\pi}{2}$, 证明:

$$\frac{\pi}{2}+2\sum_{k=1}^{n-1}\sin x_k\cos x_{k+1}>\sum_{k=1}^{n}\sin 2x_k。$$

第 6 讲 数列

数列的本质是定义在正整数集上的函数,因此笔者认为,学好数列有且仅有两点要求,一是迁移活用函数的思想方法,二是掌握其特殊的定义域所产生的独有手段与技巧。例如,已知通项 $a_n = 17 - 3n$,求 S_n 的最大项。一方面可以求出 S_n 的解析式,利用二次函数的性质来解题,另一方面也可由 a_n 单调递减且 $a_5 > 0$,$a_6 < 0$ 直接得出 S_5 最大。

正因为数列的定义域是正整数集,所以数学归纳法在这类问题中有着极其重要的地位和作用。若无特殊说明,本讲所涉字母一般默认为正整数。我们首先介绍两种特殊的数学归纳法,继而拓展一些常用的方法与结论,最后的例题与习题则以近几年强基自招竞赛中形式及难度异于高考的好题为主,辅以笔者的一些思考与拙见,做到趣味与内涵兼具,启发性和典型性两全。

知识拓展

一 两种特殊的数学归纳法

1. 跳跃数学归纳法

(1) 证明命题对 $n = 1, 2, \cdots, r$ 成立；

(2) 假设命题在 $n = k$ 时成立，证明 $n = k + r$ 时命题也成立。

则命题对一切正整数 n 都成立。

2. 反向数学归纳法

(1) 证明命题对无穷多个正整数 n 成立；

(2) 假设命题在 $n = k$ 时成立，证明 $n = k - 1$ 时命题也成立。

则命题对一切正整数 n 都成立。

> 评注：反向数学归纳法需证明命题对无穷多个正整数 n 成立，一般是考虑正整数列的某个特殊的无穷子列。沿着这一思路，我们曾在本书第 4 讲中巧妙地证明了均值不等式。

二 两个变换公式

1. 阿贝尔和差变换公式

设 $m < n$，则

$$\sum_{k=m}^{n}(A_k - A_{k-1})b_k = A_n b_n - A_{m-1}b_m + \sum_{k=m}^{n-1}A_k(b_k - b_{k+1})。$$

2. 阿贝尔分部求和公式

在上式中令 $m = 1$，$A_0 = 0$，$A_k = \sum_{i=1}^{k}a_i (1 \leqslant k \leqslant n)$，则

$$\sum_{k=1}^{n}a_k b_k = b_n \sum_{k=1}^{n}a_k + \sum_{k=1}^{n-1}(b_k - b_{k+1})A_k。$$

评注:利用阿贝尔变换可以证明阿贝尔不等式和排序不等式。

(阿贝尔不等式)设 $b_1 \geqslant b_2 \geqslant \cdots \geqslant b_n \geqslant 0$，$m \leqslant \sum_{i=1}^{k} a_i \leqslant M$，$k = 1, 2, \cdots, n$，则

$$b_1 m \leqslant \sum_{k=1}^{n} a_k b_k \leqslant b_1 M。$$

证明:由阿贝尔分部求和公式知，

$$\sum_{k=1}^{n} a_k b_k = b_n A_n + \sum_{k=1}^{n-1} (b_k - b_{k+1}) A_k$$

$$\leqslant b_n M + \sum_{k=1}^{n-1} (b_k - b_{k+1}) M = b_1 M，$$

类似地有，$\sum_{k=1}^{n} a_k b_k \geqslant b_1 m$，证毕。

(排序不等式)设两个实数组 $a_1, a_2, \cdots, a_n$ 和 $b_1, b_2, \cdots, b_n$ 满足

$$a_1 \leqslant a_2 \leqslant \cdots \leqslant a_n；b_1 \leqslant b_2 \leqslant \cdots \leqslant b_n，$$

则

$$a_1 b_1 + a_2 b_2 + \cdots + a_n b_n （同序和）$$

$$\geqslant a_1 b_{j_1} + a_2 b_{j_2} + \cdots + a_n b_{j_n} （乱序和）$$

$$\geqslant a_1 b_n + a_2 b_{n-1} + \cdots + a_n b_1 （反序和），$$

其中 $j_1, j_2, \cdots, j_n$ 是 $1, 2, \cdots, n$ 的一个排列。

证明:令 $B_0 = 0$，$B_k = \sum_{i=1}^{k} b_i$，$B_k' = \sum_{i=1}^{k} b_{j_i}$（$k = 1, 2, \cdots, n$），由阿贝尔变换知

$$\sum_{i=1}^{n} a_i b_i = a_n B_n + \sum_{i=1}^{n-1} (a_i - a_{i+1}) B_i$$

$$\geqslant a_n B_n' + \sum_{i=1}^{n-1} (a_i - a_{i+1}) B_i'$$

$$= \sum_{i=1}^{n} a_i b_{j_i}，$$

上式的放缩我们利用了 $B_n = B'_n$，$a_i - a_{i+1} \leqslant 0$，$B_i \leqslant B'_i (i = 1, 2, \cdots, n-1)$，故同序和 $\geqslant$ 乱序和。同理可证乱序和 $\geqslant$ 反序和。

三　求解通项公式的几种常用方法

1. 累和法，累乘法

和差恒等式（累项相加）：$a_n = a_1 + (a_2 - a_1) + (a_3 - a_2) + \cdots + (a_n - a_{n-1})$。

乘积恒等式（累项相乘）：$a_n = a_1 \cdot \dfrac{a_2}{a_1} \cdot \dfrac{a_3}{a_2} \cdot \cdots \cdot \dfrac{a_n}{a_{n-1}}$。

2. 同构法：与函数的同构法类似，在一个数列递推关系中，通过恒等或放缩变形，使得递推公式左右两边完全同构，化为我们熟悉的数列，从而易于求解。

3. 特征根法：设数列 $\{a_n\}$ 的前 m 项已知，且满足 m 阶线性递推关系式

$$a_{n+m} = A_1 a_{n+m-1} + A_2 a_{n+m-2} + \cdots + A_m a_n (n \geqslant 1),$$

其中 $A_1, A_2, \cdots, A_m$ 为常数。方程

$$x^m - A_1 x^{m-1} - A_2 x^{m-2} - \cdots - A_m = 0$$

称为 $\{a_n\}$ 的特征方程。设 $x_1, x_2, \cdots, x_k$ 是特征方程所有互不相同的复根，重数为 $m_1, m_2, \cdots, m_k$，则数列的通项公式为

$$a_n = P_1(n)x_1^n + P_2(n)x_2^n + \cdots + P_k(n)x_k^n,$$

其中 $P_i(x)$ 是次数小于 m_i 的复系数多项式，由数列的前 m 项确定。

以 $m = 2$ 为例，数列 $\{a_n\}$ 的特征方程有两根为 x_1、x_2，则 $\{a_n\}$ 通项公式如下。

当 $x_1 \neq x_2$ 时，$a_n = Ax_1^n + Bx_2^n$，其中 A、B 可由初始条件 a_1、a_2 算出。

当 $x_1 = x_2$ 时，$a_n = (Cn + D)x_1^n$，其中 C、D 可由初始条件 a_1、a_2 算出。

評注:知其然,更要知其所以然。仅仅记住一些公式或名词是肤浅的,数学需要深刻。这个所谓的特征方程从何而来? 又为什么会有这样的结论? 在例题 3 中,我们会对特征根法作一些稍稍深入的阐释。

4. 不动点法:设数列 $\{a_n\}$ 的递推式为

$$a_n = \frac{pa_{n-1} + q}{sa_{n-1} + t},$$

则方程 $x = \dfrac{px + q}{sx + t}$ 两个复解 x_1、x_2 称为数列的不动点。

当 $x_1 = x_2$ 时,数列有唯一不动点,对递推公式作同构转化,可得等差数列 $\left\{\dfrac{1}{a_n - x_1}\right\}$。

当 $x_1 \neq x_2$ 时,数列有两个不动点,对递推公式作同构转化,可得等比数列 $\left\{\dfrac{a_n - x_1}{a_n - x_2}\right\}$。

四 数列的极限

这里我们给出两个常用的极限存在准则,在第 10 讲中会对数列的极限有详细介绍。

1. 夹逼准则:设 $\{a_n\}$,$\{b_n\}$,$\{c_n\}$ 均为数列,且存在整数 N,使得 $a_n \leqslant b_n \leqslant c_n$($\forall n \geqslant N$)。如果 $\lim\limits_{n \to \infty} a_n = A = \lim\limits_{n \to \infty} c_n$,则 $\lim\limits_{n \to \infty} b_n = A$。

2. 单调有界准则:单调递增有上界数列必有极限,单调递减有下界数列必有极限。等价描述:单调有界数列必有极限。

典例精析

例 1 (2017 北大夏令营)数列 $\left\{\dfrac{1}{n}\right\}$ 中,是否存在 2017 个数,使其为等差

数列?

解析 事实上，$\left\{\dfrac{1}{n}\right\}$ 中存在任意有限长度的等差子列。设 $k \in \mathbf{N}_+$，则

$$\frac{k}{k!}, \frac{k-1}{k!}, \cdots, \frac{1}{k!}$$

是 $\left\{\dfrac{1}{n}\right\}$ 的一个长为 k 的等差子列。回到本题，令 $k = 2017$ 即可。

> 评注：值得注意的是，题中的数列单调递减且恒为正数，所以显然不存在无穷长度的等差子列。这表明，一个命题对任意的正整数成立，并不意味着对无穷大也成立。此外，题中数列的前 n 项和 S_n 无上界，这是一个经典的结论，见习题 2。

例 2 （2020 清华强基）设数列 $\{a_n\}$ 的前 n 项和为 S_n，若数列 $\{a_n\}$ 满足：对任意 $n \in \mathbf{N}_+$，存在 $m \in \mathbf{N}_+$，使得 $S_n = a_m$，则称 $\{a_n\}$ 为 T 数列。下列命题中正确的有（　　　）。

　A．若 $a_n = \begin{cases} 1, & n=1, \\ 2^{n-2}, & n \geqslant 2, \end{cases}$ 则 $\{a_n\}$ 为 T 数列

　B．若 $a_n = na$（其中 a 为常数），则 $\{a_n\}$ 为 T 数列

　C．若 $\{b_n\}$，$\{c_n\}$ 均为 T 数列，则 $a_n = b_n + c_n$ 为等差数列

　D．若 $\{a_n\}$ 为等差数列，则存在两个 T 数列 $\{b_n\}$，$\{c_n\}$，使得 $a_n = b_n + c_n$

解析 对于选项 A，对任意正整数 n，令 $m = n+1$，则 $S_n = a_m$。

对于选项 B，对任意正整数 n，令 $m = \dfrac{n(n+1)}{2}$，则 $S_n = a_m$。

对于选项 C，取 b_n 为选项 A 中的数列，$c_n = 0 (\forall n \in \mathbf{N}_+)$，则 $\{b_n\}$，$\{c_n\}$ 均为 T 数列，但 $\{b_n + c_n\}$ 不是等差数列。

对于选项 D，设 $a_n = a_1 + (n-1)d$，取 $b_n = na_1$，$c_n = (n-1)(d-a_1)$，则 $\{b_n\}$，$\{c_n\}$ 均为 T 数列。

评注：T 数列屡屡出现，如 2019 年全国高中数学联赛的填空压轴题（习题 17），2015 清华领军（习题 18），再如 2014 年江苏高考数学压轴题：

设数列 $\{a_n\}$ 的前 n 项和为 S_n，若对任意的正整数 n，总存在正整数 m，使得 $S_n = a_m$，则称 $\{a_n\}$ 是"H 数列"。

(1) 若数列 $\{a_n\}$ 的前 n 项和 $S_n = 2^n$，证明：$\{a_n\}$ 是"H 数列"；

(2) 设 $\{a_n\}$ 是等差数列，其首项 $a_1 = 1$，公差 $d < 0$，若 $\{a_n\}$ 是"H 数列"，求 d 的值；

(3) 证明：对任意的等差数列 $\{a_n\}$，总存在两个"H 数列"$\{b_n\}$ 和 $\{c_n\}$，使得 $a_n = b_n + c_n (n \in \mathbf{N}_+)$ 成立。

(1)(2)两小问容易，留给读者自证求解，(3)即为本题的 D 选项。解题的核心是注意到 $\{nx\}$ 与 $\{(n-1)x\}$ 均为 T 数列，又 $1 = n - (n-1)$，所以 $a_1 + (n-1)d = na_1 + (n-1)(d-a_1)$ 为两个 T 数列之和。

例3 求斐波那契数列 $\{F_n\}$ 的通项公式，$F_1 = 1$，$F_2 = 1$，$F_{n+2} = F_{n+1} + F_n (n \in \mathbf{N}_+)$。

解析 解法一：待定参数法

设待定参数 λ，由 $F_{n+2} - \lambda F_{n+1} = (1-\lambda)F_{n+1} + F_n$，令 $\dfrac{1}{1-\lambda} = \dfrac{1-\lambda}{1}$，即 $\lambda^2 - \lambda - 1 = 0$，解得

$$\lambda_1 = \frac{1+\sqrt{5}}{2}, \ \lambda_2 = \frac{1-\sqrt{5}}{2},$$

则 $\{F_{n+1} - \lambda_1 F_n\}$ 与 $\{F_{n+1} - \lambda_2 F_n\}$ 均为等比数列，易知

$$F_{n+1} - \lambda_1 F_n = (1-\lambda_1)^{n-1}(F_2 - \lambda_1 F_1) = (1-\lambda_1)^n = \lambda_2^n,$$
$$F_{n+1} - \lambda_2 F_n = (1-\lambda_2)^{n-1}(F_2 - \lambda_2 F_1) = (1-\lambda_2)^n = \lambda_1^n,$$

所以 $F_n = \dfrac{1}{\lambda_1 - \lambda_2} \cdot (\lambda_1^n - \lambda_2^n) = \dfrac{1}{\sqrt{5}}\left[\left(\dfrac{1+\sqrt{5}}{2}\right)^n - \left(\dfrac{1-\sqrt{5}}{2}\right)^n\right] (n \in \mathbf{N}_+)$。

解法二:特征根法

$F_{n+2}=F_{n+1}+F_n$ 对应的特征方程为 $x^2-x-1=0$,解得

$$x_1=\frac{1+\sqrt{5}}{2},\ x_2=\frac{1-\sqrt{5}}{2}。$$

设 $F_n=Ax_1^n+Bx_2^n$,由 $F_1=1$,$F_2=1$ 解得 $A=\frac{1}{\sqrt{5}}$,$B=-\frac{1}{\sqrt{5}}$,所以

$$F_n=\frac{1}{\sqrt{5}}\left[\left(\frac{1+\sqrt{5}}{2}\right)^n-\left(\frac{1-\sqrt{5}}{2}\right)^n\right](n\in\mathbf{N}_+)。$$

评注:时光回到初三的那个盛夏,笔者在家自学高中数学,掌握了等差等比数列等基础知识之后,开始着手解决一个留在心中的童年疑问——斐波那契数列的通项是什么。彼时笔者还很稚嫩,对特征根法也一无所知,解题过程自然是一波三折。

首先,$\{F_n\}$ 显然是被起始两项和递推关系所唯一确定的,且起始项不重要,递推关系才是核心,这似乎也在告诉我们,人生重要的是向上走,而非起点有多高。

接着,优先考虑最简单的情况,$\{F_n\}$ 可能是等差数列或等比数列吗?显然都不是。但如果去掉起始项的要求,仅仅关注核心 $F_{n+2}=F_{n+1}+F_n$,是可以有等比数列满足这一要求的,只需公比 q 满足 $q^2=q+1$,解得 $q_1=\frac{1+\sqrt{5}}{2}$,$q_2=\frac{1-\sqrt{5}}{2}$,即数列 $a_n=q_1^n$,$b_n=q_2^n$ 均满足从第三项起,每一项等于前两项之和。

然后再考虑起始两项,笔者顿感束手无策,因为事实上 $\{F_n\}$ 的确不可能是等比数列。笔者思考了很久,难忘那个阳光炽烈的夏天,窗外蝉鸣阵阵,少年在书桌前苦思冥想。笔者坚信前述的工作是有价值的,$\{a_n\}$ 与 $\{b_n\}$ 是有用的,曙光就在眼前,但行百里者半九十,还差最后一步。终于,在夜幕降临之前,笔者恍然大悟。

只需注意到,对任意的常参数 λ 与 μ,$\{\lambda a_n + \mu b_n\}$ 依然保持着递推关系,我们令 $\lambda a_1 + \mu b_1 = F_1 = 1$,$\lambda a_2 + \mu b_2 = F_2 = 1$,解得 $\lambda = \dfrac{1}{\sqrt{5}}$,$\mu = -\dfrac{1}{\sqrt{5}}$,则 $\left\{\dfrac{1}{\sqrt{5}}(a_n - b_n)\right\}$ 不仅满足起始两项的要求,也满足递推关系,又 $\{F_n\}$ 唯一,所以必然有 $F_n = \dfrac{1}{\sqrt{5}}(a_n - b_n)$。

上述解法与本题常见的解法一之间存在较大的差异。数学研究中,经常要考虑某一性质对某些运算是否保持。例如第 1 讲中的封闭集,再如数论中的积性函数。上述解法的核心就是"满足线性递推关系的数列的线性组合依然满足递推关系。"且我们不难将这一方法推广,可知满足线性递推关系的数列通项是若干等比数列的组合,但存在一个问题——重根如何处理。结论是该项需乘上一个次数小于重数的多项式,这又是为什么呢?这个问题留给读者思考。以上,就是所谓的特征根法。如果学习了高等代数,对特征根法的本质还能有更深刻的体会。限于篇幅与本书主旨,这里不作展开。总之,数学的解题技巧固然重要,但最重要最宝贵的是思想与方法。

斐波那契数列具备许多有趣的性质,也常作为命题的背景,例如习题 5。

例 4　(2022 北大强基)已知数列 $\{a_n\}$ 共有 5 项,各项均为正整数,且 $|a_{k+1} - a_k| \leqslant 1 (1 \leqslant k \leqslant 4)$,$\{a_n\}$ 中存在一项为 3,可能的数列的个数为 _____。

点拨　注意到数列可由 a_1 与 $a_{k+1} - a_k (1 \leqslant k \leqslant 4)$ 确定,结合所给条件,自然会转而研究等价的 a_1 与 $a_{k+1} - a_k (1 \leqslant k \leqslant 4)$ 的可能情形个数,由此打开思路,a_1 还可以灵活地替换成任意一项,为了便于分析,我们考虑最小的那一项。最后需要思考的是如何满足 $\{a_n\}$ 中存在一项为 3,正难则反,考虑 $\{a_n\}$ 中不存在 3 的情况即可。

解析　记 $b_i = a_{i+1} - a_i (1 \leqslant i \leqslant 4)$,则 $b_i \in \{-1, 0, 1\}$,设 $\min\{a_1, a_2, a_3,$

a_4,a_5}$=a$,易知当a,b_1,b_2,b_3,b_4确定时,数列$\{a_n\}$也唯一确定。

因为$\{a_n\}$各项为正整数且有一项为3,所以$a \in \{1, 2, 3\}$。则由乘法原理可知,满足$b_i \in \{-1, 0, 1\}(1 \leqslant i \leqslant 4)$,$a \in \{1, 2, 3\}$的数列共有$3^4 \times 3 = 243$个,其中不存在一项为3的数列各项均为1或2,这样的数列由乘法原理共有$2^5 = 32$个。因此符合要求的数列共有$243 - 32 = 211$个。

例5 （2020北大强基）满足对任意$n \geqslant 1$,都有$a_{n+1} = 2^n - 3a_n$且严格递增的数列$\{a_n\}$的个数为(　　)。

A. 0

B. 1

C. 无穷多个

D. 前三个答案都不对

点拨 本题可利用待定系数法或同构法求出$\{a_n\}$的通项公式,在此基础上,可以直接观察通项公式或利用$a_{n+1} - a_n$恒大于0,分析得出充要条件。

解析 解法一:引入待定系数λ,设$a_{n+1} + \lambda \cdot 2^{n+1} = -3(a_n + \lambda \cdot 2^n)$,即

$$a_{n+1} = -3a_n - 5\lambda \cdot 2^n。$$

令$-5\lambda = 1$,得$\lambda = -\dfrac{1}{5}$,故$a_{n+1} - \dfrac{2^{n+1}}{5} = -3\left(a_n - \dfrac{2^n}{5}\right)$,所以

$$a_n = \left(a_1 - \dfrac{2}{5}\right) \cdot (-3)^{n-1} + \dfrac{2^n}{5}。$$

显然$a_1 = \dfrac{2}{5}$满足题意。若$a_n \neq \dfrac{2}{5}$,则当n充分大时,a_n的正负性与$\left(a_1 - \dfrac{2}{5}\right) \cdot$

$(-3)^{n-1}$的正负性一致,又$\left(a_1 - \dfrac{2}{5}\right) \cdot (-3)^{n-1}$显然正负交替,故$\{a_n\}$不可能

严格递增。所以满足题意的数列只有1个,即$a_n = \dfrac{2^n}{5}$。

解法二:由$a_{n+1} = 2^n - 3a_n$,得$\dfrac{a_{n+1}}{(-3)^{n+1}} - \dfrac{a_n}{(-3)^n} = -\dfrac{1}{3}\left(-\dfrac{2}{3}\right)^n$,累和得

$$\dfrac{a_n}{(-3)^n} = -\dfrac{a_1}{3} + \dfrac{2}{15}\left(1 - \left(-\dfrac{2}{3}\right)^{n-1}\right),$$

即$a_n = \left(a_1 - \dfrac{2}{5}\right) \cdot (-3)^{n-1} + \dfrac{2^n}{5}$。由$\{a_n\}$严格单调递增知

$$\left(a_1 - \frac{2}{5}\right) \cdot (-3)^n + \frac{2^{n+1}}{5} > \left(a_1 - \frac{2}{5}\right) \cdot (-3)^{n-1} + \frac{2^n}{5},$$

整理得 $2^n > (-3)^{n-1}(20a_1 - 8)$ 对任意正整数 n 恒成立，必然有 $20a_1 - 8 = 0$，即 $a_1 = \frac{2}{5}$，所以严格单调递增数列只有一个，即 $a_n = \frac{2^n}{5}$。本题应选 B。

例 6 （2021 北大强基）设 a_n 是与 $\sqrt{\dfrac{n}{2}}$ 的差的绝对值最小的整数，b_n 是与 $\sqrt{2n}$ 的差的绝对值最小的整数。记 $\left\{\dfrac{1}{a_n}\right\}$ 的前 n 项和为 S_n，$\left\{\dfrac{1}{b_n}\right\}$ 的前 n 项和为 T_n。则 $2T_{100} - S_{100}$ 的值为_____。

点拨 这里需要运用组合数学中的算两次技巧。所谓算两次，简而言之，就是对同一个对象从不同角度进行考察，例如要计算一个班级的数学考试总分，既可以将每名同学的得分相加，也可以将每道题的总得分相加。本题如果拘泥于 $\{a_n\}$，$\{b_n\}$ 的通项公式就会误入歧途，应转变思路，考虑其中有多少项的值为 k。这也与我们第 1 讲中的贡献法有异曲同工之妙。

解析 设 $a_n = k$，则 $k - \dfrac{1}{2} < \sqrt{\dfrac{n}{2}} < k + \dfrac{1}{2}$，等价于 $2k^2 - 2k + \dfrac{1}{2} < n < 2k^2 + 2k + \dfrac{1}{2}$。又 n 为正整数，所以 $2k^2 - 2k + 1 \leqslant n \leqslant 2k^2 + 2k$，故共有 $4k$ 个 n 使得 a_n 取值为 k，所以 a_1，a_2，a_3，$\cdots$，a_{100} 中，有 4 个 1，8 个 2，12 个 3，16 个 4，20 个 5，24 个 6，余下的 16 个数为 7，所以

$$S_{100} = \sum_{k=1}^{6}\left(\frac{1}{k} \cdot 4k\right) + \frac{1}{7} \times 16 = 24 + \frac{16}{7}.$$

同理，设 $b_n = k$，则 $k - \dfrac{1}{2} < \sqrt{2n} < k + \dfrac{1}{2}$，这等价于 $\dfrac{k^2 - k}{2} + 1 \leqslant n \leqslant \dfrac{k^2 + k}{2}$，故共有 k 个 n 使得 $b_n = k$，于是

$$T_{100} = \sum_{k=1}^{13}\left(\frac{1}{k} \cdot k\right) + \frac{1}{14}\left(100 - \frac{13(13+1)}{2}\right) = 13 + \frac{9}{14}.$$

所以 $2T_{100} - S_{100} = 2\left(13 + \dfrac{9}{14}\right) - \left(24 + \dfrac{16}{7}\right) = 1$。

例 7 (2022 南大强基)设 $x^2-6x+1=0$ 的两个根分别为 x_1、x_2,设 $a_n=\dfrac{x_1^n+x_2^n}{2}$。

(1) 求证:$a_n \in \mathbf{Z}$;

(2) 求 a_{2009} 的个位数字。

解析 (1) 证法一:不妨设 $x_1=3-2\sqrt{2}=(\sqrt{2}-1)^2$,$x_2=3+2\sqrt{2}=(\sqrt{2}+1)^2$,则

$$x_1^n=(\sqrt{2}-1)^{2n}=1^{2n}-C_{2n}^1\cdot\sqrt{2}+C_{2n}^2\cdot(\sqrt{2})^2-\cdots-C_{2n}^{2n-1}\cdot(\sqrt{2})^{2n-1}+(\sqrt{2})^{2n},$$

$$x_2^n=(\sqrt{2}+1)^{2n}=1^{2n}+C_{2n}^1\cdot\sqrt{2}+C_{2n}^2\cdot(\sqrt{2})^2+\cdots+C_{2n}^{2n-1}\cdot(\sqrt{2})^{2n-1}+(\sqrt{2})^{2n},$$

两式相加有

$$x_1^n+x_2^n=2(1+2C_{2n}^2+2^2C_{2n}^4+2^{n-1}C_{2n}^{2n-2}+2^n),$$

故 $a_n=\dfrac{x_1^n+x_2^n}{2}=1+2C_{2n}^2+2^2C_{2n}^4+2^{n-1}C_{2n}^{2n-2}+2^n \in \mathbf{Z}$。

证法二:由题意,有 $x_1^2-6x_1+1=0$,所以 $x_1^n-6x_1^{n-1}+x_1^{n-2}=0$,同理有 $x_2^n-6x_2^{n-1}+x_2^{n-2}=0$,两式相加有 $a_n=6a_{n-1}-a_{n-2}$。计算知 $a_1=\dfrac{1}{2}(x_1+x_2)=3$,$a_2=\dfrac{1}{2}(x_1^2+x_2^2)=17$,由数学归纳法易知 $a_n \in \mathbf{Z}$。

(2) 由解法二知 $a_n=6a_{n-1}-a_{n-2}$,所以 $a_n \equiv 6a_{n-1}-a_{n-2} \pmod{10}$。令 $b_n(0 \leqslant b_n \leqslant 9)$ 表示 a_n 除以 10 的余数,计算 $\{b_n\}$ 的前 8 项如下:

$$b_1=3,\ b_2=7,\ b_3=9,\ b_4=7,\ b_5=3,\ b_6=1,\ b_7=3,\ b_8=7,$$

所以 $\{b_n\}$ 是以 6 为周期的周期数列,则 $b_{2009}=b_{334\times6+5}=b_5=3$,即 a_{2009} 的个位数字为 3。

评注:我们指出,线性递推整数数列除以任意一个整数的余数数列必然从某一项起为周期数列。事实上以本题为例,对于给定的正整数 m,设 a_n 模 m 的余数为 b_n,其中 $b_n \in \{0, 1, \cdots, m-1\}$。考虑 m^2+1 个数对 (b_1, b_2),(b_2, b_3),$\cdots$,(b_{m^2+1}, b_{m^2+2}),注意到这 m^2+1 个数对共有 m^2 种可能情形,由抽屉原理可知,存在 $1 \leqslant i < j \leqslant m^2+1$ 使得 $(b_i, b_{i+1}) = (b_j, b_{j+1})$,即 $b_i = b_j$,$b_{i+1} = b_{j+1}$。由递推关系显然有 $b_{i+2} = b_{j+2}$,$b_{i+3} = b_{j+3}$,$\cdots\cdots$ 即对 $\forall n \geqslant i$,$n \in \mathbf{N}_+$,均有 $b_{n+j-i} = b_n$,这就证明了 $\{b_n\}$ 从第 i 项起是以 $j-i$ 为周期的数列。

本题同样非常典型,类似问题也是层出不穷,例如习题 11,习题 12。

例 8 （2020 清华强基）已知数列 $A: a_0, a_1, \cdots, a_{20}$ 满足 $a_0 = 0$,$|a_i| = |a_{i-1}+1|(i=1, 2, \cdots, 20)$,则（   ）。

    A. 存在这样的数列 A,使得 $|a_0+a_1+\cdots+a_{20}| = 0$

    B. 存在这样的数列 A,使得 $|a_0+a_1+\cdots+a_{20}| = 2$

    C. 存在这样的数列 A,使得 $|a_0+a_1+\cdots+a_{20}| = 10$

    D. 存在这样的数列 A,使得 $|a_0+a_1+\cdots+a_{20}| = 12$

点拨 处理绝对值的常用手段之一是平方,本题平方之后,形式变得喜人,再运用一点浅显的奇偶分析,一点简单的构造,答案也就水落石出了。

解析 记 $S = \left| \sum_{i=0}^{20} a_i \right|$,注意到 $a_i^2 = (a_{i-1}+1)^2$,则

$$a_{i-1} = \frac{a_i^2 - a_{i-1}^2 - 1}{2}, \quad 1 \leqslant i \leqslant 20,$$

所以

$$S = \left| \sum_{i=0}^{20} a_i \right| = \left| \sum_{i=0}^{20} \frac{a_{i+1}^2 - a_i^2 - 1}{2} \right| = \frac{1}{2} \left| \sum_{i=0}^{20} (a_{i+1}^2 - a_i^2) - 21 \right| = \frac{1}{2} |a_{21}^2 - 21|。$$

又 $a_{21} \in \mathbf{N}$,则 $S \neq 0, 12$。事实上,为使 $S \in \mathbf{Z}$,则 a_{21} 必定为奇数,所以 $2S = |a_{21}^2 - 21| \equiv |1 - 21| = 4 \pmod 8$,即 $S \equiv 2 \pmod 4$,故选项 AD 错误。

令数列 A 为 $0, -1, 0, -1, 0, -1, 0, -1, 0, -1, 0, -1, 0, -1,$

$0,-1,0,1,2,3,4,$则$S=2$。

令数列A为$0,-1,0,-1,0,-1,0,-1,0,-1,0,-1,0,-1,$ $0,-1,0,-1,0,-1,0,$则$S=10$。

综上,本题应选 BC。

例9 (2019 清华自招)已知$a_{n+1}=a_n^2-3a_n+4$,$a_1=3$,则下列选项中正确的有(   )。

A. $\{a_n\}$单调递增

B. $\{a_n\}$无界

C. $\lim\limits_{n\to\infty}\left(\dfrac{1}{a_1-1}+\dfrac{1}{a_2-1}+\cdots+\dfrac{1}{a_n-1}\right)=1$

D. $a_{100}=1$

点拨 通项公式是难以求出的,对原有等式的合理变形就极为重要,这里选项 C 给了我们启发,而选项 A 又提示我们考虑$a_{n+1}-a_n$,解决这道题也就是水到渠成的事情了。

解析 由条件知$a_{n+1}-a_n=(a_n-2)^2\geqslant 0$,又$a_1=3$,所以$a_n\geqslant 3$,故 D 错误。进一步有$a_{n+1}-a_n=(a_n-2)^2\geqslant(3-2)^2=1$,这就说明$\{a_n\}$严格单调递增且无界,故 AB 正确。

又由$a_{n+1}=a_n^2-3a_n+4$,得$a_{n+1}-2=a_n^2-3a_n+2=(a_n-2)(a_n-1)$,所以

$$\frac{1}{a_{n+1}-2}=\frac{1}{(a_n-2)(a_n-1)}=\frac{1}{a_n-2}-\frac{1}{a_n-1},$$

即

$$\frac{1}{a_n-1}=\frac{1}{a_n-2}-\frac{1}{a_{n+1}-2}。$$

于是

$$\lim\limits_{n\to\infty}\left(\frac{1}{a_1-1}+\frac{1}{a_2-1}+\cdots+\frac{1}{a_n-1}\right)=\lim\limits_{n\to\infty}\left(\frac{1}{a_1-2}-\frac{1}{a_{n+1}-2}\right)=\frac{1}{a_1-2}=1,$$

故 C 正确。本题应选 ABC。

> 评注:完全类似的方法在竞赛和强基考试中也有出现,例如习题 9 和习题 15。

例10 (2013 清华金秋营)设数列 $\{a_n\}(n \geqslant 2)$ 如下定义：

$$a_n = \sqrt{1 + 2\sqrt{1 + 3\sqrt{1 + 4\sqrt{\cdots \sqrt{1+n}}}}},$$

(1) 证明这个数列严格单调上升且有上界；

(2) 求 $\lim\limits_{n \to \infty} a_n$。

解析 先证明 $\lim\limits_{n \to \infty} a_n = 3$。显然 $a_n > 1$，且

$$|a_n - 3| = \left| \sqrt{1 + 2\sqrt{1 + 3\sqrt{1 + \cdots \sqrt{1+n}}}} - 3 \right|$$

$$= \frac{\left| 2\sqrt{1 + 3\sqrt{1 + \cdots \sqrt{1+n}}} - 8 \right|}{\sqrt{1 + 2\sqrt{1 + 3\sqrt{1 + \cdots \sqrt{1+n}}}} + 3}$$

$$< \frac{\left| 2\sqrt{1 + 3\sqrt{1 + \cdots \sqrt{1+n}}} - 8 \right|}{4}$$

$$= \frac{2}{4} \cdot \left| \sqrt{1 + 3\sqrt{1 + \cdots \sqrt{1+n}}} - 4 \right|$$

$$< \left| \frac{2}{4} \cdot \frac{3}{5} \right| \left| \sqrt{1 + 4\sqrt{1 + \cdots \sqrt{1+n}}} - 5 \right|$$

$$= \cdots < \frac{2}{4} \cdot \frac{3}{5} \cdot \cdots \cdot \frac{n-1}{n+1} \left| \sqrt{1+n} - (n+1) \right|$$

$$< \frac{2}{4} \cdot \frac{3}{5} \cdots \frac{n-1}{n+1} \cdot n = \frac{6}{n+1},$$

所以 $|a_n - 3| < \dfrac{6}{n+1}$，因此 $\lim\limits_{n \to \infty} |a_n - 3| = 0$，所以 $\lim\limits_{n \to \infty} a_n = 3$。易知 $\{a_n\}$ 单调递增，又 $\lim\limits_{n \to \infty} a_n = 3$，所以 a_n 恒小于 3，否则假设存在 $a_k > 3$，则对任意 $n > k$，有 $\dfrac{6}{n+1} > |a_n - 3| = a_n - 3 > a_k - 3$，当 n 充分大时显然矛盾，所以 a_n 恒小于 3，3 是 $\{a_n\}$ 的一个上界。类似地可以证明，$\{a_n\}$ 不存在小于 3 的上界，所以事实上 3 是 $\{a_n\}$ 的上确界。

评注:考虑一个实数集合 S，如果有一个实数 a，使得 S 中任何元素都不超过 a，那么就称 a 是 S 的一个上界。如果存在一个最小的上界，就称为 S 的上确界。

作为当年的压轴题，本题的第二小问具有一定难度，数学不仅要奇思妙想，也需厚积薄发，笔者曾经见过如下的拉马努金恒等式，本题即为 $x=2$，$y=1$ 的特殊情形，所以考场上侥幸轻松解出。

$$x+y=\sqrt{y^2+x\left[(x+y)+y\right]}$$

$$=\sqrt{y^2+x\sqrt{y^2+(x+y)\left[(x+2y)+y\right]}}$$

$$=\sqrt{y^2+x\sqrt{y^2+(x+y)\sqrt{y^2+(x+2y)\left[(x+3y)+y\right]}}}$$

$$=\sqrt{y^2+x\sqrt{y^2+(x+y)\sqrt{y^2+(x+2y)\sqrt{y^2+(x+3y)\sqrt{\cdots}}}}}。$$

强化训练

A组

1. (2022 上海交大强基)记等比实数列 $\{a_n\}$ 的前 n 项和为 S_n，$\{a_n\}$ 满足 $a_1=-3$，$8S_6=7S_3$，则 $\lim\limits_{n\to\infty}S_n=($)。

   A. 不存在　　　　B. $\dfrac{2}{3}$　　　　C. $-\dfrac{2}{3}$　　　　D. -2

2. 证明：例 1 中数列的前 n 项和发散，即正整数的倒数和无上界。

3. (2020 中科大强基) $a_1=1$，$a_2=3$，$a_n=\dfrac{2a_{n-1}^2}{a_{n-2}}+a_{n-1}$，则 $a_n=$ _____。

4. (2021 复旦强基)若数列 $\{a_n\}$ 满足 $4^{a_{n+2}}+4^{1+a_{n+1}}-12\times4^{a_n}=0$，求 $\lim\limits_{n\to\infty}\dfrac{a_n}{n}$。

5. (2023 北大寒假学堂)已知数列 $\{a_n\}$ 满足 $a_1=1$，$a_2=1$，$a_{n+1}=a_n+a_{n-1}$，

$n \geqslant 2$，则 $a_{2020} \cdot a_{2023} - a_{2021} \cdot a_{2022}$ 的值为（　　）。

A．-1 B．1

C．-2 D．前三个选项都不对

6. (2021 北大强基)已知实数 $x_0 \in [0, 1)$。数列 $\{x_k\}$ 满足：若 $x_{n-1} < \dfrac{1}{2}$，则 $x_n = 2x_{n-1}$，若 $x_{n-1} \geqslant \dfrac{1}{2}$，则 $x_n = 2x_{n-1} - 1(n = 1, 2, \cdots)$。现知 $x_0 = x_{2021}$，则可能的 x_0 的个数为_____。

7. (2022 北大强基)已知数列 $\{a_n\}$ 满足 $a_1 = 12$，$a_{n+1} = \dfrac{1}{4}(3 + a_n + 3\sqrt{1 + 2a_n})$，则 a_{10} 最接近的整数为_____。

8. (2020 北大强基)数列 $\{a_n\}_{n \geqslant 1}$ 满足 $a_1 = 1$，$a_2 = 9$，且对任意 $n \geqslant 1$，有 $a_{n+2} = 4a_{n+1} - 3a_n - 20$，记 S_n 为数列的前 n 项和，则 S_n 的最大值等于（　　）。

A．28 B．35

C．47 D．前三个答案都不对

9. (2022 上海交大强基) $a_0 = \dfrac{1}{4}$，$a_{n+1} = a_n^2 + a_n$，求 $\left[\sum\limits_{i=0}^{2022} \dfrac{1}{a_i + 1} \right]$ 的值。

10. (2021 清华自强) a_n 是离 $\sqrt{n}$ 最近的整数，前 n 项和记为 S_n，则 $S_{2021} = $ _____。

11. (2022 北大强基)已知 $[x]$ 表示不超过 x 的最大整数，如 $[1.2] = 1$，$[-1.2] = -2$。已知 $\alpha = \dfrac{1 + \sqrt{5}}{2}$，则 $[\alpha^{12}] = $ _____。

12. (2020 北大强基)整数列 $\{a_n\}$ 满足 $a_1 = 1$，$a_2 = 4$，且对任意 $n \geqslant 2$ 有 $a_n^2 - a_{n+1}a_{n-1} = 2^{n-1}$，则 a_{2020} 的个位数字是（　　）。

A．8 B．4

C．2 D．前三个选项都不对

13. (2016 清华领军)有 N 项的数列 $\{a_n\}$ 满足下列两个条件：

(1) $\forall 1 \leqslant i < j \leqslant N$，有 $a_i < a_j$；

(2) $\forall 1 \leqslant i < j < k \leqslant N$，$a_i + a_j$，$a_j + a_k$，$a_k + a_i$ 中至少有一个是 $\{a_n\}$ 中的项。则 N 的最大值为（　　）。

A. 6   B. 7   C. 8   D. 9

14. (2021 清华强基)有限项等差数列的公差为 4,第二项起各项之和加上首项的平方小于 100,则该数列可能有几项?

15. 数列 $\{a_n\}$ 满足 $a_1 = 2$,$a_{n+1} = a_n^2 - a_n + 1(n = 1, 2, 3, \cdots)$。证明:对任意整数 $n > 1$,都有 $1 - \dfrac{1}{2^{2^{n-1}}} < \dfrac{1}{a_1} + \dfrac{1}{a_2} + \cdots + \dfrac{1}{a_n} < 1 - \dfrac{1}{2^{2^n}}$。

16. (飞哥原创)已知数列 $\{a_n\}$ 满足 $a_1 \geqslant -1$,$a_{n+1} = \sqrt{\dfrac{a_n + 1}{2}}$,求其通项公式。

B 组

17. (2019 高联一试)设等差数列 $\{a_n\}$ 的各项均为整数,首项 $a_1 = 2019$,且对任意正整数 n,总存在正整数 m,使得 $a_1 + a_2 + \cdots + a_n = a_m$。这样的数列 $\{a_n\}$ 的个数为_____。

18. (2015 清华领军)设数列 $\{a_n\}$ 的前 n 项和为 S_n。若对任意的正整数 n,总存在正整数 m,使得 $S_n = a_m$,则(　　)。

A. $\{a_n\}$ 可能为等差数列

B. $\{a_n\}$ 可能为等比数列

C. $\{a_n\}$ 的任意一项均可写成 $\{a_n\}$ 的两项之差

D. 对任意正整数 n,总存在正整数 m,使得 $a_n = S_m$

19. (2021 中科大强基广东线上)设数列 $\{a_n\}$ 满足 $a_1 = 3$,且对任意正整数 m、n 均有 $a_{2m+n} = 2a_m + a_n + 2m^2 + 4mn$,求 a_n 的通项公式。

20. (2013 高联一试)已知数列 $\{a_n\}$ 共有 9 项,其中 $a_1 = a_9 = 1$,且对每个 $i \in \{1, 2, \cdots, 8\}$,均有 $\dfrac{a_{i+1}}{a_i} \in \left\{2, 1, -\dfrac{1}{2}\right\}$,则这样的数列的个数为_____。

21. (2021 北大强基)已知数列 $\{a_n\}$ 满足 $a_1 = 2$,$a_{n+1} = 2^{a_n}$,数列 $\{b_n\}$ 满足 $b_1 = 5$,$b_{n+1} = 5^{b_n}$。若正整数 m 满足 $b_m > a_{25}$,则 m 的最小值为_____。

22. (2013 高联二试)给定正整数 u、v,数列 $\{a_n\}$ 定义如下:

$a_1 = u + v$,对整数 $m \geqslant 1$,

$$\begin{cases} a_{2m} = a_m + u, \\ a_{2m+1} = a_m + v。 \end{cases}$$

记 $S_m = a_1 + a_2 + \cdots + a_m (m = 1, 2, \cdots)$。证明:数列 $\{S_n\}$ 中有无穷多项是完全平方数。

23. (2022 第 38 届中国数学奥林匹克)设正实数序列 $\{a_n\}$,$\{b_n\}$ 满足:对任意正整数 n,均有

$$a_{n+1} = a_n - \frac{1}{1 + \sum_{i=1}^{n} \frac{1}{a_i}}, \quad b_{n+1} = b_n + \frac{1}{1 + \sum_{i=1}^{n} \frac{1}{b_i}}$$

(1) 若 $a_{100}b_{100} = a_{101}b_{101}$,求 $a_1 - b_1$ 的值;

(2) 若 $a_{100} = b_{99}$,比较 $a_{100} + b_{100}$ 与 $a_{101} + b_{101}$ 的大小。

第 7 讲 复数

本讲概述

法国数学家阿达玛有一句名言:"在实数域中,连接两个真理的最短路径是通过复数域。"或许我们可以换一种说法——复数比实数更接近于真理。真理总是比远方更远,所以复数的诞生最晚,过程一波三折。从意大利数学家卡尔达诺提出"能否把 10 分为两数之和,使得乘积为 40",到意大利数学家邦贝利指出一元三次方程的实根需要通过虚数来求得并大胆地定义了复数的乘法,复数才正式进入了人们的视野。

实数,列于数轴之上,是一维的,是具象的,而复数,英文为 *complex number*,这里的 *complex* 也许有"复杂"的意思,但更多的是指"组合"的,复数是二维的,是抽象的,但却是合理而自洽的,静静地坐落在复平面上等待人们的发现。从复数的观点去看许多问题,往往是一种降维打击,会有更高更深更好的理解,例如傅里叶变换。进一步地,既然有"二维"的复数,是否存在更高维的数呢? 存在,爱尔兰的数学家哈密尔顿发现并推广了四元数,此外还有八元数,十六元数,但并不存在三元数、五元数等,而且四元数不满足乘法交换律,八元数不满足乘法结合律,十六元数的代数性质更加不好。这些内容远远超出了本书的范畴,笔者才疏学浅,对其也是知之甚少。学无止境,希望有志于数学的读者与笔者一道努力,继续学习深造,去感悟数学的浩渺与微妙,去接近比远方更遥远的真理。

本讲我们稍拓展一些复数的相关知识,绝大部分例题与习题是容易的,这是因为在自招或强基考试中,有关复数的题目不多且一般只考查两个重点,一是复数的代数形式与三角形式,二是复数的几何意义,利用复平面将代数问题变为几何问题。

知识拓展

一 **复数的表示形式与复平面的定义**

1. 代数形式：$z=a+bi(a,b\in \mathbf{R})$ 称为复数的代数形式，其中 $i=\sqrt{-1}$ 称为虚数单位，实数 a、b 分别叫作复数 z 的实部与虚部，分别记作 $\mathrm{Re}\,z$ 与 $\mathrm{Im}\,z$。虚部为零的复数就是实数，虚部不为零的复数称为虚数，其中形如 $bi(b\in \mathbf{R},b\neq 0)$ 的虚数叫纯虚数。$\bar{z}=a-bi$ 称为 z 的共轭复数。

2. 三角形式：设复数 z 的模为 r，辐角为 θ，则 $z=r(\cos\theta+i\sin\theta)$ 称为复数的三角形式。

3. 指数形式：根据欧拉公式 $e^{i\theta}=\cos\theta+i\sin\theta(\theta\in \mathbf{R})$，任一复数 z 可以表示为 $z=re^{i\theta}$，其中 $r\geqslant 0$；这种表示称为复数的指数形式。

> **评注**：特别地，在欧拉公式中取 $\theta=\pi$，得到 $e^{i\pi}+1=0$，这个等式联系了数学中最重要的 5 个数，曾被选为最"美"的数学公式。

4. 复平面的定义与复数的几何形式

我们知道，实数可以与数轴上的点一一对应，因此可以用数轴上的点来表述实数。类似地，如图所示，复数 $z=a+bi$ 在坐标平面内与点 $Z(a,b)$ 形成一一对应，向量 $\overrightarrow{OZ}$ 的长度 $r=|\overrightarrow{OZ}|=\sqrt{a^2+b^2}$ 也即复数 z 的模，记为 $|z|$。用坐标平面内的点表示复数，这样的平面称为复平面。在复平面内，横轴上的点都表示实数，纵轴上除原点外都表示纯虚数，横轴和纵轴分别叫实轴与虚轴，关于实轴对称的两点表示的复数互为共轭复数。以实轴正向为始边，以向量 $\overrightarrow{OZ}$ 所在的射线为终边的角 θ 称为非零复数 z 的辐角，记作 $\mathrm{Arg}\,z$；其中满足 $0\leqslant\theta<2\pi$ 的辐角 θ 叫作非零复数 z 的辐角主值，记为 $\arg z$。特别地，复数 0 的辐角可以是任意值。

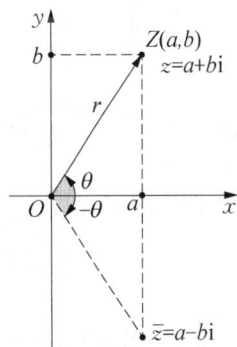

139　　　　　　　　　　　　　　　　　　　　　　　　第 7 讲　复数

二　特殊的复数

1. 复数单位的周期性：$i^2 = -1$，$i^4 = 1$，$i^{n+4} = i^n (n \in \mathbf{Z})$。

2. 1 的虚立方根 ω：$\omega = -\dfrac{1}{2} + \dfrac{\sqrt{3}}{2}i$，$\omega^3 = 1$，$\omega^2 + \omega + 1 = 0$，$\omega^2 = \bar{\omega}$。

3. 恒等式：$a^3 + b^3 + c^3 - 3abc = (a + b + c)(a + \omega b + \omega^2 c)(a + \omega^2 b + \omega c)$。

4. 1 的 n 次单位根：方程 $x^n = 1$ 的 n 个不同的根为 $x_k = \cos\dfrac{2k\pi}{n} + i\sin\dfrac{2k\pi}{n} (k = 0, 1, 2, \cdots, n-1)$，这些根均匀地分布在单位圆上，且

$$x^n - 1 = (x - x_0)(x - x_1) \cdots (x - x_{n-1})。$$

三　模与共轭的性质

1. 共轭运算：$z + \bar{z} = 2\mathrm{Re}\,z$，；$z - \bar{z} = 2i\mathrm{Im}\,z$，$z\bar{z} = |z|^2$，特别地，$|z| = 1 \Leftrightarrow \bar{z} = \dfrac{1}{z}$；

2. 三角不等式：$||z_1| - |z_2|| \leqslant |z_1 + z_2| \leqslant |z_1| + |z_2|$；

3. 恒等式：$|z_1 + z_2|^2 + |z_1 - z_2|^2 = 2(|z_1|^2 + |z_2|^2)$；

4. 运算性质：$\overline{(\bar{z})} = z$，$\overline{z_1 \pm z_2} = \bar{z_1} \pm \bar{z_2}$，$\overline{z_1 \cdot z_2} = \bar{z_1} \cdot \bar{z_2}$，$\overline{\left(\dfrac{z_1}{z_2}\right)} = \dfrac{\bar{z_1}}{\bar{z_2}}$；一般地，$f(z) \in \mathbf{R}[z] \Rightarrow \overline{f(z)} = f(\bar{z})$。

5. 复数不等式：$|z| \geqslant \max\{|\mathrm{Re}\,z|, |\mathrm{Im}\,z|\} \geqslant \max\{\mathrm{Re}\,z, \mathrm{Im}\,z\}$。

四　复数的运算与几何意义

1. 加法与减法

$(a + bi) \pm (c + di) = (a \pm c) + (b \pm d)i$，其几何意义是：分别做出复数 $z_1 = a + bi$ 和复数 $z_2 = c + di$ 对应的向量 $\overrightarrow{OZ_1}$ 与 $\overrightarrow{OZ_2}$，则向量 $\overrightarrow{OZ_1} + \overrightarrow{OZ_2}$ 对应于复数 $z_1 + z_2$，向量 $\overrightarrow{OZ_1} - \overrightarrow{OZ_2}$ 对应于复数 $z_1 - z_2$。

2. 乘法与除法

$$(a+bi)(c+di)=(ac-bd)+(ad+bc)i,$$

$$\frac{a+bi}{c+di}=\frac{ac+bd}{c^2+d^2}+\frac{bc-ad}{c^2+d^2}i,\text{其中}c、d\text{ 不全为 }0。$$

利用三角形式可以更简洁：

$$r_1(\cos\theta_1+i\sin\theta_1)\cdot r_2(\cos\theta_2+i\sin\theta_2)=r_1r_2(\cos(\theta_1+\theta_2)+i\sin(\theta_1+\theta_2)),$$

$$\frac{r_1(\cos\theta_1+i\sin\theta_1)}{r_2(\cos\theta_2+i\sin\theta_2)}=\frac{r_1}{r_2}(\cos(\theta_1-\theta_2)+i\sin(\theta_1-\theta_2)),\text{其中}r_2\neq0。$$

上述表示有明显的几何意义，设 $z_1=r_1(\cos\theta_1+i\sin\theta_1)$，$z_2=r_2(\cos\theta_2+i\sin\theta_2)$，其中 $r_1>0$，$r_2>0$，作出复数 z_1 对应的向量 $\overrightarrow{OZ_1}$，先把向量 $\overrightarrow{OZ_1}$ 的模"伸长"到原来的 r_2 倍，得到一个向量 $\overrightarrow{OZ'}$，再把向量 $\overrightarrow{OZ'}$ 按逆时针($\theta_2>0$)或顺时针($\theta_2<0$)旋转一个角 $|\theta_2|$ 得到的向量 $\overrightarrow{OZ}$ 对应于复数 z_1z_2；先把向量 $\overrightarrow{OZ}$ 的模"缩短"到原来的 $\dfrac{1}{r_2}$ 倍，得到一个向量 $\overrightarrow{OZ'}$，再把向量 $\overrightarrow{OZ'}$ 按顺时针($\theta_2>0$)或逆时针($\theta_2<0$)旋转一个角 $|\theta_2|$ 得到的向量 $\overrightarrow{OZ}$ 对应于复数 $\dfrac{z_1}{z_2}$。

3. 乘方与开方

(1) 复数乘方：$(a+bi)^n=\sum_{k=0}^{n}i^kC_n^ka^{n-k}b^k$，当正整数 n 较大时形式较复杂；用三角形式就十分简洁$(r(\cos\theta+i\sin\theta))^n=r^n(\cos n\theta+i\sin n\theta)$。

(2) 复数开方：已知复数 z，求复数 w 使之满足 $w^n=z$，这个计算过程叫复数开方；显然用三角形式更为简便，设 $w^n=z=r(\cos\theta+i\sin\theta)$，则

$$w_k=\sqrt[n]{r}\left(\cos\frac{\theta+2k\pi}{n}+i\sin\frac{\theta+2k\pi}{n}\right)$$

$$=w_0\left(\cos\frac{2\pi}{n}+i\sin\frac{2\pi}{n}\right)^k,\ k=0,1,2,\cdots,n-1,$$

复数 w_0，w_1，$\cdots$，w_{n-1} 在复平面上均匀地分布在圆 $|z|=r$ 上。

五　复数系内方程的性质

1. 代数基本定理:见本书第 3 讲。

2. 实系数高次方程虚根按共轭成对出现。

评注:简要证明如下。

设 $f(x)=a_n x^n+a_{n-1}x^{n-1}+\cdots+a_1 x+a_0$,其中 $a_0,a_1,\cdots,a_n\in$ $\mathbf{R}$ 且 $a_n\neq 0$。设 $z=a+bi$ 是 $f(x)=0$ 的一个根,即

$$f(z)=a_n z^n+a_{n-1}z^{n-1}+\cdots+a_1 z+a_0=0,$$

对上式取共轭,并利用共轭的运算性质,得

$$a_n\bar{z}^n+a_{n-1}\bar{z}^{n-1}+\cdots+a_1\bar{z}+a_0=0。$$

这说明 $\bar{z}=a-bi$ 也是 $f(x)=0$ 的一个根。

类似的结论曾在本书第 3 讲例 5 和习题 17 出现过。

---

3. 对于方程 $(x-a)^n=b$,设 $b=r(\cos\theta+\mathrm{i}\sin\theta)(r>0)$,则

$$x_k=a+\sqrt[n]{r}\left(\cos\frac{\theta+2k\pi}{n}+\mathrm{i}\sin\frac{\theta+2k\pi}{n}\right)(k=0,1,\cdots,n-1)$$

是方程的 n 个不同的根,且由代数基本定理知,这也是方程的全部根。

容易看到,n 个根 $x_0,x_1,\cdots,x_{n-1}$ 对应的复数均匀地分布在以 a 为圆心,以 $\sqrt[n]{r}$ 为半径的圆周上,这些点恰好是一个正 n 边形的顶点。反之,一个正 n 边形的 n 个顶点对应的复数可以用 $(x-a)^n=b$(a 为该正多边形的中心)的根来刻画。

典例精析

例 1　(2023 北大寒假学堂)设复数 a、b、c 满足 $a+b+c=a^2+b^2+c^2=$

0, $a^3 + b^3 + c^3 = 3$, 则 $a^{2023} + b^{2023} + c^{2023}$ 的值为(   )。

    A. 0   B. 3

    C. 2023   D. 前三个选项都不对

点拨 有了 3 个数的一次方、二次方、三次方之和,我们可以求出以这 3 个数为根的三次方程。这是一般性的方法。本题数值特殊,也可以利用开方、因式分解等迅速求解。

解析 解法一: $ab + bc + ca = \dfrac{1}{2}[(a+b+c)^2 - (a^2+b^2+c^2)] = 0$, $a^3 + b^3 + c^3 - 3abc = (a+b+c)(a^2+b^2+c^2-ab-bc-ca) = 0$,得 $abc = 1$。

由韦达定理知,a、b、c 是方程 $x^3 - 1 = 0$ 的三个根,不妨设 $(a, b, c) = (1, \omega, \omega^2)$,这里 $\omega = \dfrac{-1 + \sqrt{3}\,\mathrm{i}}{2}$,且熟知 $1 + \omega + \omega^2 = 0$。故 $a^{2023} + b^{2023} + c^{2023} = 1 + \omega^{2023} + \omega^{4046} = 1 + \omega + \omega^2 = 0$。

解法二:由 $0 = a^2 + b^2 + c^2 = a^2 + b^2 + (a+b)^2 = 2(a^2 + ab + b^2)$,可解得 $b = \omega a$ 或 $\omega^2 a$。

若 $b = \omega a$,则 $c = -(1 + \omega)a = \omega^2 a$,所以

$$a^{2023} + b^{2023} + c^{2023} = a^{2023}(1 + \omega^{2023} + \omega^{4046}) = a^{2023}(1 + \omega + \omega^2) = 0。$$

若 $b = \omega^2 a$,同理可知 $a^{2023} + b^{2023} + c^{2023} = 0$。

解法三:因为 $0 = a^2 + b^2 + c^2 = a^2 + b^2 + (a+b)^2 = 2(a^2 + ab + b^2)$,所以

$$a^3 - b^3 = (a - b)(a^2 + ab + b^2) = 0,$$

即 $a^3 = b^3$。同理有 $b^3 = c^3$,结合 $a^3 + b^3 + c^3 = 3$ 知 $a^3 = b^3 = c^3 = 1$,故 $a^{2023} + b^{2023} + c^{2023} = a + b + c = 0$。

例2 (2021 清华强基)已知 $\omega = \cos\dfrac{\pi}{5} + \mathrm{i}\sin\dfrac{\pi}{5}$,则(   )。

    A. $x^4 + x^3 + x^2 + x + 1 = (x - \omega)(x - \omega^3)(x - \omega^7)(x - \omega^9)$

    B. $x^4 - x^3 + x^2 - x + 1 = (x - \omega)(x - \omega^3)(x - \omega^7)(x - \omega^9)$

    C. $x^4 - x^3 - x^2 + x + 1 = (x - \omega)(x - \omega^3)(x - \omega^7)(x - \omega^9)$

D. $x^4 + x^3 + x^2 - x - 1 = (x - \omega)(x - \omega^3)(x - \omega^7)(x - \omega^9)$

点拨 本题考察 1 的 n 次单位根与 $x^n - 1$ 在复数域的因式分解。

解析 因为 $1, \omega, \omega^2, \cdots, \omega^9$ 为方程 $x^{10} - 1 = 0$ 的所有复根,所以

$$x^{10} - 1 = (x - 1)(x - \omega)(x - \omega^2)(x - \omega^3) \cdots (x - \omega^9)。$$

又易知 $1, \omega^2, \omega^4, \omega^6, \omega^8$ 为方程 $x^5 - 1 = 0$ 的所有复根根,所以

$$x^5 - 1 = (x - 1)(x - \omega^2)(x - \omega^4)(x - \omega^6)(x - \omega^8)。$$

注意到 $\omega^5 = -1$,则

$$x^5 + 1 = \frac{x^{10} - 1}{x^5 - 1} = (x - \omega)(x - \omega^3)(x + 1)(x - \omega^7)(x - \omega^9),$$

故 $(x - \omega)(x - \omega^3)(x - \omega^7)(x - \omega^9) = \dfrac{x^5 + 1}{x + 1} = x^4 - x^3 + x^2 - x + 1$。

本题应选 B。

例 3 (2021 清华自强) 已知复数 z 满足 $|z| = 1$,求 $|z^3 - z + 2|$ 的最值。

点拨 可以利用 $z\bar{z} = |z|^2$,将待求的式子平方再作处理,或者三角换元,变成一道三角函数极值问题。

解析 解法一:因为 $|z| = 1$,所以

$$
\begin{aligned}
|z^3 - z + 2|^2 &= (z^3 - z + 2)(\bar{z}^3 - \bar{z} + 2)\\
&= (z^3 - z)(\bar{z}^3 - \bar{z}) + 2(z^3 + \bar{z}^3 - z - \bar{z}) + 4\\
&= (z^2 - 1)(\bar{z}^2 - 1) + 2(z + \bar{z})(z^2 - z\bar{z} + \bar{z}^2 - 1) + 4\\
&= 2 - (z^2 + \bar{z}^2) + 2(z + \bar{z})(z^2 + \bar{z}^2 - 2) + 4。
\end{aligned}
$$

令 $t = z + \bar{z} = 2\mathrm{Re}\, z \in [-2, 2]$,则 $z^2 + \bar{z}^2 = t^2 - 2$,

$$
\begin{aligned}
|z^3 - z + 2|^2 = f(t) &= 2 - (t^2 - 2) + 2t(t^2 - 4) + 4\\
&= 2t^3 - t^2 - 8t + 8。
\end{aligned}
$$

求导有 $f'(t) = 2(t + 1)(3t - 4)$,易知 $f(t)$ 的单调增区间为 $[-2, -1]$,$\left[\dfrac{4}{3}, 2\right]$,单调减区间为 $\left[-1, \dfrac{4}{3}\right]$,所以

$$f(t)_{\max} = \max\{f(-1), f(2)\} = 13, f(t)_{\min} = \min\left\{f(-2), f\left(\frac{4}{3}\right)\right\} = \frac{8}{27}.$$

故所求最大值为 $\sqrt{13}$，最小值为 $\sqrt{\dfrac{8}{27}} = \dfrac{2\sqrt{6}}{9}$。

解法二：设 $z = \cos\theta + i\sin\theta$，则

$$
\begin{aligned}
|z^3 - z + 2|^2 &= (\cos 3\theta - \cos\theta + 2)^2 + (\sin 3\theta - \sin\theta)^2 \\
&= 4\cos 3\theta - 2\cos 2\theta - 4\cos\theta + 6 \\
&= 4(4\cos^3\theta - 3\cos\theta) - 2(2\cos^2\theta - 1) - 4\cos\theta + 6 \\
&= 16\cos^3\theta - 4\cos^2\theta - 16\cos\theta + 8.
\end{aligned}
$$

令 $x = \cos\theta \in [-1, 1]$，则 $|z^3 - z + 2|^2 = g(x) = 16x^3 - 4x^2 - 16x + 8$，求导有 $g'(x) = 8(2x + 1)(3x - 2)$，易知 $g(x)$ 的单调增区间为 $\left[-1, -\dfrac{1}{2}\right]$，$\left[\dfrac{2}{3}, 1\right]$，单调减区间为 $\left[-\dfrac{1}{2}, \dfrac{2}{3}\right]$。计算知 $g(-1) = g(1) = 4$，$g\left(-\dfrac{1}{2}\right) = 13$，$g\left(\dfrac{2}{3}\right) = \dfrac{8}{27}$，所以 $|z^3 - z + 2|_{\max} = \sqrt{13}$，$|z^3 - z + 2|_{\min} = \dfrac{2\sqrt{6}}{9}$。

例 4 （2019 上交自招）对于 $m, n \in \mathbf{N}_+$，若 $(\sqrt{3} + i)^m = (1 - i)^n$，求 $n - m$ 的最小值。

点拨 直接代数展开是不可取的，注意到两边都是乘方运算，所以考虑复数的三角表示，就会非常简洁便利。

解析 令 $z_1 = \cos\dfrac{\pi}{6} + i\sin\dfrac{\pi}{6}$，$z_2 = \cos\dfrac{\pi}{4} + i\sin\dfrac{\pi}{4}$，则原等式可以化为

$$(2z_1)^m \cdot \left(\frac{\sqrt{2}}{2}z_2\right)^n = 1,$$

即 $2^{m-\frac{n}{2}} \cdot \left(\cos\left(\dfrac{m\pi}{6} + \dfrac{n\pi}{4}\right) + i\sin\left(\dfrac{m\pi}{6} + \dfrac{n\pi}{4}\right)\right) = 1$。比较左右的实部与虚部，可知 $m - \dfrac{n}{2} = 0$，$\cos\left(\dfrac{m\pi}{6} + \dfrac{n\pi}{4}\right) = 1$，进而

$$1 = \cos\left(\frac{m\pi}{6} + \frac{n\pi}{4}\right) = \cos\left(\frac{m\pi}{6} + \frac{2m\pi}{4}\right) = \cos\frac{2m\pi}{3},$$

因此 $m = 3k (k \in \mathbf{N}_+)$。于是 $n - m = m = 3k \geqslant 3$，当 $m = 3$，$n = 6$ 时取等号。故所求最小值为 3。

例5 （2022 北大强基）已知复数 z，满足 $\frac{z}{2}$ 与 $\frac{2}{z}$ 的实部和虚部均属于 $[-1, 1]$，则 z 在复平面上形成轨迹的面积为_____。

点拨 设出代数形式，考虑实部与虚部需满足的约束条件。

解析 设 $z = x + y\mathrm{i} (x, y \in \mathbf{R})$，由题意，$\frac{z}{2}$ $= \frac{x}{2} + \frac{y}{2}\mathrm{i}$ 与 $\frac{2}{z} = \frac{2x}{x^2 + y^2} - \frac{2y}{x^2 + y^2}\mathrm{i}$ 的实部和虚部均属于 $[-1, 1]$，则

$$-1 \leqslant \frac{x}{2} \leqslant 1, \quad -1 \leqslant \frac{y}{2} \leqslant 1,$$

$$-1 \leqslant \frac{2x}{x^2 + y^2} \leqslant 1, \quad -1 \leqslant \frac{-2y}{x^2 + y^2} \leqslant 1,$$

即

$$-2 \leqslant x \leqslant 2, \quad -2 \leqslant y \leqslant 2,$$
$$(x-1)^2 + y^2 \geqslant 1, \quad (x+1)^2 + y^2 \geqslant 1,$$
$$x^2 + (y-1)^2 \geqslant 1, \quad x^2 + (y+1)^2 \geqslant 1 \text{ 且 } x^2 + y^2 \neq 0,$$

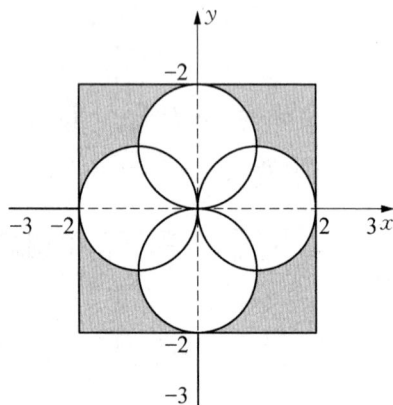

例 5 图

所以点 z 的轨迹所构成的图形为图中阴影区域，其为一个边长为 4 的正方形减去中间一个边长为 2 的正方形，再减去四个半径为 1 的半圆，所以阴影面积为 $16 - 2 \times 2 - 2\pi = 12 - 2\pi$。

例6 已知数列 $\{a_n\}$，$\{b_n\}$，对大于 1 的整数 n，均有

$$a_n = a_{n-1}\cos\theta - b_{n-1}\sin\theta,$$
$$b_n = a_{n-1}\sin\theta + b_{n-1}\cos\theta,$$

且 $a_1 = 1$，$b_1 = \tan\theta$，其中 θ 为已知锐角，试求数列 $\{a_n\}$，$\{b_n\}$ 的通项公式。

点拨 乍一眼看去,数列的递推关系很不友好,$\{a_n\}$,$\{b_n\}$ 彼此纠缠,还带上了三角函数,但细细一想,这样的关系与复数的乘积高度相似,且显然有

$$a_n^2 + b_n^2 = a_{n-1}^2 + b_{n-1}^2,$$

这启发我们考虑构造一个复数数列。

解析 考虑复数列 $\{z_n\}$,$z_n = a_n + b_n\mathrm{i}$,则对大于 1 的整数 n,有

$$
\begin{aligned}
\frac{z_n}{z_{n-1}} &= \frac{(a_{n-1}\cos\theta - b_{n-1}\sin\theta) + (a_{n-1}\sin\theta + b_{n-1}\cos\theta)\mathrm{i}}{a_{n-1} + b_{n-1}\mathrm{i}} \\
&= \frac{(\cos\theta + \mathrm{i}\sin\theta)(a_{n-1} + b_{n-1}\mathrm{i})}{a_{n-1} + b_{n-1}\mathrm{i}} = \cos\theta + \mathrm{i}\sin\theta,
\end{aligned}
$$

这说明 $\{z_n\}$ 是首项为 $1 + \mathrm{i}\tan\theta$,公比为 $\cos\theta + \mathrm{i}\sin\theta$ 的等比数列。因此,

$$
\begin{aligned}
z_n &= (1 + \mathrm{i}\tan\theta)(\cos\theta + \mathrm{i}\sin\theta)^{n-1} = \sec\theta(\cos\theta + \mathrm{i}\sin\theta)(\cos\theta + \mathrm{i}\sin\theta)^{n-1} \\
&= \sec\theta(\cos\theta + \mathrm{i}\sin\theta)^n = \sec\theta(\cos n\theta + \mathrm{i}\sin n\theta),
\end{aligned}
$$

故 $a_n = \sec\theta \cdot \cos n\theta$,$b_n = \sec\theta \cdot \sin n\theta$。

评注:其实本题的递推有明显的矩阵背景,也就是复数几何意义的旋转,这里我们简要介绍,供学有余力的读者参考。

由递推关系可得

$$
\begin{pmatrix} a_n \\ b_n \end{pmatrix} = \begin{pmatrix} \cos\theta & -\sin\theta \\ \sin\theta & \cos\theta \end{pmatrix} \begin{pmatrix} a_{n-1} \\ b_{n-1} \end{pmatrix},
$$

其几何意义为:向量 (a_{n-1}, b_{n-1}) 绕原点逆时针旋转角度 θ 后得到向量 (a_n, b_n),因此向量 (a_n, b_n) 可由 (a_1, b_1) 绕原点逆时针旋转角度 $(n-1)\theta$ 后得到,即

$$
\begin{aligned}
\begin{pmatrix} a_n \\ b_n \end{pmatrix} &= \begin{pmatrix} \cos(n-1)\theta & -\sin(n-1)\theta \\ \sin(n-1)\theta & \cos(n-1)\theta \end{pmatrix} \begin{pmatrix} a_1 \\ b_1 \end{pmatrix} \\
&= \begin{pmatrix} \cos(n-1)\theta - \sin(n-1)\theta \cdot \tan\theta \\ \sin(n-1)\theta + \cos(n-1)\theta \cdot \tan\theta \end{pmatrix} = \begin{pmatrix} \sec\theta \cdot \cos n\theta \\ \sec\theta \cdot \sin n\theta \end{pmatrix}.
\end{aligned}
$$

例7 (2017 北大博雅)单位圆内接五边形的所有边长与对角线的平方和的最大值是(   )。

A. 15   B. 20

C. 25   D. 前三个选项都不对

解析 设内接于单位圆的五边形 $P_1P_2P_3P_4P_5$ 各顶点对应的复数为

$$z_k(k=1, 2, 3, 4, 5),$$

只要计算 $S = \sum_{1 \leqslant j < k \leqslant 5} |P_jP_k|^2 = \sum_{1 \leqslant j < k \leqslant 5} |z_j - z_k|^2$ 即可。

一方面,

$$S = \sum_{1 \leqslant j < k \leqslant 5} (z_j - z_k)(\overline{z_j} - \overline{z_k}) = \sum_{1 \leqslant j < k \leqslant 5} (z_j\overline{z_j} + z_k\overline{z_k} - z_j\overline{z_k} - \overline{z_j}z_k)$$

$$= \sum_{1 \leqslant j < k \leqslant 5} (2 - z_j\overline{z_k} - \overline{z_j}z_k) = 20 - \sum_{1 \leqslant j < k \leqslant 5} (z_j\overline{z_k} + \overline{z_j}z_k)。$$

另一方面,由

$$0 \leqslant \left| \sum_{k=1}^{5} z_k \right|^2 = \sum_{k=1}^{5} z_k \cdot \sum_{k=1}^{5} \overline{z_k} = 5 + \sum_{1 \leqslant j < k \leqslant 5} (z_j\overline{z_k} + \overline{z_j}z_k)$$

知 $\sum_{1 \leqslant j < k \leqslant 5} (z_j\overline{z_k} + \overline{z_j}z_k) \geqslant -5$,当 $P_1P_2P_3P_4P_5$ 为单位圆内接正五边形时可取等号。

综合两方面,我们有 $S \leqslant 25$,且等号可以取到,故本题应选 C。

> 评注:本题若不采用复数方法将会比较麻烦,由此可见复数的重要作用。当然作为选择题,大可以直接按正五边形来计算,只需要知道 $\sin 18°$ 的数值即可,这在本书第 5 讲中有介绍。

例8 已知整系数四次方程 $x^4 + px^3 + qx^2 + rx + s = 0$ 的四个根在复平面内对应的点恰好是一个正方形的四个顶点,求这个正方形面积的最小值。

点拨 四次方程的四个根在复平面内对应的点恰好是一个正方形的四个顶点,所以方程即为 $(x-a)^4 = b$,利用原系数为整数的条件,比较系数加以分析即可。

解析 按题意,存在复数 a、b,使得原方程化为 $(x-a)^4 = b$,即

$$x^4 - 4ax^3 + 6a^2x^2 - 4a^3x + a^4 - b = 0,$$

比较此方程与原方程系数,有

$$p = -4a, \quad q = 6a^2, \quad r = -4a^3, \quad s = a^4 - b,$$

则 $p^3 = 16r$,又 p、r 均为整数,所以 4 整除 p,进而 $a = -\dfrac{p}{4}$ 是整数,

$$b = a^4 - s$$

是整数且不为 0。因此正方形的外接圆半径为 $R = \sqrt[4]{|b|} \geqslant 1$,故正方形面积 $S = 2R^2 \geqslant 2$,当 $|b| = 1$ 时可取等号,故所求面积的最小值为 2。

例 9 (托勒密不等式)在平面四边形 $ABCD$ 中,证明:$AB \cdot CD + AD \cdot BC \geqslant AC \cdot BD$,当且仅当四边形 $ABCD$ 为圆内接凸四边形时取等号。

解析 建立复平面,设点 A、B、C、D 对应的复数分别为 a、b、c、d,则

$$AB \cdot CD = |(a-b)(c-d)|, \quad AD \cdot BC = |(a-d)(b-c)|,$$
$$AC \cdot BD = |(a-c)(b-d)|。$$

由三角不等式有

$$
\begin{aligned}
& AB \cdot CD + AD \cdot BC \\
\geqslant\ & |(a-b)(c-d) + (a-d)(b-c)| \\
=\ & |ac + bd - bc - ad + ab + cd - bd - ac| \\
=\ & |ab - ad + cd - bc| \\
=\ & |(a-c)(b-d)| = AC \cdot BD,
\end{aligned}
$$

等号成立当且仅当 $(a-b)(c-d)$ 与 $(a-d)(b-c)$ 的辐角终边相同,这等价于四边形 $ABCD$ 为圆的内接凸四边形。

> 评注:托勒密定理的几何证明见本书第 8 讲,值得注意的是,复数的证法不仅更为简洁优美直接,而且更加严谨全面,这是因为,四边形 $ABCD$ 并不一定是凸的,甚至 AB 与 CD 可以相交,尽管这种特殊情况下原不等式是容易证明的,但若要追求绝对严谨,几何证明就不得不多费一番口舌,复数法则没有这些烦恼,一步结束。

例 10　(2020 清华强基)已知 $f(z)=z^{10}+\dfrac{1}{z^{10}}+\dfrac{1}{2}\left(z^5+\dfrac{1}{z^5}\right)$，则(　　)。

　　A. $f(z)=0$ 存在实数解

　　B. $f(z)=0$ 共有 20 个不同的复数解

　　C. $f(z)=0$ 复数解的模长均为 1

　　D. $f(z)=0$ 存在模长大于 1 的复数解

点拨　作为当年强基的压轴题，本题小有难度。不可被高次的假象所迷惑，换元之后其实只是一个二次函数，由此展开分析。

解析　令 $t=z^5+\dfrac{1}{z^5}$，则 $f(z)=0$ 可化为 $(t^2-2)+\dfrac{t}{2}=0$，解得

$$t=\frac{-1\pm\sqrt{33}}{4}\in(-2,2)。$$

若 $f(z)=0$ 存在实数解 z_0，则由均值不等式有

$$|t|=\left|z_0^5+\frac{1}{z_0^5}\right|=|z_0^5|+\frac{1}{|z_0^5|}\geqslant 2,$$

矛盾。因此 $f(z)=0$ 不存在实数解，A 选项错误。

由 $t=z^5+\dfrac{1}{z^5}$，可得 $z^5=\dfrac{1}{2}(t\pm\mathrm{i}\sqrt{4-t^2})$，则 $|z|^5=|z^5|=\sqrt{\dfrac{1}{4}(t^2+4-t^2)}$

$=1$，所以 $|z|=1$，故 C 选项正确，D 选项错误。又由以上求解过程易知，每个 t 对应原方程 10 个不同的复数解，且不同的 t 对应的解不同，所以 $f(z)=0$ 共有 20 个不同的复数解，本题应选 BC。

例 11　(2014 第 30 届中国数学奥林匹克)给定实数 $r\in(0,1)$。证明：若 n 个复数 z_1，z_2，$\cdots$，z_n 满足 $|z_k-1|\leqslant r(k=1,2,\cdots,n)$，则

$$|z_1+z_2+\cdots+z_n|\cdot\left|\frac{1}{z_1}+\frac{1}{z_2}+\cdots+\frac{1}{z_n}\right|\geqslant n^2(1-r^2)。$$

解析　设 $z_k=x_k+\mathrm{i}y_k$，其中 x_k，$y_k\in\mathbf{R}(k=1,2,\cdots,n)$。

由题意知 $(x_k-1)^2+y_k^2\leqslant r^2$，因为 $r\in(0,1)$，所以显然有 $x_k>0(k=1,2,\cdots,n)$，则

$$\left|\sum_{k=1}^{n} z_k\right| = \sqrt{\left(\sum_{k=1}^{n} x_k\right)^2 + \left(\sum_{k=1}^{n} y_k\right)^2},$$

$$\left|\sum_{k=1}^{n} \frac{1}{z_k}\right| = \left|\sum_{k=1}^{n} \frac{\overline{z_k}}{|z_k|^2}\right| = \sqrt{\left(\sum_{k=1}^{n} \frac{x_k}{x_k^2+y_k^2}\right)^2 + \left(\sum_{k=1}^{n} \frac{y_k}{x_k^2+y_k^2}\right)^2},$$

利用 $x_k > 0 (k=1,2,\cdots,n)$ 与柯西不等式,可得

$$\left|\sum_{k=1}^{n} z_k\right| \cdot \left|\sum_{k=1}^{n} \frac{1}{z_k}\right| = \sqrt{\left(\sum_{k=1}^{n} x_k\right)^2 + \left(\sum_{k=1}^{n} y_k\right)^2} \cdot \sqrt{\left(\sum_{k=1}^{n} \frac{x_k}{x_k^2+y_k^2}\right)^2 + \left(\sum_{k=1}^{n} \frac{y_k}{x_k^2+y_k^2}\right)^2}$$

$$\geqslant \left|\sum_{k=1}^{n} x_k\right| \cdot \left|\sum_{k=1}^{n} \frac{x_k}{x_k^2+y_k^2}\right| \geqslant \left(\sum_{k=1}^{n} \frac{x_k}{\sqrt{x_k^2+y_k^2}}\right)^2.$$

只需证明 $\dfrac{x_k}{\sqrt{x_k^2+y_k^2}} \geqslant \sqrt{1-r^2}(k=1,$

$2,\cdots,n)$。注意到 (x_k, y_k) 在以点 $(1,0)$ 为

圆心,半径为 r 的圆 C 内(包括边界),所以 x_k

$\neq 0$,故 $\dfrac{x_k}{\sqrt{x_k^2+y_k^2}} \geqslant \sqrt{1-r^2}$ 等价于

$$\left(\frac{y_k}{x_k}\right)^2 \leqslant \frac{r^2}{1-r^2}。$$

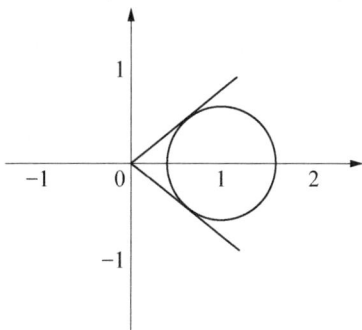

例 11 图

考虑 $\dfrac{y_k}{x_k}$ 的几何意义,其表示点 (x_k, y_k) 与原点连线的斜率,又易知过原点与

圆 C 相切的切线斜率为 $\pm \dfrac{r}{\sqrt{1-r^2}}$,所以

$$-\frac{r}{\sqrt{1-r^2}} \leqslant \frac{y_k}{x_k} \leqslant \frac{r}{\sqrt{1-r^2}},$$

即 $\left(\dfrac{y_k}{x_k}\right)^2 \leqslant \dfrac{r^2}{1-r^2}$,原不等式得证。

评注:这是当年中国数学奥林匹克的第一题,本该是最容易的十拿九稳的一题,却让许多高手折戟沉沙。时间回到 2014 年 12 月,重庆巴蜀

中学的考场上,笔者沉思了一个小时,无果,做完第二题后,回看本题,还是不会,再看第三题,能做,但需要大量时间。笔者相信,第一题必然是有一扇角落里的门忘记打开,于是决心再回看一眼。这一眼拨云见日,如梦初醒。

笔者曾经在本书第4讲中说过,恒等变形是容易的,不等放缩是困难的,我们总是瞻前顾后,总是敝帚自珍,难以割舍,肩上太过沉重,脚下自然寸步难行,有时放下包袱,轻装上阵,也许反而能身轻如燕,来去自如。在上述解答中,最最关键的一步,困住了我们的那一步,是将两个和式中的虚部全部扔掉。

强化训练

A组

1. (2019 北大寒假学堂)已知 $z_n = (1+\mathrm{i})\left(1+\dfrac{\mathrm{i}}{\sqrt{2}}\right)\left(1+\dfrac{\mathrm{i}}{\sqrt{3}}\right)\cdots\left(1+\dfrac{\mathrm{i}}{\sqrt{n}}\right)$,则 $|z_n| = \underline{\qquad}$。

2. (2021 中科大强基广东线上)求 $\displaystyle\sum_{k=1}^{2020}\sin\dfrac{k\pi}{2021}$。

3. (2019 上交自招)复数 z 满足 $|z|=1$,且 $z^2-2az+a^2-a=0$,求负实数 a 的值。

4. (2022 北大强基)已知 $a,b\in\mathbf{R}$,$z_1=5-a+(6-4b)\mathrm{i}$,$z_2=2+2a+(3+b)\mathrm{i}$,$z_3=3-a+(1+3b)\mathrm{i}$,当 $|z_1|+|z_2|+|z_3|$ 最小时,$3a+6b=\underline{\qquad}$。

5. (2019 北大寒假学堂)记复数 $z=x+y\mathrm{i}(x,y\in\mathbf{R})$,其中 $|x|+|y|\leqslant 1$,求 $|z-1-\mathrm{i}|$ 的最大值。

6. (2022 清华强基)在复平面内,复数 z_1 终点在 $1+\mathrm{i}$ 和 $1+a\mathrm{i}$ 表示的两点连

成的线段上移动，$|z_2|=1$，若 $z=z_1+z_2$ 在复平面上表示的点围成的面积为 $\pi+4$，则 a 的可能值为_____。

7. （2019 中科大自招）复数 z 满足 $\dfrac{z-1}{z+1}$ 是纯虚数，则 $|z^2+z+3|$ 的最小值为_____。

8. （2022 清华强基）已知复数 z 满足 $|z|=1$，求 $|(z-2)(z+1)^2|$ 的最大值。

9. （2020 清华强基）设复数 z_1、z_2 在复平面内对应的点分别为 Z_1、Z_2，O 为坐标原点，若 $|z_1|=1$，$5z_1^2+z_2^2-2z_1z_2=0$，则 $\triangle OZ_1Z_2$ 的面积为（　　）。

A. 1 　　　　　B. $\sqrt{3}$ 　　　　　C. 2 　　　　　D. $2\sqrt{3}$

10. （2019 北大自招）已知复数 z_1、z_2 满足 $|z_1-3\mathrm{i}|=2$，$|z_2-8|=1$，则由复数 $w=z_1-z_2$ 对应的点所围成的图形的面积为（　　）。

A. 4π 　　　　　　　　　　B. 8π

C. 10π 　　　　　　　　　D. 前三个选项都不对

11. （2019 北大寒假学堂）已知 $z_1=1+\mathrm{i}$，$z_2=-2+2\mathrm{i}$，在复平面内 z_1，z_2，z_3 构成正三角形，则 $z_3=$_____。

12. （2019 北大寒假学堂）已知复数 z 满足 $|z|=1$，且有 $z^{17}+z=1$，求 $z=$（　　）。

A. $\dfrac{1}{2}\pm\dfrac{\sqrt{3}}{2}\mathrm{i}$ 　　　　　　B. $\dfrac{\sqrt{3}}{2}\pm\dfrac{1}{2}\mathrm{i}$

C. $\dfrac{\sqrt{2}}{2}\pm\dfrac{\sqrt{2}}{2}\mathrm{i}$ 　　　　　　D. 前三个选项都不对

13. （2020 清华强基）设复数 z 满足 $|3z-7\mathrm{i}|=3$，则 $\left|\dfrac{z^2-2z+2}{z-1+\mathrm{i}}\right|$ 的（　　）。

A. 最大值为 $\dfrac{8}{3}$ 　　　　　　B. 最大值为 $\dfrac{7}{3}$

C. 最小值为 $\dfrac{4}{3}$ 　　　　　　D. 最小值为 $\dfrac{2}{3}$

14. （2020 中科大强基）若 $z+\bar{z}=1$，则 $|z+1|-|z-\mathrm{i}|$ 的取值范围是

_____。

15. (2023 北大寒假学堂)设三角形 ABC 的三个顶点为复平面上的三点 z_1、z_2、z_3,满足 $z_1z_2z_3=0$,$z_1+z_2+z_3=8+2\mathrm{i}$,$z_1z_2+z_2z_3+z_3z_1=15+10\mathrm{i}$,则三角形 ABC 内心的复数坐标 z 的虚部所在区间为(　　)。

A. $(0,0.5)$　　　　　　　　　B. $(0.5,1)$

C. $(1,2)$　　　　　　　　　　D. 前三个选项都不对

B组

16. (2020 北大高水平艺术团)已知 1,x_1,x_2,$\cdots$,x_{2018} 是 $x^{2019}-1=0$ 的 2019 个根,求 $\dfrac{1}{x_1+1}+\dfrac{1}{x_2+1}+\cdots+\dfrac{1}{x_{2018}+1}$ 的值。

17. (2011 清华金秋营)求 $\sin\dfrac{\pi}{n}\sin\dfrac{2\pi}{n}\cdots\sin\dfrac{(n-1)\pi}{n}$ 的值。

18. (2021 北大寒假学堂)已知复数 z 满足 $z^{111}=1$,$z^1+z^{10}-z^{11}=z^{-1}+z^{-10}-z^{-11}$,则满足条件的 z 有_____个。

19. 有 m 个男孩与 n 个女孩围坐在一个圆周上($m>0$,$n>0$,$m+n\geqslant3$),将顺序相邻的 3 人中恰有 1 个男孩的组数记作 a,顺序相邻的 3 人中恰有 1 个女孩的组数记作 b,求证:$a-b$ 是 3 的倍数。

20. (2010 第 25 届中国数学奥林匹克)设复数 a、b、c 满足:对任意模长不超过 1 的复数 z,均有 $|az^2+bz+c|\leqslant1$,求 $|bc|$ 的最大值。

21. (2022 清华金秋营)z_1,z_2,$\cdots$,z_n 为模长不超过 1 的复数,证明:

$$\left|n-\sum_{k=1}^{n}z_k\right|\geqslant\left|1-\prod_{k=1}^{n}z_k\right|。$$

第 **8** 讲　平面几何

数学是什么？有一个广为流传的答案——数学是研究数量关系与空间形式的一门学科。如今看来不甚准确,例如集合论、逻辑学就既非"数",也非"形"。但无论如何,空间形式是数学研究的一类重要对象,其不仅包括我们熟知的欧式几何,而且含有更抽象的图论、拓扑学等内容,例如著名的四色问题、哥尼斯堡七桥问题等。

初中阶段,我们学习了一定的平面几何知识,高中阶段却不再涉及,取而代之的是偏向代数运算的立体几何、解析几何。后者的计算量大思维量小,往往千篇一律,平面几何则千变万化,更能考查一位学生的数学天赋与素养。这一事实尽管令人遗憾,却是合情合理的,大范围全学科的人才选拔考试不宜选用"不按套路出牌"、过于依赖天赋的试题,否则将导致严重的两极分化,这个道理对数论和组合问题同样适用。那么自然地,在更关注专才的强基自招与竞赛考试中,平面几何就会占据一席之地。

本讲我们补充了一些平面几何中的重要定理,更重要的是例(习)题,这些问题的时间跨度较长,形式千姿百态,除了近些年的真题,多年前的好题也会被选用。在文学中,对于散文的笔法与表现形式,有一个很妙的形容词,笔者将其借用到此处,希望读者看完本讲后也可以达到这一境界——"形"散神聚。

一 垂直的判定

$AB \perp CD$ 的充要条件为 $AC^2 - AD^2 = BC^2 - BD^2$。

证法一：如图 1，先证必要性，设直线 AB 垂直于直线 CD，交于点 E，则在 $\triangle ACE$ 与 $\triangle BCE$ 中，由勾股定理有

$$AC^2 - AE^2 = CE^2 = BC^2 - BE^2,$$

即 $AC^2 - BC^2 = AE^2 - BE^2$。同理可得，$AD^2 - BD^2 = AE^2 - BE^2$，所以 $AC^2 - BC^2 = AD^2 - BD^2$。其他位置关系同理可证。

再证充分性，如图，过点 A 作 CD 垂线交 CD 于点 E，过点 B 作 CD 垂线交 CD 于点 E'，则 $AC^2 - CE^2 = AE^2 = AD^2 - DE^2$，即 $AC^2 - AD^2 = CE^2 - DE^2$。同理，$BC^2 - BD^2 = CE'^2 - DE'^2$，所以 $CE^2 - DE^2 = CE'^2 - DE'^2$。又 $CE + DE = CD = CE' + DE'$，所以 $CE - DE = CE' - DE'$，进而 $CE = CE'$，即 E 与 E' 重合。故 A、B、E 三点共线，因此 $AB \perp CD$。其他位置关系同理可证。

证法二：$AC^2 - AD^2 = BC^2 - BD^2 \Leftrightarrow AC^2 - BC^2 = AD^2 - BD^2 \Leftrightarrow (\overrightarrow{AC} - \overrightarrow{BC}) \cdot (\overrightarrow{AC} + \overrightarrow{BC}) = (\overrightarrow{AD} - \overrightarrow{BD}) \cdot (\overrightarrow{AD} + \overrightarrow{BD}) \Leftrightarrow \overrightarrow{AB} \cdot (\overrightarrow{AD} + \overrightarrow{BD} - \overrightarrow{AC} - \overrightarrow{BC}) = 0 \Leftrightarrow \overrightarrow{AB} \cdot \overrightarrow{CD} = 0 \Leftrightarrow AB \perp CD$。

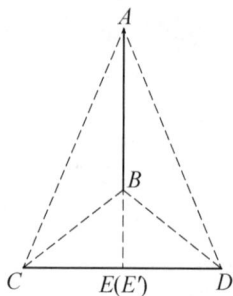

图 1

二 角平分线定理

如图 2 所示，AE、AD 分别平分 $\angle BAC$ 及其外角，则

$$\frac{BE}{EC} = \frac{AB}{AC} = \frac{BD}{DC}。$$

证明：

$$\frac{BE}{EC} = \frac{S_{\triangle ABE}}{S_{\triangle AEC}} = \frac{\dfrac{1}{2}AB \cdot AE \cdot \sin\angle BAE}{\dfrac{1}{2}AC \cdot AE \cdot \sin\angle CAE} = \frac{AB}{AC},$$

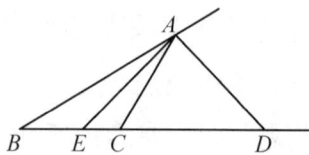

图 2

$$\frac{BD}{DC}=\frac{S_{\triangle ABD}}{S_{\triangle ACD}}=\frac{\frac{1}{2}AB\cdot AD\cdot\sin\angle BAD}{\frac{1}{2}AC\cdot AD\cdot\sin\angle CAD}=\frac{AB}{AC},$$

三 三角形中的几个重要定理

1. 梅涅劳斯定理

在 $\triangle ABC$ 的三边 BC、CA、AB(或其延长线)上分别有三点 D、E、F,则 D、E、F 三点共线的充要条件是 $\dfrac{BD}{DC}\cdot\dfrac{CE}{EA}\cdot\dfrac{AF}{FB}=1$。

证明:先证必要性。已知 D、E、F 三点在同一直线 l 上。如图 3 所示,作 $AM_1\perp l$ 于点 M_1,$BM_2\perp l$ 于点 M_2,$CM_3\perp l$ 于点 M_3,则

$$\frac{BD}{DC}\cdot\frac{CE}{EA}\cdot\frac{AF}{FB}=\frac{BM_2}{CM_3}\cdot\frac{CM_3}{AM_1}\cdot\frac{AM_1}{BM_2}=1。$$

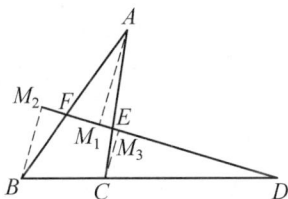

图 3

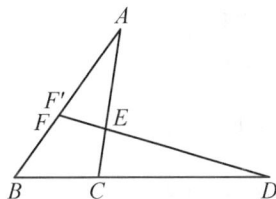

图 4

再证充分性(前提:要 D、E、F 中有偶数个点落在三角形的边上)。已知 $\dfrac{BD}{DC}\cdot\dfrac{CE}{EA}\cdot\dfrac{AF}{FB}=1$。如图 4 所示,记直线 DE 交 AB 于点 F',则由已证的必要性可得 $\dfrac{BD}{DC}\cdot\dfrac{CE}{EA}\cdot\dfrac{AF'}{F'B}=1$,所以 $\dfrac{FB}{AF}=\dfrac{BD}{DC}\cdot\dfrac{CE}{EA}=\dfrac{F'B}{AF'}$,又因为前提,点 F、F' 要么均在 AB 边上,要么均在 AB 边的延长线上,所以点 F、F' 重合,故 D、E、F 三点在一条直线上。

2. 塞瓦定理

(1) 边元塞瓦定理:设 D、E、F 分别是 $\triangle ABC$ 的边 BC、CA、AB 上的

点，则 AD、BE、CF 三线的充要条件是 $\dfrac{BD}{DC} \cdot \dfrac{CE}{EA} \cdot \dfrac{AF}{FB} = 1$。

证明：先证必要性。若 AD、BE、CF 交于一点 O。如图 5 所示，由三角形面积公式，可得

$$\frac{BD}{DC} = \frac{S_{\triangle ABD}}{S_{\triangle ACD}} = \frac{S_{\triangle OBD}}{S_{\triangle OCD}}。$$

由等比定理，有

$$\frac{BD}{DC} = \frac{S_{\triangle ABD} - S_{\triangle OBD}}{S_{\triangle ACD} - S_{\triangle OCD}} = \frac{S_{\triangle AOB}}{S_{\triangle AOC}}。$$

同理可得

$$\frac{CE}{EA} = \frac{S_{\triangle BOC}}{S_{\triangle BOA}}, \quad \frac{AF}{FB} = \frac{S_{\triangle COA}}{S_{\triangle COB}}。$$

故

$$\frac{BD}{DC} \cdot \frac{CE}{EA} \cdot \frac{AF}{FB} = \frac{S_{\triangle AOB}}{S_{\triangle AOC}} \cdot \frac{S_{\triangle BOC}}{S_{\triangle BOA}} \cdot \frac{S_{\triangle COA}}{S_{\triangle COB}} = 1。$$

再证充分性，利用同一法易证。

（2）角元塞瓦定理：设 D、E、F 分别是△ABC 的边 BC、CA、AB（或延长线）上的点，则 AD、BE、CF 三线平行或共点的充要条件是

$$\frac{\sin\angle BAD}{\sin\angle DAC} \cdot \frac{\sin\angle ACF}{\sin\angle FCB} \cdot \frac{\sin\angle CBE}{\sin\angle EBA} = 1。$$

评注：证明角元塞瓦定理的主要思路是运用正弦定理转化为边的关系，这里不再赘述。梅涅劳斯定理和塞瓦定理看似字母繁多，难以把握，实际上秩序井然，首尾相接，观察体会之后不难记忆。

3. 西姆松定理

三角形外接圆上任意一点在三边所在直线上的射影共线，反之亦然。

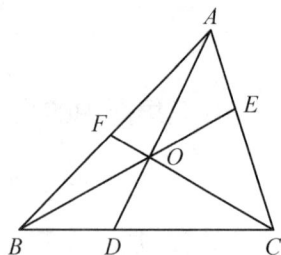

证明:先证充分性。如图 6 所示,A、P、B、C 四点共圆,$PD \perp BC$ 于 D,$PE \perp AC$ 于 E,$PF \perp AB$ 于 F,则 A、E、P、F 四点共圆,P、B、D、F 四点共圆,所以 $\angle AFE = \angle APE = 90° - \angle PAE = 90° - \angle PBD = \angle BPD = \angle BFD$。因为 A、F、B 三点共线,所以 D、E、F 三点共线。

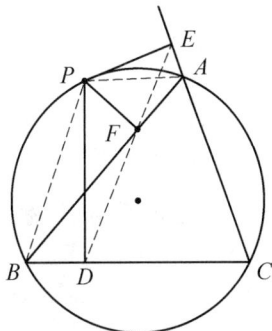

再证必要性。$PD \perp BC$ 于 D,$PE \perp AC$ 于 E,$PF \perp AB$ 于 F,且 D、E、F 三点共线,则 A、E、P、F 四点共圆,P、B、D、F 四点共圆,所以 $\angle PAE = \angle PFE = 180° - \angle PFD = \angle PBD$。故 A、P、B、C 四点共圆,即点 P 在 $\triangle ABC$ 的外接圆上。

图 6

4. 斯台沃特定理

如图 7,在 $\triangle ABC$ 的边 BC 上任取一点 D。设 $BD = u$,$CD = v$,$AD = t$,则

$$t^2 = \frac{b^2 u + c^2 v}{a} - uv。$$

证明:在 $\triangle ABD$ 和 $\triangle ACD$ 中,由余弦定理,

$$\cos\angle ADB = \frac{u^2 + t^2 - c^2}{2ut}, \quad \cos\angle ADC = \frac{t^2 + v^2 - b^2}{2tv},$$

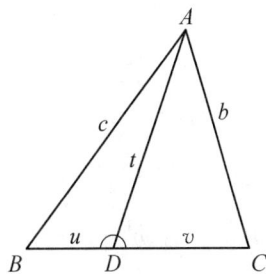

图 7

结合 $\cos\angle ADB = -\cos\angle ADC$,得

$$\frac{u^2 + t^2 - c^2}{2ut} = \frac{b^2 - t^2 - v^2}{2tv},$$

整理即得

$$t^2 = \frac{b^2 u + c^2 v}{a} - uv。$$

评注:利用斯台沃特定理,我们可以得到中线长公式。设 $\triangle ABC$ 的边 BC 上的中线为 AM,则

$$AM^2 = \frac{1}{2}b^2 + \frac{1}{2}c^2 - \frac{1}{4}a^2,$$

结合角平分线定理,我们可以得到角平分线长公式。设 $\triangle ABC$ 的边 BC 上的角平分线为 AN,则

$$AN = \frac{2}{b+c}\sqrt{bcp(p-a)}, \quad p = \frac{a+b+c}{2}。$$

5. 费马点

平面内到 $\triangle ABC$ 的三个顶点距离之和最小的点称为该三角形的费马点。

情形一:如图 8,若 $\triangle ABC$ 的三内角均小于 $120°$。设 P 为 $\triangle ABC$ 内一点,将 $\triangle APC$ 绕点 C 顺时针旋转 $60°$ 至 $\triangle A'P'C$,连接 PP',则 $PA = P'A'$。易知 $\triangle PCP'$ 是等边三角形,所以 $PP' = PC$。于是

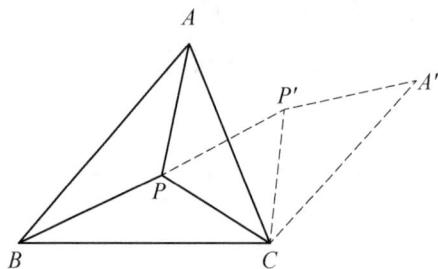

图 8

$$PA + PB + PC = P'A' + PB + PP' \geqslant BA'。$$

这里 A' 是由 CA 绕点 C 顺时针旋转 $60°$ 得到的,因此 A' 是与点 P 无关的定点,BA' 为定值。当 B、P、P'、A 共线时,上述不等式可取等号,此时由 $\triangle PCP'$ 是等边三角形,可知 $\angle APB = \angle BPC = \angle CPA = 120°$。

对于点 P 在 $\triangle ABC$ 外的情形同理可证

$$PA + PB + PC = P'A' + PB + PP' \geqslant BA'$$

且易知等号取不到。

如图 9,分别以 AB、BC、CA 为边向外作等边三角形。由上述分析可知,费马点同时在 AD、BE、CF 上,所以 AD、BE、CF 三线共点,它们的交点就是费马点。我们有

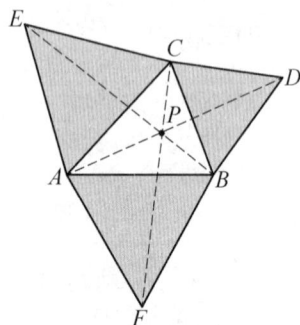

图 9

$$PA + PB + PC = AD = BE = CF。$$

情形二:若△ABC 的最大角大于或等于 120°,不妨设 $\angle ACB \geqslant 120°$。 如图 10,设 P 为平面内一点,将△BPC 绕点 C 逆时针旋转 至△$B'P'C$,使得 B'、C、A 三点共线,连接 PP'。在△PCP' 中, $\angle PCP' = \angle BCB' = 180° - \angle ACB \leqslant 60°$。又因为 $PC = P'C$,所以 $\angle CPP' = \angle CP'P \geqslant 60°$,则 $PC \geqslant PP'$。故

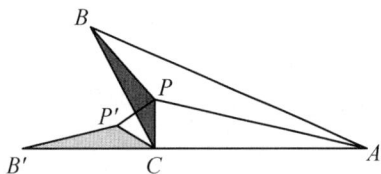

图 10

$$PA + PB + PC \geqslant PA + P'B' + PP' \geqslant AB' = AC + BC。$$

显然当点 P 与点 C 重合时取到等号,故此时点 C 即为△ABC 的费马点。

评注:当年笛卡尔发明了直角坐标系,整个数学界为之欢欣鼓舞,认为一切几何问题都可以归结为代数问题。不料大数学家费马提出了一个问题:已知△ABC,在平面内求点 P,使得 $PA + PB + PC$ 的值最小,这就是赫赫有名的费马点。如果用代数方法,等价于求函数 $f(x, y) = \sqrt{(x-x_A)^2 + (y-y_A)^2} + \sqrt{(x-x_B)^2 + (y-y_B)^2} + \sqrt{(x-x_C)^2 + (y-y_C)^2}$ 的最小值,表述容易,但求解却极困难。其实,如果能运用几何中的旋转全等,将三条线段连接起来,那么问题就十分简单。这启示我们,代数方法不是万能的,纯几何方法自有它的用武之地。

四 与圆相关的定理

1. 托勒密不等式

对任意的平面四边形 $ABCD$,总有 $AB \cdot CD + AD \cdot BC \geqslant AC \cdot BD$,当且仅当四边形 $ABCD$ 为圆内接凸四边形时取等号。

证明:如图 11,作 $\angle BAE = \angle CAD$, $\angle ABE = \angle ACD$,则 △$ABE \backsim$

$\triangle ACD$，所以 $\dfrac{AB}{AC}=\dfrac{BE}{CD}$，即

$$AB \cdot CD = AC \cdot BE。$$

又 $\dfrac{AB}{AE}=\dfrac{AC}{AD}$，$\angle BAC=\angle EAD$，所以 $\triangle ABC \backsim$

$\triangle AED$，于是 $\dfrac{BC}{ED}=\dfrac{AC}{AD}$，即 $BC \cdot AD = AC \cdot ED$。 故

图 11

$$AB \cdot CD + BC \cdot AD = AC \cdot (BE + ED) \geqslant AC \cdot AD，$$

等号成立当且仅当 B、E、D 三点共线，这等价于 $\angle ABD = \angle ABE = \angle ACD$，即 A、B、C、D 四点共圆。

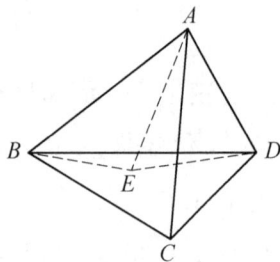

　　评注：第 7 讲利用复数证明了托勒密不等式，这里的平几证法同样可圈可点。我们都知道，对于平面几何中 $a=b+c$ 型的长度关系，可以考虑截长或补短，那么对于托勒密不等式中的形式 $xy+st \geqslant pq$，可采用类似的手段，寻求 m、n 满足 $m+n \geqslant q$，且 $xy=pm$，$st=pn$ 即可。

---

　　2. 圆幂定理

　　（1）点对圆的幂：点 P 对圆 O 的幂等于 PO^2-R^2，其中 R 为圆 O 的半径。

　　在圆 O 所在平面上任取一点 P，当点 P 在圆 O 上时，点 P 对圆 O 的幂为 0；当点 P 在圆 O 外时，点 P 对圆 O 的幂为正。任作割线 PAB，记弦 AB 中点为 K，则

$$
\begin{aligned}
PA \cdot PB &= \left(PK - \dfrac{AB}{2}\right) \cdot \left(PK + \dfrac{AB}{2}\right)\\
&= PK^2 - \left(\dfrac{AB}{2}\right)^2\\
&= PO^2 - OK^2 - \left(\dfrac{AB}{2}\right)^2\\
&= PO^2 - R^2。
\end{aligned}
$$

过点 P 作切线 PT，T 为切点，则 $PT^2 = PO^2 - R^2$；

当点 P 在圆 O 内时，点 P 对圆 O 的幂为负。过点 P 任作一弦 AB，记弦 AB 中点为 K，则

$$PA \cdot PB = \left(\frac{AB}{2} - PK\right) \cdot \left(\frac{AB}{2} + PK\right)$$

$$= \left(\frac{AB}{2}\right)^2 - PK^2$$

$$= \left(\frac{AB}{2}\right)^2 + OK^2 - PO^2$$

$$= R^2 - PO^2。$$

(2) 圆幂定理

圆幂定理是对相交弦定理、切割线定理及割线定理（切割线定理推论）的统一与归纳。这三个定理简述如下。

相交弦定理：圆内的两条相交弦，被交点分成的两条线段长的积相等。

切割线定理：从圆外一点引圆的切线和割线，切线长是这点到割线与圆交点的两条线段长的比例中项。

割线定理：从圆外一点 P 引两条割线与圆分别交于点 A、B、C、D，则 $PA \cdot PB = PC \cdot PD$。

3. 根轴定理

$\odot(O_1, R_1)$ 与 $\odot(O_2, R_2)$ $(R_1 \leqslant R_2)$ 的所有等幂点的轨迹是一条直线 l，且 $l \perp O_1O_2$，垂足记为 M，O_1O_2 的中点记为 K，则 $MK = \dfrac{R_2^2 - R_1^2}{2O_1O_2}$。

4. 欧拉定理与欧拉公式

(1) 欧拉定理：设 O、G、H 分别是 $\triangle ABC$ 的外心、重心和垂心，则 O、G、H 三点共线（欧拉线），且 $OG : GH = 1 : 2$。

(2) 欧拉公式：如图 12，$\triangle ABC$ 的外心为 O，内心为 I，R 和 r 分别是 $\triangle ABC$ 外接圆和内切圆的半径，$OI = d$，则 $d^2 = R^2 - 2Rr$。

证明：(1) 先给出引理：

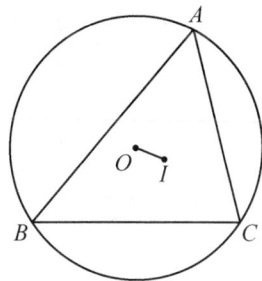

图 12

$$\overrightarrow{OA} + \overrightarrow{OB} + \overrightarrow{OC} = \overrightarrow{OH}, \quad \overrightarrow{GA} + \overrightarrow{GB} + \overrightarrow{GC} = \vec{0}。$$

引理的证明:后一个等式由重心的坐标公式易得。如图 13,对于第一个等式,设 BC 的中点为 D,连接 OD 并延长至点 E,使得 $OE = 2OD$。由外心和垂心的性质知,$OE \perp BC$,$AH \perp BC$,所以 $OE \parallel AH$。设 $\triangle ABC$ 的外接圆半径为 R,则 $OE = 2OD = 2R\cos\angle BOD = 2R\cos\angle BAC$。在 $\triangle ABH$ 中,由垂心性质,易得 $\angle AHB = 180° - \angle C$,$\angle ABH = 90° - \angle BAC$,由正弦定理,

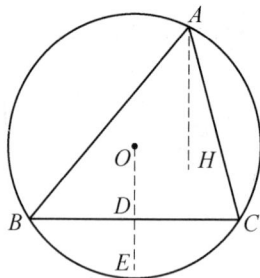

图 13

$$AH = \frac{AB}{\sin\angle AHB} \cdot \sin\angle ABH = \frac{AB}{\sin\angle C} \cdot \cos\angle BAC = 2R\cos\angle BAC。$$ 因此 $OE = AH$,又 $\overrightarrow{OE}$ 与 $\overrightarrow{AH}$ 同向,所以 $\overrightarrow{OE} = \overrightarrow{AH}$,故 $\overrightarrow{OA} + \overrightarrow{OB} + \overrightarrow{OC} = \overrightarrow{OA} + \overrightarrow{OE} = \overrightarrow{OA} + \overrightarrow{AH} = \overrightarrow{OH}$。引理证毕。

所以 $\overrightarrow{OG} + \overrightarrow{GH} = \overrightarrow{OH} = \overrightarrow{OA} + \overrightarrow{OB} + \overrightarrow{OC} = (\overrightarrow{OG} + \overrightarrow{GA}) + (\overrightarrow{OG} + \overrightarrow{GB}) + (\overrightarrow{OG} + \overrightarrow{GC}) = 3\overrightarrow{OG} + (\overrightarrow{GA} + \overrightarrow{GB} + \overrightarrow{GC}) = 3\overrightarrow{OG} + \vec{0} = 3\overrightarrow{OG}$,故 $\overrightarrow{GH} = 2\overrightarrow{OG}$,点 G 是线段 OH 的内分点,且 $OG : GH = 1 : 2$。

(2) 等价于证明 $(R+d)(R-d) = 2R \cdot r$。如图所示,作直线 OI 交 $\triangle ABC$ 外接圆 O 于 E、F,连接 AI 交 $\triangle ABC$ 外接圆于点 D。由圆幂定理与鸡爪定理 $(DI = DB = DC)$,得

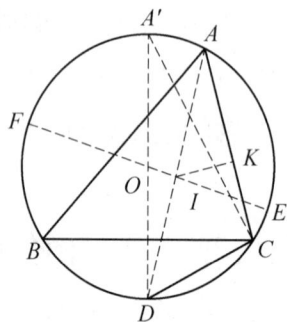

$$(R+d)(R-d) = IE \cdot IF = IA \cdot ID = IA \cdot CD。$$

如图 14,作直径 DA',作 $IK \perp AC$ 于点 K,则 $2Rr = A'D \cdot IK$。所以,目标转化为证 $IA \cdot CD = A'D \cdot IK$。在 $\text{Rt}\triangle A'CD$ 和 $\text{Rt}\triangle AKI$ 中,$\angle A'CD = \angle AKI = 90°$,$\angle CA'D = \angle KAI$,所以 $\text{Rt}\triangle A'CD \backsim \text{Rt}\triangle AKI$。于是 $\dfrac{A'D}{CD} = \dfrac{AI}{IK}$,即 $IA \cdot CD = A'D \cdot IK = 2R \cdot r$。综上即证。

图 14

典例精析

例1 (2017 清华自招)P 为圆内非圆心一点，A、B 在圆上运动，且满足 $\angle APB = 90°$，则 AB 中点的轨迹形状为（　　）。

A. 圆 　　　　　　　　B. 椭圆

C. 双曲线的一支 　　　D. 线段

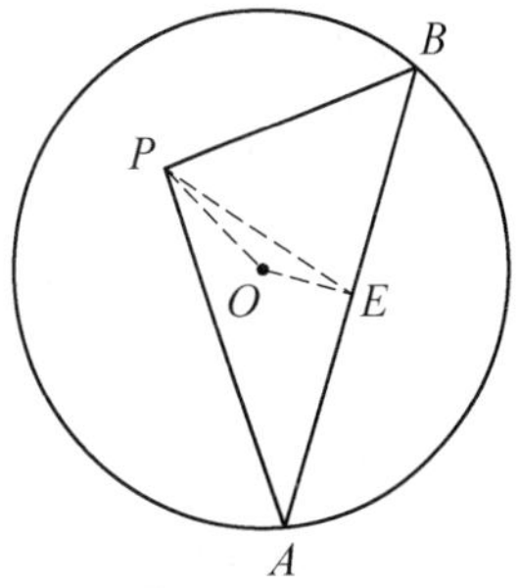

例1图

解析 设圆心为 O，半径为 R，AB 中点为 E，则 $PE = AE = BE$，所以 $PE^2 + OE^2 = BE^2 + OE^2 = BO^2 = R^2$。这说明点 E 到两定点 O、P 的距离的平方和为定值，易知点 E 的轨迹是圆。本题应选 A。

　　评注：平面上到两定点 M、N 距离的平方和为定值(大于 MN^2 的一半)的点的轨迹为圆，这一结论通过建系，列方程是容易证明的，或者，也可以利用中线长公式，推出该点到 MN 中点的距离为定值，同样可以证明。

　　类似地，已知平面上两点 A、B，则所有满足 $PA : PB = k$ 且不等于 1 的点 P 的轨迹是一个圆，这个圆最先由古希腊数学家阿波罗尼斯发现，故称阿氏圆。该结论同样可以利用建系证明，也可采用纯几何的证明，先得到直线 AB 上满足要求的点 P_1、P_2，对于其余位置的点 P，运用角平分线定理，易知 PP_1、PP_2 分别为 $\triangle ABP$ 的内角与外角平分线，所以 $\angle P_1PP_2 = 90°$，所以点 P 的轨迹是以 P_1P_2 为直径的圆。

例2 (2021 清华强基)如图1所示，四边形 $AEBC$ 为圆 O 内接四边形，BC 为直径，点 D 在边 AC 上，$BC \parallel DE$，$BE = 12$，$DE = DC = 14$，求 AE、BD。

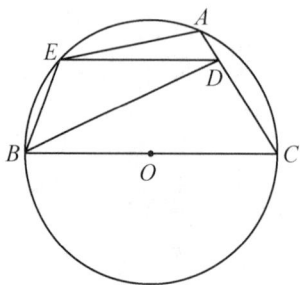

例 2 图 1

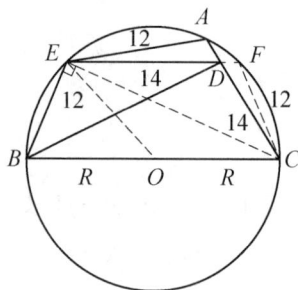

例 2 图 2

解析　如图 2,延长 ED 交圆 O 于点 F,连接 OE、CE、CF。因为 $BC \parallel EF$,所以四边形 $BCFE$ 为等腰梯形。因为 $\angle AED = \angle FCD$, $DE = DC$, $\angle ADE = \angle FDC$,所以 $\triangle ADE \cong \triangle FDC$。于是 $AE = FC = BE = 12$。

因为 $DE = DC$, $BC \parallel DE$,所以 $\angle DCE = \angle DEC = \angle BCE$。从而 $\angle OEC = \angle OCE = \angle DCE$,故 $OE \parallel CD$。又 $DE = DC$, $BC \parallel DE$,所以四边形 $OCDE$ 为菱形,$OC = DE = 14$。在 $\text{Rt}\triangle BCE$ 中,$\cos\angle CBE = \dfrac{BE}{BC} = \dfrac{12}{2 \times 14} = \dfrac{3}{7}$,所以 $\cos\angle BEF = -\cos\angle CBE = -\dfrac{3}{7}$。在 $\triangle BDE$ 中,由余弦定理,

$$BD = \sqrt{BE^2 + DE^2 - 2BE \cdot DE \cdot \cos\angle BEF}$$

$$= \sqrt{12^2 + 14^2 - 2 \times 12 \times 14 \times \left(-\dfrac{3}{7}\right)} = 22。$$

综上,$AE = 12$, $BD = 22$。

评注:笔者所见的本题参考答案,着实有些高深莫测,复述如下:

"设圆 O 的半径为 R, $AD = DF = x$。由 BC 是直径知 $\angle BEC = 90°$,因此 $EC^2 = BC^2 - BE^2 = 4R^2 - 144$, $\cos\angle CBE = \dfrac{BE}{BC} = \dfrac{6}{R}$。在 $\triangle CFE$ 中,$\cos\angle CFE = -\cos\angle BCF = -\cos\angle CBE = -\dfrac{6}{R}$,则由余弦定理,得

$$EC^2 = EF^2 + CF^2 - 2EF \cdot CF \cdot \cos\angle CFE$$

$$= (14+x)^2 + 144 + \frac{144}{R}(14+x)。$$

在$\triangle CFD$中,由余弦定理,得

$$196 = DC^2 = DF^2 + CF^2 - 2DF \cdot CF \cdot \cos\angle CFE$$

$$= x^2 + 144 + \frac{144}{R}x。$$

由以上两式,结合$EC^2 = 4R^2 - 144$,可解得$R = 14$,$x = \dfrac{26}{7}$。"但是,这两个方程联立之后,无论消去x或R都会出现6次式,"解得"从何谈起?这也又一次警示我们,代数法的优点是思路清晰,表述容易,缺点则在于化得的代数问题可能更加困难,那就适得其反南辕北辙了。

例3 (2015 北大博雅)正方形$ABCD$内一点P满足$AP:BP:CP = 1:2:3$,则$\angle APB$等于( )。

  A. $120°$ B. $135°$

  C. $150°$ D. 前三个选项都不对

点拨 又见到了 1、2、3,这一组数字曾在第5讲三角函数的例7中出现过,利用的性质为这三个数的和等于积。那么在平面几何中,1、2、3 又该如何利用呢?注意到图中点P连出三条线段,这启发我们想到费马点,而费马点是通过旋转加以证明的,旋转的目的是将原本"疏远"的线段"团结"起来,所以我们又进一步联想到旋转。

解析 如图,将$\triangle APB$绕点B旋转至$\triangle CP'B$,连接PP'。设$AP = k$,则$P'B = PB = 2k$,又$\angle PBP' = 90°$,所以$PP' = 2\sqrt{2}k$。在$\triangle CPP'$中,$CP' = AP = k$,$PP' = 2\sqrt{2}k$,$CP = 3k$,由勾股定理的逆定理知,$\angle CP'P = 90°$,所以 $\angle APB = \angle BP'C = \angle BP'P + \angle CP'P = 45° + 90° = 135°$。本题应

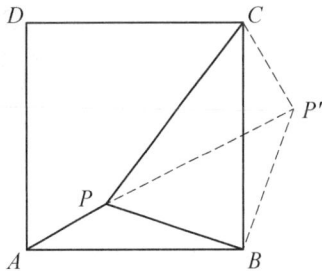
例3图

选 B。

例 4 （2013 北约）如图 1，在 $\triangle ABC$ 中，AD 为 BC 边上中线，DM、DN 分别为 $\angle ADB$、$\angle ADC$ 的角平分线。试比较 $BM+CN$ 与 MN 的大小关系，并说明理由。

点拨 要比较线段长度的大小关系，最重要最朴素的思路有三种：一、两点之间距离最短，或者说三角形的两边之和大于第三边；二、直线外一点与直线上各点的连线段中垂线段最短；三、三角形中大角对大边。

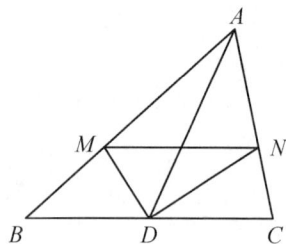
例 4 图 1

本题中有两线段之和的形式，考虑构造全等，将三条线段迁移到同一个三角形中。

解析 $BM+CN>MN$。

证法一：如图 2，在 DA 上取点 E，使 $DE=DB=DC$，连接 EM、EN。因为 $DB=DE$，$DM=DM$，DM 平分 $\angle BDE$，所以 $\triangle BDM\cong\triangle EDM$，从而 $BM=EM$。同理可证 $\triangle CDN\cong\triangle EDN$，故 $CN=EN$。因此，$BM+CM=EM+EN\geqslant MN$。注意到 $\angle MED+\angle NED=\angle B+\angle C<180°$，则 M、E、N 不共线。故等号取不到，必有 $BM+CN>MN$。

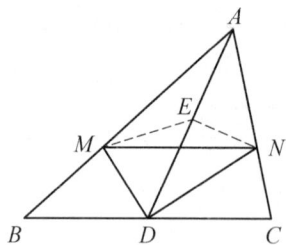
例 4 图 2

证法二：如图 3，在 ND 延长线上取点 F，使得 $DF=DN$，连接 BF、MF。因为 $BD=CD$，$\angle BDF=\angle CDN$，$DF=DN$，所以 $\triangle BDF\cong\triangle CDN$，所以 $BF=CN$。因为 DM、DN 分别是 $\angle ADB$、$\angle ADC$ 的角平分线，所以 $\angle MDN=90°$，故 $\angle MDF=\angle MDN=90°$。又 $DF=DN$，$DM=DM$，所以 $\triangle MDF\cong\triangle MDN$，从而 $MF=MN$。注意到 $\angle FBM=\angle FBD+\angle ABC=\angle C+\angle ABC<180°$，则 F、B、M 三点不共线。由三角不等式，有 $BM+CN=BM+BF>MF=MN$。

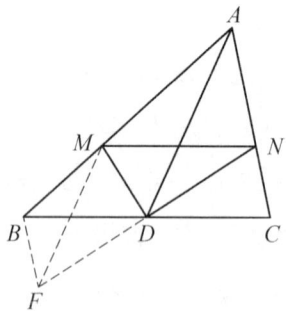
例 4 图 3

例 5 （2011 北大保送生考试）如图 1，$\angle ACL=\angle BCL=\angle CBL=$

$\angle BAL$，求证：$\triangle ABC$ 的三边长成等比数列。

解析　证法一：设 $\angle ACL = \angle BCL = \angle CBL = \angle BAL = \alpha$，则 $\angle ALB = \pi - \angle ABL - \angle BAL = \pi - \angle ABL - \alpha = \pi - \angle ABC$，同理可得 $\angle BLC = \pi - \angle ACB$。

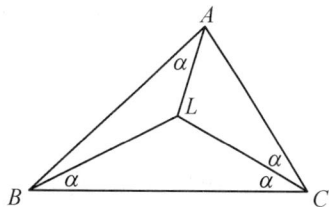

例 5 图 1

在 $\triangle ABL$ 中，由正弦定理可得，

$$\frac{BL}{AB} = \frac{\sin\alpha}{\sin\angle ALB} = \frac{\sin\alpha}{\sin\angle ABC};$$

在 $\triangle BCL$ 中，由正弦定理可得，

$$\frac{BL}{BC} = \frac{\sin\alpha}{\sin\angle BLC} = \frac{\sin\alpha}{\sin\angle ACB}。$$

以上两式作比得，

$$\frac{BC}{AB} = \frac{\sin\angle ACB}{\sin\angle ABC} = \frac{AB}{AC},$$

故 BC、AB、AC 成等比数列。

证法二：如图 2，过点 L 作 BC 平行线分别交 AB、AC 于点 D、E，则 $\angle BLD = \angle CBL = \angle BAL$。又 $\angle LBD = \angle ABL$，所以 $\triangle BLD \backsim \triangle BAL$，故

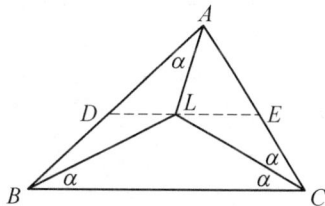

例 5 图 2

$$\frac{BL}{AB} = \frac{BD}{BL}。$$

由 $DE \parallel BC$ 得，$\angle CLE = \angle BCL = \angle CBL$，易知 $\triangle CLE \backsim \triangle CBL$，故

$$\frac{CL}{BC} = \frac{CE}{CL}。$$

两式作比，并结合 $BL = CL$ 及平行线性质得，

$$\frac{BC}{AB} = \frac{BD}{CE} = \frac{AB}{AC},$$

所以 BC、AB、AC 成等比数列。

评注:对于 $\triangle ABC$ 内一点 P,若 P 满足 $\angle PAB = \angle PBC = \angle PCA = \alpha$,则称点 P 是 $\triangle ABC$ 的布洛卡点,α 为布洛卡角。对于任给的三角形,都有两个布洛卡点,如图 3 所示。特别地,正三角形的两个布洛卡点重合。

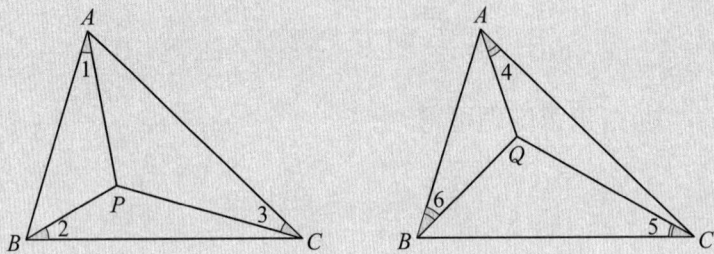

例 5 图 3

三角形的布洛卡点有如下性质成立:

$$\cot\alpha = \cot A + \cot B + \cot C = \frac{a^2 + b^2 + c^2}{4S},$$

其中 S 表示三角形的面积。

证明:由三角形面积公式 $S = \frac{1}{2}ab\sin C$,得

$$\cot C = \frac{ab\cos C}{2S} = \frac{a^2 + b^2 - c^2}{4S}。$$

同理,

$$\cot A = \frac{b^2 + c^2 - a^2}{4S}, \cot B = \frac{a^2 + c^2 - b^2}{4S}。$$

三式相加即得 $\cot A + \cot B + \cot C = \frac{a^2 + b^2 + c^2}{4S}$。

对 $\triangle PAB$,$\triangle PBC$,$\triangle PCA$ 及角 α 应用上述结论,有

$$S_{\triangle PAB} = \frac{c^2 + PA^2 - PB^2}{4\cot\alpha},$$

$$S_{\triangle PBC} = \frac{a^2 + PB^2 - PC^2}{4\cot\alpha},$$

$$S_{\triangle PCA} = \frac{b^2 + PC^2 - PA^2}{4\cot\alpha},$$

三式相加得

$$S = \frac{a^2 + b^2 + c^2}{4\cot\alpha},$$

即 $\cot\alpha = \dfrac{a^2 + b^2 + c^2}{4S} = \cot A + \cot B + \cot C$。

例6 （2010 北大夏令营）如图,圆 O 是等腰梯形 $ABCD$ 的内切圆,M 为切点,AM、BM 分别交圆 O 于点 P、T,求 $\dfrac{AM}{AP} + \dfrac{BM}{BT}$ 的值。

点拨 平面几何中经常存在明显的"辈分"关系,本题中等腰梯形是"长辈",点 P、T 是捣蛋的晚辈,其位置不易刻画,解题的核心就是"不忘初心,回到源头",通俗地说,就是如何消去点 P、T。由对称性,只需先研究点 P,AM

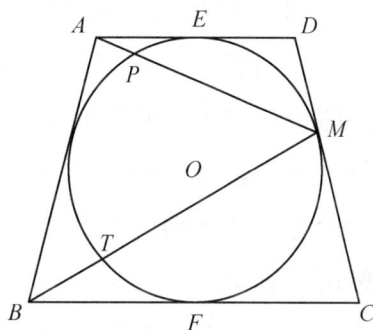

例 6 图

为割线,作出切线 AE,由圆幂定理,AP、AE、AM 成等比数列,所以,$\dfrac{AM}{AP}$ 是"大比小",可以换成"大比中"的平方 $\dfrac{AM^2}{AE^2}$。

解析 如图,设圆 O 与 AD、BC 分别切于点 E、F,$AD = 2a$。由等腰梯形及切线性质知,$DM = DE = AE = a$,由圆幂定理,$AP \cdot AM = AE^2$,所以

$$\frac{AM}{AP} = \frac{AM^2}{AE^2} = \frac{AM^2}{a^2}。$$

在 $\triangle ADM$ 中,由余弦定理,

$$AM^2 = AD^2 + DM^2 - 2AD \cdot DM \cdot \cos\angle D = 5a^2 - 4a^2\cos\angle D,$$

于是

$$\frac{AM}{AP} = \frac{AM^2}{a^2} = 5 - 4\cos\angle D。$$

同理可得,$\dfrac{BM}{BT} = 5 - 4\cos\angle C$,两式相加,结合 $\angle C + \angle D = \pi$,有 $\cos\angle D + \cos\angle C = 0$,可得

$$\frac{AM}{AP} + \frac{BM}{BT} = 10。$$

例 7 (2021 清华强基)如图,在 $\triangle ABC$ 中,D 为 BC 的中点,$\angle CAD = 15°$,则 $\angle ABC$ 的最大值为(   )。

A. $120°$ B. $105°$ C. $90°$ D. $60°$

点拨 非常小巧精致的平面几何题,出发点是对两个定点张角为定值的点的轨迹为两段对称的圆弧,继而发现 $\angle ABC$ 取到最大值时 BA 与圆相切,最终归结为三角函数问题。

解析 固定 B、C 不变,则由 $\angle CAD = 15°$ 知,此时点 A 的轨迹是两段圆弧。设 $\triangle ACD$ 的外接圆为圆 O,当 $\angle ABC$ 最大时,BA 与圆 O 相切。因为 $\angle CAD = 15°$,所以 $\angle COD = 30°$,$\angle OCD = \angle ODC = 75°$。由切割线定理,$\triangle BAD \backsim \triangle BCA$,$BA^2 = BD \cdot BC = 2BD^2$,因此 $\dfrac{AD}{AC} = \dfrac{BD}{BA} = \dfrac{\sqrt{2}}{2}$。设 $\angle ACD = \alpha$,则 $\angle AOD = 2\alpha$,于是

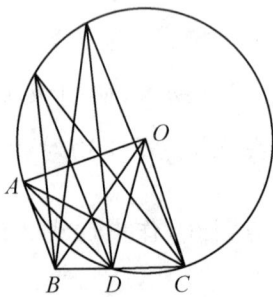

例 7 图

$$\frac{\sqrt{2}}{2} = \frac{AD}{AC} = \frac{\sin\frac{1}{2}\angle AOD}{\sin\frac{1}{2}\angle AOC} = \frac{\sin\alpha}{\sin(\alpha+15°)} = \frac{1}{\cos15° + \cot\alpha\sin15°},$$

$\alpha = 30°$ 显然是上述方程的解，又因为 $0° < \alpha < \angle OCD = 75°$，所以当 α 增大时，右边也增大，所以 $\alpha = 30°$ 是唯一的解。所以 $\angle ABC = 360° - \angle AOC - \angle OAB - \angle BCO = 105°$。本题应选 B。

评注：对于 $\dfrac{\sin \alpha}{\sin(\alpha + 15°)} = \dfrac{\sqrt{2}}{2}$，我们除了猜测特解，再利用函数单调性说明解的唯一性之外，还可以利用三角恒等变换求解。注意到

$$\frac{\sin \alpha}{\sin(\alpha + 15°)} = \frac{\sqrt{2}}{2} = \frac{\sin 30°}{\sin 45°},$$

所以

$$0 = \sin\alpha \sin 45° - \sin(\alpha + 15°)\sin 30°$$

$$= \frac{1}{2}\left[\cos(\alpha - 45°) - \cos(\alpha + 45°)\right]$$

$$\quad - \frac{1}{2}\left[\cos(\alpha - 15°) - \cos(\alpha + 45°)\right]$$

$$= \frac{1}{2}\left[\cos(\alpha - 45°) - \cos(\alpha - 15°)\right] = \sin(\alpha - 30°)\sin 15°.$$

又因为 $0° < \alpha < \angle OCD = 75°$，所以 $\alpha = 30°$，进而 $\angle ABC = 105°$。

例 8 （2014 北大优秀中学生体验营）顶点为 A 的等腰 $\triangle ABC$ 的 $\angle B$ 的平分线交 AC 于点 D。已知 $BC = BD + AD$，求 $\angle A$ 的度数。

点拨 条件中的 $BC = BD + AD$ 启发我们截长或者补短，亦可左右同时除以"中间人" BD 得到比例关系。当年的参考答案使用了平面几何解法，笔者则使用了三角法。两种方法各有千秋，均需掌握。

解析

解法一：如图，在线段 BC 上截取 $BE = BD$，作 $DF \parallel BC$ 交 AB 于点 F。

因为 $\angle BDF = \angle DBC = \angle DBF$，所以 $DF =$

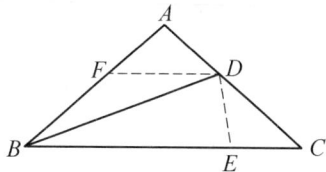

例 8 图

$BF = CD$。又因为 $\angle ADF = \angle ECD$，$CE = BC - BE = AD$，所以 $\triangle ADF \cong$
$\triangle ECD$。设 $\angle A = \alpha$，则

$$\angle CED = \alpha, \quad \angle EBD = \frac{1}{4}(180° - \alpha),$$

故
$$\angle BED = 180° - \alpha = \frac{1}{2}\left[180° - \frac{1}{4}(180° - \alpha)\right],$$

解得 $\angle A = \alpha = 100°$。

解法二：由 $BC = BD + AD$ 可得，

$$\frac{BC}{BD} = 1 + \frac{AD}{BD}。$$

设 $\angle ABD = \angle CBD = \beta$，则 $\angle C = 2\beta$，$\angle A = \pi - 4\beta$，$\angle BDC = \pi - 3\beta$。

在 $\triangle BCD$ 和 $\triangle ABD$ 中，分别利用正弦定理可得，

$$\frac{BC}{BD} = \frac{\sin 3\beta}{\sin 2\beta}, \quad \frac{AD}{BD} = \frac{\sin \beta}{\sin 4\beta},$$

所以

$$\frac{\sin 3\beta}{\sin 2\beta} = 1 + \frac{\sin \beta}{\sin 4\beta},$$

即 $\sin 3\beta \sin 4\beta = \sin 2\beta \sin 4\beta + \sin \beta \sin 2\beta$，则

$$\sin 2\beta \sin 4\beta$$
$$= \sin 3\beta \sin 4\beta - \sin \beta \sin 2\beta$$
$$= \frac{1}{2}(\cos \beta - \cos 7\beta) - \frac{1}{2}(\cos \beta - \cos 3\beta)$$
$$= \frac{1}{2}(\cos 3\beta - \cos 7\beta) = \sin 5\beta \sin 2\beta。$$

因为 $\angle A = \pi - 4\beta$，所以 $\beta \in \left(0, \frac{\pi}{4}\right)$，$2\beta \in \left(0, \frac{\pi}{2}\right)$，故 $\sin 2\beta > 0$，从而

$\sin 5\beta = \sin 4\beta$。因为 $5\beta \in \left(0, \frac{5\pi}{4}\right)$ 且 $\sin 5\beta = \sin 4\beta > 0$，所以 $5\beta \in (0, \pi)$，

结合 $4\beta \in (0, \pi)$ 知必有 $5\beta = \pi - 4\beta$，于是 $\beta = \frac{\pi}{9}$，$\angle A = \frac{5\pi}{9}$。

例9 （2022 北大强基）已知凸四边形 $ABCD$ 满足：$AB=1$，$BC=2$，$CD=4$，$DA=3$，则其内切圆半径取值范围为_____。

点拨 $S=pr=5r$，要求 r 的取值范围，等价于求凸四边形 $ABCD$ 面积的取值范围。

解析 如图，平面上四边形 $ABCD$ 的四边长分别记为 a、b、c、d。先证一个引理：四边形 $ABCD$ 的面积

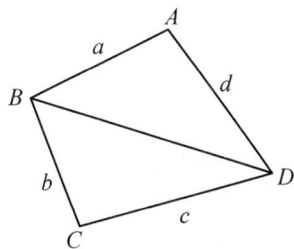
例9 图

$$S_{ABCD}=\sqrt{(p-a)(p-b)(p-c)(p-d)-abcd\cos^2\frac{A+C}{2}},$$

其中 p 为四边形 $ABCD$ 的半周长 $\frac{1}{2}(a+b+c+d)$。

引理的证明：在 $\triangle ABD$ 和 $\triangle CBD$ 中分别应用余弦定理，有

$$\begin{cases} BD^2=a^2+d^2-2ad\cos A, \\ BD^2=b^2+c^2-2bc\cos C, \end{cases}$$

则 $\frac{1}{2}(a^2-b^2-c^2+d^2)=ad\cos A-bc\cos C$。又 $2S_{ABCD}=ad\sin A+bc\sin C$，两式平方相加，整理得

$$4S_{ABCD}^2=(a^2d^2+b^2c^2)-\frac{1}{4}(a^2-b^2-c^2+d^2)^2-2abcd\cos(A+C)$$

$$=(ad+bc)^2-\frac{1}{4}(a^2-b^2-c^2+d^2)^2-4abcd\cos^2\frac{A+C}{2},$$

注意到

$$ad+bc+\frac{1}{2}(a^2-b^2-c^2+d^2)$$

$$=\frac{1}{2}(a+d)^2-\frac{1}{2}(b-c)^2$$

$$=\frac{1}{2}(2p-2c)(2p-2b)$$

$$=2(p-c)(p-b),$$

$$ad + bc - \frac{1}{2}(a^2 - b^2 - c^2 + d^2) = 2(p-a)(p-d),$$

故 $4S^2_{ABCD} = 4(p-a)(p-b)(p-c)(p-d) - 4abcd\cos^2\frac{A+C}{2}$，引理得证。

回到本题，一方面，由引理知

$$r = \frac{S}{p} \leqslant \frac{\sqrt{(p-a)(p-b)(p-c)(p-d)}}{p} = \frac{2\sqrt{6}}{5},$$

当 $A+C=B+D=\pi$，即 A、B、C、D 四点共圆时取等号。另一方面，由 $S = pr = 5r$ 知，r 最小时，S 最小，此时 $\cos^2\frac{A+C}{2} = \cos^2\frac{B+D}{2}$ 最大。又因为 $\max\left\{\frac{A+C}{2}, \frac{B+D}{2}\right\} \geqslant \frac{\pi}{2}$，所以只需令 $\max\left\{\frac{A+C}{2}, \frac{B+D}{2}\right\}$ 最大即可。设 $AC = x$，$BD = y$，由三角不等式有 $1 < x < 3$，$2 < y < 4$。易知 $\angle A$、$\angle C$ 随 y 增加而增加，$\angle B$、$\angle D$ 随 x 增加而增加，所以只需比较 $x \to 3$ 和 $y \to 4$ 的情况即可。此时四边形 $ABCD$ 分别趋向于退化成边长为 3、3、4 和 4、4、2 的三角形，经比较可得面积较小者为 $\sqrt{15}$。故 $r = \frac{S}{p} > \frac{\sqrt{15}}{5}$。

综上，r 的取值范围是 $\left(\frac{\sqrt{15}}{5}, \frac{2\sqrt{6}}{5}\right]$。

例 10　(飞哥原创)请在例 9 引理的基础上，对四边形 $ABCD$，证明如下恒等式：

$$(AB \cdot CD + BC \cdot AD)^2 - (AC \cdot BD)^2 = 4AB \cdot BC \cdot CD \cdot DA \cdot \cos^2\frac{A+C}{2}。$$

解析　如图，连接 AC、BD 交于点 O，设 $OA = x$，$OB = y$，$OC = z$，$OD = \omega$，$\angle AOB = \theta$，a、b、c、d 记法同上。在 $\triangle OAB$，$\triangle OCD$，$\triangle OBC$，$\triangle ODA$ 中分别应用余弦定理，得

$$\cos\theta = \frac{x^2 + y^2 - a^2}{2xy} = \frac{z^2 + \omega^2 - c^2}{2z\omega}$$

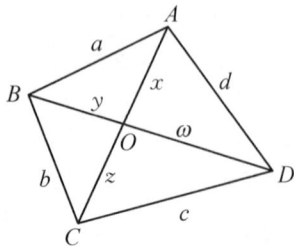

例 10 图

$$=\frac{b^2-(y^2+z^2)}{2yz}=\frac{d^2-(x^2+\omega^2)}{2x\omega},$$

由等比定理,得

$$\cos\theta=\frac{x^2+y^2-a^2+z^2+\omega^2-c^2+b^2-(y^2+z^2)+d^2-(x^2+\omega^2)}{2xy+2zw+2yz+2x\omega}$$

$$=\frac{b^2+d^2-a^2-c^2}{2(x+z)(y+\omega)},$$

即 $AC\cdot BD\cdot\cos\theta=\dfrac{1}{2}(b^2+d^2-a^2-c^2)$。由例 9 引理证明过程知,

$$4S_{ABCD}^2=(a^2d^2+b^2c^2)-\frac{1}{4}(a^2-b^2-c^2+d^2)^2-2abcd\cos(A+C),$$

又注意到 $2S_{ABCD}=AC\cdot BD\cdot\sin\theta$,所以

$$AC^2\cdot BD^2=(AC\cdot BD\cdot\cos\theta)^2+(AC\cdot BD\cdot\sin\theta)^2$$

$$=\frac{1}{4}(b^2+d^2-a^2-c^2)^2+(a^2d^2+b^2c^2)$$

$$\qquad-\frac{1}{4}(a^2-b^2-c^2+d^2)^2-2abcd\cos(A+C)$$

$$=\frac{1}{4}[(b^2-a^2)+(d^2-c^2)]^2-\frac{1}{4}[(d^2-c^2)-(b^2-a^2)]^2$$

$$\qquad+(a^2d^2+b^2c^2)-2abcd\cos(A+C)$$

$$=(d^2-c^2)(b^2-a^2)+(a^2d^2+b^2c^2)-2abcd\cos(A+C)$$

$$=a^2c^2+b^2d^2-2abcd\cos(A+C)$$

$$=(ac+bd)^2-4abcd\cos^2\frac{A+C}{2}。$$

故要证等式成立。

评注:证明过程中最关键的一步是等比定理的使用,$\cos\theta$ 是联系四个式子的桥梁。本题的配图是凸四边形,对于凹四边形,完全类似地可以证明等式成立。由所证恒等式,立得 $(AB\cdot CD+BC\cdot AD)^2-(AC\cdot$

$BD)^2 \geqslant 0$，此即托勒密不等式，且显然取等条件为 $A+C=\pi$，即四边形 $ABCD$ 为圆内接四边形。

例 11 （2013 北大百年数学体验营）如图 1，在单位正方形 $ABCD$ 内（包括边界）自由选取若干个节点（数目任意），并与 A、B、C、D 四点用直线段连成一个连通网络，求这样的网络总长度 L 的最小值，并证明你的结论。

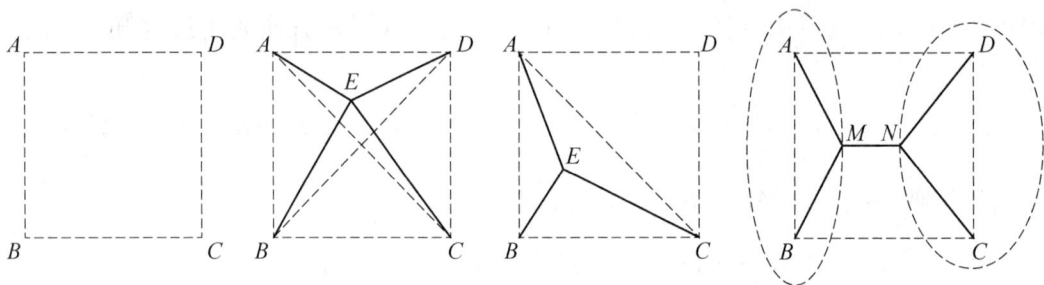

例 11 图 1

解析 首先我们证明：当 L 取到最小值时，引入的节点数总可以不超过 2。

设引入的节点数为 n，图中的线段数为 S。

一方面，由 L 的最小性易知 $S=n+4-1=n+3$，否则图中会出现环，存在可去线段。

另一方面，任一节点至少连出三条线段，这是因为，若节点 K 只连出一条线段，则去掉点 K 与该线段，显然 L 更小且网络依然连通，若节点 K 只连出两条线段，设为 KP 与 KQ，则去掉点 K 与线段 KP、KQ，直接连接 PQ，显然 L 不增且网络依然连通。

结合点 A、B、C、D 各至少连出一条线段，且每条线段有两个端点，可得

$$2S \geqslant 3n+4,$$

又 $S=n+3$，所以 $2n+6 \geqslant 3n+4$，得 $n \leqslant 2$。下面分类讨论。

(1) $n=0$，即只以正方形的顶点作节点时，网络长度的最小值显然为正方形的三边长，故此时 L 的最小值等于 3；

(2) $n=1$，设为点 E，由前面的论述知点 E 至少与正方形的 3 个顶点均相连。若点 E 与正方形的 4 个顶点均相连，如图，此时 $EA+EB+EC+ED \geqslant$

$AC+BD=2\sqrt{2}$,故 $L\geqslant 2\sqrt{2}$;若点 E 与正方形的 3 个顶点相连,不妨设为 A、B、C,则由费马点的知识易得 $EA+EB+EC$ 的最小值为 $\sqrt{2+\sqrt{3}}$,此时要连通点 D,至少还需要一条长为 1 的路径,故 $L\geqslant\sqrt{2+\sqrt{3}}+1$,又 $\sqrt{2+\sqrt{3}}+1>2\sqrt{2}$,所以在选取节点数为 1 时,网络总长度最小值为 $2\sqrt{2}$,当节点为正方形的中心且与四个顶点相连时可取到最小值。

(3) $n=2$,设为点 M、N,因为图中共有 5 条线段,而点 M、N 各至少连出三条线段,所以必然存在线段 MN,且正方形的四个顶点中,有两个与点 M 相连,余下的两个与点 N 相连。若与点 M 相连的两点为正方形对角线上的两点,不妨设为点 A、C,则点 N 与 B、D 相连,此时 $L=AM+CM+MN+BN+DN>AM+CM+BN+DN\geqslant AC+BD=2\sqrt{2}$,若与点 M 相连的是正方形的相邻两顶点,不妨设为点 A、B,则点 N 与点 C、D 相连。我们用局部调整法来确定 M、N 的位置,使得 $(AM+BM)+MN+(CN+DN)$ 最小。先保持 $AM+BM$ 与 $CN+DN$ 均不变,考虑 MN 取得最小值时的情形。注意到此时点 M 在以 A、B 为焦点的椭圆上运动,点 N 在以 CD 为焦点的椭圆上运动,易知,当 $AM=BM$,$CN=DN$ 时,即点 M、N 分别为两椭圆的相近顶点时,MN 最小,也即只有当点 M、N 在线段 AB 的中垂线上时,总线长才会最短,此时,正方形中心 O 在直线 MN 上。进一步地,我们固定 $CN+DN$,考虑 $AM+BM+MN$ 取到最小值时的情形,此时点 M 是 $\triangle ABN$ 的费马点,注意到点 M 不与点 A、B、N 重合,所以必然有 $\angle AMB=\angle AMN=\angle BMN=120°$,同理有 $\angle CND=\angle CNM=\angle DNM=120°$,此时 L 取得该情形下的最小值,简单计算可得 $L=AM+CM+MN+BN+DN=1+\sqrt{3}$。

又 $1+\sqrt{3}<2\sqrt{2}$,综上可知,网络总长度的最小值为 $1+\sqrt{3}$。

评注:笔者认为,数学与文学是统一的。数学是科学之最,文学是艺术之源,二者均门槛极低而上限通天,都是一种语言且所需极简,一张纸一支笔足矣。回到本题,这当然是一道深刻而有趣的好题,但更值得读者关注的是如何给出清晰简明的论述。写作中常常面临两种痛苦,一是词穷,二是词冗,数学中同样如此,上述解答整理自笔者当年于考场上所写,为了使读者加深体会,我们将作一次对照。请读者朋友们注意,下面这份常见的参考答案也许只是作者当时限于篇幅的提纲挈领,所以这种对照,不是为了自吹自擂,而是为了展示数学的严谨与瑰丽。

"(1) 当网络没有增加节点(即只选取正方形的顶点或边上的点作节点)时,网络长度最小值相当于正方形的三边长即为3;

(2) 当网络增加一个正方形内部的节点 E 时,如图2,易知,此时网络总长度最小为 $EA+EB+EC+ED \geqslant AC+BD$,即当 E 为正方形中心 O 时,网络总长度最小,最小值为 $2\sqrt{2}$;

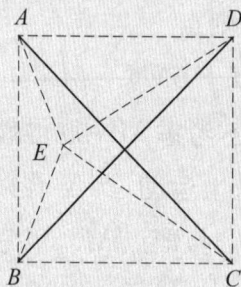 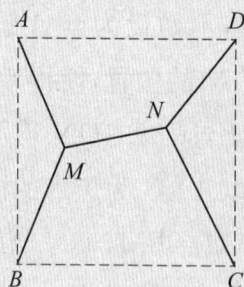 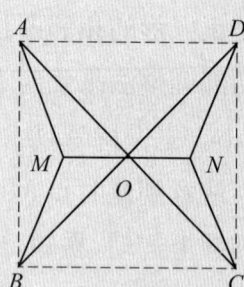

例11图2　　　　　　例11图3　　　　　　例11图4

(3) 当网络增加正方形内部的两个节点 M、N 时,我们用局部调整法来确定 M、N 的位置,使得 $(AM+BM)+MN+(CN+DN)$ 最小。当保持 $AM+BM$ 不变时,M 在以 AB 为焦点的椭圆上运动,保持 $CN+DN$ 不变时,N 在以 C、D 为焦点的椭圆上运动,调整 M、N 知,当 $AM=BM$, $CN=DN$ 时,MN 最小(如图3,4),即只有当 M、N 在 AB(CD)的中垂线上时,总线长才会最短,此时,正方形中心 O 在直线 MN 上。因此 M、N 分别是 $\triangle ABO$ 和 $\triangle CDO$ 的费马点,易求得此时网络总长度最小值为 $1+\sqrt{3}$;

(4) 当网络中增加正方形内三个节点时,易知必存在一个节点是多余的,即网络总长度比情形(3)大。同样的,当网络中增加三个以上节点时,网络总长度也比情形(3)大。

综上可知,网络总长度的最小值为 $1+\sqrt{3}$。"

上述参考答案至少存在三点硬伤,首先,当年有许多考生错误地写道,"当网络中增加正方形内两个节点时,易知必存在一个节点是多余的,故最小值为 $2\sqrt{2}$,"所以看到(4)这样的论述,就不免令笔者哭笑不得了。本题的解答大部分都是文字说理,但 $n \leqslant 2$ 的证明,是很难三言两语讲清的,此时运用图论的手段进行量化分析,就极为清晰明了。接着,正方形内只有一个节点 E 或只有两个节点 M、N 时,点 E 并不一定与 A、B、C、D 均相连,点 M、N 与正方形顶点的连接也存在多种情况,需分类讨论,阐释清楚。最后,情形(3)中,正方形中心 O 在直线 MN 上,但并不一定在线段 MN 上,例如点 M、N 均在点 O 左侧,此时 M、N 不一定是 $\triangle ABO$ 和 $\triangle CDO$ 的费马点。

有了这样的认识,读者朋友们再看笔者的解答,或许能有新的感受与体会。例如,正方形内有两个节点时,连接情况千头万绪错综复杂,面临着"词冗"与词不达意的问题,此时开头 $n \leqslant 2$ 的证明就显得极为重要,不仅限制了 n 的取值范围,而且指出了一个重要性质:形内节点的度数至少为 3,否则可去。由此出发,我们才能简洁扼要地给出了完整严格的论证。

强化训练

A 组

1. (2021 复旦强基)命题 p:"$\triangle ABC$ 的内心与外心重合"是命题 q:"$\triangle ABC$ 是正三角形"的什么条件?

2. (2020 复旦强基)在 $\triangle ABC$ 中,$AB=9$,$BC=6$,$AC=7$,则 BC 边上的中线长度为_____。

3. (2020 复旦强基)如图,已知 A、B、C、D 四点共圆,延长 DA 与 CB 的延

长线交于点 P。若 $AB=1$，$CD=2$，$AD=4$，$BC=5$，则 AP 的长度为 _____。

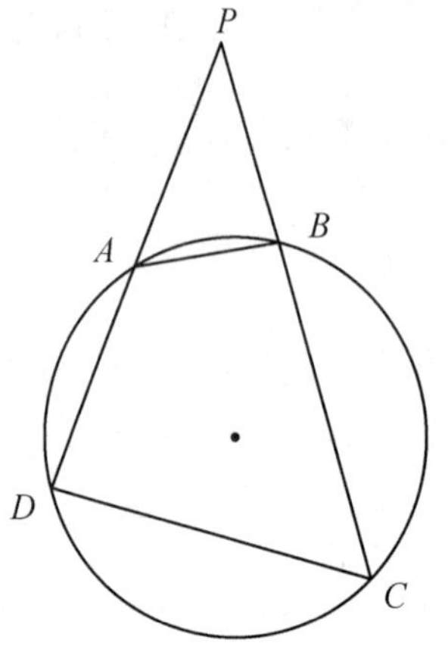

第 3 题图

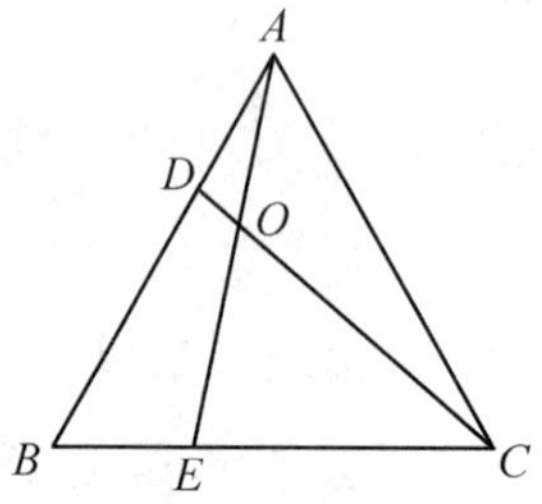

第 4 题图

4. (2020 上海交大强基)如图，已知边长为 a 的正三角形 ABC，D、E 分别在边 AB、BC 上，满足 $AD=BE=\dfrac{a}{3}$，连接 AE、CD，则 AE 和 CD 的夹角为 _____。

5. (2020 上海交大强基)用同样大小的正 n 边形平铺整个平面(没有重叠)，若要将平面铺满，则 n 的值为 _____。

6. (2016 北大博雅)设 AB、CD 是圆 O 的两条垂直直径，弦 DF 交 AB 于点 E，$DE=24$，$EF=18$，则 OE 等于( )。

A. $4\sqrt{6}$ 　　　　　　　　　　 B. $5\sqrt{3}$

C. $6\sqrt{2}$ 　　　　　　　　　　 D. 前三个选项都不对

7. (2022 北大强基)在梯形 $ABCD$ 中，$AD\parallel BC$，M 在边 CD 上，有 $\angle ABM=\angle CBD=\angle BCD$，则 $\dfrac{AM}{BM}$ 的取值范围为 _____。

8. (2016 北大博雅)两个圆内切于点 K，大圆的弦 AB 与小圆切于点 L。已知 $AK:BK=2:5$，$AL=10$，则 BL 的长为( )。

A. 24 　　　　　　　　　　 B. 25

C. 26 　　　　　　　　　　 D. 前三个选项都不对

9. (2021 北大强基)已知 O 为 $\triangle ABC$ 的外心，AB、AC 与 $\triangle OBC$ 的外接圆交于 D、E。若 $DE = OA$，则 $\angle OBC =$ _____。

10. (2016 北大博雅)在圆内接四边形 $ABCD$ 中，$BD = 6$，$\angle ABD = \angle CBD = 30°$，则四边形 $ABCD$ 的面积等于（　　）。

A. $8\sqrt{3}$ B. $9\sqrt{3}$

C. $12\sqrt{3}$ D. 前三个选项都不对

11. (2020 北大强基)设等边三角形 ABC 的边长为 1，过点 C 作以 AB 为直径的圆的切线交 AB 的延长线于点 D，$AD > BD$，则 $\triangle BCD$ 的面积为（　　）。

A. $\dfrac{6\sqrt{2} - 3\sqrt{3}}{16}$ B. $\dfrac{4\sqrt{2} - 3\sqrt{3}}{16}$

C. $\dfrac{3\sqrt{2} - 2\sqrt{3}}{16}$ D. 前三个选项都不对

12. (2022 北大强基)已知凸四边形 $ABCD$ 满足 $\angle ABD = \angle BDC = 50°$，$\angle CAD = \angle ACB = 40°$，则符合题意且不相似的凸四边形 $ABCD$ 的个数为 _____。

13. (2020 北大强基)凸五边形 $ABCDE$ 的对角线 CE 分别与对角线 BD 和 AD 交于点 F 和 G。已知 $BF : FD = 5 : 4$，$AG : GD = 1 : 1$，$CF : FG : GE = 2 : 2 : 3$，$S_{\triangle CFD}$ 和 $S_{\triangle ABE}$ 分别为 $\triangle CFD$ 和 $\triangle ABE$ 的面积，则 $S_{\triangle CFD} : S_{\triangle ABE}$ 的值等于（　　）。

A. $8 : 15$ B. $2 : 3$

C. $11 : 23$ D. 前三个选项都不对

14. (2021 北大强基)如图，AD 为 $\triangle ABC$ 中 $\angle A$ 的平分线。过点 A 作 AD 的垂线，与过点 C 且平行于 AD 的直线交于点 E。若 BE 与 AD 交于点 F，且 $AB = 6$，$AC = 8$，$BC = 7$，则 $CF =$ _____。

第 14 题图

15. (2020 清华强基)在 $\triangle ABC$ 中，$\angle A = 90°$，$AB = 1$，$AC = \sqrt{3}$，点 P 满足 $\dfrac{\overrightarrow{PA}}{|\overrightarrow{PA}|} + \dfrac{\overrightarrow{PB}}{|\overrightarrow{PB}|} + \dfrac{\overrightarrow{PC}}{|\overrightarrow{PC}|} =$

$\vec{0}$,则(　　)。

A. $\angle APC = 120°$ B. $\angle APB = 120°$

C. $|PB| = 2|PA|$ D. $|PC| = 2|PB|$

16. (2020 清华强基)在非正△ABC 中,AC=BC,O、P 分别为△ABC 的外心和内心,点 D 在边 BC 上,且 OD⊥BP,则(　　)。

A. $OP > DP$ B. $OP < DP$

C. $OP \parallel AC$ D. $B、O、P、D$ 四点共圆

17. (2013 北大夏令营)凸五边形 ABCDE 满足 AB=AE=DC=BC+DE=1,∠B=∠E=90°,求这个五边形的面积。

18. (2018 北大博雅)△ABC 的面积为 1,D、E 分别是边 BC、CA 上的点,使得 $BD = \dfrac{1}{3}BC$,$CE = \dfrac{1}{3}CA$,AD 和 BE 交于点 P,则四边形 PDCE 的面积是(　　)。

A. $\dfrac{2}{9}$ B. $\dfrac{2}{7}$

C. $\dfrac{8}{21}$ D. 前三个选项都不对

19. (2019 上交自招)已知△ABC 的面积为 1,D 在线段 AB 上,E 在线段 AC 上,F 在线段 DE 上,且满足 $\dfrac{AD}{AB} = x$,$\dfrac{AE}{AC} = y$,$\dfrac{DF}{DE} = z$。若 $y + z - x = 1$,求 △BDF 的面积的最大值。

20. (2019 北大博雅)在凸四边形 ABCD 中,AB=BC=AC,∠ACD=10°,∠DAC=20°,则∠BDC 的大小为(　　)。

A. 60°   B. 70°

C. 75°   D. 前三个选项都不对

21. (2019 北大暑期学堂)如图所示,在等腰直角三角形 ABC 中,AD=AE,过点 A、D 作 BE 的垂线,交 BC 于 P、Q。求证:CP=PQ。(请使用平面几何方法证明,解析几何方法不得分)

第 21 题图

22. (2020 北大强基)在 $\triangle ABC$ 中，$\angle A = 150°$。已知 D_1，D_2，$\cdots$，D_{2020} 依次为边 BC 上的点，且有 $BD_1 = D_1 D_2 = D_2 D_3 = \cdots = D_{2019} D_{2020} = D_{2020} C$。设 $\angle BAD_1 = \alpha_1$，$\angle D_1 A D_2 = \alpha_2$，$\cdots$，$\angle D_{2019} A D_{2020} = \alpha_{2020}$，$\angle D_{2020} A D_{2021} = \alpha_{2021}$，则 $\dfrac{\sin\alpha_1 \sin\alpha_3 \cdots \sin\alpha_{2021}}{\sin\alpha_2 \sin\alpha_4 \cdots \sin\alpha_{2020}} = ($ $)$。

A. $\dfrac{1}{1010}$

B. $\dfrac{1}{2020}$

C. $\dfrac{1}{2021}$

D. 前三个选项都不对

23. (2021 清华自强)在 $\triangle ABC$ 中，D、E 分别为 BC、AC 的中点，$AD = 1$，$BE = 2$，则 $S_{\triangle ABC}$ 的最大值为 _____。

24. (2020 武大强基)如图，延长圆 O 的一条弦 AB 至点 C，过点 C 作圆 O 的切线 CM、CN，切点分别为 M、N，Q 为 AB 上一点，满足 $\angle AMQ = \angle CNB$，则下列结论正确的是(   )。

A. $\triangle CBM \backsim \triangle CMA$

B. $\triangle AQM \backsim \triangle NBM$

C. $\triangle MAN \backsim \triangle MQB$

D. $\triangle MAN \backsim \triangle BQN$

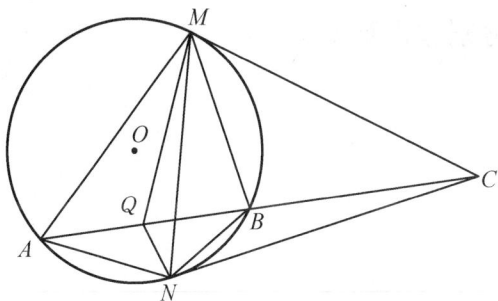

第 24 题图

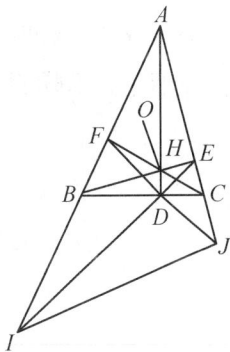

第 25 题图

25. (2017 清华 THUSSAT)如图，$\triangle ABC$ 的外心为 O，三条高线 AD、BE、CF 相交于一点 H，ED 与 AB 延长线交于点 I，FD 与 AC 延长线交于

点 J,则( )。

A. $\angle BDF = \angle BAC$ B. $\overrightarrow{OB} \cdot \overrightarrow{FD} = 0$

C. $\overrightarrow{OC} \cdot \overrightarrow{ED} = 0$ D. $\overrightarrow{OH} \cdot \overrightarrow{IJ} = 0$

26. (斯坦纳-莱默斯定理)证明:有两条内角平分线等长的三角形是等腰三角形。

27. （2016 高联二试）如图所示,在 $\triangle ABC$ 中,X、Y 是直线 BC 上两点(X、B、C、Y 顺次排列),使得 $BX \cdot AC = CY \cdot AB$。设 $\triangle ACX$、$\triangle ABY$ 的外心分别为 O_1、O_2,直线 O_1O_2 与 AB、AC 分别交于点 U、V. 证明:$\triangle AUV$ 是等腰三角形。

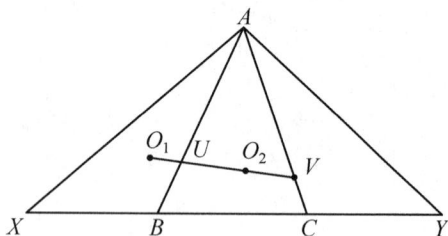

第 27 题图

28. 已知 $x,y,z,a,b > 0$ 且满足

$$\begin{cases} x^2 + y^2 + xy = a^2, \\ x^2 + z^2 + xz = b^2, \\ y^2 + z^2 + yz = a^2 + b^2, \end{cases}$$

求 $x + y + z$ 的值(用 a,b 来表示)。

29. (2019 清华金秋营)对 $n \geqslant 4$,设 P 是圆内接 n 边形,用 $n-3$ 条对角线将 P 分为没有公共面积的 $n-2$ 个三角形,L 是这些三角形的内切圆半径之和。求证:L 不随对角线的分割方式而改变。

第 **9** 讲　数论

本讲概述

　　数学是科学领域永远的王,数论则是其王冠。作为纯粹数学的一个分支,数论研究整数的性质。数论的定义是如此简明,内涵却深不见底,正如许多数论猜想的表述一样,在风平浪静的海面之下藏着万丈渊壑。数论是常见的,三下五除二这个成语蕴含了带余除法,韩信点兵的故事则运用了中国剩余定理,数论又是罕见的,它鲜有应用价值,是数学中的数学。过往的高考略过了数论,而竞赛强基则无比重视。例如,2022 年北大的强基数学考试为二十道填空题,其中足足有十道与数论相关。这无疑又验证了笔者的一个观点,在科学与艺术的领域中,最依赖天赋也最需要刻苦的必然是门槛最低而上限最高的,也即数学与文学,而数论又是数学内部符合上述特征的一大分支,所以也难怪竞赛强基会对其青睐有加了。

　　本讲我们引入了大量重要且基础的数论知识,略高于强基要求,读者可以先做例习题,再回看知识拓展,题目主要来自强基自招,难度较小。尽管数论的山顶高不可攀,但山脚下的纵横阡陌烂漫小花已经足够我们游玩采撷,不过在流连忘返之际,我们还应用肃然的目光致以最高的敬意,既为这座参天的巨峰,也为山腰上那些代表着人类智力之巅的攀登者们。

一　整除

1. 整除：对于整数 a、$b(b\neq 0)$，若存在整数 c，使得 $a=bc$，则称 b 能整除 a，同时称 b 是 a 的因数（因子），a 是 b 的倍数，记作 $b\mid a$；一个整数 b 不能整除另一个整数 a，是指对任一整数 c，都有 $a\neq bc$，记作 $b\nmid a$。

整除具有传递性，即若 $b\mid a$，且 $a\mid c$，则 $b\mid c$；集合 $\{n\mid n\in \mathbf{Z}, a\in \mathbf{Z}, a\mid n\}$ 对加减法封闭；若 $b\mid a$，则 $a=0$ 或 $|a|\geqslant |b|$，因此，若 $b\mid a$ 且 $a\mid b$，则 $|a|=|b|$。

> 评注：欲证两个正整数 a 与 b 相等，整除带给我们一种新的思路，只需证明 $b\mid a$ 且 $a\mid b$。这与下述两种思路如出一辙，欲证两个实数 a 与 b 相等，只需证明 $b\geqslant a$ 且 $a\geqslant b$；欲证两个集合 A 与 B 相等，只需证明 $A\subseteq B$ 且 $B\subseteq A$。

2. 带余除法：对于 a，$b\in \mathbf{Z}$，$b>0$，存在 q，$r\in \mathbf{Z}$ 以及 $0\leqslant r<b$，使得 $a=bq+r$。

二　最大公因数与最小公倍数

1. 公因数与公倍数：给定 a，$b\in \mathbf{Z}$，若 $c\in \mathbf{Z}$ 满足 $a\mid c$ 且 $b\mid c$，则称 c 为 a、b 的一个公倍数，其最小正公倍数记作 $[a, b]$；若 $c\in \mathbf{Z}$ 满足 $c\mid a$ 且 $c\mid b$，则称 c 为 a、b 的一个公因数（公因子），其最大公因数记作 (a, b)；特别地，当 $(a, b)=1$ 时，称为两个整数 a，b 互质。

2. 恒等式：$\forall a, b\in \mathbf{N}_+$，都有 $(a, b)\cdot [a, b]=ab$。

3. 性质：设 $(a, b)=1$，则

(1) 当 $a\mid c$ 且 $b\mid c$ 时，有 $ab\mid c$；

(2) $a\mid c$ 的充要条件是 $a\mid bc$。

4. 辗转相除法求最大公因子 (a, b) 的基本方法：设 a，$b\in \mathbf{Z}$，且 $b>1$，

做带余除法 $a = bq + r (0 \leqslant r < b)$,若 $r = 0$,则 $a = bq$,有

$$(a, b) = (bq, b) = b;$$

否则,由非负余数不可以无限递降,必存在一个 $k \in \mathbf{N}_+$,使得

$$a = bq + r (0 < r < b), \quad b = rq_1 + r_1 (0 < r_1 < r)$$
$$r = r_1 q_2 + r_2 (0 < r_2 < r_1)$$
$$\cdots$$
$$r_{k-2} = r_{k-1} q_k + r_k (0 < r_k < r_{k-1})$$
$$r_{k-1} = r_k q_{k+1} (r_{k+1} = 0)$$

则 $(a, b) = (b, r) = (r, r_1) = \cdots = (r_{k-1}, r_k) = r_k$。

5. 裴蜀定理:设 $(a, b) = d$,则存在 $u, v \in \mathbf{Z}$,使得 $ua + vb = d$。 此时对任意的整数 t,

$$(u + bt)a + (v - at)b = d,$$

因此可以通过 t 来控制 u 和 v 的正负。特别地,若 $(a, b) = 1$,则存在 $u, v \in \mathbf{Z}$,使得 $ua + vb = 1$。

6. 重要结论:设正整数 a、b 互质且 $a > b$,则对任意正整数 m、n,都有

$$(a^m - b^m, a^n - b^n) = a^{(m, n)} - b^{(m, n)}。$$

证明:设 $d = (m, n)$,$D = (a^m - b^m, a^n - b^n)$。

一方面,由因式分解易知 $a^d - b^d \mid a^m - b^m$,$a^d - b^d \mid a^n - b^n$,则

$$a^d - b^d \mid D。$$

另一方面,由裴蜀定理,存在 $u, v > 0$ 使得 $d = um - vn$。

因为 $D \mid a^m - b^m$,$a^m - b^m \mid a^{um} - b^{um}$,所以 $D \mid a^{um} - b^{um}$。同理,$D \mid a^{vn} - b^{vn}$,从而 $D \mid a^{um} - a^{vn} - b^{um} + b^{vn}$。注意到 $a^{um} - a^{vn} - b^{um} + b^{vn} = a^{vn}(a^d - 1) - b^{vn}(b^d - 1) \equiv a^{vn}(a^d - 1) - a^{vn}(b^d - 1) = a^{vn}(a^d - b^d) (\bmod D)$,即 $D \mid a^{vn}(a^d - b^d)$。又因为 $D \mid a^m - b^m$ 且 a、b 互质,所以 $(a, D) = 1$。由整除性质知 $D \mid a^d - b^d$。

综合两方面,有 $D = a^d - b^d$,即 $(a^m - b^m, a^n - b^n) = a^{(m, n)} - b^{(m, n)}$。

三 质数及唯一分解定理

1. 质数：指大于 1 的不能分解成两个大于 1 的整数之积的正整数。

2. 质数有无穷多个。

证明：假设质数只有有限个，将全体质数记为 p_1，p_2，$\cdots$，p_m。考虑 $N = p_1 p_2 \cdots p_m + 1$，显然 $N > 1$，所以 N 有素因子 p。因为 p_1，p_2，$\cdots$，p_m 是全体质数，所以必定存在 $1 \leqslant i \leqslant m$，使得 $p_i = p$，则 $p_i \mid N$。又由 $p_i \mid p_1 p_2 \cdots p_m$，得 $p \mid 1$，这与 p 是质数矛盾。故假设不成立，质数有无穷多个。

3. 狄利克雷定理：设 a、b 互质，$a > 0$，则等差数列 $\{an + b\}$ 中有无穷多个质数。

评注：狄利克雷定理十分强大，也不存在初等的证明，但是对某些特定形式的等差数列是容易的。例如，数列 $\{4n-1\}$ 中存在无穷多个质数。

证明：假设 $\{4n-1\}$ 中只有有限个质数，从小到大依次记为 p_1，p_2，$\cdots$，p_m。考虑 $N = 4p_1 p_2 \cdots p_m - 1$，显然 $N > p_m$，故由假设，N 不是质数，所以 N 是奇合数。全体奇质数按模 4 可以分为两类，$4k-1$ 型和 $4k+1$ 型。因此 N 的标准分解中不可能只有 $4k+1$ 型质数，否则 N 可表示为 4 的倍数加 1 的形式，这与 N 的构造矛盾。于是一定有某个 $p_j (1 \leqslant j \leqslant m)$ 出现在 N 的标准分解中，则 $p_j \mid N$，$p_j \mid p_1 p_2 \cdots p_m$，得 $p_j \mid 1$，这与 p_j 是质数矛盾。故假设不成立，所以 $\{4n-1\}$ 中有无穷多个质数。类似地可以证明 $\{6n-1\}$ 中有无穷多个质数。

4. 合数：能写成两个大于 1 的整数之积的正整数。

要证明一个数 a 是合数，有三种常见思路：

(1) 对于具体的数字 a，如果 a 是合数，则 a 的最小素因子 $q \leqslant [\sqrt{a}]$，利用这一性质，去依次检索小于等于 $[\sqrt{a}]$ 的质数，判断其能否整除 a 即可。

(2) 找到一个固定的素因子，常见的例如证明 a 为大于 2 的偶数等。

(3) 如果 a 是整式的形式，可以考虑多项式的代数变形、因式分解，在本书的第 3 讲中已经介绍了一些典型的因式分解。

5. 唯一分解定理：每个大于 1 的正整数均可分解为有限个质数的积，并且若不计质数之间的顺序，则这样的分解是唯一的。也即若正整数 $n > 1$，则 n 可唯一地表示为 $n = p_1^{r_1} p_2^{r_2} \cdots p_k^{r_k}$，其中 p_1，p_2，$\cdots$，p_k 为互异的质数，r_1，r_2，$\cdots$，r_k 为正整数，这称为 n 的标准分解。

> 评注：根据问题特征，有时也会使用下述分解：正整数 n 可唯一地表示为 $n = 2^a b$，这里 $a \in \mathbf{N}$，b 为奇数。

6. 合数的标准分解中素因子指数：对合数 a 的任一素因子 p，都存在正整数对 (k, q)，使得 $a = p^k q$，且 $(p, q) = 1$，也记作 $p^k \| a$，其中 k 称为合数 a 的素因子 p 的次数，记作 $v_p(a)$；当 $p \nmid a$ 时，$v_p(a) = 0$，特别地，对于阶乘中素因子的次数，我们有如下结论：

$$v_p(n!) = \sum_{i=1}^{+\infty} \left[\frac{n}{p^i} \right].$$

这是因为，$n!$ 中 p 的幂次由 $1, 2, \cdots, n$ 中那些 p 的倍数提供。我们先考虑 $1, 2, \cdots, n$ 中 p 的倍数的个数，共有 $\left[\dfrac{n}{p} \right]$ 个；但 p 的倍数中还有 p^2 的倍数，我们只计算了一次，因此需要补上 $\left[\dfrac{n}{p^2} \right]$；同样地，$p^2$ 的倍数中还有 p^3 的倍数，需要再补上 $\left[\dfrac{n}{p^3} \right]$。依此下去，得

$$v_p(n!) = \sum_{i=1}^{\infty} \left[\frac{n}{p^i} \right].$$

请注意当 $p^i > n$ 时，$\left[\dfrac{n}{p^i} \right] = 0$，因此上面的和式中只有有限项非零。

四　几个重要的数论函数与高斯函数

若 f 是从正整数集到复数集的函数，则称 f 为数论函数或算术函数。进

一步地,若 m、n 为互质正整数时,总有 $f(mn)=f(m)f(n)$,则称 f 为积性函数;若对任意正整数 m、n,都有 $f(mn)=f(m)f(n)$,则称 f 为完全积性函数。

设正整数 n 的标准分解为 $n=p_1^{r_1}p_2^{r_2}\cdots p_k^{r_k}$。

1. 除数函数 $\tau(n)$:n 的所有正因子的个数。

$$\tau(n)=\sum_{d\mid n,\, d\in\mathbf{N}_+}1=(r_1+1)(r_2+1)\cdots(r_k+1)。$$

证明:由 $\tau(n)$ 定义,有

$$\begin{aligned}
\tau(n)&=\left|\{p_1^{\beta_1}p_2^{\beta_2}\cdots p_k^{\beta_k}\mid 0\leqslant\beta_i\leqslant r_i,1\leqslant i\leqslant k\}\right|\\
&=\left|\{(\beta_1,\beta_2,\cdots,\beta_k)\mid 0\leqslant\beta_i\leqslant r_i,1\leqslant i\leqslant k\}\right|\\
&=(r_1+1)(r_2+1)\cdots(r_k+1)。
\end{aligned}$$

且不难看出 $\tau(n)$ 是奇数的充要条件是 n 为完全平方数。

2. 因子和函数 $\sigma(n)$:n 的所有正因子之和。

$$\sigma(n)=\sum_{d\mid n,\,d\in\mathbf{N}_+}d=\frac{1-p_1^{r_1+1}}{1-p_1}\cdot\frac{1-p_2^{r_2+1}}{1-p_2}\cdot\,\cdots\,\cdot\frac{1-p_k^{r_k+1}}{1-p_k}。$$

证明:由 $\sigma(n)$ 定义,有

$$\begin{aligned}
\sigma(n)&=\sum_{0\leqslant\beta_i\leqslant r_i,\,1\leqslant i\leqslant k}p_1^{\beta_1}p_2^{\beta_2}\cdots p_k^{\beta_k}\\
&=\sum_{0\leqslant\beta_1\leqslant r_1}p_1^{\beta_1}\sum_{0\leqslant\beta_2\leqslant r_2}p_2^{\beta_2}\cdots\sum_{0\leqslant\beta_k\leqslant r_k}p_k^{\beta_k}\\
&=\frac{1-p_1^{r_1+1}}{1-p_1}\cdot\frac{1-p_2^{r_2+1}}{1-p_2}\cdot\,\cdots\,\cdot\frac{1-p_k^{r_k+1}}{1-p_k}。
\end{aligned}$$

评注:若 $\sigma(n)=2n$,则称 n 为完全数,例如 6 和 28 都是完全数,偶数 n 为完全数的充分必要条件为 $n=2^{m-1}(2^m-1)$,其中 2^m-1 是质数。这一结论与质数有无穷多个都是由古希腊数学家欧几里得首先发现并完成证明。

证明:先证充分性。因为 2^m-1 是质数,所以

$$\sigma(n)=(1+2+\cdots+2^{m-1})(1+2^m-1)=(2^m-1)2^m=2n。$$

再证必要性。设偶数 $n=2^a b$，其中 $a,b\in \mathbf{N}_+$，$2\nmid b$。注意到 $\sigma(n)$ 为积性函数，则 $\sigma(n)=\sigma(2^a)\sigma(b)=(2^{a+1}-1)\sigma(b)$。结合 $\sigma(n)=2n=2^{a+1}b$，解得 $\sigma(b)=b+\dfrac{b}{2^{a+1}-1}$，故必有 $\dfrac{b}{2^{a+1}-1}\in \mathbf{N}_+$。令 $k=\dfrac{b}{2^{a+1}-1}$，则 $\sigma(b)=b+k$。若 $k>1$，则 b 的不相同的正因数至少有 b、k、1 三个，所以 $\sigma(b)\geqslant b+k+1$，矛盾。故只有 $k=1$，从而 $\sigma(b)=b+1$，因此 b 为质数，且 $b=2^{a+1}-1$，即 $n=2^a(2^{a+1}-1)$，其中 $2^{a+1}-1$ 为质数。

数论中一个古老而困难的猜想就是不存在奇完全数，至今悬而未决。此外，虽然偶数 n 为完全数的充要条件是清晰的，但是，形如 2^m-1 的质数是否存在无穷多个，同样是一个未解之谜，这样的质数被称为梅森质数，容易知道是 2^m-1 为质数的必要条件是 m 为质数，否则可作分解。至今人类通过计算机找到了共 51 个梅森质数，最大的为 $2^{82\,589\,933}-1$，有 $24\,862\,048$ 位。

3. 欧拉函数 $\varphi(n)$：$1,2,\cdots,n$ 中与 n 互质的正整数个数。

$$\varphi(n)=\varphi(p_1^{r_1}p_2^{r_2}\cdots p_k^{r_k})=p_1^{r_1}p_2^{r_2}\cdots p_k^{r_k}\left(1-\frac{1}{p_1}\right)\left(1-\frac{1}{p_2}\right)\cdots\left(1-\frac{1}{p_k}\right),\ n>1。$$

证明：显然 $\varphi(1)=1$。对质数 p 及正整数 r，显然 $1,2,\cdots,p^r$ 中与 p^r 不互质的数为 $p,2p,\cdots,p^{r-1}p$，共 p^{r-1} 个，所以

$$\varphi(p^r)=p^r-p^{r-1}=p^r\left(1-\frac{1}{p}\right)。$$

设 $P_i(1\leqslant i\leqslant k)$ 是 $1,2,\cdots,n$ 中 p_i 的倍数组成的集合，$\overline{P_i}$ 表示 P_i 在 $\{1,2,\cdots,n\}$ 中的补集，即 $1,2,\cdots,n$ 中与 p_i 互质的数组成的集合，则 $\overline{P_1}\cap\overline{P_2}\cap\cdots\cap\overline{P_k}$ 表示 $1,2,\cdots,n$ 中与 n 互质的数的集合。注意到 $|P_i|=\dfrac{n}{p_i}(1\leqslant i\leqslant k)$，$|P_i\cap P_j|=\dfrac{n}{p_ip_j}(1\leqslant i<j\leqslant k)$，$\cdots$，$|P_1\cap P_2\cap\cdots\cap P_k|=$

$\dfrac{n}{p_1 p_2 \cdots p_k}$，由容斥原理，有

$$\varphi(n) = \varphi(p_1^{r_1} p_2^{r_2} \cdots p_k^{r_k}) = |\overline{P_1} \cap \overline{P_2} \cap \cdots \cap \overline{P_k}| = n - |P_1 \cup P_2 \cup \cdots \cup P_k|$$

$$= n - \sum_{i=1}^{k} |P_i| + \sum_{1 \leqslant i < j \leqslant k} |P_i \cap P_j| - \cdots + (-1)^k |P_1 \cap P_2 \cap \cdots \cap P_k|$$

$$= n \left[1 - \sum_{i=1}^{k} \frac{1}{p_i} + \sum_{1 \leqslant i < j \leqslant k} \frac{1}{p_i p_j} - \cdots + (-1)^k \frac{1}{p_1 p_2 \cdots p_k} \right]$$

$$= n \left(1 - \frac{1}{p_1} \right) \left(1 - \frac{1}{p_2} \right) \cdots \left(1 - \frac{1}{p_k} \right).$$

评注：显然我们上述的三种数论函数 $\tau(n)$，$\sigma(n)$，$\varphi(n)$ 均为积性函数。我们再介绍 $\varphi(n)$ 的一个有趣性质及其巧妙证明。

设 $n \in \mathbf{N}_+$，则 $n = \sum_{d \mid n} \varphi(d)$。

证明：令 $S = \left\{ \dfrac{m}{n} \,\middle|\, 1 \leqslant m \leqslant n \right\}$，$S_d = \left\{ \dfrac{c}{d} \,\middle|\, 1 \leqslant c \leqslant d, (c, d) = 1, d \mid n \right\}$，则易知 $S = \bigcup_{d \mid n} S_d$，且 S_d 两两不交，所以

$$n = |S| = \left| \bigcup_{d \mid n} S_d \right| = \sum_{d \mid n} |S_d| = \sum_{d \mid n} \varphi(d).$$

4. 高斯函数 $[x]$：实数 x 的整数部分是指不大于 x 的最大整数，记作 $[x]$；实数 x 的小数部分记作 $\{x\}$，则 $\{x\} \in [0, 1)$，$x = [x] + \{x\}$。易证如下常见不等式：$x - 1 < [x] \leqslant x$，$[x] \leqslant x < [x] + 1$，$[x] + [y] \leqslant [x + y]$。

五 **同余**

1. 同余：对给定的正整数 m，如果整数 a、b 满足 $m \mid (a - b)$，则称 a 和 b 模 m 同余，记作 $a \equiv b \pmod{m}$。

2. 同余的性质：

(1) 反身性：$a \equiv a \pmod{m}$；对称性：若 $a \equiv b \pmod{m}$，则 $b \equiv a \pmod{m}$；

传递性:若 $a \equiv b \pmod{m}$,$b \equiv c \pmod{m}$,则 $a \equiv c \pmod{m}$。

（2）若 $a \equiv b \pmod{m}$ 且 $c \equiv d \pmod{m}$,则 $a \pm c \equiv b \pm d \pmod{m}$,$ac \equiv bd \pmod{m}$。

（3）若 $a \equiv b \pmod{m}$,则任取 $c \in \mathbf{Z}$,都有 $ca \equiv cb \pmod{m}$;反之,由 $ca \equiv cb \pmod{m}$,可得 $a \equiv b \left(\bmod \dfrac{m}{(m,c)} \right)$。

（4）若 $a \equiv b \pmod{m}$ 且 $a \equiv b \pmod{n}$,则 $a \equiv b \pmod{[mn]}$。

（5）若 $a \equiv b \pmod{m}$,则对任一整系数多项式 $f(x)$,都有 $f(a) \equiv f(b) \pmod{m}$。

（6）对于一个正整数 n,记它的十进制表示下各位数码之和为 $S(n)$,则 $S(n) \equiv n \pmod{9}$。

证明:设 n 的十进制表示为 $n = (a_k a_{k-1} \cdots a_1 a_0)_{10}$,易知对任意正整数 t,有 $9 \mid 10^t - 1$,则

$$n - S(n) = (10^k a_k + 10^{k-1} a_{k-1} + \cdots + 10 a_1 + a_0) - (a_k + a_{k-1} + \cdots + a_1 + a_0)$$
$$= (10^k - 1) a_k + (10^{k-1} - 1) a_{k-1} + \cdots + 9 a_1 \equiv 0 \pmod{9}。$$

> 评注:欲证一些数之和是 9 的倍数,我们转而证明更强的结论——每一个加数都是 9 的倍数。在数论问题中,经常出现这种寻求充分条件或必要条件的不等价的思路,这也是数论问题困难的原因之一。

3. 完系

（1）同余分类:整数集可按模 m 分类,当且仅当 $a \equiv b \pmod{m}$ 时 a 与 b 属于同一类。这样就把全体整数分成 m 类,得到整数集 Z 的一个划分:$Z = Z_0 \bigcup Z_1 \bigcup Z_2 \bigcup \cdots \bigcup Z_{m-1}$。其中,$Z_i = \{km + i \mid k \in \mathbf{Z}\}$（$i = 0, 1, \cdots, m-1$）称为模 m 的剩余类,显然 $Z_i \bigcap Z_j = \varnothing$（$0 \leqslant i < j \leqslant m-1$）。

（2）完系:任取 $a_i \in \mathbf{Z}_i$（$i = 0, 1, \cdots, m-1$）,这样的 m 个代表 a_0,a_1,$\cdots$,a_{m-1} 称为模 m 的一个完全剩余系,简称模 m 的完系。

（3）缩系:易知若 i 与 m 互质,则同余类 Z_i 中的所有数均与 m 互质,这样

的同余类称为模 m 的缩同余类,由欧拉函数的定义,缩同余类共有 $\varphi(m)$ 个,各取一个数作为代表,这样的 $\varphi(m)$ 个数称为模 m 的一个缩系。

(4) 性质:设 m,a,$b \in \mathbf{Z}$,且 $(a,m)=1$,则不难证明:如果 x_1,x_2,$\cdots$,x_m 是模 m 的一个完系,那么 ax_1+b,ax_2+b,$\cdots$,ax_m+b 也是模 m 的一个完系;如果 x_1,x_2,$\cdots$,$x_{\varphi(m)}$ 是模 m 的一个约系,则 ax_1,ax_2,$\cdots$,$ax_{\varphi(m)}$ 也是模 m 的一个约系。

六 几个著名的数论定理

(1) 欧拉定理:若 $(a,m)=1$,则 $a^{\varphi(m)} \equiv 1 \pmod{m}$。

证明:设 r_1,r_2,$\cdots$,$r_{\varphi(m)}$ 是模 m 的一个缩系。因为 $(a,m)=1$,所以 ar_1,ar_2,$\cdots$,$ar_{\varphi(m)}$ 是模 m 的一个缩系,则

$$r_1 r_2 \cdots r_{\varphi(m)} \equiv (ar_1)(ar_2)\cdots(ar_{\varphi(m)}) = a^{\varphi(m)} r_1 r_2 \cdots r_{\varphi(m)} \pmod{m}。$$

又 $r_i(1 \leqslant i \leqslant \varphi(m))$ 与 m 互质,所以 $a^{\varphi(m)} \equiv 1 \pmod{m}$。

(2) 费马小定理:若 p 是质数,则 $\forall a \in \mathbf{Z}$,都有 $a^p \equiv a \pmod{p}$。

证法一:若 $p \mid a$,同余式显然成立;若 $p \nmid a$,则 $(p,a)=1$,由欧拉定理知 $a^{\varphi(p)} \equiv 1 \pmod{p}$,即 $a^{p-1} \equiv 1 \pmod{p}$,所以 $a^p \equiv a \pmod{p}$。

证法二:先证明费马小定理对 $a \in \mathbf{N}$ 成立,为此对 a 归纳。

当 $a=0$ 或 1 时,同余式显然成立;

假设当 $a=k$ 时同余式成立,则当 $a=k+1$ 时,$a^p = (k+1)^p = k^p + 1 + \sum_{l=2}^{p-1} C_p^l k^l$。注意到对 $2 \leqslant l \leqslant p-1$,$l C_p^l = p C_{p-1}^{l-1} \equiv 0 \pmod{p}$。又 $(l,p)=1$,所以 $C_p^l \equiv 0 \pmod{p}$。结合归纳假设,有

$$a^p = k^p + 1 + \sum_{l=2}^{p-1} C_p^l k^l \equiv k + 1 = a \pmod{p}。$$

由数学归纳法知,费马小定理对 $a \in \mathbf{N}$ 成立。若 p 为奇质数,则 $(-a)^p = -a^p \equiv -a \pmod{p}$;若 $p=2$,同样有 $(-a)^2 \equiv -a \pmod{2}$。所以费马小定理对 $a \in \mathbf{Z}$ 成立。

(3) 威尔逊定理:当且仅当 p 是质数时,$(p-1)! \equiv -1 \pmod{p}$。

证明:当 $p=2$ 时,命题显然成立。

下设 p 为奇质数。先证充分性。

考虑 1，2，$\cdots$，$p-1$ 的这些数模 p 的逆元(若 $ab \equiv 1 (\mathrm{mod}\, n)$，则称 a 为 b 模 n 的逆元，记作 $a \equiv b^{-1} (\mathrm{mod}\, n)$)，显然 1 和 $p-1$ 的逆元都是自身，而 2，3，$\cdots$，$p-2$ 中任意一个数模 p 的最小非负逆元也在 2，3，$\cdots$，$p-2$ 中且两两不同。因此可将 2，3，$\cdots$，$p-2$ 这 $\dfrac{p-3}{2}$ 个数两两配对，每对数模 p 互为逆元，其乘积模 p 为 1，从而

$$(p-1)! \equiv 1 \cdot (p-1) \equiv -1 (\mathrm{mod}\, p)。$$

再证必要性。假设 p 不是质数，因为 $p > 1$，所以 p 有素因子 $q \in \{1$，2，$\cdots$，$p-1\}$，则 $(p-1)! \equiv 0 (\mathrm{mod}\, q)$。又由 $(p-1)! \equiv -1 (\mathrm{mod}\, p)$，知 $(p-1)! \equiv -1 (\mathrm{mod}\, q)$。于是 $0 \equiv -1 (\mathrm{mod}\, q)$，这与 q 为质数矛盾。故假设不成立，p 一定为质数。

(4) 中国剩余定理

设正整数 m_1，m_2，$\cdots$，m_n 两两互质，即 $\forall 1 \leqslant i < j \leqslant n$，都有 $(m_i, m_j) = 1$，则一次同余方程组 $x \equiv b_i (\mathrm{mod}\, m_i)$ $(i = 1$，2，$\cdots$，$n)$ 有唯一解 $x \equiv \sum_{i=1}^{n} b_i M_i M_i^{-1} (\mathrm{mod}\, M)$，其中

$$M = \prod_{i=1}^{n} m_i, \ M_i = \frac{M}{m_i}, M_i M_i^{-1} \equiv 1 (\mathrm{mod}\, m_i) (i = 1，2，\cdots，n)。$$

评注：同余方程的一个解是指模 M 的一个剩余类，解数是指模 M 互不同余的解的个数，即不同剩余类的个数。中国剩余定理的强大之处在于证明存在性，解的具体形式并不重要。例如，我们想证明存在连续的 n 个正整数，满足每个正整数都不是幂数，只需考虑同余方程组 $x \equiv -i + p_i (\mathrm{mod}\, p_i^2)$，$i = 1, 2, \cdots, n$，其中 p_1，p_2，$\cdots$，p_n 是 n 个不同的质数。由中国剩余定理，上述同余方程组有解。设 x 是一个正整数解，则 $x + i$ 被 p_i 整除，但不被 p_i^2 整除，因此不是幂数。于是 $x+1$，$x+2$，$\cdots$，$x+n$ 就是满足要求的连续 n 个正整数。

(5) 拉格朗日定理:设 p 是质数,$f(x)$ 是一首项系数不被 p 整除的 $n(n \in \mathbf{N}_+)$ 次整系数多项式 $f(x)$,则同余方程 $f(x) \equiv 0(\bmod p)$ 的解数不超过 n,且至多有 p 个解。

证明:显然至多有 p 个解,只需再证明 $f(x)$ 的解数不超过 n。

当 $n=1$ 时,设 $f(x)=a_1 x + a_0$,易知 $f(x) \equiv 0(\bmod p)$ 有唯一解

$$x \equiv -a_1^{-1} a_0 (\bmod p)。$$

假设当 $n=k$ 时结论成立,当 $n=k+1$ 时,若 $f(x) \equiv 0(\bmod p)$ 无解,则结论已成立。若其有一解 $x \equiv \alpha (\bmod p)$,由因式定理,

$$f(x) - f(\alpha) = (x - \alpha) g(x),$$

所以

$$f(x) - f(\alpha) = (x - \alpha) g(x) (\bmod p),$$

其中 $g(x)$ 为 k 次整系数多项式,且 $g(x)$ 的首项系数与 $f(x)$ 首项系数相同。又 $f(\alpha) \equiv 0(\bmod p)$,所以 $f(x) \equiv (x-\alpha) g(x) (\bmod p)$。由归纳假设,$g(x) \equiv 0(\bmod p)$ 至多 k 个解,所以 $f(x) \equiv (x-\alpha) g(x) \equiv 0(\bmod p)$ 至多 $k+1$ 个解。

由数学归纳法知,$f(x)$ 的解数不超过 n。

评注:由拉格朗日定理立即推得:若 p 为质数,$f(x)$ 是次数小于 p 的整系数多项式,同余方程 $f(x) \equiv 0(\bmod p)$ 的解数大于 $\deg f$,则 $f(x)$ 的各项系数均为 p 的倍数。利用这一推论,我们可以给出威尔逊定理充分性的另一种证法。

证明:$p=2$,结论显然成立;下设 p 为奇质数,令 $f(x) = (x-1)(x-2)\cdots[x-(p-1)]+1-x^{p-1}$,则 $f(x)$ 是 $p-2$ 次整系数多项式,且由费马小定理可知 $f(i) = 1 - i^{p-1} \equiv 0(\bmod p)$,$1 \leqslant i \leqslant p-1$。因此 $f(x) \equiv 0(\bmod p)$ 有 $p-1$ 个解。由拉格朗日定理知,其各项系数均为 p 的倍数。特别地,常数项 $f(0)$ 是 p 的倍数,即 $f(0) = (p-1)! + 1 \equiv 0(\bmod p)$。

七 不定方程

不定方程是指这样的方程:未知数的个数多于方程的个数,而未知数的取值范围存在一定要求,如整数、正整数、有理数等。不定方程形式多样方法灵活,是数论的一个重要课题,也是竞赛和强基中的热门考点。初等范围内,处理不定方程主要有四种方法。

1. 分解法

(1) 代数分解,例如因式分解;

(2) 应用整数的性质,例如唯一分解定理、互质等,进行合适的分解变形。

> 评注:值得强调的是,常见的因式分解法解方程需要等式的一边为 0,但数论的特殊性使得其往往只需一边为常数或特殊的形式例如完全平方数等。

2. 同余法

方程的两边相等且为整数,则两边模任意一个正整数均同余,所以可以选取合适的正整数,利用同余的性质来导出矛盾或挖掘出进一步的信息和线索,最常见的就是模 2,也即奇偶分析。

> 评注:同余法同样是不等价的思路,因此需要对形式的敏锐判断,也需要一定的积累。例如完全平方数模 4 同余于 0 或 1;模 8 同余于 0,1,4;模 5 同余于 0,±1;整数的四次幂模 16 同余于 0 或 1。此外还应注意的是,要证明两个数不等,只需证明模某一个正整数不同余即可。上述这些看似平平无奇的结论或思路,却是解决一些问题的核心。

3. 不等式估计法

(1) 利用整数的离散性与不等式,缩小未知数的范围或导出矛盾;

(2) 对指数、唯一分解后质数的幂次,运用数论手段加以估计范围,进而求解。

4. 无穷递降法

为了证明不定方程无正整数解,我们假设其有解,并说明由此出发可以构造出无穷多组解,从而导致矛盾,矛盾往往在于不存在严格递减的无穷正整数列,或者也可直接考虑最小解,构造出更小的解导致矛盾。典型的例子比如 $\sqrt{2}$ 是无理数的证明与费马大定理 $n=4$ 的情形(习题 26)的证明。

我们介绍几种典型的不定方程。

1. 不定方程 $x_1+x_2+\cdots+x_n=m(m \in \mathbf{N}, m \geqslant n)$ 的正整数解 $(x_1, x_2, \cdots, x_n)$ 的组数为 C_{m-1}^{n-1}。

事实上,这个不定方程的正整数解对应将排成一列的 m 个相同的球分成 n 组,每组至少一个球的方法。由隔板法知,等价于在 $m-1$ 个空中插入 $n-1$ 个隔板,分隔的总方法数为 C_{m-1}^{n-1}。故方程的正整数解组数为 C_{m-1}^{n-1}。

不定方程 $x_1+x_2+\cdots+x_n=m(m \in \mathbf{N})$ 的非负整数解的组数为 C_{n+m-1}^{m}。

解法一:不定方程 $x_1+x_2+\cdots+x_n=m$ 的非负整数解对应着将 m 个相同的球和 $n-1$ 块相同的隔板排成一列的方法。从 $n+m-1$ 个位置中选择 m 个放球,其余放隔板,因此总的方法数,也即方程的非负整数解的组数为 C_{n+m-1}^{m}。

解法二:令 $y_i=x_i+1 \geqslant 1$,则 $x_1+x_2+\cdots+x_n=m$ 的非负整数解与 $y_1+y_2+\cdots+y_n=n+m$ 的正整数解一一对应,所以解的组数相同。由前面结论,解的组数为 $\mathrm{C}_{n+m-1}^{n-1}=\mathrm{C}_{n+m-1}^{m}$。

2. 一次同余方程 $ax \equiv b(\bmod m)$ 有解的充要条件是 $(a, m) \mid b$;特别地,设 $(a, m)=1$,则同余方程 $ax \equiv b(\bmod m)$ 有唯一解 $x \equiv a^{-1}b(\bmod m)$,其中 $a^{-1} \in \mathbf{Z}$,且 $a^{-1}a \equiv 1(\bmod m)$。

3. 关于整数 x、y 的二元一次整系数方程 $ax+by=c$ 有解的充要条件是 $(a, b) \mid c$;特别地,设 $(a, b)=1$,否则两边同时除以 (a, b),则由同余式 $ax \equiv c(\bmod b)$,得 $x \equiv a^{-1}c(\bmod b)$;取一特解 $x=x_0$ 代入方程,求得 $y=y_0$,得一组特解 $(x, y)=(x_0, y_0)$,再得出通解 $(x, y)=(x_0+bt, y_0-at)(t \in \mathbf{Z})$。

4. 不定方程 $x^2+y^2=z^2$ 称为勾股方程,满足 $(x, y)=1$ 的正整数解 (x, y, z) 称为本原解,对于本原解,模 4 易知 x、y 一奇一偶。不妨设 $2 \mid y$,则其

所有本原解为 $(x, y, z) = (a^2 - b^2, 2ab, a^2 + b^2)$,其中 $a, b \in \mathbf{N}_+$,且 $(a, b) = 1$,$a > b$,a 与 b 一奇一偶。

证明:设 x、y、z 是方程的一组本原解,且 y 为偶数,则 x、z 为奇数。方程变形为

$$\left(\frac{y}{2}\right)^2 = \frac{z+x}{2} \cdot \frac{z-x}{2}。$$

由 x、y、z 为本原解知 x、y、z 两两互质。设 $d = \left(\frac{z+x}{2}, \frac{z-x}{2}\right)$,则

$$d \mid \frac{z+x}{2}, \quad d \mid \frac{z-x}{2},$$

所以 $d \mid x$,$d \mid z$,进而 $d \mid (x, z) = 1$。因此 $d = 1$,故可设

$$\frac{z+x}{2} = a^2, \quad \frac{z-x}{2} = b^2, \quad \frac{y}{2} = ab,$$

即 $(x, y, z) = (a^2 - b^2, 2ab, a^2 + b^2)$,其中 $a, b \in \mathbf{N}_+$,且 $(a, b) = 1$,$a > b$。又由 $a^2 + b^2 = z$ 为奇数知 a、b 一奇一偶。

5. 佩尔方程

(1) 定义:形如 $x^2 - Dy^2 = 1 (D \in \mathbf{N}_+, \sqrt{D} \notin \mathbf{N}_+)$ 的方程称为佩尔方程或 Ⅰ 型佩尔方程。古希腊和印度的数学家对此类方程做了最早的贡献,后由费马首先进行了深入研究,最终被拉格朗日解决。但欧拉误记为佩尔提出了该类方程,后人便称为佩尔方程。

佩尔方程要求 $\sqrt{D} \notin \mathbf{N}_+$,这是因为若 $\sqrt{D} \in \mathbf{N}_+$,则 $1 = x^2 - Dy^2 = (x + \sqrt{D}y)(x - \sqrt{D}y)$,显然 $(x, y) = (1, 0)$ 是唯一非负整数解。当 $\sqrt{D} \notin \mathbf{N}_+$ 时,若 (x, y) 是其整数解,则 $(\pm x, \pm y)$ 也是其整数解,结合 $(x, y) = (1, 0)$ 是平凡解,所以我们只需考虑佩尔方程的正整数解,下述的解均指佩尔方程的正整数解。

(2) 基本解:若 (x_1, y_1) 是佩尔方程的一组解,且对于方程的任一异于 (x_1, y_1) 的解 (x, y),都有 $x > x_1$(显然此时还有 $y > y_1$),则称 (x_1, y_1) 是佩尔方程的最小解,也叫基本解。佩尔方程一定有解,证明可以使用连分数的

相关知识,这里不作展开,我们采用另一种证法。

证明:首先证明存在无穷多个正整数 p、q 满足 $\left|\dfrac{p}{q}-\alpha\right|<\dfrac{1}{q^2}$,其中 α 为正无理数。

考察数列 $a_n=n\alpha-[n\alpha]$ $(n\geqslant1)$,则 a_n 落在区间 $[0,1)$ 中。对于任意正整数 $Q>1$,将区间 $[0,1)$ 分为 Q 个小区间

$$\left[0,\frac{1}{Q}\right),\ \left[\frac{1}{Q},\frac{2}{Q}\right),\ \cdots,\ \left[\frac{Q-1}{Q},1\right),$$

由抽屉原理即知 $a_1,a_2,\cdots,a_Q,a_{Q+1}$ 中至少有两个数落在同一个小区间,即存在 $1\leqslant n_1<n_2\leqslant Q+1$,使得 $|a_{n_1}-a_{n_2}|<\dfrac{1}{Q}$,于是

$$|[n_2\alpha]-[n_1\alpha]-(n_2-n_1)\alpha|<\frac{1}{Q}。$$

令 $p=[n_2\alpha]-[n_1\alpha]\geqslant0$,$q=n_2-n_1\in[1,Q]$,则 $\left|\dfrac{p}{q}-\alpha\right|<\dfrac{1}{Qq}\leqslant\dfrac{1}{q^2}$。显然,每一个正整数 $Q>1$ 都对应一组 (p,q) $(p\geqslant0,q>0)$。如果这样的数对只有有限个,那么必定有一组 (p,q),与其对应的 Q 有无穷多个。即对这一组 (p,q),有无穷多个正整数 $Q>1$,使得

$$\left|\frac{p}{q}-\alpha\right|<\frac{1}{Qq}$$

成立。令 $Q\to+\infty$,则 $\alpha=\dfrac{p}{q}$ 是有理数。这与 α 是无理数矛盾,因此这样的整数对 (p,q) $(p\geqslant0,q>0)$ 有无穷多组,进一步地,其中 $p>0$,$q>0$ 的数对有无穷多组,否则仿照上述过程可导出 $\alpha=0$,矛盾。这样,我们就找到了无穷多个正整数 p、q 满足要求。

设 D 是正整数且为非平方数,令 $\alpha=\sqrt{D}$,则 α 为正无理数,由(1)中结论,有无穷多组正整数 p、q 使得 $\left|\dfrac{p}{q}-\sqrt{D}\right|<\dfrac{1}{q^2}$,则 $|p^2-Dq^2|=$

$q^2\left|\dfrac{p}{q}-\sqrt{D}\right|\left|\dfrac{p}{q}+\sqrt{D}\right|<\left|\dfrac{p}{q}+\sqrt{D}\right|\leqslant\left|\dfrac{p}{q}-\sqrt{D}\right|+2\sqrt{D}<\dfrac{1}{q^2}+2\sqrt{D}$,

所以 $p^2 - Dq^2$ 只能取到有限个整数值,因此必存在整数 k 使得有无穷多组正整数对 (p, q) 满足 $p^2 - Dq^2 = k$,这意味着存在整数 k 使得方程 $x^2 - Dy^2 = k$ 有无穷多组解(再次强调,这里的解是指正整数解)。

对于上述的无穷多组解 (x, y),由抽屉原理,必存在两组解 (x_1, y_1) 与 (x_2, y_2),满足 $x_1 \equiv x_2 (\mod k)$,$y_1 \equiv y_2 (\mod k)$。 注意到有恒等式

$$(u^2 - Mv^2)(w^2 - Mt^2) = (uw - Mvt)^2 - M(ut - vw)^2,$$

结合

$$x_1^2 - Dy_1^2 = k,$$
$$x_2^2 - Dy_2^2 = k,$$

利用上述恒等式可得

$$(x_1 x_2 - Dy_1 y_2)^2 - D(x_1 y_2 - x_2 y_1)^2 = (x_1^2 - Dy_1^2)(x_2^2 - Dy_2^2) = k^2。$$

所以

$$\left(\frac{x_1 x_2 - Dy_1 y_2}{k} \right)^2 - D \left(\frac{x_1 y_2 - x_2 y_1}{k} \right)^2 = 1。$$

注意到 $x_1 x_2 - y_1 y_2 D \equiv x_1^2 - Dy_1^2 \equiv 0 (\mod k)$,$x_1 y_2 - x_2 y_1 \equiv 0 (\mod k)$,故 $\dfrac{x_1 x_2 - y_1 y_2 D}{k}$,$\dfrac{x_1 y_2 - x_2 y_1}{k}$ 为整数。下面证明这组整数解是非平凡的,也即 $x_1 y_2 - x_2 y_1 \neq 0$。

假设 $x_1 y_2 - x_2 y_1 = 0$,则 $x_1 y_2 = x_2 y_1$,平方得 $x_1^2 y_2^2 = x_2^2 y_1^2$,则 $(Dy_1^2 + k) y_2^2 = (Dy_2^2 + k) y_1^2$,所以 $y_2^2 = y_1^2$,又 y_1、y_2 均为正整数,所以 $y_1 = y_2$,矛盾。

由上即得 $\left(\left| \dfrac{x_1 x_2 - y_1 y_2 D}{k} \right|, \left| \dfrac{x_1 y_2 - x_2 y_1}{k} \right| \right)$ 是佩尔方程的一组解,进而必然存在最小解。

(3)通解:佩尔方程 $x^2 - Dy^2 = 1 (D \in \mathbf{N}_+, \sqrt{D} \notin \mathbf{N}_+)$ 的所有解 (x_n, y_n) 由其最小解 (x_1, y_1) 按等式 $(x_1 + \sqrt{D} y_1)^n = x_n + \sqrt{D} y_n$ 生成,易知此时 $(x_1 - \sqrt{D} y_1)^n = x_n - \sqrt{D} y_n$,联立解得:

$$
\begin{cases}
x_n = \dfrac{1}{2}\left[(x_1 + \sqrt{D}\,y_1)^n + (x_1 - \sqrt{D}\,y_1)^n\right], \\[3mm]
y_n = \dfrac{1}{2\sqrt{D}}\left[(x_1 + \sqrt{D}\,y_1)^n - (x_1 - \sqrt{D}\,y_1)^n\right],
\end{cases}
\quad (n \in \mathbf{N}_+)。
$$

上述的 $(x_n,\ y_n)$ 显然为佩尔方程的解,因为 $x_n^2 - Dy_n^2 = (x_1^2 - Dy_1^2)^n = 1$。下面证明其也是全部解。

证明:若 $(x_k,\ y_k)$ 是 $x^2 - Dy^2 = 1$ 的解,则

$$
1 = x_k^2 - Dy_k^2 = (x_k + \sqrt{D}\,y_k)(x_k - \sqrt{D}\,y_k)。
$$

假设解 $x_k + \sqrt{D}\,y_k$ 不能表示为 $(x_1 + \sqrt{D}\,y_1)^n$ 的形式,设 $(x_1,\ y_1)$ 是最小解,则

$$
x_k + \sqrt{D}\,y_k > x_1 + \sqrt{D}\,y_1,
$$

结合假设可知存在 $l \in \mathbf{N}_+$ 使得

$$
(x_1 + \sqrt{D}\,y_1)^l < x_k + \sqrt{D}\,y_k < (x_1 + \sqrt{D}\,y_1)^{l+1},
$$

$$
\begin{aligned}
(x_1 + \sqrt{D}\,y_1)^l (x_1 - \sqrt{D}\,y_1)^l &< (x_k + \sqrt{D}\,y_k)(x_1 - \sqrt{D}\,y_1)^l \\
&< (x_1 + \sqrt{D}\,y_1)^{l+1}(x_1 - \sqrt{D}\,y_1)^l,
\end{aligned}
$$

$$
(x_1^2 - Dy_1^2)^l < (x_k + \sqrt{D}\,y_k)(x_1 - \sqrt{D}\,y_1)^l < (x_1 + \sqrt{D}\,y_1)(x_1^2 - Dy_1^2)^l,
$$

$$
1 < (x_k + \sqrt{D}\,y_k)(x_1 - \sqrt{D}\,y_t)^l < x_1 + \sqrt{D}\,y_1。
$$

不妨设 $(x_k + \sqrt{D}\,y_k)(x_1 - \sqrt{D}\,y_1)^l = \bar{x} + \sqrt{D}\,\bar{y}\,(\bar{x},\ \bar{y} \in \mathbf{Z})$,则 $1 < \bar{x} + \sqrt{D}\,\bar{y} < x_1 + \sqrt{D}\,y_1$,显然 $\bar{y} \neq 0$,且 $(x_k - \sqrt{D}\,y_k)(x_1 + \sqrt{D}\,y_1)^l = \bar{x} - \sqrt{D}\,\bar{y}$。

上述两个等式相乘得 $\bar{x}^2 - D\bar{y}^2 = 1$,由 $\bar{x} + \sqrt{D}\,\bar{y} > 1$ 及 $(\bar{x} + \sqrt{D}\,\bar{y})(\bar{x} - \sqrt{D}\,\bar{y}) = 1$,得 $0 < \bar{x} - \sqrt{D}\,\bar{y} < 1$,又 $1 < \bar{x} + \sqrt{D}\,\bar{y}$,相加得 $\bar{x} > 0$,相减得 $\bar{y} > 0$,所以 $(\bar{x},\ \bar{y})$ 是方程的解,又 $\bar{x} + \sqrt{D}\,\bar{y} < x_1 + \sqrt{D}\,y_1$,所以 $\bar{x} < x_1$ 且 $\bar{y} < y_1$,与 $(x_1,\ y_1)$ 为最小解矛盾。所以假设不成立,综上即证原命题成立。

(4) 递推方法:由上述通项公式及特征方程的知识,佩尔方程的全部解 (x_n, y_n) 满足下面的递推公式:

$$\begin{cases} x_{n+2} = 2x_1 x_{n+1} - x_n, \\ y_{n+2} = 2x_1 y_{n+1} - y_n \end{cases} (n \in \mathbf{N}_+), 其中(x_1, y_1) 为基本解,(x_2, y_2) = (x_1^2 + Dy_1^2, 2x_1 y_1)。$$

(5) Ⅱ型佩尔方程: $x^2 - Dy^2 = -1 (D \in \mathbf{N}_+, \sqrt{D} \notin \mathbf{N}_+)$。

如果 Ⅱ 型佩尔方程存在解,设 (x_1, y_1) 是基本解,则其所有解由基本解 (x_1, y_1) 按等式 $(x_1 + \sqrt{D}y_1)^{2n-1} = x_n + \sqrt{D}y_n$ 生成,且记 $(x_1 + \sqrt{D}y_1)^2 = x_0 + \sqrt{D}y_0$,则 (x_0, y_0) 为 $x^2 - Dy^2 = 1$ 的基本解。

> 评注:证明上述解为Ⅱ型佩尔方程的全部解是容易的,完全类似于 Ⅰ 型佩尔方程。但是Ⅱ型佩尔方程不一定有解,例如模 4 易知 $x^2 - 8y^2 = -1$ 无解。对于一般的 D,判断其是否有解是困难的,可参见广义佩尔方程的评注。

(6) 广义佩尔方程: $x^2 - Dy^2 = a (a, D \in \mathbf{N}_+, \sqrt{D} \notin \mathbf{N}_+)$。

若其有解,设 (x_0, y_0) 是基本解,再记 $x^2 - Dy^2 = 1 (D \in \mathbf{N}_+, \sqrt{D} \notin \mathbf{N}_+)$ 的通解为 (x_n, y_n),类似于(3)中的恒等式,我们还有下述恒等式,

$$(u^2 - Mv^2)(w^2 - Mt^2) = (uw + Mvt)^2 - M(ut + vw)^2,$$

所以

$$(x_0 x_n + dy_0 y_n)^2 - d(x_0 y_n + x_n y_0)^2 = (x_0^2 - dy_0^2)(x_n^2 - dy_n^2) = a。$$

令 $s_n + \sqrt{D}t_n = (x_n + \sqrt{D}y_n)(x_0 + \sqrt{D}y_0)$,这里 s_n、t_n 均为正整数,显见 (s_n, t_n) 是 $x^2 - Dy^2 = a$ 的由一个基本解 (x_0, y_0) 生成的无穷多组解。

> 评注:同样地,广义佩尔方程不一定有解,判定其是否有解是困难的,而且即便其有基本解,上述无穷多组解 (s_n, t_n) 也不一定是其全部解,

这是因为，一般型佩尔方程可能存在多个基本解，每个基本解带来一个解系，每个基本解是该解系中的最小解。

例如：$x^2 - 5y^2 = -4$ 有两组基本解 $(1, 1)$、$(4, 2)$，$x^2 - 5y^2 = 4$ 有三组基本解 $(3, 1)$、$(7, 3)$、$(18, 8)$。

彻底解决广义佩尔方程的一种常用算法由拉格朗日首先提出，并经后来的研究者加以完善，其基本原理仍与连分数表示有关。受篇幅与本书主旨所限，笔者无法展开，感兴趣的读者可以自主拓展研习。

6. 费马大定理：当整数 $n \geqslant 3$ 时，不定方程 $x^n + y^n = z^n$ 无正整数解 (x, y, z)。

评注：公元 17 世纪，费马在巴黎买了一本古希腊数学家丢番图的著作《算术》，在读到毕达哥拉斯定理也就是勾股定理的时候，他发现虽然 $x^2 + y^2 = z^2$ 存在无穷多组正整数解，但当 $n \geqslant 3$ 时，似乎就没有正整数解。记下这个猜想之后，他在书页的空白处写道：对这个命题我有一个十分美妙的证明，但这里空白太小，写不下。

事实上，费马运用无穷递降法证明了 $n = 4$ 的情形（习题 26），但距离一般的情形还很远。后来，无数最顶尖的数学家为费马大猜想付出了艰苦卓绝的努力，并由此发展出一系列的方法和理论。1955 年，两位年轻的日本数学家谷山丰和志村五郎提出了谷山-志村猜想：所有 $\mathbf{Q}$ 上的椭圆曲线都是模的。1986 年，德国数学家弗雷发现，如果谷山-志村猜想成立，则费马猜想成立。至此，数学界达成了重要的共识：只要证明了谷山-志村猜想，费马猜想作为推论就会自然成立。1986 年，英国数学家怀尔斯决定向他十岁时就看到并记住的费马猜想作出冲击，1994 年他最终证明了稍弱些的谷山-志村猜想，但足以推出费马大猜想成立。

丢番图的《算术》写于公元 3 世纪的古希腊，17 世纪法国的费马阅读后提出了费马大猜想,1955 年日本的谷山-志村提出了谷山-志村猜想,1963 年英国的十岁少年怀尔斯读到了费马猜想,他惊讶于其表述的初等并记在了心中,1986 年,德国数学家弗雷打通了谷山-志村猜想与费马猜想之间的道路,怀尔斯于 1994 年完成了最终的证明。

典例精析

例1 (2019 北大博雅)$1 \times 1! + 2 \times 2! + \cdots + 672 \times 672!$ 被 2019 除的余数是(   )。

A. 1   B. 2017

C. 2018   D. 前三个选项都不对

点拨 关键是如何处理和式,形式启发我们研究一般性的 $n \times n!$,再联想裂项的处理。

解析 注意到 $n \times n! = (n+1)! - n!$,且 $2019 = 3 \times 673$,则

$$\sum_{k=1}^{672} k \times k! = \sum_{k=1}^{672} [(k+1)! - k!] = 673! - 1 \equiv 2018 \pmod{2019}.$$

本题应选 C。

例2 (2020 北大强基)方程 $19x + 93y = 4xy$ 的整数解个数为(   )。

A. 4   B. 8

C. 16   D. 前三个选项都不对

解析 原方程可化为 $(4x) \cdot (4y) - 19 \times (4x) - 93 \times (4y) = 0$,因式分解有

$$(4x - 93)(4y - 19) = 19 \times 93 = 3 \times 19 \times 31.$$

因为 3、19、31 均为质数,且 $4x - 93 \equiv 3 \pmod 4$,$4y - 19 \equiv 1 \pmod 4$,所以 $(4x - 93, 4y - 19)$ 可能为 $(3, 19 \times 31)$,$(19, 3 \times 31)$,$(31, 3 \times 19)$,$(3 \times 19 \times 31, 1)$,$(-19 \times 31, -3)$,$(-3 \times 31, -19)$,$(-3 \times 19, -31)$,$(-1, -3 \times 19 \times 31)$ 之一,共 8 种可能,均对应着一组解 (x, y),所以方程的整数解个数

为 8。本题应选 B。

例3 (2019 北大博雅)n 为任意自然数,$1^3 + 2^3 + 3^3 + \cdots + n^3$ 的个位数不可能是(   )。

A. 4   B. 9

C. 2   D. 前三个选项都不对

点拨 熟知立方数累和的结论,再结合完全平方数的同余特征即可迅速求解。

解析 记 $S_n = 1^3 + 2^3 + 3^3 + \cdots + n^3$,利用数学归纳法易证 $S_n = \left[\dfrac{n(n+1)}{2}\right]^2$ 为完全平方数,而完全平方数的个位数只可能为 0,1,4,5,6,9,所以不可能是 2。又 $S_2 \equiv 9 \pmod{10}$,$S_7 \equiv 4 \pmod{10}$。 综上,本题选 C。

例4 (2020 清华强基)设 x、y 为不同的正整数,给出以下三个结论:

① $y^2 + 2x$ 与 $x^2 + 2y$ 不可能同时为完全平方数

② $y^2 + 4x$ 与 $x^2 + 4y$ 不可能同时为完全平方数

③ $y^2 + 6x$ 与 $x^2 + 6y$ 不可能同时为完全平方数

其中正确结论的个数是(   )。

A. 0   B. 1   C. 2   D. 3

解析 由对称性,不妨设 $x > y$。

因为 $x^2 < x^2 + 2y < x^2 + 2x < (x+1)^2$,所以 $x^2 + 2y$ 不是完全平方数,故结论①正确。

因为 $x^2 < x^2 + 4y < x^2 + 4x < (x+2)^2$,所以若 $x^2 + 4y$ 为完全平方数,必有 $x^2 + 4y = (x+1)^2$,即 $4y = 2x + 1$,但 $4y$ 与 $2x + 1$ 奇偶性不同,不可能相等,故结论②正确。

因为 $x^2 < x^2 + 6y < x^2 + 6x < (x+3)^2$,同上述分析可知 $x^2 + 6y \neq (x+1)^2$,令 $x^2 + 6y = (x+2)^2$,即 $3y = 2x + 2$。于是 $y^2 < y^2 + 6x = y^2 +$

$9y-6<(y+5)^2$，由奇偶性易知 $y^2+6x=(y+2)^2$ 或 $(y+4)^2$。若 $y^2+6x=(y+2)^2$，即 $3x=2y+2$，结合 $3y=2x+2$ 知 $x=y=2$，不合题意；若 $y^2+6x=(y+4)^2$，结合 $3y=2x+2$，可解得 $x=32$，$y=22$。容易验证此时 $y^2+6x=(y+4)^2=26^2$，$x^2+6y=(x+2)^2=34^2$。故结论③错误。

综上，本题应选 C。

评注：排序的准备工作是必要的，在 $x>y$ 的基础上显然有 $x^2<x^2+2ny<(x+n)^2$，由此打开思路。这就是不定方程中常见的不等式估计法。

例 5 （2021 北大强基）设正整数 $n\leqslant 2021$，且 n^5-5n^3+4n+7 是完全平方数，则可能的 n 的个数为 _____。

解析 $n^5-5n^3+4n+7=n(n^2-1)(n^2-4)+7=(n-2)(n-1)n(n+1)(n+2)+7$，而 $n-2$、$n-1$、n、$n+1$、$n+2$ 是 5 个连续的整数，因此 $(n-2)(n-1)n(n+1)(n+2)$ 是 4 的倍数，进而 $n^5-5n^3+4n+7\equiv 3\pmod 4$。但一个整数的平方模 4 余 0 或 1，所以 n^5-5n^3+4n+7 不可能是完全平方数。符合题意的 n 的个数为 0。

评注：本题中的最高次为 5 次，无法再利用配方的思想来卡出完全平方数，我们需转变思路，考虑同余法。其中任意 5 个连续整数之积为 4 的倍数这一结论可以加强为任意连续 k 个整数之积一定是 $k!$ 的倍数。

我们简证如下：若这些数中有 0 显然结论成立，又全为负整数显然可转化为全为正整数的情形，所以不妨设连续的 k 个整数为正整数，设为 $n+1$，$n+2$，$\cdots$，$n+k$。

证法一：对任给的质数 p，考虑其在 $k!$ 与 $A=(n+1)(n+2)\cdots(n+k)=\dfrac{(n+k)!}{n!}$ 中的幂次，则

$$v_p(k!) = \sum_{i=1}^{\infty} \left[\frac{k}{p^i} \right],$$

$$v_p(A) = v_p((n+k)!) - v_p(n!) = \sum_{i=1}^{\infty} \left(\left[\frac{n+k}{p^i} \right] - \left[\frac{n}{p^i} \right] \right).$$

利用不等式 $[x] + [y] = [[x]+y] \leqslant [x+y]$,可知 $v_p(k!) \leqslant v_p(A)$,结合 p 的任意性知 $k! \mid A$。

证法二:注意到 $\dfrac{(n+1)(n+2)\cdots(n+k)}{k!} = C_{n+k}^k \in \mathbf{Z}$,故任意连续 k 个整数之积一定是 $k!$ 的倍数。

例 6 (2021 北大强基)若 $x_1,x_2,\cdots,x_7$ 为非负整数,则方程 $x_1 + x_2 + \cdots + x_7 = x_1 x_2 \cdots x_7$ 的解有_____组。

点拨 我们曾在第 5 讲三角函数的例 7 中解决过不定方程 $a+b+c=abc$,本题类似,通过不等放缩来缩小某些量的取值范围至有限种可能,进而讨论求解。

解析 由非负性,只要 $x_1,x_2,\cdots,x_7$ 中有一个为 0,则 $x_1 = x_2 = \cdots = x_7 = 0$。

下面只考虑 $x_1,x_2,\cdots,x_7$ 非零的情形。由对称性,不妨设 $0 < x_1 \leqslant x_2 \leqslant \cdots \leqslant x_7$,则 $x_1 x_2 \cdots x_7 \leqslant 7x_7$,从而 $x_1 x_2 \cdots x_6 \leqslant 7$。因此必有 $x_1 = x_2 = x_3 = x_4 = 1$,否则 $x_1 x_2 \cdots x_4 x_5 x_6 \geqslant x_4 x_5 x_6 \geqslant 2^3 = 8 > 7$,矛盾。于是方程化为 $x_5 x_6 x_7 = 4 + x_5 + x_6 + x_7$,且由 $x_5 x_6 \leqslant 7$,可得 $x_5 \leqslant 2$。

情形 1:$x_5 = 1$,则 $x_6 x_7 = 5 + x_6 + x_7$,即 $(x_6 - 1)(x_7 - 1) = 6$,满足条件的解 (x_6, x_7) 有 $(2,7)$,$(3,4)$ 两组。

情形 2:$x_5 = 2$,则 $x_6 = 2$ 或 3。若 $x_6 = 2$,此时 $4x_7 = 8 + x_7$,与 x_7 是整数矛盾;若 $x_6 = 3$,此时 $6x_7 = 9 + x_7$,与 x_7 是整数矛盾。故此时无解。

综上,当 $0 < x_1 \leqslant x_2 \leqslant \cdots \leqslant x_7$,方程的解共有 $(1,1,1,1,1,2,7)$ 和 $(1,1,1,1,1,3,4)$ 两组。结合对称性及全为 0 的解,可知方程的解共有 $2C_7^5 \times A_2^2 + 1 = 85$ 组。

例 7 (2020 北大强基)在 $(2019 \times 2020)^{2021}$ 的全体正因数中选出若干个，使得其中任意两个的乘积都不是平方数，则最多可选因数个数为(　　)。

    A. 16   B. 31

    C. 32   D. 前三个选项都不对

点拨 一个数是完全平方数有多种解读和性质，最契合本题条件的是完全平方数的标准分解中每个质数的幂次均为偶数，再结合一点组合数学中的抽屉原理，便不难求解了。

解析 对 $(2019 \times 2020)^{2021}$ 作标准分解有 $(2019 \times 2020)^{2021} = 2^{4042} \times 3^{2021} \times 5^{2021} \times 101^{2021} \times 673^{2021}$。考虑 $(2019 \times 2020)^{2021}$ 的任意两个因数 a、b，则它们必定可以表示为

$$a = 2^{a_1} \times 3^{a_2} \times 5^{a_3} \times 101^{a_4} \times 673^{a_5},$$
$$b = 2^{b_1} \times 3^{b_2} \times 5^{b_3} \times 101^{b_4} \times 673^{b_5},$$

ab 不为完全平方数等价于 a_i 与 b_i $(i = 1, 2, 3, 4, 5)$ 的奇偶性不全相同。

设符合条件的因数个数为 N，注意到 5 个数的奇偶性一共有 $2^5 = 32$ 种可能，所以必有 $N \leqslant 32$。否则若 $N \geqslant 33$，由抽屉原理知，必有两个因数 a、b，它们的标准分解中 a_i 与 b_i $(i = 1, 2, 3, 4, 5)$ 同奇偶，则 ab 为完全平方数，矛盾。另一方面，考虑集合 $A = \{2^{a_1} \times 3^{a_2} \times 5^{a_3} \times 101^{a_4} \times 673^{a_5} \mid a_i \in \{0, 1\}, i = 1, 2, 3, 4, 5\}$。显然集合 A 中的元素均为 $(2019 \times 2020)^{2021}$ 的因数，且任意两个元素的乘积不是完全平方数。而 $|A| = 32$，故 N 最大为 32。本题应选 C。

例 8 (2019 清华自招)若不定方程 $x_1^4 + x_2^4 + \cdots + x_n^4 = 799$ 有正整数解，则正整数 n 的最小值为(　　)。

    A. 11   B. 13   C. 15   D. 17

解析 一方面，整数的四次方数模 16 的余数只能为 0 或者 1，而 $799 \equiv 15 (\bmod\, 16)$，故 $n \geqslant 15$。另一方面，$n = 15$ 时，取 $x_1 = 5$，$x_2 = x_3 = 3$，$x_4 = \cdots = x_{15} = 1$，方程成立，所以 n 的最小值为 15。本题应选 C。

例9 (2019 清华自招)在十进制数下,a 表示 4444^{4444} 的各位数字之和,b 是 a 的各位数字之和,c 为 b 的各位数字之和,则 c 的值为(　　)。

　　A. 5　　　　　B. 6　　　　　C. 7　　　　　D. 16

解析　记正整数 n 的十进制表示下各位数码之和为 $S(n)$,则 $a = S(4444^{4444})$,$b = S(a)$,$c = S(b)$,由知识拓展,$S(n) \equiv n \pmod 9$,则 $4444 \equiv S(4444) = 16 \equiv 7 \pmod 9$,所以 $4444^3 \equiv 7^3 \equiv 1 \pmod 9$。所以 $4444^{4444} = 4444^{3 \times 1481} \times 4444 \equiv 1 \times 7 \equiv 7 \pmod 9$,于是 $a \equiv b \equiv c \equiv 7 \pmod 9$。

下面估计 c 的范围。$4444^{4444} < 10000^{4444} = 10^{17776}$,这说明 4444^{4444} 至多是 17776 位数,所以 $a < 9 \times 17776 = 159984$。进一步地,在所有小于 159984 的自然数中,各位数字之和最大的数是 99999,所以 $b \leqslant 9 \times 5 = 45$,在所有不超过 45 的自然数中,各位数字之和最大的为 39,所以 $c \leqslant 3 + 9 = 12$,又 $c \equiv 7 \pmod 9$,c 为正整数,所以 $c = 7$。本题应选 C。

具体的计算重要得多,我们得先有这样的直觉,才能进一步精确表述,易知正整数 n 的数位为 $[\lg(n)]+1$,所以 $S(n) \leqslant 9([\lg(n)]+1)$。 但本题并不需要如此一丝不苟的放缩,因为作对数导致的锐减实在夸张,所以即便我们作宽松的放缩 $4444^{4444} < 10\,000^{4444}$,也是完全可行的。

例 10 (2021 北大暑期学堂)方程 $\sqrt{x}+\sqrt{y}=2+\sqrt{x+y}$ 的整数解的组数为 _____。

解析 对方程两边平方整理得:$\sqrt{xy}=2+2\sqrt{x+y}$,两边再次平方可得

$$xy=4+4(x+y)+8\sqrt{x+y}。$$

因为 x、y 都是整数,所以 $\sqrt{x+y} \in \mathbf{N}$。设 $m=\sqrt{x+y}$,则上式化为 $xy=4(m+1)^2$,结合 $x+y=m^2$ 及韦达定理知,x、y 是关于 t 的方程 $t^2-m^2 t+4(m+1)^2=0$ 的两个整数根,故

$$\Delta=m^4-16(m+1)^2=(m+2)^2[(m-2)^2-8]$$

是一个完全平方数,因此 $(m-2)^2-8$ 是一个完全平方数。设 $(m-2)^2-8=n^2$,其中 $n \in \mathbf{N}$,则 $(m+n-2)(m-n-2)=8$。 不难分析得到仅有如下一种可能

$$\begin{cases} m+n-2=4, \\ m-n-2=2, \end{cases}$$

解得 $m=5$,$n=1$,代入关于 t 的方程可得 $t^2-25t+144=0$。因为 x、y 是此方程的两根,所以 $x=9$,$y=16$ 或 $x=16$,$y=9$。 故原方程整数解的组数为 2。

评注:上述方程的有理数解有多少组? 与原题的分析论证不同,这时应优先考虑直接构造。我们希望消去讨厌的根号,自然希望 $\sqrt{x}$、$\sqrt{y}$、$\sqrt{x+y}$ 这三个根式的被开方数都是完全平方数,又三者间存在和

的关系,联想到勾股数。令 $\sqrt{x}=2ab,\sqrt{y}=a^2-b^2$,其中 $a,b\in\mathbf{Q}_+$,且 $a>b$。 原方程化为

$$2ab+a^2-b^2=2+a^2+b^2,$$

即 $a=b+\dfrac{1}{b}$,因此本题中的方程有无穷多组有理数解。

例 11 是否存在自然数 n,使得 $324+455^n$ 为质数?

点拨 如此巨大的数字,答案应该是不存在。那么为了说明 $324+455^n$ 一定为合数,常见思路就是寻找固定的素因子,为此可先研究 n 较小时 $324+455^n$ 的素因子,或者直接取模来研究。本题的趣味性在于,只遵循一种思路是棋差一着的,彻底解决本题还需要利用因式分解。

解析 不存在,证明如下:

设 $a_n=324+455^n$,$n\in\mathbf{N}$。

当 n 为奇数时,$a_n\equiv 1+(-1)^n=0(\bmod 19)$,且显然 $a_n>19$,故 n 为奇数时,a_n 为合数。

当 $n\equiv 2(\bmod 4)$ 时,$a_n\equiv 1+(-4)^n\equiv 1+(-4)^2\equiv 0(\bmod 17)$,且显然 $a_n>17$,故 $n=4k+2$ 时,a_n 为合数。

当 $n\equiv 0(\bmod 4)$ 时,设 $n=4k$,注意到 $324=4\times 3^4$,此时 $a_n=455^{4k}+4\times 3^4$,利用因式分解 $x^4+4y^4=(x^2+2y^2)^2-4x^2y^2=(x^2+2y^2+2xy)(x^2+2y^2-2xy)$,易知 a_n 为合数。

综上,不存在自然数 n,使得 $324+455^n$ 为质数。

例 12 (2021 中科大强基广东线上)设 a、b、c 是正整数,p 是质数,$p\geqslant 5$ 且 p 整除 $a^{\frac{p-1}{2}}+b^{\frac{p-1}{2}}+c^{\frac{p-1}{2}}$,证明:$p$ 整除 abc。

解析 证法一:假设 p 不整除 abc,则 p 与 a、b、c 互质。由费马小定理,有 $a^{p-1}\equiv 1(\bmod p)$,注意到 $p-1$ 为偶数,所以有 $(a^{\frac{p-1}{2}}+1)(a^{\frac{p-1}{2}}-1)\equiv 0(\bmod p)$,所以 $a^{\frac{p-1}{2}}\equiv 1(\bmod p)$ 或 $a^{\frac{p-1}{2}}\equiv -1(\bmod p)$。同理 $b^{\frac{p-1}{2}}$,$c^{\frac{p-1}{2}}$ 模 p 只能同余于 1 或 -1,所以 $a^{\frac{p-1}{2}}+b^{\frac{p-1}{2}}+c^{\frac{p-1}{2}}$ 模 p 的余数 $\in\{1,-1,3,-3\}$,这与 p 整

除 $a^{\frac{p-1}{2}}+b^{\frac{p-1}{2}}+c^{\frac{p-1}{2}}$ 且 $p \geqslant 5$ 矛盾。所以假设不成立,即证 $p \mid abc$。

证法二:假设 p 不整除 abc,则 p 与 a、b、c 互质。由费马小定理,有

$$a^{p-1} \equiv 1(\bmod p), \ b^{p-1} \equiv 1(\bmod p), \ c^{p-1} \equiv 1(\bmod p)。$$

又由题意,$a^{\frac{p-1}{2}}+b^{\frac{p-1}{2}}+c^{\frac{p-1}{2}} \equiv 0(\bmod p)$,即 $b^{\frac{p-1}{2}}+c^{\frac{p-1}{2}} \equiv -a^{\frac{p-1}{2}}(\bmod p)$,平方得

$$2(bc)^{\frac{p-1}{2}} \equiv -1(\bmod p),$$

因此 $a^{\frac{p-1}{2}} \equiv -2(abc)^{\frac{p-1}{2}}(\bmod p)$。同理有 $b^{\frac{p-1}{2}} \equiv -2(abc)^{\frac{p-1}{2}} \equiv c^{\frac{p-1}{2}}(\bmod p)$,所以

$$0 \equiv a^{\frac{p-1}{2}}+b^{\frac{p-1}{2}}+c^{\frac{p-1}{2}} \equiv 3a^{\frac{p-1}{2}}(\bmod p)。$$

又 $p \geqslant 5$,所以 $a^{\frac{p-1}{2}} \equiv 0(\bmod p)$,这说明 p 整除 a,矛盾。所以假设不成立,即证 $p \mid abc$。

> 评注:仿照证法一,本题的结论可以推广为:设 $a_1, a_2, \cdots, a_n$ 是正整数,p 是奇质数,$p > n$ 且 p 整除 $a_1^{\frac{p-1}{2}}+a_2^{\frac{p-1}{2}}+\cdots+a_n^{\frac{p-1}{2}}$,则 p 整除 $a_1 a_2 \cdots a_n$。

例 13 (1) (2021 北大寒假学堂)若存在正整数 n,使得 $3^m \mid (1!+2!+\cdots+n!)$,则正整数 m 的最大值是_____。

(2) 求不定方程 $1!+2!+\cdots+x!=y^z(x, z>1)$ 的所有正整数解。

点拨 注意到 n 很大时,$v_3(n!)$ 也很大,不难想到 $1!+2!+\cdots+n!$ 中 3 的幂次在某一项之后会恒定,所以我们只需多算几项即可。(1)的结论是处理(2)的出发点。

解析 (1) 记 $S_n=1!+2!+\cdots+n!$。计算知 $S_1 \equiv 1(\bmod 27)$,$S_2 \equiv 3(\bmod 27)$,$S_3 \equiv 9(\bmod 27)$,$S_4 \equiv 6(\bmod 27)$,$S_5 \equiv 18(\bmod 27)$,$S_6 \equiv 9(\bmod 27)$,$S_7 \equiv 0(\bmod 27)$,$S_8 \equiv 9(\bmod 27)$,当 $n \geqslant 9$ 时,$n! \equiv 0(\bmod 27)$,所以 $S_n \equiv S_8 \equiv 9(\bmod 27)$。因此对于 $\forall n \neq 7$,$27 \nmid S_n$,又 $S_7=5913=3^4 \times 73$,所以 m

的最大值为 4。

（2）当 $x > 1$ 时，由（1）可知，左边是 3 的倍数，所以 $3 \mid y$，且当 $x \neq 7$ 时，$27 \nmid 1! + 2! + \cdots + x!$，从而 $27 \nmid y^z$。因此，$x \neq 7$ 时，必有 $z = 2$。当 $x \geqslant 5$ 且 $x \neq 7$ 时，$1! + 2! + \cdots + x! \equiv 1! + 2! + 3! + 4! \equiv 3 \pmod 5$，而 $y^2 \equiv 0, \pm 1 \pmod 5$，故此时方程无正整数解。对 $x = 2, 3, 4, 7$ 的情形，依次检验知：$x = 3$，$y = 3$，$z = 2$ 是方程的正整数解。

综上，方程的所有正整数解为 $(3, 3, 2)$。

例 14　数列 $\{a_n\}$ 满足 $a_0 = 0$，$a_1 = 1$，$a_{n+2} = 2a_{n+1} - p a_n (n \in \mathbf{N})$，其中 p 为质数，且 $-1 \in \{a_n\}$，求 p。

点拨　非常生动迷人的问题，运用特征方程求出通项公式这种思路是平凡的等价，在本题中是复杂且无益的。核心是下述两个思想：一是在同余的观点下，递推关系可以简化；二是要研究一个幂数模 p 的余数，由费马小定理只需研究其指数模 $p - 1$ 的余数。

解析　显然 $\{a_n\}$ 为整数列。当 $p = 2$ 时，$a_{n+2} = 2(a_{n+1} - a_n)$，则当 $n \geqslant 2$ 时，a_n 为偶数，不可能为 -1，不合题意。

当 $p \geqslant 3$ 时，一方面，对递推公式两边模 p 得 $a_{n+2} \equiv 2a_{n+1} \pmod p (n \in \mathbf{N})$，即在模 p 意义下 $\{a_n\}$ 从第二项起是公比为 2 的等比数列，所以 $a_n \equiv 2^{n-1} a_1 = 2^{n-1} \pmod p (n \in \mathbf{N}_+)$。另一方面，对递推公式两边模 $p - 1$，有 $a_{n+2} \equiv 2a_{n+1} - a_n \pmod{p-1} (n \in \mathbf{N})$，即 $a_{n+2} - a_{n+1} \equiv a_{n+1} - a_n \pmod{p-1} (n \in \mathbf{N})$，即在模 $p - 1$ 意义下 $\{a_n\}$ 是公差为 1 的等差数列，所以 $a_n \equiv a_1 + n - 1 \equiv n \pmod{p-1} (n \in \mathbf{N})$。

由题意，存在 $m \in \mathbf{N}_+$，$m \geqslant 2$ 使得 $a_m = -1$，结合 $a_m \equiv 2^{m-1} \pmod p$ 与 $a_m = m \pmod{p-1}$ 可得 $2^{m-1} \equiv -1 \pmod p$ 且 $m \equiv -1 \pmod{p-1}$，设 $m = (p-1)k - 1 (k \in \mathbf{N}_+)$，则由费马小定理可知，$-4 \equiv 4 \times 2^{m-1} = 2^{(p-1)k} \equiv 1 \pmod p$，即 $5 \equiv 0 \pmod p$，所以 $p = 5$。又 $p = 5$ 时，计算知 $a_2 = 2$，$a_3 = -1$，满足要求。

综上，$p = 5$。

例 15　（2011 高联二试）证明：对任意整数 $n \geqslant 4$，存在一个 n 次多项式

$$f(x) = x^n + a_{n-1}x^{n-1} + \cdots + a_1 x + a_0,$$

具有如下性质:(1)a_0, a_1, $\cdots$, a_{n-1} 均为正整数;(2)对任意正整数 m,及任意 $k(k \geqslant 2)$ 个互不相同的正整数 r_1, r_2, $\cdots$, r_k, 均有 $f(m) \neq f(r_1)f(r_2)\cdots f(r_k)$。

解析 令 $f(x)=(x+1)(x+2)\cdots(x+n)+2$,显然 $f(x)$ 满足性质(1),下面证明 $f(x)$ 满足性质(2)。

对任意整数 t,由于 $n \geqslant 4$,故连续的 n 个整数 $t+1$, $t+2$, $\cdots$, $t+n$ 中必有一个为 4 的倍数,从而 $(t+1)(t+2)\cdots(t+n) \equiv 0 \pmod 4$,所以,$f(t) \equiv 2 \pmod 4$。

因此,对任意 $k(k \geqslant 2)$ 个正整数 r_1, r_2, $\cdots$, r_k,有 $f(r_1)f(r_2)\cdots f(r_k) \equiv 2^k \equiv 0 \pmod 4$。但对任意正整数 m,有 $f(m) \equiv 2 \pmod 4$,故 $f(m) \not\equiv f(r_1)f(r_2)\cdots f(r_k) \pmod 4$,从而 $f(m) \neq f(r_1)f(r_2)\cdots f(r_k)$,所以我们构造的 $f(x)$ 符合要求。

> 评注:事实上我们曾在例 5 中指出了更强的结论:$(t+1)(t+2)\cdots(t+n)$ 一定是 $n!$ 的倍数,但本题不需要,本题需要的是敏锐的直觉和深刻的理解,要证明 $a \neq b$,只需要找到一个 n 使得 $a \not\equiv b \pmod n$ 即可。

强化训练

A组

1. (2021 复旦强基)已知 m, $n \in \mathbf{Z}$,$0 \leqslant n \leqslant 18$,$19m+n=2021^{2022}$,则 $n=$ _____。

2. (2020 复旦强基)已知 m, $n \in \mathbf{Z}$,$0 \leqslant n \leqslant 11$,且 $2^{2020}+3^{2021}=12m+n$,则 $n=$ _____。

3. (2020 上海交大强基)方程 $x(x+1)+1=y^2$ 的正整数解有 _____ 组。

4. (2020 中科大强基)已知 $x^2-y^2=4p^2$，其中 x、y 为正整数，p 为质数，则 $x^3-y^3=$ _____。

5. (2019 北大自招)满足 $(x^2+x+1)^2+(y^2+y+1)^2$ 为完全平方数的整数对 (x,y) 的组数为（　　）。

A. 0　　　　　　　　　　　　B. 1

C. 无穷多个　　　　　　　　　D. 前三个选项都不对

6. (2019 北大博雅)满足 $n^3+2n^2+8n-5=a^3$ 的自然数组 (n,a) 的对数为（　　）。

A. 0　　　　　　　　　　　　B. 1

C. 2　　　　　　　　　　　　D. 前三个选项都不对

7. (2019 北大博雅)已知 $[x]$ 是不超过 x 的最大整数，则 $x^3-[x]=3$ 的实数解个数为（　　）。

A. 0　　　　　　　　　　　　B. 1

C. 2　　　　　　　　　　　　D. 前三个选项都不对

8. (2021 北大强基)已知 $Y=\sum_{i=0}^{2021}\left[\dfrac{2^i}{7}\right]$，则 Y 的个位数字是 _____。

9. (2021 北大强基)方程 $x^3+y^4=z^5$ 的正整数解 (x,y,z) 的组数为 _____。

10. (2021 北大强基)设 $y_n=\overset{n个2}{\overbrace{122\cdots21}}$。若 $10^9-1\mid y_n$，则 n 的最小值为 _____。

11. (2022 清华强基)对于三个正整数 a、b、c，有 $\sqrt{a+b}$、$\sqrt{b+c}$、$\sqrt{c+a}$ 为三个连续正整数，则 $a^2+b^2+c^2$ 的最小值为 _____。

12. (2021 北大强基)如果一个十位数 F 的各位数字之和为 81，则称 F 是一个"筑梦数"，则筑梦数的个数为 _____。

13. (2022 北大强基)已知六位数 $\overline{y_1y_2f_3f_4d_5d_6}$，满足

$$\frac{\overline{y_1y_2f_3f_4d_5d_6}}{\overline{f_4d_5d_6}}=(1+\overline{y_1y_2f_3})^2,$$

则所有满足条件的六位数之和为 _____。($\overline{f_4 d_5 d_6}$ 不必为三位数)

14. (2021 清华强基)已知 $[x]$ 为高斯函数,则 $\left[\dfrac{x}{2}\right]+\left[\dfrac{x}{3}\right]+\left[\dfrac{x}{5}\right]=x$ 的解的个数为( )。

A. 30   B. 40   C. 50   D. 60

15. (2021 清华强基)已知 m、n 最大公因数为 $10!$,最小公倍数为 $50!$,数对 (m,n) 的组数为( )。

A. 2^9 B. 2^{15} C. 2^{21} D. 2^{18}

16. (2021 中科大强基)设 $C_n=(4+2\sqrt{3})^n$,$n\in\mathbf{N}_+$,$[C_n]$ 表示 C_n 的整数部分,证明:2^{n+1} 整除 $[C_n]+1$。

17. (2022 北大强基)若 A 为十进制数,$A=\overline{a_0a_1\cdots a_n}$,记 $D(A)=a_0+2a_1+2^2a_2+\cdots+2^na_n$。已知 $b_0=2033^{10}$,$b_{n+1}=D(b_n)$,则 b_{2022} 各位数字的平方和 _____ 200。(横线上填大于,小于或等于)。

18. (2022 北大强基)已知正整数 y 不超过 2022,且满足 100 整除 2^y+y,则这样的 y 的个数为 _____。

19. (2019 北大自招)设质数 a、b、c、d 满足 $2a+3b+5c+7d=10a+7b+5c+3d=152$,则 $a+b+c+d$ 等于( )。

A. 27   B. 29

C. 33   D. 前三个选项都不对

20. (2020 北大强基)正整数 $n\geqslant 3$ 称为理想的,若存在正整数 $1\leqslant k\leqslant n-1$ 使得 C_n^{k-1}、C_n^k、C_n^{k+1} 构成等差数列,其中 $C_n^k=\dfrac{n!}{k!\,(n-k)!}$ 为组合数,则不超过 2020 的理想数个数为( )。

A. 40   B. 41

C. 42   D. 前三个选项都不对

21. (2020 清华强基,2016 清华领军)设 $\triangle ABC$ 的边长为 a、b、c,且均为正整数,若 $\triangle ABC$ 的面积为有理数,则 a 的值可以为( )。

A. 1   B. 2   C. 3   D. 4

22. 证明:数列 $\{4n+1\}$ 中有无穷多个质数。

23. (2022 北大强基)已知 $2n+1$ 与 $3n+1$ 均为完全平方数且 n 不超过 2022,则正整数 n 的个数为_____。

24. (2022 北大强基)已知整数 a、b、c、d 满足 $a+b+c+d=6$,则 $ab+ac+ad+bc+bd+cd$ 的正整数取值个数为_____。

25. (2019 清华金秋营)设 p 为奇质数,求证:

$$\sum_{i=1}^{p-1} i^{p-1} \equiv (p-1)! + p \pmod{p^2}。$$

26. 证明: $x^4+y^4=z^4$ 无正整数解。

27. 证明:(1) 设奇数 $n>1$,则对模 n 的最小非负约系 $a_1, a_2, \cdots, a_{\varphi(n)}$,有

$$\prod_{k=1}^{\varphi(n)} \cos \frac{a_k \pi}{n} = \frac{(-1)^{\frac{\varphi(n)}{2}}}{2^{\varphi(n)}}。$$

(2) 设整数 $n>3$,且 $(n,3)=1$,对模 n 的任意约系 $a_1, a_2, \cdots, a_{\varphi(n)}$,都有

$$\prod_{k=1}^{\varphi(n)} \left(1+2\cos \frac{2a_k \pi}{n}\right) = 1。$$

28. (飞哥原创)对任意的正整数 a、b,证明:存在正整数 n,使得 $a \mid b^n - n$。

第 *10* 讲 极限与导数

本讲概述

    微积分是高等数学中非常重要且基本的内容,也是大学理工科专业与部分文科专业的必修课。高中数学虽然有导数,但仅仅只是浅尝辄止,并未对其概念、定义、证明等作深入严格的详细阐述,且高中数学联赛大纲中也未涉及这方面的内容,所以许多高中生包括竞赛生也缺少这方面的知识。但近年来的强基计划之类的考试,尤其是清华的丘成桐数学科学领军人才计划笔试,对考生高等数学的知识储备提出了一定的要求。这就需要我们提前了解学习掌握一些相关知识,这不仅是为了提高成绩,而且也可拓宽视野,增强思维的严谨性与深刻性,总之是大有裨益的。

    本讲的知识拓展主要介绍极限与导数的相关知识,极限和导数的重点在于计算,那么动笔之前得先了解其定义与概念,再掌握一系列重要定理、法则等等。例习题选用强基自招中的好题,需要指出的是,部分导数真题比较常规,难度低于高考压轴题,所以未被选用。

一 数列极限

1. 数列的上界和下界

若存在 M，使得 $a_n \leqslant M(\forall n \geqslant 1)$，则称 $\{a_n\}$ 有上界；

若存在 m，使得 $a_n \geqslant m(\forall n \geqslant 1)$，则称 $\{a_n\}$ 有下界。

2. 有界数列

若存在 M，使得 $|a_n| \leqslant M(\forall n \geqslant 1)$，则称 $\{a_n\}$ 是有界的。

3. 数列极限的定义

设 $\{a_n\}$ 为数列，$A \in \mathbf{R}$。若任给 $\varepsilon > 0$，都存在正整数 N，使得当 $n > N$ 时，有

$$|a_n - A| < \varepsilon,$$

则称 $\{a_n\}$ 以 A 为极限，或称 $\{a_n\}$ 收敛于 A，记作

$$\lim_{n \to \infty} a_n = A \text{ 或 } a_n \to A(n \to \infty)。$$

如果数列有极限，则极限唯一；如果数列没有极限，则称该数列是发散的。

> 评注：从直观上看，如果将数列看成实数轴上的一列点，则当 n 越来越大时，a_n 越来越靠近点 A，这个点就称作 $\{a_n\}$ 的极限。为了取代"当 n 越来越大"和"越来越靠近"这样的描述性语言，我们要使用准确的数学语言来刻画，也就是定义中的 ε 和 N。

4. 对于数列 $\{a_n\}$，如果任给 $A > 0$，均存在 N，使得 $n > N$ 时，$a_n > A$，则称数列 $\{a_n\}$ 发散到 $+\infty$，记作 $\lim_{n \to \infty} a_n = +\infty$ 或 $a_n \to +\infty(n \to \infty)$。如果任给 $A < 0$，均存在 N，使得 $n > N$ 时，$a_n < A$，则称数列 $\{a_n\}$ 发散到 $-\infty$，记作 $\lim_{n \to \infty} a_n = -\infty$ 或 $a_n \to -\infty(n \to \infty)$。如果 $\{|a_n|\}$ 发散到 $+\infty$，则称 $\{a_n\}$ 发散到 ∞，记作 $\lim_{n \to \infty} a_n = \infty$ 或 $a_n \to \infty(n \to \infty)$。

二 函数极限

1. 邻域

设 $x_0 \in \mathbf{R}$，包含点 x_0 的一个开区间称为 x_0 的一个开邻域。如果在这个开邻域中去掉 x_0，则称其为 x_0 的去心开邻域。

2. 函数极限

设 $x_0 \in \mathbf{R}$，$\delta_0 > 0$，函数 $f(x)$ 在点 x_0 的一个去心开邻域 $(x_0 - \delta_0, x_0) \cup (x_0, x_0 + \delta_0)$ 中有定义。若存在 $A \in \mathbf{R}$，对任给的 $\varepsilon > 0$，都存在 $0 < \delta < \delta_0$，当 $0 < |x - x_0| < \delta$ 时，有

$$|f(x) - A| < \varepsilon,$$

则称函数 $f(x)$ 在 x_0 处有极限 A，记作

$$\lim_{x \to x_0} f(x) = A \text{ 或 } f(x) \to A (x \to x_0)。$$

> 评注：从定义可以看出，函数 $f(x)$ 在 x_0 处的极限与 $f(x_0)$ 无关。例如，设 $f(x) = x \sin \dfrac{1}{x}$，则由极限定义，$\lim_{x \to 0} f(x) = 0$，但 $f(x)$ 在 0 处无意义。

3. 若存在 $A \in \mathbf{R}$，对任给的 $\varepsilon > 0$，都存在 $0 < \delta < \delta_0$，当 $-\delta < x - x_0 < 0$ 时，有

$$|f(x) - A| < \varepsilon,$$

则称函数 $f(x)$ 在 x_0 处有左极限 A，记作

$$\lim_{x \to x_0^-} f(x) = A \text{ 或 } f(x) \to A (x \to x_0^-)。$$

若存在 $A \in \mathbf{R}$，对任给的 $\varepsilon > 0$，都存在 $0 < \delta < \delta_0$，当 $0 < x - x_0 < \delta$ 时，有

$$|f(x) - A| < \varepsilon,$$

则称函数 $f(x)$ 在 x_0 处有右极限 A，记作

$$\lim_{x \to x_0^+} f(x) = A \text{ 或 } f(x) \to A(x \to x_0^+)。$$

$f(x)$ 在 x_0 处的左极限也记作 $f(x_0^-)$ 或 $f(x_0-0)$，右极限也记作 $f(x_0^+)$ 或 $f(x_0+0)$。

$f(x)$ 在 x_0 处极限存在的充分必要条件是 $f(x)$ 在 x_0 处的左右极限存在且相等。

4. 无穷远处的函数极限

设 $f(x)$ 在 $(a,+\infty)$ 上有定义。若存在 $A \in \mathbf{R}$，对任给的 $\varepsilon > 0$，都存在 $N > a$，当 $x > N$ 时，有

$$|f(x)-A| < \varepsilon,$$

则称函数 $f(x)$ 在 $+\infty$ 处有极限 A，记作

$$\lim_{x \to +\infty} f(x) = A \text{ 或 } f(x) \to A(x \to +\infty)。$$

类似地，可以定义 $f(x)$ 在 $-\infty$ 处的极限。若 $f(x)$ 在 $+\infty$ 及 $-\infty$ 处的极限均存在且为 A，则称 $f(x)$ 在无穷远处有极限 A，记作

$$\lim_{x \to \infty} f(x) = A \text{ 或 } f(x) \to A(x \to \infty)。$$

5. 函数连续

若 $f(x)$ 在 x_0 的一个邻域中有定义，且 $\lim_{x \to x_0} f(x) = f(x_0)$，则称 $f(x)$ 在 x_0 处连续。

6. 函数图像的渐近线

如果 $\lim_{x \to x_0^+} f(x) = \infty$ 或 $\lim_{x \to x_0^-} f(x) = \infty$，则称 $x = x_0$ 为函数 $f(x)$ 的垂直渐近线；如果 $\lim_{x \to +\infty} [f(x)-(ax+b)] = 0$ 或 $\lim_{x \to -\infty} [f(x)-(ax+b)] = 0$，则称 $y = ax+b$ 为 $f(x)$ 在无穷远处的渐近线。

三 数列极限的性质

1. 有界性质

设数列 $\{a_n\}$ 收敛，则 $\{a_n\}$ 有界。

2. 绝对值性质

设数列 $\{a_n\}$ 收敛到 A，则 $\{|a_n|\}$ 收敛到 $|A|$。由此可推知，数列 $\{a_n\}$ 收敛到 0，当且仅当 $|a_n|$ 收敛到 0；数列 $\{a_n\}$ 收敛到 A，当且仅当 $|a_n - A|$ 收敛到 0。

3. 保序性

设数列 $\{a_n\}$ 收敛到 A，数列 $\{b_n\}$ 收敛到 B，则

(1) 若存在 N_0，当 $n > N_0$ 时，$a_n \geqslant b_n$，则 $A \geqslant B$；

(2) 反之，若 $A > B$，则存在 N，使得当 $n > N$ 时，有 $a_n > b_n$。

4. 四则运算

设数列 $\{a_n\}$ 收敛到 A，数列 $\{b_n\}$ 收敛到 B，则

(1) $\{\alpha a_n + \beta b_n\}$ 收敛到 $\alpha A + \beta B$，其中 α、β 为常数；

(2) $\{a_n b_n\}$ 收敛到 AB；

(3) 当 $B \neq 0$ 时，$\left\{\dfrac{a_n}{b_n}\right\}$ 收敛到 $\dfrac{A}{B}$。

5. 两个极限存在定理

在第 6 讲数列中，我们已经介绍过数列中两个重要的极限存在定理。

(1) 夹逼定理；(2) 单调有界原理。

6. 常用极限

(1) 设 $|q| < 1$，则 $\lim\limits_{n \to \infty} q^n = 0$；

(2) 设 $\alpha > 0$，则 $\lim\limits_{n \to \infty} \dfrac{1}{n^\alpha} = 0$；

(3) 设 $q > 0$，$q \neq 1$，则 $\lim\limits_{n \to \infty} \dfrac{1}{\log_q n} = 0$。

(4) 设 $\alpha > 0$，$a > 1$，则 $\lim\limits_{n \to \infty} \dfrac{n^\alpha}{a^n} = 0$；

(5) 设 $a > 0$，则 $\lim\limits_{n \to \infty} \dfrac{a^n}{n!} = 0$；

(6) 设 $a > 0$，则 $\lim\limits_{n \to \infty} \sqrt[n]{a} = 1$，$\lim\limits_{n \to \infty} \sqrt[n]{n} = 1$。

四　函数极限的性质

类似于数列极限，函数极限具有下述常用性质。

1. 绝对值性质

若 $f(x)$ 在 x_0 处极限为 A，则 $|f(x)|$ 在 x_0 处极限为 $|A|$。

2. 四则运算

设函数 $f(x)$、$g(x)$ 在 x_0 处的极限分别为 A、B，则

$$\lim_{x \to x_0}[\alpha f(x) + \beta g(x)] = \alpha A + \beta B，其中 \alpha、\beta 为常数；$$

$$\lim_{x \to x_0} f(x)g(x) = AB；\lim_{x \to x_0} \frac{f(x)}{g(x)} = \frac{A}{B}(B \neq 0)。$$

3. 两个极限存在定理

（1）夹逼定理

设在 x_0 的一个去心开邻域内有 $f(x) \leqslant g(x) \leqslant h(x)$。 如果

$$\lim_{x \to x_0} f(x) = A = \lim_{x \to x_0} h(x)，$$

则 $\lim\limits_{x \to x_0} g(x) = A$。

（2）单调有界原理

若函数 $f(x)$ 在 $(x_0 - \delta, x_0)$ 上单调递增有上界，或单调递减有下界，则 $f(x)$ 在 x_0 处的左极限存在且有限。若函数 $f(x)$ 在 $(x_0, x_0 + \delta)$ 上单调递增有下界，或单调递减有上界，则 $f(x)$ 在 x_0 处的右极限存在且有限。

五　导数

高中阶段我们已经学习了导数的定义、运算法则、求导公式等内容，这里再补充一些知识。

1. 求导公式

我们给出一些求导公式，作为高中已学内容的补充。

$$(\arcsin x)' = \frac{1}{\sqrt{1 - x^2}}，(\arccos x)' = -\frac{1}{\sqrt{1 - x^2}}，$$

$$(\arctan x)' = \frac{1}{1 + x^2}，(\text{arccot}\, x)' = -\frac{1}{1 + x^2}，$$

$$(\sinh x)' = \cosh x，(\cosh x)' = \sinh x，$$

$$(\tanh x)' = 1 - (\tanh x)^2，(\coth x)' = 1 - (\coth x)^2，$$

其中 $\sinh x = \dfrac{e^x - e^{-x}}{2}$，$\cosh x = \dfrac{e^x + e^{-x}}{2}$，$\tanh x = \dfrac{\sinh x}{\cosh x}$，$\coth x = \dfrac{\cosh x}{\sinh x}$ 称为双曲函数。双曲函数的求导是容易的，我们仅对一个反三角函数求导公式给出证明，其余的类似可证。

设 $y = \arcsin x \in \left[-\dfrac{\pi}{2}, \dfrac{\pi}{2} \right]$，则 $\sin y = x$，两边对 x 求导有 $y' \cos y = 1$，所以 $y' = \dfrac{1}{\cos y} = \dfrac{1}{\sqrt{1 - x^2}}$。

2. 对数法求导

设 $u(x) > 0$，$u(x)$、$v(x)$ 都是可导函数，求 $f(x) = u(x)^{v(x)}$ 的导数。

解法一： 对 $f(x) = u(x)^{v(x)}$ 取对数再求导，则由复合函数求导法则，有

$$\frac{f'(x)}{f(x)} = (v(x)\ln u(x))' = v'(x)\ln u(x) + v(x)\frac{1}{u(x)}u'(x),$$

所以 $f'(x) = u(x)^{v(x)} \left(v'(x)\ln u(x) + v(x)\dfrac{u'(x)}{u(x)} \right)$。这种取对数再求导的方法称为对数法，是常用的求导技巧。

例如 $y = x^x$，则 $\ln y = x\ln x$，两边对 x 求导有 $\dfrac{y'}{y} = \ln x + 1$，所以 $y' = x^x(\ln x + 1)$。

解法二：

$$
\begin{aligned}
f'(x) &= (e^{v(x)\ln u(x)})' \\
&= e^{v(x)\ln u(x)}(v(x)\ln u(x))' \\
&= u(x)^{v(x)}\left(v'(x)\ln u(x) + v(x)\frac{u'(x)}{u(x)} \right).
\end{aligned}
$$

3. 洛必达法则

设函数 $f(x)$、$g(x)$ 在 $(x_0, x_0 + \delta)$ 上可导，且 $g'(x) \neq 0$。若 $\lim\limits_{x \to x_0^+} f(x) = 0 = \lim\limits_{x \to x_0^+} g(x)$，且 $\lim\limits_{x \to x_0^+} \dfrac{f'(x)}{g'(x)}$ 存在，则

$$\lim_{x \to x_0^+} \frac{f(x)}{g(x)} = \lim_{x \to x_0^+} \frac{f'(x)}{g'(x)}.$$

对于 $x \to x_0^-$, $x \to +\infty$, $x \to -\infty$ 有完全类似的结论。

洛必达法则求极限通常用于以下两类情形：

(1) $\dfrac{0}{0}$ 型：当 $x \to x_0$ 时，$f(x) \to 0$, $g(x) \to 0$，求 $\lim\limits_{x \to x_0} \dfrac{f(x)}{g(x)}$;

(2) $\dfrac{\infty}{\infty}$ 型：当 $x \to x_0$ 时，$f(x) \to \infty$, $g(x) \to \infty$，求 $\lim\limits_{x \to x_0} \dfrac{f(x)}{g(x)}$。

4. 几个重要概念及定理

(1) 设 $f(x)$ 是定义在区间 I 中的函数，$x_0 \in I$。如果存在 $\delta > 0$，使得对 $\forall x \in (x_0 - \delta, x_0 + \delta) \bigcap I$，有 $f(x) \geqslant f(x_0)(f(x) \leqslant f(x_0))$，则称 x_0 为 $f(x)$ 在 I 中的一个极小（大）值点，$f(x_0)$ 称为极小（大）值。极小值点与极大值点统称为极值点，极大值与极小值统称为极值。

如果 $x_0 \in I$，且对 $\forall x \in I$，有 $f(x) \geqslant f(x_0)(f(x) \leqslant f(x_0))$，则称 x_0 为 $f(x)$ 在 I 中的一个最小（大）值点，$f(x_0)$ 称为最小（大）值。由定义知，最小（大）值点是极小（大）值点。

(2) 费马引理：设 $f(x)$ 在点 x_0 的一个开邻域内可导，x_0 是 $f(x)$ 的一个极值点，则 $f'(x_0) = 0$。

证明：不妨设 x_0 为 $f(x)$ 的极小值点，由题意，存在 $\delta > 0$，使得当 $x \in (x_0 - \delta, x_0 + \delta)$ 时，$f(x) \geqslant f(x_0)$ 且 $f(x)$ 可导，则

$$\lim_{x \to x_0^-} \frac{f(x) - f(x_0)}{x - x_0} \leqslant 0, \quad \lim_{x \to x_0^+} \frac{f(x) - f(x_0)}{x - x_0} \geqslant 0.$$

又 $f(x)$ 在 x_0 处可导，故左右导数相等，即

$$f'(x_0) = \lim_{x \to x_0^-} \frac{f(x) - f(x_0)}{x - x_0} = \lim_{x \to x_0^+} \frac{f(x) - f(x_0)}{x - x_0},$$

故 $f'(x_0) = 0$。

满足 $f'(x_0) = 0$ 的 x_0 称为函数 $f(x)$ 的驻点。

注：驻点未必是极值点，如 $f(x) = x^3$，0 是 $f(x)$ 的驻点但不是极值点；极值点也未必是驻点，如狄利克雷函数 $D(x)$ 处处不连续，处处不可导，但显

然无理数是 $D(x)$ 的极小值点,有理数是 $D(x)$ 的极大值点。

(3) 罗尔中值定理:设函数 $f(x)$ 在$[a,b]$上连续,在(a,b)中可导,且 $f(a)=f(b)$,则存在 $\xi\in(a,b)$,使得 $f'(\xi)=0$。

证明:$f(x)$ 在闭区间$[a,b]$上连续,故可以取到最大值M和最小值m。若$M=m$,则 $f(x)$ 在$[a,b]$上为常数,导数恒为 0;若 $M>m$,因为 $f(a)=f(b)$,则最大值与最小值至少有一个在区间(a,b)内取得。设 $\xi\in(a,b)$ 是最值点,它也是极值点,由费马引理得,$f'(\xi)=0$。

(4) 拉格朗日中值定理:如图1,$f(x)$在$[a,b]$上连续,在(a,b)中可导,则存在 $\xi\in(a,b)$,使得

$$f'(\xi)=\frac{f(b)-f(a)}{b-a}。$$

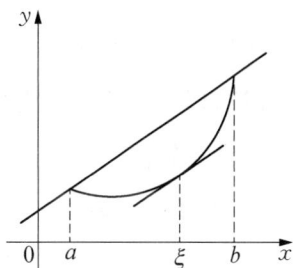

图 1

证明:令 $F(x)=f(x)-\left[f(a)+\dfrac{f(b)-f(a)}{b-a}(x-a)\right]$,则 $F(a)=F(b)=0$,且 $F(x)$ 在(a,b)上可导。$F(x)$ 满足罗尔中值定理的条件,故存在 $\xi\in(a,b)$ 使得 $F'(\xi)=0$,即

$$f'(\xi)=\frac{f(b)-f(a)}{b-a}。$$

拉格朗日中值定理的物理含义:质点的平均速度等于某一点的瞬时速度。令 $l(x)=f(a)+\dfrac{f(b)-f(a)}{b-a}(x-a)$,则 $l(x)$ 是满足条件 $l(a)=f(a)$,$l(b)=f(b)$ 的唯一线性函数,其图像是连接$(a,f(a))$ 和$(b,f(b))$ 的直线。 拉格朗日中值定理的证明思想就是将这条直线看成是 x 轴,从而将问题转化为已证的罗尔中值定理的情形。

(5) 柯西中值定理:设函数 $f(x)$、$g(x)$在$[a,b]$上连续,在(a,b)中可导,且 $g'(x)\neq0,\forall x\in(a,b)$,则存在 $\xi\in(a,b)$,使得

$$\frac{f(b)-f(a)}{g(b)-g(a)}=\frac{f'(\xi)}{g'(\xi)}。$$

证明:因为 $g'(x)\neq0$,由罗尔中值定理知 $g(a)\neq g(b)$。 令

$$F(x) = f(x) - \left[f(a) + \frac{f(b) - f(a)}{g(b) - g(a)}(g(x) - g(a)) \right],$$

则 $F(a) = F(b) = 0$。$F(x)$ 满足罗尔中值定理的条件,从而存在 $\xi \in (a, b)$ 使得 $F'(\xi) = 0$,即

$$\frac{f(b) - f(a)}{g(b) - g(a)} = \frac{f'(\xi)}{g'(\xi)}。$$

注:令 $g(x) = x$,则柯西中值定理可以推出拉格朗日中值定理。上述三个定理均称为微分中值定理或微分中值公式。这些结果体现了变化量(如函数值的差)和变化率(导数)之间的紧密联系。

5. 泰勒展开

若 $f(x)$ 在 $x \to x_0$ 处的极限为 0,则称 $f(x)$ 在 $x \to x_0$ 时为无穷小量,记为 $f(x) = o(1)(x \to x_0)$。若 $\dfrac{f(x)}{(x - x_0)^n}$ 的在 $x \to x_0$ 的极限为 0,则记 $f(x) = o((x - x_0)^n)(x \to x_0)$。

设 $f(x)$ 在 x_0 处 n 阶可导,则

$$f(x) = f(x_0) + f'(x_0)(x - x_0) + \frac{1}{2!}f''(x_0)(x - x_0)^2 + \cdots$$
$$+ \frac{1}{n!}f^{(n)}(x_0)(x - x_0)^n + o((x - x_0)^n)(x \to x_0)。$$

上式称为带皮亚诺余项的泰勒公式。

如果 $f(x)$ 在 x_0 附近无限次可导,则称和式 $\sum\limits_{n=0}^{\infty} \dfrac{f^{(n)}(x_0)}{n!}(x - x_0)^n$ 为 $f(x)$ 在 x_0 处的泰勒展开。下面介绍一些常见函数在 0 处的泰勒展开。

$$\frac{1}{1-x} = 1 + x + x^2 + \cdots + x^n + \cdots, \forall x \in (-1, 1);$$

$$\frac{1}{1+x} = 1 - x + x^2 - x^3 + x^4 + \cdots, \forall x \in (-1, 1);$$

$$\ln(1+x) = x - \frac{x^2}{2} + \frac{x^3}{3} - \frac{x^4}{4} + \frac{x^5}{5} - \cdots, \forall x \in (-1, 1];$$

在上式中取 $x=1$，得 $\ln 2 = 1 - \dfrac{1}{2} + \dfrac{1}{3} - \dfrac{1}{4} + \dfrac{1}{5} - \dfrac{1}{6} + \cdots$。

$$\sin x = x - \frac{x^3}{3!} + \frac{x^5}{5!} - \frac{x^7}{7!} + \cdots, \forall\, x \in (-\infty, +\infty);$$

$$\cos x = 1 - \frac{x^2}{2!} + \frac{x^4}{4!} - \frac{x^6}{6!} + \cdots, \forall\, x \in (-\infty, +\infty);$$

$$\mathrm{e}^x = 1 + x + \frac{x^2}{2!} + \frac{x^3}{3!} + \cdots + \frac{x^n}{n!} + \cdots, \forall\, x \in (-\infty, +\infty);$$

在上式中取 $x = \mathrm{i}\theta$，$\theta \in \mathbf{R}$，则

$$\mathrm{e}^{\mathrm{i}\theta} = 1 + \mathrm{i}\theta - \frac{\theta^2}{2!} - \frac{\theta^3}{3!}\mathrm{i} + \frac{\theta^4}{4!} + \frac{\theta^5}{5!}\mathrm{i} - \frac{\theta^6}{6!} - \frac{\theta^7}{7!}\mathrm{i} + \frac{\theta^8}{8!} + \cdots$$

$$= \left(1 - \frac{\theta^2}{2!} + \frac{\theta^4}{4!} - \frac{\theta^6}{6!} + \frac{\theta^8}{8!} - \cdots\right) + \mathrm{i}\left(\theta - \frac{\theta^3}{3!} + \frac{\theta^5}{5!} - \frac{\theta^7}{7!} + \cdots\right)$$

$$= \cos\theta + \mathrm{i}\sin\theta。$$

这就是著名的复数的欧拉公式。

$$\mathrm{e}^{-x} = 1 - x + \frac{x^2}{2!} - \frac{x^3}{3!} + \frac{x^4}{4!} - \frac{x^5}{5!} + \cdots, \forall\, x \in (-\infty, +\infty);$$

$$\sinh x = \frac{1}{2}(\mathrm{e}^x - \mathrm{e}^{-x}) = x + \frac{x^3}{3!} + \frac{x^5}{5!} + \cdots, \forall\, x \in (-\infty, +\infty);$$

$$\cosh x = \frac{1}{2}(\mathrm{e}^x + \mathrm{e}^{-x}) = 1 + \frac{x^2}{2!} + \frac{x^4}{4!} + \frac{x^6}{6!} + \cdots, \forall\, x \in (-\infty, +\infty);$$

$$\arctan x = x - \frac{x^3}{3} + \frac{x^5}{5} - \frac{x^7}{7} + \cdots, \forall\, x \in [-1, 1];$$

在上式中取 $x=1$，得 $\dfrac{\pi}{4} = 1 - \dfrac{1}{3} + \dfrac{1}{5} - \dfrac{1}{7} + \cdots$，这给出了一种计算 π 的方式。

评注:泰勒展开在高中阶段的解题中是作为一种工具来使用,其严格证明需要更深的数学分析的内容,超出了本书要求。学有余力的读者可以自行阅读研习。

六 定积分

如图 2,设 $f(x)$ 为闭区间 $[a,b]$ 上的连续函数,由 $f(x)$ 的图象,直线 $x=a$,$x=b$ 及 x 轴在平面上所围成的面积,称为 $f(x)$ 在 $[a,b]$ 上的积分,记为 $\int_a^b f(x)\mathrm{d}x$,则

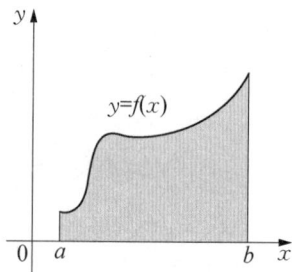

图 2

$$\int_a^b f(x)\mathrm{d}x = \lim_{n\to\infty} \frac{b-a}{n} \sum_{i=1}^n f(\xi_i),$$

$$\forall \xi_i \in \left[a + \frac{i-1}{n}(b-a),\, a + \frac{i}{n}(b-a)\right]。$$

我们规定：$\int_a^a f(x)\mathrm{d}x = 0$；$\int_b^a f(x)\mathrm{d}x = -\int_a^b f(x)\mathrm{d}x$。 积分具有如下性质：

1. (线性性)如果 $f(x)$,$g(x)$ 为闭区间 $[a,b]$ 上的连续函数,$\alpha,\beta \in \mathbf{R}$,则

$$\int_a^b (\alpha f(x) + \beta g(x))\mathrm{d}x = \alpha \int_a^b f(x)\mathrm{d}x + \beta \int_a^b g(x)\mathrm{d}x。$$

2. (保序性)如果 $f(x)$,$g(x)$ 为闭区间 $[a,b]$ 上的连续函数,且 $f(x) \leqslant g(x)$,则

$$\int_a^b f(x)\mathrm{d}x \leqslant \int_a^b g(x)\mathrm{d}x。$$

进而由 $-|f(x)| \leqslant f(x) \leqslant |f(x)|$ 可得

$$\left|\int_a^b f(x)\mathrm{d}x\right| \leqslant \int_a^b |f(x)|\mathrm{d}x。$$

3. (区间可加性)设 $f(x)$ 为连续函数,a、b、c 为其定义域中三点,则

$$\int_a^c f(x)\mathrm{d}x = \int_a^b f(x)\mathrm{d}x + \int_b^c f(x)\mathrm{d}x。$$

4. 牛顿-莱布尼茨公式:设 $f(x)$ 在闭区间 $[a,b]$ 上连续,且存在原函数 $F(x)$(即存在 $F(x)$ 使得 $F'(x) = f(x)$),则

$$\int_a^b f(x)\mathrm{d}x = \int_a^b F'(x)\mathrm{d}x = F(b) - F(a) = F(x)\Big|_a^b。$$

典例精析

例1 研究无限循环小数 $A = 0.999\,99\cdots$ 与 1 的大小关系。

点拨 要比较两者的大小,首先应明确 A 是一个怎样的数。设 $a_n = 0.\overset{n\text{个}9}{\overline{99\cdots9}}$,那么 A 可以视为数列 $\{a_n\}$ 的极限。

解析 设 $a_n = 0.\overset{n\text{个}9}{\overline{99\cdots9}} = 1 - 10^{-n}$,则 $|a_n - 1| = 10^{-n}$。由夹逼定理知 $\lim\limits_{n\to\infty}|a_n - 1| = 0$,进而 $\lim\limits_{n\to\infty} a_n = 1$。将 A 视作数列 $\{a_n\}$ 的极限,因为极限具有唯一性,所以 $A = 1$。

评注:本题告诉我们,无限的情形与有限的情形是不同的。直观上看 A 应该小于1,但这种经验只适用于有限小数,对于无限的情形,我们熟悉的各种规律可能会失效或发生改变。例如,考虑和式 $B = 1 - 1 + 1 - 1 + \cdots$,如果从第一项开始,奇数项与偶数项配对,即 $B = (1-1) + (1-1) + \cdots$,那么求和结果应该是 0;如果从第二项开始,偶数项与奇数项配对,即 $B = 1 + (-1+1) + (-1+1) - \cdots$,那么求和结果应该是 1。于是我们导出 $0 = B = 1$,这显然是荒谬的。也就是说,对于无限个数求和的情形,结合律失效了。设 $b_n = \sum_{i=1}^{n}(-1)^{i-1}$,我们将 B 视作 b_n 在 $n \to \infty$ 时的"极限"。容易看到,此时 $\{b_n\}$ 中 1 和 -1 交替出现。由数列极限定义,此时 $\{b_n\}$ 是发散的,也就是说和式 $B = 1 - 1 + 1 - 1 + \cdots$ 并不会收敛到某个具体值。

例2 (2019 北大自招)已知数列 $\{a_n\}$ 中,$a_1 = 1$,$a_{n+1} = a_n + \dfrac{1}{\sqrt[2019]{a_n}}$,则

$\{a_n\}$（　　）。

  A．单调递增且有界   B．单调递增且无界

  C．无单调性   D．前三个选项都不对

> 评注：单调有界数列必有极限。假设存在极限 A，利用递推关系可以得到 A 满足的方程，这是一种典型而常用的方法。

解析 易知 $\{a_n\}$ 为正项数列，所以 $a_{n+1}-a_n=\dfrac{1}{\sqrt[2019]{a_n}}>0$，故 $\{a_n\}$ 单调递增。

假设其为有界数列，则由单调有界原理知 $\{a_n\}$ 极限存在，设为 A。在 $a_{n+1}=a_n+\dfrac{1}{\sqrt[2019]{a_n}}$ 中令 $n\to\infty$，由极限的四则运算法则知 $A=A+\dfrac{1}{\sqrt[2019]{A}}$，矛盾。故假设不成立，本题应选 B。

例3 （2022 清华强基）$\displaystyle\lim_{n\to\infty}\sum_{k=1}^{n}\frac{1}{n}\sin\frac{(2k-1)\pi}{2n}=$ _____。

点拨 注意到角度成等差数列，因此乘半公差的正弦值可利用积化和差来裂项相消，这是我们在第 5 讲三角函数介绍过的方法与结论。另一方面，从积分的角度，所求极限可视为 $f(x)=\sin\pi x$ 在 $[0,1]$ 上与 x 轴所围成的面积。

解析 解法一：在第 5 讲中已介绍过如下结论，

$$\sum_{k=1}^{n}\sin(k\theta)=\frac{1}{2\sin\dfrac{\theta}{2}}\sum_{k=1}^{n}\left(\cos\left(k-\frac{1}{2}\right)\theta-\cos\left(k+\frac{1}{2}\right)\theta\right)$$

$$=\frac{\cos\dfrac{\theta}{2}-\cos\left(n+\dfrac{1}{2}\right)\theta}{2\sin\dfrac{\theta}{2}}\left(\sin\frac{\theta}{2}\neq 0\right)。$$

类似地，我们有

$$\sum_{k=1}^{n}\sin\frac{(2k-1)\pi}{2n}=\frac{1}{2\sin\dfrac{\pi}{2n}}\sum_{k=1}^{n}\left(\cos\frac{(k-1)\pi}{n}-\cos\frac{k\pi}{n}\right)=\frac{1}{\sin\dfrac{\pi}{2n}}。$$

因此

$$\lim_{n\to\infty}\sum_{k=1}^{n}\frac{1}{n}\sin\frac{(2k-1)\pi}{2n}=\lim_{n\to\infty}\frac{1}{n\sin\frac{\pi}{2n}}=\frac{2}{\pi}。$$

解法二:由定积分定义,所求极限即为 $f(x)=\sin\pi x$ 在$[0,1]$上与 x 轴所围成的面积,故

$$\lim_{n\to\infty}\sum_{k=1}^{n}\frac{1}{n}\sin\frac{(2k-1)\pi}{2n}=\int_{0}^{1}\sin\pi x\,\mathrm{d}x=-\frac{1}{\pi}\cos\pi x\,\Big|_{0}^{1}=\frac{2}{\pi}。$$

例 4 （2020 清华强基）$\displaystyle\lim_{n\to\infty}\sum_{k=1}^{n}\arctan\frac{2}{k^{2}}=(\quad)$。

A. $\dfrac{3\pi}{4}$ B. π C. $\dfrac{4\pi}{5}$ D. $\dfrac{3\pi}{2}$

解析 设 $a_n=\arctan n$，$n\in\mathbf{N}$，则 $n=\tan a_n$。注意到

$$\frac{2}{k^{2}}=\frac{(k+1)-(k-1)}{1+(k+1)(k-1)}=\frac{\tan a_{k+1}-\tan a_{k-1}}{1+\tan a_{k+1}\cdot\tan a_{k-1}}$$
$$=\tan(a_{k+1}-a_{k-1})，$$

所以 $\arctan\dfrac{2}{k^{2}}=a_{k+1}-a_{k-1}$。从而

$$\sum_{k=1}^{n}\arctan\frac{2}{k^{2}}=\sum_{k=1}^{n}(a_{k+1}-a_{k-1})=a_{n+1}+a_n-a_1-a_0$$
$$=a_{n+1}+a_n-\frac{\pi}{4}，$$

在上式中令 $n\to\infty$,即得

$$\lim_{n\to\infty}\sum_{k=1}^{n}\arctan\frac{2}{k^{2}}=\lim_{n\to\infty}\left(a_{n+1}+a_n-\frac{\pi}{4}\right)=\frac{\pi}{2}+\frac{\pi}{2}-\frac{\pi}{4}=\frac{3\pi}{4}。$$

故本题选 A。

评注:反三角函数尽管不是高中数学考察重点,但读者仍应了解其概念定义与运算法则。我们再补充几个常见的反三角函数和式:

$$\sum_{k=1}^{n} \arctan \frac{1}{2k^2} = \arctan(2n+1) - \frac{\pi}{4},$$

$$\sum_{k=1}^{n} \arctan \frac{1}{k^2+k+1} = \arctan(n+1) - \frac{\pi}{4},$$

$$\sum_{k=1}^{n} \arctan \frac{8k}{k^4-2k^2+5} = \arctan\left(\frac{n+1}{\sqrt{2}}\right)^2 + \arctan\left(\frac{n}{\sqrt{2}}\right)^2 - \arctan\frac{1}{2},$$

$$\sum_{k=1}^{n} \arcsin \frac{\sqrt{(k+1)^2-1} - \sqrt{k^2-1}}{k(k+1)} = \frac{\pi}{2} - \arcsin\frac{1}{n+1} = \arccos\frac{1}{n+1}.$$

例5 (2020 清华强基)已知函数 $f(x) = e^x + a(x-1) + b$ 在区间 $[1,3]$ 上存在零点,则 a^2+b^2 的最小值为(   )。

A. $\dfrac{e}{2}$ B. e C. $\dfrac{e^2}{2}$ D. e^2

点拨 设出零点,得到其满足的等式。观察目标式子为平方和,自然想到柯西不等式,后续的求导便是水到渠成的了。

解析 设函数 $f(x)$ 在 $[1,3]$ 上的零点为 t,则 $a(t-1)+b = -e^t$。由柯西不等式,得

$$e^{2t} = [a(t-1)+b]^2 \leqslant (a^2+b^2)[(t-1)^2+1],$$

进而 $a^2+b^2 \geqslant \dfrac{e^{2t}}{t^2-2t+2}$,显然等号可以取到。令

$$g(t) = \frac{e^{2t}}{t^2-2t+2}, \quad 1 \leqslant t \leqslant 3,$$

求导有 $g'(t) = \dfrac{2e^{2t}(t^2-3t+3)}{(t^2-2t+2)^2}$。当 $t \in [1,3]$ 时,$g'(t) > 0$,所以 $g(t)$ 在 $[1,3]$ 上单调增。由题意,存在 $t \in [1,3]$ 使得 $a^2+b^2 \geqslant g(t)$ 成立,故

$$a^2+b^2 \geqslant g(t)_{\min} = g(1) = e^2。$$

本题应选 D。

例 6 （2020 北大强基）设函数 $f(x,y,z)=\dfrac{x}{x+y}+\dfrac{y}{y+z}+\dfrac{z}{z+x}$，其中 x、y、z 是正实数，则（　　）。

A. $f(x,y,z)$ 既有最大值也有最小值

B. $f(x,y,z)$ 有最大值但无最小值

C. $f(x,y,z)$ 有最小值但无最大值

D. 前三个选项都不对

解析 易见

$$\frac{x}{x+y}+\frac{y}{y+z}+\frac{z}{z+x}>\frac{x}{x+y+z}+\frac{y}{x+y+z}+\frac{z}{x+y+z}=1,$$

又由糖水不等式，我们有

$$\frac{x}{x+y}+\frac{y}{y+z}+\frac{z}{z+x}<\frac{x+z}{x+y+z}+\frac{x+y}{x+y+z}+\frac{y+z}{x+y+z}=2。$$

令 $x=a^2$，$y=a$，$z=1(a>0)$，当 $a\to 0$ 时，$f(x,y,z)\to 1$；当 $a\to +\infty$ 时，$f(x,y,z)\to 2$。因此 $f(x,y,z)$ 既无最大值，也无最小值，本题应选 D。

> 评注：我们熟知的不等式为 $\dfrac{x}{y+z}+\dfrac{y}{z+x}+\dfrac{z}{x+y}\geqslant\dfrac{3}{2}(x,y,z>0)$，本题推陈出新，需要考生有敏锐的数感与直觉。

例 7 （2020 清华强基）使得 $n\sin 1>1+5\cos 1$ 成立的最小正整数 n 等于（　　）。

A. 3　　　　　　B. 4　　　　　　C. 5　　　　　　D. 6

点拨 在第 5 讲中我们采用的三角函数方法技巧性较高，也可以采用泰勒展开放缩来解决。

解析 由 $\sin x$ 和 $\cos x$ 的泰勒展开式可得（可利用导数加以证明）

当 $x>0$ 时,有 $\sin x<x-\dfrac{x^3}{3!}+\dfrac{x^5}{5!}$,$\cos x>1-\dfrac{x^2}{2}$。

令 $x=1$,得 $\sin 1<\dfrac{101}{120}$,$\cos 1>\dfrac{1}{2}$,所以 $\dfrac{101}{120}n>n\sin 1>1+5\cos 1>\dfrac{7}{2}$,从而 $n>\dfrac{420}{101}>4$。又 n 为正整数,所以 $n\geqslant 5$。

下面证明 $n=5$ 满足题给不等式。当 $x>0$ 时,同理我们有

$$\sin x>x-\dfrac{x^3}{3!},\quad \cos x<1-\dfrac{x^2}{2}+\dfrac{x^4}{4!}。$$

令 $x=1$,得 $\sin 1>\dfrac{5}{6}$,$\cos 1<\dfrac{13}{24}$,所以 $5\sin 1>\dfrac{25}{6}>1+5\cdot\dfrac{13}{24}>1+5\cos 1$。

综上,$n=5$ 是满足题意的最小正整数,本题应选 C。

例 8 （2020 清华强基）设多项式 $f(x)$ 的各项系数都是非负实数,且 $f(1)=f'(1)=f''(1)=f'''(1)=1$,则 $f(x)$ 的常数项的最小值为（　　）。

A. $\dfrac{1}{2}$　　　　B. $\dfrac{1}{3}$　　　　C. $\dfrac{1}{4}$　　　　D. $\dfrac{1}{5}$

点拨　很好的题目。本题的条件 $f(1)=f'(1)=f''(1)=f'''(1)=1$ 启发我们想到 $f(x)=\mathrm{e}^{x-1}$,但又要求为多项式,所以我们自然联想到 $f(x)=\mathrm{e}^{x-1}$ 在 $x=1$ 处的泰勒展开。

解析　满足条件的多项式次数至少为 3。

令 $f(x)=1+(x-1)+\dfrac{(x-1)^2}{2}+\dfrac{(x-1)^3}{6}$,显然 $f(x)$ 满足要求,此时常数项为 $\dfrac{1}{3}$。

下面证明 $f(x)$ 的常数项不小于 $\dfrac{1}{3}$。

设 $f(x)=\sum_{k=0}^{n}a_k x^k$,其中 $n\geqslant 3$,$a_k\geqslant 0(k=1,2,\cdots,n)$,则

$$f(1)=\sum_{k=0}^{n}a_k,\quad f'(1)=\sum_{k=1}^{n}ka_k,$$

$$f''(1) = \sum_{k=2}^{n} k(k-1)a_k,$$

$$f'''(1) = \sum_{k=3}^{n} k(k-1)(k-2)a_k \text{。}$$

依次用后一个式子减去前一个式子,得

$$a_0 = \sum_{k=2}^{n} (k-1)a_k,$$

$$a_1 = \sum_{k=3}^{n} k(k-2)a_k,$$

$$a_2 = \frac{1}{2} \sum_{k=4}^{n} k(k-1)(k-3)a_k,$$

将 a_2 的表达式代入 a_0 的表达式,有

$$a_0 = a_2 + 2a_3 + \sum_{k=4}^{n} (k-1)a_k = 2a_3 + \sum_{k=4}^{n} \frac{(k-1)^2(k-2)}{2} a_k \text{。}$$

又 $k \geqslant 3$ 时,$\frac{1}{2}(k-1)^2(k-2) \geqslant \frac{1}{3}k(k-1)(k-2)$,所以

$$a_0 \geqslant 2a_3 + \frac{1}{3} \sum_{k=4}^{n} k(k-1)(k-2)a_k$$

$$= \frac{1}{3} \sum_{k=3}^{n} k(k-1)(k-2)a_k$$

$$= \frac{f'''(1)}{3} = \frac{1}{3} \text{。}$$

综上,$f(x)$ 常数项的最小值为 $\frac{1}{3}$,本题应选 B。

例 9　(2019 清华自招)若对 $\forall c \in \mathbf{R}$,$\exists a, b$ 使得 $\dfrac{f(a)-f(b)}{a-b} = f'(c)$ 成立,则称函数 $f(x)$ 满足性质 T,下列函数不满足性质 T 的是(　　)。

A. $f(x) = x^3 - 3x^2 + 3x$　　　　B. $f(x) = \dfrac{1}{x^2+1}$

C. $f(x) = e^{x+1}$　　　　D. $f(x) = \sin(2x+1)$

解析 题中等式即 $f(a) - f'(c)a = f(b) - f'(c)b$，记 $g(x) = f(x) - f'(c)x$，则 $g'(x) = f'(x) - f'(c)$，$g''(x) = f''(x)$。我们只要找 $a, b \in \mathbf{R}$ 且 $a \neq b$，使得 $g(a) = g(b)$。

若 $f''(x)$ 在 $\mathbf{R}$ 上不变号，则 $x = c$ 是 $g'(x)$ 的变号零点（即 $g'(x)$ 在 $x = c$ 左右两侧符号不同），于是 $g(x)$ 在 $x = c$ 两侧的单调性不同，因此可以找到相异的 a、b，使得 $g(a) = g(b)$。故 $f(x)$ 满足性质 T。

若 $f''(x)$ 有唯一变号零点 x_0，则取 $c = x_0$，此时 $g'(x) = f'(x) - f'(c)$ 在 $\mathbf{R}$ 上不变号，进而函数 $g(x)$ 在 $\mathbf{R}$ 上单调。故满足条件的 a、b 不存在，$f(x)$ 不满足性质 T。

由上述结论，可知 $f(x) = x^3 - 3x^2 + 3x$ 不满足性质 T，$f(x) = e^{x+1}$ 满足性质 T。

对于 $f(x) = \dfrac{1}{x^2+1}$，令 $g(x) = f(x) - f'(c)x$，$g'(x) = f'(x) - f'(c)$，$g''(x) = f''(x) = \dfrac{6x^2-2}{(x^2+1)^3}$，所以 $c = \pm\dfrac{\sqrt{3}}{3}$ 是 $g''(x)$ 的两个变号零点。取 $c = \dfrac{\sqrt{3}}{3}$，则 $g'(x)$ 在 $(-\infty, -c)$ 上单调增，在 $(-c, c)$ 上单调减，在 $(c, +\infty)$ 上单调增。当 $x \in (-c, +\infty)$ 上，$g'(x) \geqslant g'(c) = 0$；当 $x \in (-\infty, -c]$ 时，$g'(x) = -\dfrac{2x}{(x^2+1)^2} + \dfrac{2c}{(c^2+1)^2} > 0$。因此，$g'(x)$ 在 $\mathbf{R}$ 上非负，所以 $g(x)$ 在 $\mathbf{R}$ 上单调。故 $f(x)$ 不满足性质 T。

对于 $f(x) = \sin(2x+1)$，令 $c = -\dfrac{1}{2}$，$g(x) = f(x) - f'(c)x = \sin(2x+1) - 2x$，显然 $g'(x) = 2\cos(2x+1) - 2 \leqslant 0$。故 $f(x)$ 不满足性质 T。

综上，本题应选 ABD。

> 评注：拉格朗日中值定理是熟知的，但本题很有新意，看似略有不同，却有天壤之别。高校的自主命题常常会这样别出心裁，不按套路出牌。

本题质量极高,也有相当的难度,笔者所见的解答全部都有或多或少的谬误,为此笔者给出了上述较为严谨的论证。

强化训练

A组

1. (2020 清华强基)已知函数 $f(x)$ 的图象如图所示,设 $S(t)(a \leqslant t \leqslant b)$ 是由曲线 $y=f(x)$ 与直线 $x=a$,$x=b$ 及 x 轴围成的平面图形的面积,则在区间 $[a,b]$ 上(   )。

   A. $f'(x)$ 的最大值是 $f'(a)$,最小值是 $f'(c)$

   B. $f'(x)$ 的最大值是 $f'(c)$,最小值是 $f'(b)$

   C. $S'(t)$ 的最大值是 $S'(a)$,最小值是 $S'(c)$

   D. $S'(t)$ 的最大值是 $S'(c)$,最小值是 $S'(b)$

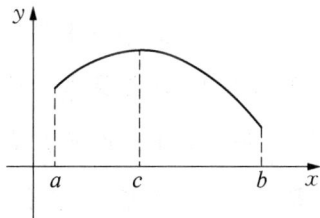

第1题图

2. (2021 北大语言类保送)已知 $a_n = \dfrac{(2^3-1)(3^3-1)\cdots(n^3-1)}{(2^3+1)(3^3+1)\cdots(n^3+1)}$,$n \geqslant 2$ 且 $n \in \mathbf{N}_+$,则 $\lim\limits_{n\to\infty} a_n = ($ $)$。

   A. $\dfrac{1}{2}$

   B. $\dfrac{2}{3}$

   C. $\dfrac{3}{4}$

   D. 前三个选项都不对

3. (2021 清华强基)恰有一个实数 x 使得 $x^3 - ax - 1 = 0$ 成立,则实数 a 的取值范围是(   )。

   A. $\left(-\infty, \sqrt[3]{2}\right)$

   B. $\left(-\infty, \dfrac{3\sqrt[3]{2}}{2}\right)$

   C. $\left(-\infty, \dfrac{\sqrt{2}}{2}\right)$

   D. $\left(-\infty, \dfrac{3\sqrt{2}}{2}\right)$

4. (2019 清华自招)求值：$\displaystyle\int_{-1}^{1}(1-\sin x)x^2\mathrm{d}x=$ _____ 。

5. (2022 上海交大强基) $f(x)=\dfrac{ax^2}{2}-(1+2a)x+2\ln x\,(a>0)$ 在 $\left(\dfrac{1}{2},\,1\right)$ 上有极大值，则 a 的取值范围为(　　)。

    A. $(1,\,2)$ B. $(1,\,+\infty)$ C. $(2,\,+\infty)$ D. $\left(\dfrac{1}{e},\,+\infty\right)$

6. (2022 上海交大强基) $\displaystyle\lim_{x\to 2}\dfrac{f(5-x)-3}{x-2}=2$，$f(3)=3$，则 $f(x)$ 在 $(3,\,f(3))$ 处的切线方程为(　　)。

    A. $2x+y+9=0$ B. $2x+y-9=0$

    C. $-2x+y+9=0$ D. $-2x+y-9=0$

7. (2021 北大暑期学堂)函数 $f(x)=3x\ln x+x^3-ax+5$ 在 $(0,\,+\infty)$ 上非负，则 a 的最大值为 _____ 。

8. (2019 清华中学生学术能力测试)已知函数 $f(x)$ 对任意的 $x\in(0,\,+\infty)$，满足 $f(x)<xf'(x)$，其中 $f'(x)$ 为函数 $f(x)$ 的导函数，则下列不等式成立的是(　　)。

    A. $2f\left(\dfrac{1}{2}\right)<f(1)$ B. $2f\left(\dfrac{1}{2}\right)>f(1)$

    C. $f\left(\dfrac{1}{2}\right)<2f(1)$ D. $f\left(\dfrac{1}{2}\right)>2f(1)$

9. (2017 清华中学生学术能力测试)已知 $0<x<1$，则下列不等式正确的是(　　)。

    A. $\dfrac{\sin x}{x}<\left(\dfrac{\sin x}{x}\right)^2<\dfrac{\sin x^2}{x^2}$ B. $\left(\dfrac{\sin x}{x}\right)^2<\dfrac{\sin x}{x}<\dfrac{\sin x^2}{x^2}$

    C. $\left(\dfrac{\sin x}{x}\right)^2<\dfrac{\sin x^2}{x^2}<\dfrac{\sin x}{x}$ D. $\dfrac{\sin x^2}{x^2}<\left(\dfrac{\sin x}{x}\right)^2<\dfrac{\sin x}{x}$

10. (2022 中科大强基)已知 $f(x)=x^4+px^3+q$。

    (1) 求 p、q 满足什么条件 $f(x)>0$ 恒成立；

    (2) 若存在 $a_1,\,a_2,\,a_3,\,a_4\in\mathbf{R}$，使得 $f(x)=(x-a_1)(x-a_2)(x-a_3)(x-a_4)$，则 p、q 满足什么条件？

11. (2021 清华强基)有 n 个质点,每个质点质量为 m_k,则质心位置 $x = \dfrac{\sum m_k x_k}{\sum m_k}$。现有一杆,长 $3m$,放于 $x \in [-1, 2]$ 间,且线密度满足 $\beta = 2 + x$,则质心应位于(　　)。

A. $x = \dfrac{2}{15}$ 　　　　B. $x = \dfrac{2}{5}$ 　　　　C. $x = \dfrac{3}{5}$ 　　　　D. $x = \dfrac{4}{5}$

12. 求下列极限

(1) $\lim\limits_{n \to \infty} \dfrac{6n^2 - 5n}{4n^2 - 3n + 2}$;

(2) $\lim\limits_{n \to \infty} \dfrac{a^{n+1} + b^{n+1}}{a^n + b^n}$ $(|a| > |b|)$;

(3) $\lim\limits_{n \to \infty} (\sqrt{n^2 + n} - n)$;

(4) 设 $a, b > 0$,求 $\lim\limits_{n \to \infty} \sqrt[n]{a^n + b^n}$。

13. 设 $a_1 = 1$,$a_{n+1} = \dfrac{1}{1 + a_n}$,$n \geqslant 1$。证明:数列 $\{a_n\}$ 的极限存在,并求其极限。

14. 数列 $\{a_n\}$ 的通项公式为 $a_n = \sum\limits_{k=1}^{n} \dfrac{1}{k}$,证明 $\{a_n\}$ 发散。

<hr>

B 组

15. 设 $a_n = \left(1 + \dfrac{1}{n}\right)^n$,$b_n = \left(1 + \dfrac{1}{n}\right)^{n+1}$,$n \geqslant 1$。

(1) 证明:$\{a_n\}$ 单调递增,$\{b_n\}$ 单调递减。

(2) 证明:$\{a_n\}$,$\{b_n\}$ 极限存在且相等。

16. 证明下述两个重要极限:

(1) $\lim\limits_{x \to \infty} \left(1 + \dfrac{1}{x}\right)^x = e$;

(2) $\lim\limits_{x \to 0} \dfrac{\sin x}{x} = 1$。

17. （2021 清华领军）求 $\lim\limits_{n\to\infty}\sum\limits_{k=0}^{n-1}\dfrac{120}{\sqrt{n^2+kn}}$。

18. （2021 清华领军）求 $\lim\limits_{x\to0^+}\left[\dfrac{1}{2}(2^x+3^x)\right]^{\frac{4}{x}}$。

19. （2017 清华中学生学术能力测试）设 x 为 0 到 $\dfrac{\pi}{2}$ 之间的实数，则下列方程有解的是（　　）。

A. $\cos(\cos x)=\sin(\sin x)$ 　　　　B. $\sin(\cos x)=\cos(\sin x)$

C. $\tan(\tan x)=\sin(\sin x)$ 　　　　D. $\tan(\sin x)=\sin(\tan x)$

20. 设 $S_n=\dfrac{1}{n+1}+\dfrac{1}{n+2}+\cdots+\dfrac{1}{2n}$，$n\in\mathbf{N}_+$，求极限 $\lim\limits_{n\to\infty}S_n$。

第 *11* 讲 杂题选讲（平面向量、立体几何、解析几何等）

本讲概述

平面向量、立体几何、解析几何、概率统计、组合计数等内容，重点在于算而非想，并不能很好地考查顶尖学生的数学能力与思维水平，因此在强基考试中出现得不多，难度也较低，再加上强基考试多为填空题和选择题的缘故，这一类问题的难度甚至会低于高考。

本书将其以及其他低频简单问题例如逻辑推理等合并为最后一讲，知识稍作拓展，例习题则挑选了可圈可点、有价值有新意的强基真题。尽管简单且非考试热点，但我们仍需认真对待，为这强基数学十一讲画上一个圆满的句号。

一 平面向量

1. 极化恒等式：$a \cdot b = \dfrac{1}{4}\left[(a+b)^2 - (a-b)^2\right]$。

极化恒等式可以将向量的数量积转化为向量的平方差，也即模长的平方差，从而可以利用几何性质来求解。

> 评注：我们还有 $(a+b)^2 + (a-b)^2 = 2a^2 + 2b^2$，这表明平行四边形的对角线的平方和等于四条边长的平方和。利用这一结论，我们可以得到三角形的中线长公式，在 $\triangle ABC$ 中，M 为 BC 中点，则倍长中线构成平行四边形，有 $(2AM)^2 + BC^2 = 2(AB^2 + AC^2)$。这一方法与第 8 讲中所使用的斯台沃特定理各有千秋。

2. 奔驰定理

O 为 $\triangle ABC$ 内一点，则 $S_A \cdot \overrightarrow{OA} + S_B \cdot \overrightarrow{OB} + S_C \cdot \overrightarrow{OC} = \vec{0}$，其中 S_A、S_B、S_C 分别为 $\triangle BCO$、$\triangle CAO$、$\triangle ABO$ 的面积。

证明：如图 1，延长 AO 交 BC 于点 D。利用将边之比转化为三角形面积之比的技巧及等比定理，可得

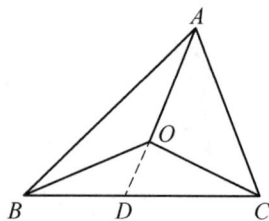

图 1

$$\frac{BD}{CD} = \frac{S_{\triangle ABD}}{S_{\triangle ACD}} = \frac{S_{\triangle OBD}}{S_{\triangle OCD}} = \frac{S_{\triangle ABD} - S_{\triangle OBD}}{S_{\triangle ACD} - S_{\triangle OCD}} = \frac{S_C}{S_B},$$

则 $\overrightarrow{OD} = \overrightarrow{OB} + \overrightarrow{BD} = \overrightarrow{OB} + \dfrac{S_C}{S_B + S_C}\overrightarrow{BC}$

$$= \overrightarrow{OB} + \frac{S_C}{S_B + S_C}(\overrightarrow{OC} - \overrightarrow{OB})$$

$$= \frac{S_B}{S_B + S_C}\overrightarrow{OB} + \frac{S_C}{S_B + S_C}\overrightarrow{OC}。$$

又　　　　$\dfrac{AO}{OD}=\dfrac{S_C}{S_{\triangle OBD}}=\dfrac{S_B}{S_{\triangle OCD}}=\dfrac{S_C+S_B}{S_{\triangle OBD}+S_{\triangle OCD}}=\dfrac{S_B+S_C}{S_A}$,

所以 $\overrightarrow{AO}=\dfrac{S_B+S_C}{S_A}\overrightarrow{OD}=\dfrac{S_B}{S_A}\overrightarrow{OB}+\dfrac{S_C}{S_A}\overrightarrow{OC}$,两边同乘 S_A,移项即证。

> 评注:利用奔驰定理,我们可以很容易地用向量来刻画三角形的五
> 心。例如,设△ABC 的重心为 G,内心为 I,则易知
> $$\overrightarrow{GA}+\overrightarrow{GB}+\overrightarrow{GC}=\vec{0},\ \sin A\cdot\overrightarrow{IA}+\sin B\cdot\overrightarrow{IB}+\sin C\cdot\overrightarrow{IC}=\vec{0}。$$

二　立体几何

1. 三余弦定理

如图 2,设平面 α 外一条直线 OA 与 α 交于点 O,点 A 在平面 α 上的投影为点 B,OP 为平面 α 上过点 O 的一条直线,则 $\cos\angle AOP=\cos\angle AOB\cdot\cos\angle BOP$。

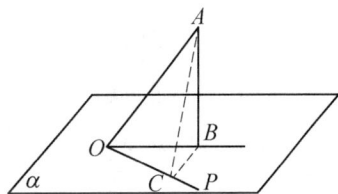

图 2

证明:如图 2,在平面 α 内过点 B 作 $BC\perp OP$,垂足为 C,连接 AC。因为 $AB\perp\alpha$,由三垂线定理知,$AC\perp OC$。在 $\mathrm{Rt}\triangle ACO$ 中,$\cos\angle AOP=\cos\angle AOC=\dfrac{OC}{OA}$;在 $\mathrm{Rt}\triangle ABO$ 中,$\cos\angle AOB=\dfrac{OB}{OA}$;在 $\mathrm{Rt}\triangle BCO$ 中,$\cos\angle BOP=\cos\angle BOC=\dfrac{OC}{OB}$。因此 $\cos\angle AOP=\cos\angle AOB\cdot\cos\angle BOP$。

2. 最小角定理

由三余弦定理立即推得最小角定理:直线与平面所成角是直线与该平面内所有直线所成角中最小的角(线面角是最小的线线角)。

3. 最大角定理

由最小角定理,我们还可得到如下的最大角定理。如图 3,设 $\angle AOB$ 是

两个半平面 α、β 所成二面角的平面角,且 $BA \perp \beta$,垂足为 A,C 为 α、β 所成二面角的棱上的一点。注意到 $\angle ACB$ 最大时,$\angle ABC$ 最小,所以二面角是平面内的直线与另一个平面所成角的最大角(二面角是最大的线面角)。

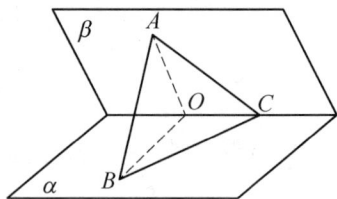

图 3

三 解析几何

1. 二次曲线的定义

高中所学习的圆和圆锥曲线,都可以视作二元二次方程 $Ax^2 + Bxy + Cy^2 + Dx + Ey + F = 0$ 的图象,后者称为二次曲线。二次曲线的形状只可能是:椭圆、圆、点;双曲线、两条相交直线(双曲型 $\dfrac{x^2}{a^2} - \dfrac{y^2}{b^2} = 0$);抛物线、单条直线或两条平行直线(抛物型 $x^2 = a^2$)。

2. 二次曲线的切线公式和切点弦

(1) 二次曲线的切线方程

设点 $P(x_0, y_0)$ 为二次曲线 $Ax^2 + Bxy + Cy^2 + Dx + Ey + F = 0$ 上一点,则点 P 处的切线方程为 $Ax_0 x + B \cdot \dfrac{x_0 y + x y_0}{2} + C y_0 y + D \cdot \dfrac{x + x_0}{2} + E \cdot \dfrac{y + y_0}{2} + F = 0$。

证明:二次曲线方程两边对 x 求导,得 $2Ax + B(y + xy') + 2Cyy' + D + Ey' = 0$,即

$$2Ax + By + D + y'(Bx + 2Cy + E) = 0。$$

将 (x_0, y_0) 代入上式可得点 P 处的切线斜率为 $y' = -\dfrac{2Ax_0 + By_0 + D}{Bx_0 + 2Cy_0 + E}$,则过点 P 的切线方程为 $y - y_0 = y'(x - x_0)$。重新整理得

$$2Ax_0 x + B(x_0 y + x y_0) + 2C y_0 y + Dx + Ey$$
$$- (2Ax_0^2 + 2Bx_0 y_0 + 2C y_0^2 + Dx_0 + Ey_0) = 0,$$

又 $Ax_0^2 + Bx_0 y_0 + C y_0^2 + Dx_0 + Ey_0 + F = 0$,所以

$$2Ax_0x + B(x_0y + xy_0) + 2Cy_0y + Dx + Ey + Dx_0 + Ey_0 + 2F = 0。$$

上式两边同除以 2 即得要证形式。

（2）二次曲线的切点弦方程

设点 $P(x_0, y_0)$ 为二次曲线 $Ax^2 + Bxy + Cy^2 + Dx + Ey + F = 0$ 外一点，过点 P 作二次曲线的两条切线，切点分别为点 A、B，则 AB 连线称为切点弦，其方程为 $Ax_0x + B \cdot \dfrac{x_0y + xy_0}{2} + Cy_0y + D \cdot \dfrac{x + x_0}{2} + E \cdot \dfrac{y + y_0}{2} + F = 0$。

证明：设 $A(x_1, y_1)$，$B(x_2, y_2)$，则由（1）知，切线 PA、PB 方程分别为

$$PA: Ax_1x + B \cdot \frac{x_1y + xy_1}{2} + Cy_1y + D \cdot \frac{x + x_1}{2} + E \cdot \frac{y + y_1}{2} + F = 0,$$

$$PB: Ax_2x + B \cdot \frac{x_2y + xy_2}{2} + Cy_2y + D \cdot \frac{x + x_2}{2} + E \cdot \frac{y + y_2}{2} + F = 0。$$

显然点 P 坐标满足上面两个方程，这反过来说明点 A、B 的坐标满足方程

$$Ax_0x + B \cdot \frac{x_0y + xy_0}{2} + Cy_0y + D \cdot \frac{x + x_0}{2} + E \cdot \frac{y + y_0}{2} + F = 0。$$

因为两点确定一条直线，所以 $Ax_0x + B \cdot \dfrac{x_0y + xy_0}{2} + Cy_0y + D \cdot \dfrac{x + x_0}{2} +$ $E \cdot \dfrac{y + y_0}{2} + F = 0$ 就是切点弦 AB 的方程。

3. 圆锥曲线的光学性质

（1）椭圆的光学性质：从椭圆一个焦点出发的光线经椭圆反射后必定经过椭圆另一个焦点；

（2）双曲线的光学性质：从双曲线一个焦点出发的光线，经双曲线反射后，其反向延长线经过双曲线的另一个焦点；

（3）抛物线的光学性质：从抛物线的焦点出发的光线经抛物线反射后平行于抛物线的对称轴。

我们对椭圆的光学性质给出证明，双曲线和抛物线的光学性质读者可以自证。

证法一（几何方法）：

如图 4，设直线 l 与椭圆相切于点 P，椭圆焦点为 F_1、F_2，C、D 是 l 上两点。即要证明 $\angle F_1PC = \angle F_2PD$。

设 F_2 关于直线 l 的对称点为 E，连接 F_1E 交 l 于点 P'，只需证明：P 与 P' 重合。假设这两点不重合，则 $F_1P + F_2P = F_1P + PE > F_1E = F_1P' + P'E = F_1P' + F_2P'$。另一方面，因为点 P' 与点 P 不重合，所以点 P' 在椭圆外，而椭圆上的点到 F_1、F_2 的距离之和为定值，所以 $F_1P' + F_2P' > F_1P + F_2P$，矛盾。故点 P 与 P' 重合，所以 $\angle F_1PC = \angle EPD = \angle F_2PD$。

证法二（解析方法）：如图 4，设椭圆方程 $\dfrac{x^2}{a^2} + \dfrac{y^2}{b^2} = 1 (a > b > 0)$，焦点坐标 $F_1(-c, 0)$，$F_2(c, 0)$，切点 $P(x_0, y_0)$，则切线 l 的方程为 $\dfrac{x_0 x}{a^2} + \dfrac{y_0 y}{b^2} = 1$，斜率 $k = -\dfrac{b^2 x_0}{a^2 y_0}$。$F_1P$ 和 F_2P

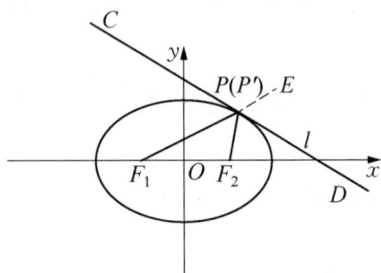

图 4

斜率分别为 $k_1 = \dfrac{y_0}{x_0 + c}$，$k_2 = \dfrac{y_0}{x_0 - c}$。由到角

公式，$\tan\angle F_1PC = \dfrac{k_1 - k}{1 + k_1 k}$，$\tan\angle F_2PD = \dfrac{k - k_2}{1 + k_2 k}$。利用 $\dfrac{x_0^2}{a^2} + \dfrac{y_0^2}{b^2} = 1$，易证

$\tan\angle F_1PC = \tan\angle F_2PD$，所以 $\angle F_1PC = \angle F_2PD$。

四　其他定理或结论

1. 皮克定理

设格点多边形内部格点数为 a，边界上格点数为 b，面积为 S，则 $S = a + \dfrac{b}{2} - 1$。

这里我们简要介绍证明皮克定理的思路。

（1）证明对长方形结论成立；

（2）证明对直角三角形结论成立的；

（3）利用（1）（2）证明对任意三角形成立，这是因为任意三角形总可以视为一个长方形减去若干个直角三角形；

(4) 证明对于两个有公共边的三角形的组合结论成立。

由(3)(4),结合所有格点多边形总可以视为若干个格点三角形的组合,可知皮克定理成立。具体的计算与论述并不困难,读者可以自行完善。

2. 古堡朝圣问题

给定一个圆及圆外两定点 P、Q,m、n 是给定的正数,K 为圆上一动点,试确定点 K 的位置使得 $mPK + nQK$ 最小。

点拨 本题存在物理学的做法,笔者看到本题后觉得颇有趣味,经过思考给出了纯数学的解法,核心是运用托勒密不等式来处理系数。说理的逻辑顺序也很重要,先确定 K 的位置,再生成关键的点 T。

解:如图 5,连接 OP、OQ 交圆 O 于点 R、S,令点 K 位于劣弧 $\overparen{RS}$ 上。延长 OK 至点 M。当 K 从点 R 沿劣弧 $\overparen{RS}$ 运动到点 S 时,$\dfrac{\sin\angle PKM}{\sin\angle QKM}$ 的取值范围为 $(0,+\infty)$,故存在点 K 使得 $\dfrac{\sin\angle PKM}{\sin\angle QKM}=\dfrac{n}{m}$。我们指出,这个点 K 就是使得 $mPK + nQK$ 最小的点。下面证明之。

取射线 OM 上的点 T 使得 P、K、Q、T 四点共圆,这样的点 T 显然存在且唯一。

由正弦定理,$\dfrac{PT}{QT}=\dfrac{\sin\angle PKT}{\sin\angle QKT}=\dfrac{n}{m}$。

由托勒密定理,$PT \cdot QK + QT \cdot PK = PQ \cdot TK$,则

$$nQT \cdot QK + mQT \cdot PK = mPQ \cdot TK,$$

故 $mPK + nQK = m\dfrac{PQ \cdot TK}{TQ}$,又设点 K' 是圆上异于 K 的一点,由托勒密不等式,

$$PT \cdot QK' + QT \cdot PK' \geqslant PQ \cdot TK',$$

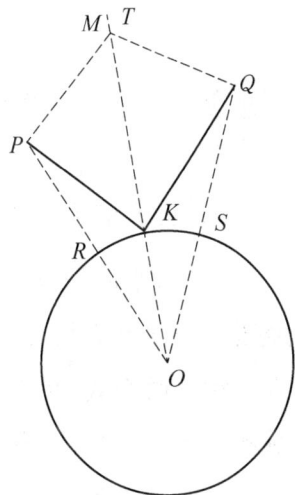

图 5

注意到 P、T、Q 三点是不变的,仍有 $\dfrac{PT}{QT} = \dfrac{n}{m}$,所以同理可得 $mPK' + nQK'$

$\geqslant m\,\dfrac{PQ \cdot TK'}{TQ}$,熟知 $TK' > TK$(因为 $TK' + OK' > TO$,所以 $TK' >$

$TO - OK' = TO - OK = TK$),所以

$$mPK' + nQK' > mPK + nQK。$$

综上,我们就找到了使得 $mPK + nQK$ 最小的点 K。

典例精析

例1 (2020 清华强基)已知平面向量 $\vec{a}$,$\vec{b}$,$\vec{c}$ 满足 $|\vec{a}| \leqslant 2$,$|\vec{b}| \leqslant 1$,$|\vec{a} - 2\vec{b} - \vec{c}| \leqslant |\vec{a} + 2\vec{b}|$,则对所有可能的 $\vec{c}$,$|\vec{c}|$ 的(　　)。

　　A. 最大值为 $4\sqrt{2}$ 　　　　　　B. 最大值为 $2\sqrt{6}$

　　C. 最小值为 0 　　　　　　　　D. 最小值为 $\sqrt{2}$

点拨 一方面直接发现 $\vec{c} = \vec{0}$ 可行,从而得出最小值,另一方面,注意到条件中系数对称的形式,考虑利用三角不等式与柯西不等式,可求出最大值。

解析 当 $\vec{a} \perp \vec{b}$ 时,有 $|\vec{a} - 2\vec{b}| = |\vec{a} + 2\vec{b}|$,此时 $\vec{c} = \vec{0}$ 满足条件。

由三角不等式,得 $|\vec{a} + 2\vec{b}| \geqslant |\vec{a} - 2\vec{b} - \vec{c}| \geqslant |\vec{c}| - |\vec{a} - 2\vec{b}|$,即

$$|\vec{c}| \leqslant |\vec{a} - 2\vec{b}| + |\vec{a} + 2\vec{b}|。$$

又由柯西不等式,得

$$|\vec{c}|^2 \leqslant (|\vec{a} - 2\vec{b}| + |\vec{a} + 2\vec{b}|)^2 \leqslant 2(|\vec{a} - 2\vec{b}|^2 + |\vec{a} + 2\vec{b}|^2)$$
$$= 4|\vec{a}|^2 + 16|\vec{b}|^2 \leqslant 32,$$

故 $|\vec{c}| \leqslant 4\sqrt{2}$。当 $\vec{a} \perp \vec{b}$,$|\vec{a}| = 2|\vec{b}| = 2$,且 $\vec{c} = 2(\vec{a} - 2\vec{b})$ 时取等号。

综上,$|\vec{c}|$ 的最小值为 0,最大值为 $4\sqrt{2}$。本题应选 AC。

例2 (2021 清华强基)甲乙丙丁四人共同参加 4 项体育比赛,每项比赛第一名到第四名的分数依次为 4、3、2、1 分。比赛结束甲获得 14 分第一名,乙

获得 13 分第二名,则(　　)。

A. 第三名不超过 9 分

B. 第三名可能获得其中一场比赛的第一名

C. 最后一名不超过 6 分

D. 第四名可能一项比赛拿到 3 分

解析　(1) 所有分数之和为 $4\times(4+3+2+1)=40$,甲乙分数之和为 $14+13=27$,所以丙和丁分数之和为 13 分,则第四名的分数不超过 6 分,故 C 正确。又因为第四名至少得 4 分,所以第三名不超过 9 分,故 A 正确。

(2) 所有项目的第一名和第二名分数之和为 $4\times(4+3)=28$ 分,只比甲乙两人总分数高一分,这说明只有一种可能的情形,甲乙包揽所有项目第一名,总共拿到 3 个第二名和 1 个第三名,故 B 错误。

(3) D 正确的一种情形:

	I	I	Ⅲ	Ⅳ
甲	4	4	4	2
乙	3	3	3	4
丙	2	2	2	1
丁	1	1	1	3

综上,本题应选 ACD。

> **评注**:本题考察逻辑推理与多维分析能力。先考虑整体,再分析个体,这里的个体既指甲乙丙丁四人,也指各项比赛与名次,最后构造具体情形。

例 3　(2022 上海交大强基)椭圆 $\dfrac{x^2}{4}+y^2=1$ 的左右焦点分别为 F_1、F_2,点 P 在 $x+2\sqrt{3}y-4\sqrt{3}=0$ 上,当 $\angle F_1PF_2$ 最大时,$\dfrac{PF_1}{PF_2}=(\quad)$。

A. $\dfrac{\sqrt{15}}{3}$ B. $\dfrac{3}{5}$ C. $\dfrac{5}{3}$ D. $\dfrac{\sqrt{15}}{5}$

解析 我们首先说明使得 $\angle F_1PF_2$ 最大的 P 是唯一的。若不然,则 $x+2\sqrt{3}y-4\sqrt{3}=0$ 上有两点 P_1、P_2 使得 $\angle F_1P_1F_2$ $=\angle F_1P_2F_2$,于是 F_1、F_2、P_1、P_2 四点共圆。任取 P_1P_2 之间的一点 P_3,则 $\angle F_1P_3F_2>\angle F_1P_1F_2$,这与 $\angle F_1P_1F_2$ 的最大性矛盾。因此当点 $\angle F_1PF_2$ 最大时,$\triangle PF_1F_2$ 的外接圆必定与 $x+2\sqrt{3}y-4\sqrt{3}$

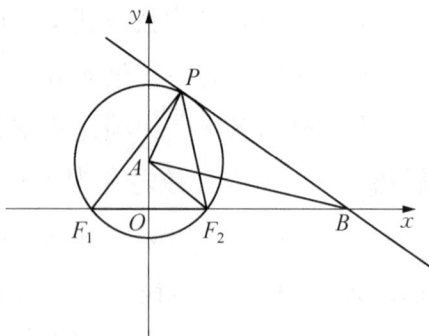

例 3 图

$=0$ 相切于点 P。如图,设 $\triangle PF_1F_2$ 的外接圆圆心为 A,则 A 在 F_1F_2 垂直平分线上,且 $PA=AF_2$。设 A 点坐标为 $(0,m)$,由圆幂定理知 $\triangle BF_1P \backsim \triangle BPF_2$,所以

$$\frac{PF_1}{PF_2}=\frac{BF_1}{BP}=\frac{BF_1}{\sqrt{AB^2-AP^2}}$$

$$=\frac{4\sqrt{3}+\sqrt{3}}{\sqrt{(4\sqrt{3})^2+m^2-(\sqrt{3})^2-m^2}}$$

$$=\frac{5\sqrt{3}}{3\sqrt{5}}=\frac{\sqrt{15}}{3}。$$

故本题应选 A。

> 评注:本题的解析事实上证明并利用了一个重要结论:点 M、N 位于直线 l 同侧,P 是直线 l 上的动点,则当且仅当 l 为三角形 PMN 外接圆的切线时 $\angle MPN$ 取到最大值。

例 4 (2021 北大强基)若平面上有 100 条二次曲线,这些曲线把平面分成若干个连通区域,则连通区域数量最大值为_____。

点拨 可以先有朴素的感受:一个椭圆或抛物线将平面分成两个连通区域,一

个双曲线将平面分成三个连通区域,两条相交直线将平面分成四个连通区域,所以不难想到,当连通区域数量取到最大值时,这些二次曲线均为两条相交直线。

解析 设平面上已有 k 条二次曲线,则新增加的一条二次曲线与原来的每一条二次曲线最多有 4 个交点,故最多新增加 $4k$ 个交点。

下面对新增曲线的类型进行讨论。

(1) 如果是椭圆或者圆,其被分成 $4k$ 段圆弧,则最多增加连通区域 $4k$ 个;

(2) 如果是抛物线,其被分成 $4k+1$ 段曲线,则最多增加连通区域 $4k+1$ 个;

(3) 如果是双曲线,其被分成 $4k+2$ 段曲线,则最多增加连通区域 $4k+2$ 个;

(4) 如果是两条直线,这两条直线可能平行或相交,显然相交直线增加的连通区域更多,相当于依次加入两条直线,最多增加连通区域 $4k+3$ 个。

所以为使得连通区域数量取到最大值,这 100 条二次曲线为 200 条两两相交的直线,为计算最大值,我们考虑将每次引入两条相交直线而新增的区域数累和,由前述结论可知,连通区域数量的最大值为 $4+(4\times1+3)+(4\times2+3)+\cdots+(4\times99+3)=20\,101$。

例 5 (2022 清华强基)设曲线 $C: (x^2+y^2)^3=16x^2y^2$,则(　　　　)。

A. 曲线 C 仅过 $(0,0)$ 一个整点

B. 曲线 C 上的点距原点最大距离为 2

C. 曲线 C 围成的图形面积大于 4π

D. 曲线 C 为轴对称图形

解析 如图,显然若点 (x,y) 满足曲线 C 的方程,则点 $(-x,y)$,$(x,-y)$ 也满足曲线 C 的方程,所以曲线 C 为轴对称图形,故 D 正确。

由基本不等式,$(x^2+y^2)^3=16x^2y^2\leqslant16\cdot\left(\dfrac{x^2+y^2}{2}\right)^2=4(x^2+y^2)^2$,所以 $0\leqslant x^2+y^2\leqslant4$,故 B 正确。进一步得到曲线 C 被以原点为圆心,半径为 2 的圆围住,所以 C 错误。

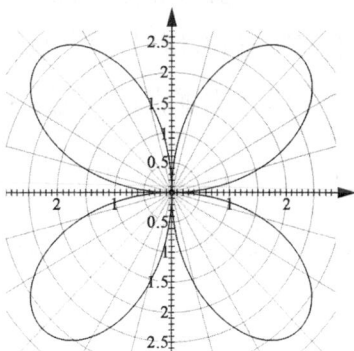

例 5 图

因为 (x,y) 是整点,且 $0 \leqslant x^2 + y^2 \leqslant 4$,所以 $x^2 + y^2$ 的值只能为 0 或 1 或 2,代入曲线 C 方程知,只有 $(0,0)$ 一组整点。故 A 正确。

综上,本题应选 ABD。

> 评注:给定长为 4 的线段 AB,令两个端点 A、B 分别在 x 轴与 y 轴上滑动,过原点 O 向线段 AB 作垂线,垂足 M 的轨迹即为曲线 C,也称为四叶玫瑰线,其极坐标方程为 $\rho = 2\sin 2\theta$。

例6 (2022 北大强基)内接于椭圆 $\dfrac{x^2}{4} + \dfrac{y^2}{9} = 1$ 的菱形周长的最大值和最小值之和为( )。

A. $4\sqrt{13}$

B. $14\sqrt{13}$

C. $\dfrac{110}{3}\sqrt{13}$

D. 前三个选项都不对

> 评注:利用对称性,可知菱形的中心为坐标原点,注意到对角线互相垂直的位置关系,可以围绕角度来设变量,从而得到一个常用的结论:这两条对角线长度平方的倒数和为定值。

解析 如图,设椭圆 $\dfrac{x^2}{a^2} + \dfrac{y^2}{b^2} = 1$ 的内接菱形为菱形 $ABCD$。由对称性,易知菱形两组对边的中点连线均经过坐标原点 O,所以菱形 $ABCD$ 的中心也是 O。由于菱形的对角线互相垂直,可设点 A 坐标为 $(m\cos\theta, m\sin\theta)$,$\theta \in [0, 2\pi)$,设点 B 坐标为 $\left(n\cos\left(\theta + \dfrac{\pi}{2}\right), n\sin\left(\theta + \dfrac{\pi}{2}\right)\right)$,即 $(-n\sin\theta, n\cos\theta)$。将 A、B 坐标代入椭圆方程得

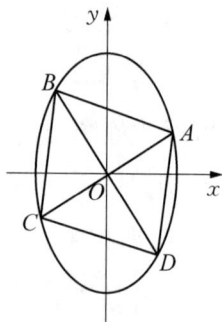

例6图

$$OA^2 = m^2 = \frac{a^2b^2}{b^2\cos^2\theta + a^2\sin^2\theta}, \quad OB^2 = n^2 = \frac{a^2b^2}{b^2\sin^2\theta + a^2\cos^2\theta}。$$

在 Rt$\triangle AOB$ 中,由勾股定理,得

$$AB^2 = OA^2 + OB^2 = \frac{a^2b^2(a^2+b^2)}{(a^4+b^4)\sin^2\theta\cos^2\theta + a^2b^2(\sin^4\theta + \cos^4\theta)}$$

$$= \frac{4a^2b^2(a^2+b^2)}{(a^2-b^2)^2\sin^2 2\theta + 4a^2b^2} \in \left[\frac{4a^2b^2}{a^2+b^2}, a^2+b^2\right]。$$

故菱形周长最大值为 $4\sqrt{a^2+b^2}$,最小值为 $\dfrac{8ab}{\sqrt{a^2+b^2}}$。回到本题,代入 $a=2,b$

$=3$,则最大值与最小值之和为 $\dfrac{100\sqrt{13}}{13}$。 故本题应选 D。

强化训练

A组

1. (2022 清华强基)对任意四边形 $ABCD$,设 $\overrightarrow{AC} = \vec{a}$, $\overrightarrow{BD} = \vec{b}$,则 $(\overrightarrow{AD} + \overrightarrow{BC}) \cdot (\overrightarrow{AB} + \overrightarrow{DC}) = $ _____(用 $\vec{a}, \vec{b}$ 表示)。

2. (2020 清华强基)在平面直角坐标系中,横坐标与纵坐标都是整数的点称为格点,且所有顶点都是格点的多边形称为格点多边形。若一个格点多边形的内部有 8 个格点,边界上有 10 个格点,则这个格点多边形的面积为(   )。
   A. 10   B. 11   C. 12   D. 13

3. (2020 上海交大强基)甲、乙、丙三人的职业分别是 A、B、C,乙的年龄比 C 大,丙的年龄和 B 不同,B 比甲的年龄小,则甲乙丙的职业分别为(   )。
   A. ABC B. CAB C. CBA D. BCA

4. (2020 清华强基)甲、乙、丙三位同学讨论一道数学竞赛题。甲说:"我做错了。"乙说:"甲做对了。"丙说:"我做错了。"老师看过他们的答案并听了他们的上述对话后说:"你们只有一个人做对了,只有一个人说错了。"则根据以上信息可以推断出(   )。

A. 甲做对了   B. 乙做对了

C. 丙做对了   D. 无法确定谁做对了

5. (2020 清华强基)《红楼梦》《三国演义》《水浒传》和《西游记》四部书分列在四层架子的书柜的不同层上。小赵、小钱、小孙、小李分别借阅了四部书中的一部。现知:小钱借阅了第一层的书籍,小赵借阅了第二层的书籍,小孙借阅的是《红楼梦》,《三国演义》在第四层,则( )。

A.《水浒传》一定陈列在第二层

B.《西游记》一定陈列在第一层

C. 小孙借阅的一定是第三层的书籍

D. 小李借阅的一定是第四层的书籍

6. (2021 复旦强基)已知 F_1、F_2 分别是椭圆的左、右焦点,B 为椭圆上一点,延长 F_2B 到点 A,满足 $BF_1 = BA$,AF_1 的中点为 H,请判断下列两个结论是否正确:

结论 1:$AF_1 \perp BH$;结论 2:BH 为椭圆的切线。

7. (2021 北大强基)现有 7 把钥匙 D_1,D_2,$\cdots$,D_7 和 7 把锁,每把钥匙均能打开一把对应的锁。现将这些钥匙随机排列后去开锁,则 D_1、D_2、D_3 这三把钥匙不能打开对应的锁的概率是_____。

8. (2020 清华强基)设随机变量 X 的概率分布列为 $P(x=k) = \dfrac{1}{2^k}$($k=1$, 2, 3, $\cdots$),Y 表示 X 被 3 除的余数,则随机变量 Y 的数学期望 EY 等于( )。

A. 1   B. $\dfrac{8}{7}$ C. $\dfrac{9}{7}$ D. $\dfrac{3}{2}$

9. (2021 清华强基)x_1、x_2、x_3、x_4 为互不相等的正实数,x_{i1}、x_{i2}、x_{i3}、x_{i4} 为 x_1、x_2、x_3、x_4 的任意顺序排列,$x = \max\{\min\{x_{i1}, x_{i2}\}, \min\{x_{i3}, x_{i4}\}\}$,$y = \min\{\max\{x_{i1}, x_{i2}\}, \max\{x_{i3}, x_{i4}\}\}$,求 x 大于 y 的概率。

10. (2020 北大强基)从圆 $x^2 + y^2 = 4$ 上的点向椭圆 $C: \dfrac{x^2}{2} + y^2 = 1$ 引切线,两个切点间的线段称为切点弦,则椭圆 C 内不与任何切点弦相交的区域面积为(　　)。

A. $\dfrac{\pi}{2}$　　　　　　　　　　　B. $\dfrac{\pi}{3}$

C. $\dfrac{\pi}{4}$　　　　　　　　　　　D. 前三个选项都不对

11. (2020 中科大强基) a_1，a_2，$\cdots$，a_n 为 1，2，$\cdots$，n 的排列。若 $i < j$ 且 $a_i < a_j$ 则称 (a_i , a_j) 为顺序对。设 X 为 a_1，a_2，$\cdots$，a_n 的顺序对的个数，则 $E(X) =$ _____。

12. (2020 中科大强基) $f(x) = \dfrac{x}{\sqrt{3}} + \dfrac{1}{x}$ 的离心率是 _____。

13. (2020 上海交大强基) 若四面体的各个顶点到平面 α 距离都相同，则称平面 α 为该四面体的中位面，则一个四面体的中位面的个数为 _____。

14. (2022 南大强基) 在棱长为 6 的正四面体 $ABCD$ 中，M 为面 BCD 上一点，且 $AM = 5$。设异面直线 AM 与 BC 所成的角为 α，则 $\cos\alpha$ 的最大值为 _____。

15. (2022 上海交大强基) 空间中到正方体 $ABCD\text{-}A_1B_1C_1D_1$ 的棱 A_1D_1、AB、CC_1 距离相等的点有(　　)个。

A. 无数　　　　B. 0　　　　C. 2　　　　D. 3

16. (2020 复旦强基) 已知 O 为 $\triangle ABC$ 的内心，$\cos\angle BAC = \dfrac{1}{3}$，且满足 $\overrightarrow{AO} = x\overrightarrow{AB} + y\overrightarrow{AC}$，则 $x + y$ 的最大值为 _____。

17. (2020 复旦强基) 若 $k > 4$，直线 $kx - 2y - 2k + 8 = 0$ 与 $2x + k^2 y - 4k^2 - 4 = 0$ 和坐标轴围成的四边形面积的取值范围为 _____。

18. (2020 清华强基) 在 $\triangle ABC$ 中，$AC = 1$，$BC = \sqrt{3}$，$AB = 2$。设 M 为 AB 中点，现将 $\triangle ABC$ 沿 CM 折起，使得四面体 $B\text{-}ACM$ 的体积为 $\dfrac{\sqrt{2}}{12}$，则折起后 AB 的长度可能为(　　)。

A. 1　　　　B. $\sqrt{2}$　　　　C. $\sqrt{3}$　　　　D. 2

19. (2021 中科大强基广东线上) 设空间区域 $\{(x , y , z) \mid x^2 + y^2 + z^2 \leqslant 1$，$z \geqslant 0\}$ 中存在四个点两两距离都是 d，则 d 的最大值为 _____。

20. (2020 上海交大强基)空间三条直线 a、b、c 两两异面,则与三条直线都相交的直线有_____条。

21. (2021 中科大强基广东线上)设 $k(k \geqslant 3)$ 个人进行互相传球游戏,每个拿球的人等可能地把球传给其他人中的任何一位。若初始时球在甲手中,则第 n 次传球之后,球又回到甲手中的概率为_____。

22. (2020 清华强基)已知 A、B 分别双曲线 $\dfrac{x^2}{4} - y^2 = 1$ 的左、右顶点,I 为该双曲线上不同于 A、B 的任意一点。设 $\angle IAB = \alpha$,$\angle IBA = \beta$,$\triangle IAB$ 的面积为 S,则(   )。

A. $\tan \alpha \tan \beta$ 为定值

B. $\tan \dfrac{\alpha}{2} \tan \dfrac{\beta}{2}$ 为定值

C. $S \cdot \tan(\alpha + \beta)$ 为定值

D. $S \cdot \cot(\alpha + \beta)$ 为定值

23. (2022 南大强基)已知向量 $\vec{a}$、$\vec{b}$、$\vec{c}$ 满足 $|\vec{a}| = 3$,$|\vec{b}| = 2\sqrt{2}$,$\vec{a} \cdot \vec{b} = 6$,且 $(\vec{a} + \vec{c}) \cdot (\vec{b} + 2\vec{c}) = 0$,则 $|\vec{b} + \vec{c}|$ 最小值为_____。

24. (2020 上海交大强基)平面上给定 5 个点,其中任意三点不共线,过任意两点作直线,已知任意两条直线既不平行也不垂直,过 5 点中任意一点向另外四点的连线作垂线,则所有这些垂线的交点(不包括已知的 5 点)个数至多有_____。

参考答案

第1讲 集合

1. 解析：由题意，商运算的除数不取 0，则任意两个实数进行四则运算的结果还是实数，所以 **R** 是封闭集合；任意两个有理数进行四则运算的结果还是有理数，所以 **Q** 也是封闭集合。

$\complement_R \mathbf{Q}$ 表示无理数集，假设它是封闭集合，由封闭集合的定义，显然有同一元素之差 $0 \in \complement_R \mathbf{Q}$，但 0 是有理数，矛盾。故假设不成立。

记 $A = \{x \mid x = m + \sqrt{2}n, \ m、n \in \mathbf{Z}\}$，易知 $1、2 + \sqrt{2} \in A$，但

$$\frac{1}{2 + \sqrt{2}} = 1 - \frac{\sqrt{2}}{2} \notin A,$$

所以 A 不是封闭集合。

综上所述，封闭集合的个数为 2。

评注：若将集合 A 改为 $\{x \mid x = m + \sqrt{2}n, \ m、n \in \mathbf{Q}\}$，则其封闭。所谓封闭，通俗地讲就是能够自圆其说。自然数集对减法不封闭，由此产生了负整数；整数集对加减乘封闭了，可惜对除法不封闭，所以有理数应运而生。至此，一切似乎都很完美，有理数对于加减乘除都是封闭的，也难怪毕达哥拉斯学派会认为万物皆有理数，直到希帕索斯发现了 $\sqrt{2}$。

2. 解析：将集合 $\{1, 2, 3, \cdots, 12\}$ 划分为 $A = \{1, 4, 7, 10\}$，$B = \{2, 5, 8, 11\}$，$C = \{3, 6, 9, 12\}$，要使取出的三个数之和为 3 的倍数，只有两种方法。一是从 $A、B、C$ 中各取一个数，有 $4^3 = 64$ 种取法；二是单个集合 A 或 B 或 C 中取三个数，有 $3 \times C_4^3 = 12$ 种取法。共 $64 + 12 = 76$ 种。又从 $\{1, 2, 3, \cdots, 12\}$ 任取三个不重复元素的方法总数为 $C_{12}^3 = 220$，所以概率为 $\dfrac{76}{220} = \dfrac{19}{55}$。

3. 解析：记 U 为小于 1000 的正整数构成的集合，A_k 表示小于 1000 的正整数中 k 的倍数构成的集合，则 $|A_k| = \left\lfloor \dfrac{999}{k} \right\rfloor$。

本题即要求出 $(\complement_U A_5) \bigcap (\complement_U A_7) = \complement_U (A_5 \bigcup A_7)$ 的元素个数。由容斥原理有

$$\left| \complement_{U}(A_5 \bigcup A_7) \right| = |U| - |A_5| - |A_7| + |A_5 \bigcap A_7| = |U| - |A_5| - |A_7| + |A_{35}|$$

$$= 999 - \left\lfloor \frac{999}{5} \right\rfloor - \left\lfloor \frac{999}{7} \right\rfloor + \left\lfloor \frac{999}{35} \right\rfloor$$

$$= 999 - 199 - 142 + 28 = 686。$$

评注:本题较易,使用容斥原理即可。这里想请读者务必注意书写,会做的题,一定要写好,追求严谨专业、自然流畅、简洁明了。这对学习和研究数学是大有裨益的。

4. 解析:由题意画出韦恩图,从集合 N 中选取 3 个数分别放入 $A \bigcap B$,$B \bigcap C$,$C \bigcap A$ 所表示的区域中,共 A_6^3 种放法,剩下 3 个数放入除 $A \bigcap B$,$B \bigcap C$,$C \bigcap A$ 以外的区域中,每个数都有 4 个区域可供选择,由乘法原理,总的放置方法数为 $A_6^3 \cdot 4^3 = 7680$,此即为 N 的有序子集列的个数。故本题选 D。

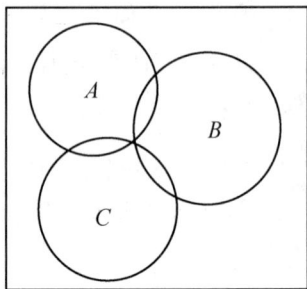

第 4 题图

5. 解析:设 S 中元素 a 在 A_1,A_2,$\cdots$,A_{2016} 中出现的次数为 $\lambda(a)$,并设 $m = \max\limits_{a \in S} \lambda(a)$。

对 A_1,A_2,$\cdots$,A_{2016} 的元素个数之和 T 进行计算,一方面,由 T 定义有

$$T = \sum_{i=1}^{2016} |A_i|,$$

另一方面,从元素在 A_1,A_2,$\cdots$,A_{2016} 中出现的次数入手,我们有

$$T = \sum_{a \in S} \lambda(a),$$

综合两方面并结合题目条件我们得到

$$\frac{2016}{5}|S| \leqslant \sum_{i=1}^{2016} |A_i| = \sum_{a \in S} \lambda(a) \leqslant m|S|,即 m \geqslant \left\lceil \frac{2016}{5} \right\rceil = 404,故本题选 B。$$

6. 点拨:本题较易,类似于习题 2,将 U 中元素按除以 5 的余数(也就是模 5)分为 5 类。

解析:将集合 U 按除以 5 的余数划分为 $U_0 = \{0, 5, 10, \cdots, 2020\}$,$U_1 = \{1, 6, 11, \cdots, 2021\}$,$U_2 = \{2, 7, 12, \cdots, 2017\}$,$U_3 = \{3, 8, 13, \cdots, 2018\}$,

$$U_4 = \{4, 9, 14, \cdots, 2019\},$$

U_0 中最多选 1 个数。

U_1 和 U_4 只能取其一,$|U_1| = 405$,$|U_4| = 404$,要使 $|S|$ 最大应全取 U_1。

U_2 和 U_3 只能取其一,两类数均有 404 个。

所以 $|S|_{\max} = 1 + 405 + 404 = 810$。

7. 点拨:证明是封闭集,需说明对任意元素均成立,证明不是,只需要构造一个反例。这样的构造,需要积淀,也需要灵感。

解析:先证后一个命题。

对任意的 x、$y \in A \cap B$,有 x、$y \in A$,从而由封闭集合性质知:$x+y$,$x-y$,$xy \in A$。

当 $y \neq 0$ 时,$\dfrac{x}{y} \in A$;同理 $x+y$,$x-y$,$xy \in B$,当 $y \neq 0$ 时,$\dfrac{x}{y} \in B$。

因此 $x+y$,$x-y$,$xy \in A \cap B$,当 $y \neq 0$ 时,$\dfrac{x}{y} \in A \cap B$,这就说明了 $A \cap B$ 是封闭集。 对于 $A=\{x \mid x=m+n\sqrt{2}, m、n \in \mathbf{Q}\}$,$B=\{x \mid x=m+\sqrt{6}n, m、n \in \mathbf{Q}\}$,容易验证 A,B 均为封闭集合。考虑 A 中元素 $\sqrt{2}$ 和 B 中元素 $\sqrt{6}$ 的和 $\sqrt{2}+\sqrt{6}$,假设 $\sqrt{2}+\sqrt{6} \in A$,即存在 a、$b \in \mathbf{Q}$ 使得和 $\sqrt{2}+\sqrt{6}=a+b\sqrt{2}$,则

$$\sqrt{6}-a=(b-1)\sqrt{2}, \qquad ①$$

上式两边平方整理得:

$$-2a\sqrt{6}=2(b-1)^2-6-a^2, \qquad ②$$

②式右端为有理数,左端为无理数 $\sqrt{6}$ 与有理数的乘积,所以必有 $a=0$。

此时①式化为 $\sqrt{3}=b-1$,等式左端是无理数,右端是有理数,矛盾。

故假设不成立,因此 $\sqrt{2}+\sqrt{6} \notin A$。同理,$\sqrt{2}+\sqrt{6} \notin B$,从而 $\sqrt{2}+\sqrt{6} \notin A \cup B$。

即 $A \cup B$ 不是封闭集。

8. 解析:由条件可知,$a_i a_j (1 \leqslant i < j \leqslant 4)$ 是 6 个互不相等的数,且其中没有两个为相反数,由此知,a_1、a_2、a_3、a_4 的绝对值互不相等,不妨设 $|a_1| < |a_2| < |a_3| < |a_4|$,则 $|a_i||a_j| (1 \leqslant i < j \leqslant 4)$ 中最小的与次小的两个数分别是 $|a_1||a_2|$ 及 $|a_1||a_3|$,最大与次大的两个数分别是 $|a_3||a_4|$ 及 $|a_2||a_4|$,从而必须有

$$\begin{cases} a_1 a_2 = -\dfrac{1}{8}, \\ a_1 a_3 = 1, \\ a_2 a_4 = 3, \\ a_3 a_4 = -24。 \end{cases}$$

所以 $a_2=-\dfrac{1}{8a_1}$,$a_3=\dfrac{1}{a_1}$,$a_4=\dfrac{3}{a_2}=-24a_1$。

故 $\{a_2 a_3, a_1 a_4\}=\left\{-\dfrac{1}{8a_1^2}, -24a_1^2\right\}=\left\{-2, -\dfrac{3}{2}\right\}$,结合 $a_1 \in \mathbf{Q}$,只可能 $a_1=\pm\dfrac{1}{4}$。

易知 $a_1 = \dfrac{1}{4}$，$a_2 = -\dfrac{1}{2}$，$a_3 = 4$，$a_4 = -6$ 或者 $a_1 = -\dfrac{1}{4}$，$a_2 = \dfrac{1}{2}$，$a_3 = -4$，$a_4 = 6$。

经检验知这两组解均满足问题的条件。故 $a_1 + a_2 + a_3 + a_4 = \pm\dfrac{9}{4}$。

评注：解法的核心是排序，但技巧是按绝对值排序。此时要避免互为相反数的干扰，为此开头即作出说明。另外要提前想到，题中的四个数全部换成各自的相反数显然仍满足要求，所以本题的答案如果有非零解，必然是两两一组，组内互为相反数。

9. **解析**：直接利用例 9 中 C 选项的构造 $A = \{n! + n \mid n \in \mathbf{N}_+\}$，$B = \mathbf{N}_+ \setminus A$，这样我们得到了一种满足题意的划分方式，进一步地，注意到集合 A 中去掉有限个元素并将这有限个元素并入集合 B 中得到的新集合 A'、B' 仍满足题意，因此这样的划分方法有无穷多种。故本题选 C。

10. **解析**：设 A 中元素从小到大为 a_1，a_2，a_3，$\cdots$ 为使 A 中元素尽可能多，各个 a_i 应当尽可能小。令 $a_1 = 1$，$a_2 = 2$，则 a_3 不可能为 3，取 $a_3 = 4$，则 $a_4 \geqslant 5$ 且容易发现 $a_4 = 5$ 满足题意，依此下去，我们可以得到集合 $A = \{1, 2, 4, 5, 10, 11, 13, 14\}$，此时 $|A| = 8$。

下面说明集合 A 中元素最多为 8。若不然，则存在一种情况使得 $|A| \geqslant 9$。我们取出 A 中由小到大排列的前 9 个元素并记为 a_1，a_2，$\cdots$，a_9，这 9 个数中任意 3 个不成等差数列，即任取 3 个数它们两两之差不同，于是我们有不等关系：$a_3 - a_1 = (a_3 - a_2) + (a_2 - a_1) \geqslant 1 + 2 = 3$，同理 $a_5 - a_3 \geqslant 3$，但 $a_3 - a_1 \neq a_5 - a_3$，因此 $a_5 - a_1 \geqslant 3 + 4 = 7$。同理有 $a_9 - a_5 \geqslant 7$，但 $a_9 - a_5 \neq a_5 - a_1$，由此推出 $a_9 - a_1 \geqslant 7 + 8 = 15$，矛盾。故假设不成立，即 $|A| \leqslant 8$，且由上述过程知等号可以取到，因此本题选 B。

11. **解析**：假设有理数集 $\mathbf{Q}$ 具有可分二倍和性质，即存在三个非空集合 A、B、C 满足 $\mathbf{Q} = A \cup B \cup C$ 且 A、B、C 两两之交为空集。不失一般性，我们设 $0 \in A$，任取非空集合 B 中元素 b，因为 $A \cap B = \varnothing$，故 $b \neq 0$。由可分二倍和性质，立即得到 $2(0 + b) = 2b \in C$，进一步有 $2(0 + 2b) = 4b \in B$。因为 $-b \in \mathbf{Q} = A \cup B \cup C$，故 $-b$ 属于 A，B，C 中的某一个。假设 $-b \in A$，则 $2(-b + 2b) = 2b \in B$，这与 $B \cap C = \varnothing$ 矛盾，假设 $-b \in B$，则 $2(-b + 2b) = 2b \in A$，同样与 $A \cap C = \varnothing$ 矛盾，故只有 $-b \in C$。上述讨论说明对于一个非零有理数 r 及其相反数 $-r$，只有两种可能，要么 r 和 $-r$ 分别属于集合 B、C，要么 r 和 $-r$ 都属于集合 A。

下面考虑 $\dfrac{b}{2}$，假设 $\dfrac{b}{2} \in A$，则 $2\left(-b + \dfrac{b}{2}\right) = -b \in B$，矛盾。

假设 $\dfrac{b}{2} \in B$，则 $2\left(0 + \dfrac{b}{2}\right) = b \in C$，矛盾，故 $\dfrac{b}{2} \in C$。所以 $-\dfrac{b}{2} \in B$。

再考虑 $\dfrac{b}{3}$，假设 $\dfrac{b}{3} \in A$，则 $2\left(-\dfrac{b}{2} + \dfrac{b}{3}\right) = -\dfrac{b}{3} \in C$，进一步有 $\dfrac{b}{3} \in B$，矛盾。

假设 $\dfrac{b}{3} \in C$,则 $-\dfrac{b}{3} \in B$,于是 $2\left(-\dfrac{b}{3}+\dfrac{b}{2}\right)=\dfrac{b}{3} \in A$,矛盾。故 $\dfrac{b}{3} \in B$。

由 $\dfrac{b}{3} \in B$,$\dfrac{b}{2} \in C$ 得 $2\left(\dfrac{b}{3}+\dfrac{b}{2}\right)=\dfrac{5b}{3} \in A$,进而有 $2\left(\dfrac{b}{3}+\dfrac{5b}{3}\right)=4b \in C$,这与 $4b \in B$ 矛盾。

故假设不成立,有理数集不具有可分二倍和性质。

评注:本题思路是清晰的,矛盾在于"集合纠缠不清",但需要踏踏实实严谨细致地讨论。

12. 解析:证明:f_n 表示对任意 $i \in \{1, 2, \cdots, n\}$,$\varphi(i) \neq i$ 的置换个数,由例 5 知

$$f_n=n! \sum_{i=0}^{n} \dfrac{(-1)^i}{i!},$$

恰有一个不动点相当于只有一封信装对信封,其余 $n-1$ 封信装错,因此

$$g_n=nf_{n-1}=n! \sum_{i=0}^{n-1} \dfrac{(-1)^i}{i!}。$$

于是

$$\left| f_n-g_n \right|=\left| n! \dfrac{(-1)^n}{n!} \right|=1。$$

13. 点拨:第一步是基础工作,需要具体地表示出集合 A、B。再考虑两个不等式,各自的切入点很不一样,右边从整体入手,高屋建瓴,左边从个体入手,见微知著。

解析:证明:设 $A=\{a_1, a_2, \cdots, a_m\}$,$B=\{b_1, b_2, \cdots, b_n\}$,这里 m、$n \in \mathbf{N}_+$。易见当 $a_i+b_j (1 \leqslant i \leqslant m, 1 \leqslant j \leqslant n)$ 两两不同时,$A+B$ 中元素个数最多,此时 a_i+b_j 共有 mn 个不同值,但 a_i+b_j 可能有相同的取值,因此 $|A+B| \leqslant mn$。

另一方面,不妨设 $a_1 < a_2 < \cdots < a_m$,$b_1 < b_2 < \cdots < b_n$,则有如下不等式链:

$$a_1+b_1 < a_2+b_1 < \cdots < a_m+b_1 < a_m+b_2 < \cdots < a_m+b_n,$$

这说明 $A+B$ 中至少包含上述不等式链中的 $m+n-1$ 个数,即 $|A+B| \geqslant m+n-1$。

14. 解析:考虑集合 A 中的最大元,记为 a_1 且设 $a_1 > 0$(若 $a_1=0$,那么 $A=\{0\}$ 只有一个元素),则 a_1+a_1 或 a_1-a_1 也在 A 中,由 a_1 的最大性知 $a_1+a_1=2a_1 \notin A$,于是必有 $0 \in A$。再考虑 A 中第二大的元素,记为 a_2 且设 $a_2 > 0$(若 $a_2=0$,那么 $A=\{0, a_1\}$ 只有两个元素),此时我们有 0、a_1、$a_2 \in A$,同样由 a_1 的最大性知 $a_1+a_2 \notin A$,故必有 $a_1-a_2 \in A$。又由 A 中任意三个元素不成等差数列知 $a_1-a_2 \neq a_2-0=a_2$,因此 A 中至少有四个不同元素 0、a_1、a_2、a_1-a_2。可取 $A=\{0, 1, 4, 5\}$,满足题意。若还有一个不同于上述四个数的元素 $a_3 \in A$,则 $a_1-a_3 \in A$ 且同样有 $a_1-a_3 \neq a_3-0=a_3$,又由 $a_3 \neq a_1-a_2$ 知 $a_1-a_3 \neq a_2$,所以此时 A 中至少有 6 个不同元素 0、a_1、a_2、a_3、a_1-a_2、a_1

$-a_3$。对于 a_2、a_3,考虑它们的和 a_2+a_3 与差 a_2-a_3,前面已经说明 $a_2+a_3\neq a_1$,再由 a_2 是 A 中第二大的元素知 $a_2+a_3\notin A$,因此 $a_2-a_3\in A$。注意到 $0<a_2-a_3<\min\{a_2,a_1-a_3\}$,假设 $a_2-a_3=a_3=a_3-0$ 或 $a_2-a_3=a_1-a_2$,都与 A 中任意三个元素不成等差数列矛盾,因此 a_2-a_3 是 A 中异于 0、a_1、a_2、a_3、a_1-a_2、a_1-a_3 的数,故 A 中元素个数不可能为 6,符合题意的选项只有 B。

15. 点拨:典型的贡献法。笔者当年写在答卷的第一句话是"本题有误,当 S 中某两个子集的平均值相同时结论未必成立,当所有子集的平均值不同时,结论成立,证明如下"。

解析:本题有误,当 S 中某两个子集的平均值相同时结论未必成立。当所有子集的平均值均不同时,结论成立,证明如下:

考察 S 中每个元素 x 对 $m(S)$ 和 $m(S')$ 的贡献,易知对 $m(S)$ 贡献为 $\dfrac{x}{|S|}$。再计算 x 对 $m(S')$ 的贡献:易知 x 在 S 的 $C_{|S|-1}^{k-1}$ 个不同的 k 元子集出现过 $(1\leqslant k\leqslant |S|)$,$|S'|=2^{|S|}-1$,则 x 对 $m(S')$ 的贡献为

$$\frac{1}{|S'|}\sum_{k=1}^{|S|}C_{|S|-1}^{k-1}\cdot\frac{x}{k}=\frac{x}{2^{|S|}-1}\sum_{k=1}^{|S|}\frac{C_{|S|-1}^{k-1}}{k}=\frac{x}{2^{|S|}-1}\sum_{k=1}^{|S|}\frac{C_{|S|}^{k}}{|S|}=\frac{x}{|S|},$$

所以每个元素 x 对 $m(S)$ 和 $m(S')$ 的贡献相同,则 $m(S')=m(S)$。

16. 解析:为了简化讨论我们将空集考虑进计算,并认为空集元素和为零。记集合 $A_n=\{1,2,3,\cdots,3n+1,3n+2\}$,$a_n$、$b_n$、$c_n$ 分别为元素和除以 3 余 0、1、2 的 A_n 子集的个数,则 $a_n+b_n+c_n=2^{3n+2}$。

下面考察集合 $A_{n+1}=\{1,2,\cdots,3n,3n+1,3n+2,3n+3,3n+4,3n+5\}$,其元素和为 3 的倍数的子集可以根据是否含有 $3n+3$、$3n+4$、$3n+5$ 分为 $2^3=8$ 种,分析如下:

(1) 不含元素 $3n+3$、$3n+4$、$3n+5$,有 a_n 个。

(2) 只包含元素 $3n+3$,有 a_n 个;同时包含元素 $3n+4$、$3n+5$,有 a_n 个;同时包含元素 $3n+3$、$3n+4$、$3n+5$,有 a_n 个。

(3) 只包含元素 $3n+4$ 的集合,有 c_n 个;同时包含元素 $3n+3$、$3n+4$,有 c_n 个。

(4) 只包含元素 $3n+5$ 的集合,有 b_n 个;同时包含元素 $3n+3$、$3n+5$,有 b_n 个。

因此我们有 $a_{n+1}=4a_n+2b_n+2c_n$,同理可得 $b_{n+1}=4b_n+2a_n+2c_n$。上述两式相减可得 $a_{n+1}-b_{n+1}=2(a_n-b_n)$。易知 $a_1=12$,$b_1=10$,因此 $a_1-b_1=2$,故 $a_n-b_n=2^n$。同理可得 $a_n-c_n=2^n$,即有 $\begin{cases}a_n-b_n=2^n,\\a_n-c_n=2^n,\end{cases}$ 两式相加得 $2a_n-(b_n+c_n)=2^{n+1}$。

结合 $a_n + b_n + c_n = 2^{3n+2}$，得 $a_n = \dfrac{2^{n+1} + 2^{3n+2}}{3}$。

所以 A_n 的非空子集中元素和为 3 的倍数的个数为 $a_n - 1 = \dfrac{2^{n+1} + 2^{3n+2} - 3}{3}$。回到原题，此时 $n = 673$，故个数为 $\dfrac{2^{674} + 2^{2021} - 3}{3}$。

评注：数学考试中经常出现年份数字，有时年份偶有作用，例如是一个质数等，但大多情况下，年份只是年份，往往要考虑更一般性的，对正整数 n 适用的结论。本题中将 2021 改为 n，这样的集合个数设为 a_n，自然会想到研究数列的递推关系。尽管还是较繁琐，但思路清晰，可从容应对。

17. 解析：对非空有限实数集 A，用 $\min A$ 与 $\max A$ 分别表示 A 的最小元素与最大元素。考虑 S 的所有包含 1 且至少有两个元素的子集，一共 $2^{99} - 1$ 个，它们显然满足要求，因为 $\min(A_i \cap A_j) = 1 < \max A_i$，故 $k_{\max} \geqslant 2^{99} - 1$。

下面证明 $k \geqslant 2^{99}$ 时不存在满足要求的 k 个子集，我们用数学归纳法证明：

对整数 $n \geqslant 3$，在集合 $\{1, 2, \cdots, n\}$ 的任意 $m(m \geqslant 2^{n-1})$ 个不同非空子集 $A_1, A_2, \cdots, A_m$ 中，存在两个子集 A_i、$A_j(i \neq j)$，满足

$$A_i \cap A_j \neq \varnothing, \text{且} \min(A_i \cap A_j) = \max A_i。 \tag{1}$$

显然只需对 $m = 2^{n-1}$ 的情形证明上述结论。

当 $n = 3$ 时，将 $\{1, 2, 3\}$ 的全部 7 个非空子集分成 3 组，第一组：$\{3\}$，$\{1, 3\}$，$\{2, 3\}$；第二组：$\{2\}$，$\{1, 2\}$；第三组：$\{1\}$，$\{1, 2, 3\}$。由抽屉原理，任意 4 个非空子集必有两个在同一组中，取同组中的两个子集分别记为 A_i、A_j，排在前面的记为 A_i，则满足(1)。

假设结论在 $n(n \geqslant 3)$ 时成立，考虑 $n + 1$ 的情形。若 $A_1, A_2, \cdots, A_{2^n}$ 中至少有 2^{n-1} 个子集不含 $n + 1$，对其中的 2^{n-1} 个子集用归纳假设，可知存在两个子集满足(1)。

若至多有 $2^{n-1} - 1$ 个子集不含 $n + 1$，则至少有 $2^{n-1} + 1$ 个子集含 $n + 1$，将其中 $2^{n-1} + 1$ 子集都去掉 $n + 1$，得到 $\{1, 2, \cdots, n\}$ 的 $2^{n-1} + 1$ 个子集。

由于 $\{1, 2, \cdots, n\}$ 的全体子集可分成 2^{n-1} 组，每组两个子集互补，故由抽屉原理，在上述 $2^{n-1} + 1$ 个子集中一定有两个属于同一组，即互为补集。因此，相应地有两个子集 A_i、A_j，满足 $A_i \cap A_j = \{n + 1\}$，这两个集合显然满足(1)，故 $n + 1$ 时结论成立。

综上所述，所求 $k_{\max} = 2^{99} - 1$。

评注：笔者在考场上解决本题时，没有采用上述参考答案的归纳法，反而更为简洁直白，注意到

$$2^{99} - 1 = 2^0 + 2^1 + \cdots + 2^{98},$$

因此考虑将 S 的子集按最大元素分类，最大元素为 k 的子集中，按互为补集两两配对，只能取其一，即可得证。现将笔者当年的证法复写如下。

解：$k_{\max}=2^{99}-1$。

一方面，考虑 S 的所有包含 1 且至少有两个元素的子集，一共 $2^{99}-1$ 个，它们显然满足要求，所以 $k_{\max}\geqslant 2^{99}-1$；

另一方面，我们证明 $k\leqslant 2^{99}-1$，设取出的子集中最大元素为 t 的有 a_t 个，$1\leqslant t\leqslant 100$，则

$$k=\sum_{t=1}^{100}a_t,$$

若 $a_1=0$，考虑 S 的最大元素为 t 的子集，$2\leqslant t\leqslant 100$，有 2^{t-1} 个，这 2^{t-1} 个子集可按照对集合 $\{1,2,3,\cdots,t-1\}$ 的二分划，两两配对为 (B_i,B_j)，使得 $B_i\bigcap B_j=\{t\}$，$B_i\bigcup B_j=\{1,2,3,\cdots,t\}$，在 2^{t-2} 个集合对 (B_i,B_j) 中，每对集合最多只能取出其中一个，否则 $\min(B_i\bigcap B_j)=t=\max B_i=\max B_j$，不满足要求，所以 $a_t\leqslant 2^{t-2}$，

所以

$$k=\sum_{t=1}^{100}a_t=\sum_{t=2}^{100}a_t\leqslant \sum_{t=2}^{100}2^{t-2}=2^{99}-1,$$

若 $a_1=1$，意味着取出了集合 $\{1\}$，则其余 $k-1$ 个集合均不能含有元素 1，只能为 $\{2,3,\cdots,100\}$ 的非空子集，同上配对分析，易知此时仍有 $k\leqslant 2^{99}-1$。

综上所述，$k_{\max}=2^{99}-1$。

18. 点拨：贪心算法（又称贪婪算法）是指，在对问题求解时，总是做出在当前看来是最好的选择。也就是说，不从整体最优上加以考虑，仅是局部最优解。本题可以直接采用贪心算法选择 B 中元素，从最大的开始，能加就加，不能就跳过，再估计其数量。

解析：将 A 中元素从大到小排列为 $a_1>a_2>\cdots>a_n$，从 A 中最大的元素 a_1 开始，能满足题设要求就加入 B 中，否则不加。

下面估计 $|B|$。引入数列 $\{b_k\}$ $(1\leqslant k\leqslant n)$，$b_k$ 表示考虑过 a_k 的可行性之后，a_1，a_2，$\cdots$，a_k 中加入 B 中的元素个数，则 $k-b_k$ 是其中没有加入 B 中的元素个数。最大的 a_1，a_2 必定加入，所以 $b_1=1$，$b_2=2$。

我们需要给出 $k-b_k$ 的一个上界。扫描过 a_k 以后，a_1，a_2，$\cdots$，a_k 中未能加入 B 中的元素 $a_j(j\leqslant k)$，一定是与已有的某个 B 中元素 $a_i(i<j)$，求和等于某个 A 中元素 $a_m(m<i)$，注意到 i、m 唯一决定 j，因此这样的 a_j 个数不超过对应 i、m 的组数，结合 $m<i$，所以组数不超过 $i-1$，所以

$$\sum_{a_i \in B, i < k} (i-1) \geqslant k - b_k,$$

即 $\displaystyle\sum_{a_i \in B, i < k} i - b_{k-1} \geqslant k - b_k$，所以

$$\sum_{a_i \in B, i < k} i \geqslant k + b_{k-1} - b_k,$$

注意到 $b_{k-1} - b_k \geqslant -1$，所以

$$\sum_{a_i \in B, i < k} i \geqslant k - 1。 \qquad (1)$$

设 B 中的 a_i 的下标 i 从小到大排成的序列为 $\{c_t\}$，$1 \leqslant t \leqslant |B|$，则

$$c_1 = 1, \ c_2 = 2, \cdots$$

在 (1) 式中令 $k = c_{i+1}(1 \leqslant i \leqslant |B| - 1)$，可得

$$c_1 + c_2 + \cdots + c_i \geqslant c_{i+1} - 1,$$

归纳易证 $c_i \leqslant 2^{i-1}$，再在 (1) 式中令 $k = n$，结合

$$c_1 + c_2 + \cdots + c_{|B|} = \sum_{a_i \in B, i \leqslant n} i,$$

可得

$$c_1 + c_2 + \cdots + c_{|B|} = \sum_{a_i \in B, i \leqslant n} i \geqslant \sum_{a_i \in B, i < n} i \geqslant n - 1。$$

又 $c_i \leqslant 2^{i-1}(1 \leqslant i \leqslant |B| - 1)$，所以

$$2^{|B|} - 1 = 2^0 + 2^1 + \cdots + 2^{|B|-1} \geqslant c_1 + c_2 + \cdots + c_{|B|} \geqslant n - 1。$$

所以 $|B| \geqslant \log_2 n$。

评注：本题的核心是 $c_1 + c_2 + \cdots + c_i \geqslant c_{i+1} - 1$，这一点不难理解，但要论证清楚并不容易，需要熟练掌握集合语言的叙述、各种下标的转换与运算等。

19. 解析：由 $\forall i \neq j$，$|A_i - A_j| \geqslant p$，结合差集的性质 $|A_i - A_j| \leqslant |A_i|$ 与 $|A_j - A_i| \leqslant n - |A_i|$，可得 $\forall 1 \leqslant i \leqslant k$，$p \leqslant |A_i| \leqslant n - p$。对于集合 $A = \{1, 2, \cdots, n\}$，记 A 的所有置换 σ 组成的集合为 S_n，则 $|S_n| = n!$。对 $i = 1, 2, \cdots, k$，令

$$P_i = \{\sigma \in S_n | \text{存在} \ T \subseteq A \ \text{满足} \ |T| \leqslant p-1 \ \text{且} \{\sigma(1), \sigma(2), \cdots,$$
$$\sigma(|A_i| + |T|)\} = A_i \bigcup T\},$$

我们断言：对 $\forall 1 \leqslant i \neq j \leqslant k$，$P_i \bigcap P_j = \varnothing$。若不然，存在 $1 \leqslant i \neq j \leqslant k$，$P_i \bigcap P_j \neq \varnothing$。设 $\sigma \in P_i \bigcap P_j$，则由 P_i 定义知存在集合 $T_i \subseteq A$，$|T_i| \leqslant p-1$ 且 $\{\sigma(1), \sigma(2), \cdots,$

$\sigma(|A_i|+|T_i|)\}=A_i\bigcup T_i$，同理存在集合 $T_j\subseteq A$，$|T_j|\leqslant p-1$ 且 $\{\sigma(1),\sigma(2),\cdots,\sigma(|A_i|+|T_j|)\}=A_j\bigcup T_j$。注意到 $|A_j\bigcup T_j|=|A_j|+|T_j|$，故 $A_j\bigcap T_j=\varnothing$。不妨设 $|A_i|+|T_i|\leqslant|A_j|+|T_j|$，则有 $A_i\bigcup T_i\subseteq A_j\bigcup T_j$，进而 $A_i\subseteq A_j\bigcup T_j$，可得 $A_i-A_j\subseteq(A_j\bigcup T_j)-A_j=T_j$，则 $|A_i-A_j|\leqslant|T_j|=p-1$，矛盾。这就证明了断言的正确性。

由断言及集合划分的加法原理知 $\sum\limits_{i=1}^{k}|P_i|=\left|\bigcup\limits_{i=1}^{k}P_i\right|\leqslant|S_n|=n!$，又易知 $\sigma\in P_i$ 的充要条件是 $A_i\subseteq\{\sigma(1),\sigma(2),\cdots,\sigma(|A_i|+p-1)\}$，由此我们有

$$|P_i|=C_{|A_i|+p-1}^{|A_i|}(|A_i|)!\,(n-|A_i|)!=\frac{(n+p-1)!}{(p-1)!\,C_{n+p-1}^{|A_i|+p-1}}\geqslant\frac{(n+p-1)!}{(p-1)!\,C_{n+p-1}^{\left\lfloor\frac{n+p-1}{2}\right\rfloor}},$$

代入 $\sum\limits_{i=1}^{k}|P_i|\leqslant n!$ 即证。

评注：依然是当年金秋营的压轴题，本题 $p=1$ 时即为斯佩纳定理，由此作为突破口，采取类似的方法，将 A_i 延伸为互异的排列，即可完成证明。区别在于本题中的条件是 $\forall i\neq j$，$|A_i-A_j|\geqslant p$，所以我们是选择势不超过 $p-1$ 的 $T\subseteq A$ 来确保 P_i 两两不交。

第 2 讲　函数

1. 解析：在 $f(x+4)=f(x)+2f(2)$ 中令 $x=-2$ 得 $f(2)=f(-2)+2f(2)$，结合 $f(x)$ 是偶函数可知 $f(2)=0$。因此 $f(x+4)=f(x)$，即 $f(x)$ 是以 4 为周期的周期函数，故 $f(2022)=f(2)=0$。

2. 解析：注意到 $f(x)-1=\dfrac{e^x-e^{-x}}{e^x+e^{-x}}+\sin x$ 为奇函数，所以在区间 $[-2,2]$ 上，必有 $(f(x)-1)_{\max}+(f(x)-1)_{\min}=0$，即 $(M-1)+(m-1)=0$，所以 $M+m=2$。本题选 A。

3. 解析：令 $2x=\dfrac{x^2+4}{2}$，解得 $x=2$，所以 $4\leqslant f(2)\leqslant 4$，故 $f(2)=4$。设 $f(x)=ax^2+bx+c(a\neq 0)$，由 $f(-2)=0$，$f(2)=4$ 得 $b=1$，$c=2-4a$，所以 $f(x)=ax^2+x+2-4a$。又由 $f(x)-2x=ax^2-x+2-4a\geqslant 0$ 恒成立，得

$$a>0,\ \Delta=1-4a(2-4a)=(4a-1)^2\leqslant 0,$$

故必有 $a=\dfrac{1}{4}$，所以 $f(x)=\dfrac{1}{4}x^2+x+1$。检验易知此时 $f(x)\leqslant\dfrac{x^2+4}{2}$ 恒成立，故 $f(x)=\dfrac{1}{4}x^2+x+1$ 符合题意，$f(10)=36$。

4. 解析：令 $t=3^x$，则 $g(t)=f(x)=9^x-3^{x+1}+a=t^2-3t+a$。

当 $x\in(0,1)$ 时，$t\in(1,3)$。对任意的 $x\in(0,1)$，$f(x)<0$ 等价于对任意的 $t\in(1,3)$，$g(t)<0$，而由二次函数的图象知，这等价于 $g(1)<0$ 且 $g(3)<0$，由此解得 $a<0$，故 A 选项错误。

存在 $x\in(0,1)$，使得 $f(x)<0$ 成立等价于存在 $t\in(1,3)$，使得 $g(t)<0$ 成立，这等价于 $g(t)_{\min}=g\left(\dfrac{3}{2}\right)=-\dfrac{9}{4}+a<0$，即 $a<\dfrac{9}{4}$，故 B 选项正确。

对 $f(x)=3^x a$ 换元整理后有 $t^2-(3+a)t+a=0$。记 $h(t)=t^2-(3+a)t+a$，$f(x)=3^x a$ 在 $[0,1]$ 上有解等价于 $h(t)=0$ 在 $[1,3]$ 上有解。注意到 $h(1)=-2$，由零点存在定理知只需要 $h(t)$ 在 $[1,3]$ 有非负函数值即可，这等价于 $h(3)\geqslant 0$，由此解得 $a\leqslant 0$，故 D 选项正确。

又显然 $h(t)$ 在 $[1,3]$ 不可能有两个零点，否则易知应有 $h(1)\geqslant 0$，与 $h(1)=-2$ 矛盾。结合 D 选项正确可知 C 选项正确。

对 $t^2-(3+a)t+a=0$ 的处理，我们也可以采用分离变量的手段，重新整理方程得 $t^2-3t=a(t-1)$。显然 $t=1$ 不是方程的解，当 $1<t\leqslant 3$ 时，设 $s=t-1$，我们有

$$a = \frac{t^2 - 3t}{t - 1} = s - \frac{2}{s} - 1 (0 < s \leqslant 2),$$

因此 $y = a$ 与 $y = s - \frac{2}{s} - 1 (0 < s \leqslant 2)$ 的交点个数就是 $f(x) = 3^x a$ 在 $[0, 1]$ 上解的

个数，由此易知 CD 选项均正确。

综上，本题应选 BCD。

5. 解析：在 $f(x) + f(1 - x) = 1$ 中令 $x = \frac{1}{2}$，得 $f\left(\frac{1}{2}\right) = \frac{1}{2}$。

在 $f(x) = 2f\left(\frac{x}{5}\right)$ 令 $x = 0$，得 $f(0) = 0$，则 $f(1) = 1 - f(0) = 1$。进一步有 $f\left(\frac{1}{5}\right) =$

$\frac{1}{2} f(1) = \frac{1}{2}$。

这样我们得到 $f\left(\frac{1}{5}\right) = f\left(\frac{1}{2}\right) = \frac{1}{2}$，又因为对 $0 \leqslant x_1 \leqslant x_2 \leqslant 1$，恒有 $f(x_1) \leqslant f(x_2)$，

所以当 $\frac{1}{5} \leqslant x \leqslant \frac{1}{2}$ 时，恒有 $f(x) = \frac{1}{2}$。

又由 $f\left(\frac{1}{2022}\right) = \frac{1}{2} f\left(\frac{5}{2022}\right) = \frac{1}{4} f\left(\frac{25}{2022}\right) = \frac{1}{8} f\left(\frac{125}{2022}\right) = \frac{1}{16} f\left(\frac{625}{2022}\right)$ 且 $\frac{625}{2022} \in$

$\left[\frac{1}{5}, \frac{1}{2}\right]$，即得

$$f\left(\frac{1}{2022}\right) = \frac{1}{32}.$$

6. 解析：因为 $(g(x^2))^2 = 1$，所以 $g(x^2) = \pm 1$。

当 $g(x^2) = 1$ 时，$f(1) = f(g(x^2)) = x^2$，由 $f(1) = 7$ 解得 $x = \pm\sqrt{7}$；

当 $g(x^2) = -1$ 时，$f(-1) = f(g(x^2)) = x^2$，由 $f(-1) = \frac{1}{3}$ 解得 $x = \pm\frac{\sqrt{3}}{3}$。

综上，$(g(x^2))^2 = 1$ 的根有 4 个，故选 D。

7. 解析：因为 $f(x)$ 是单射且 $f(xf(x) - 1) = 2$，所以 $xf(x) - 1$ 为定值。设 $a = xf(x) -$

1，则 $f(a) = 2$。在 $a = xf(x) - 1$ 中取 $x = a$，得 $a = af(a) - 1 = 2a - 1$，解得 $a = 1$，代

入 $a = xf(x) - 1$ 得 $f(x) = \frac{2}{x}$。因此 $f(2) = 1$。

8. 解析：先将 $f(x)$ 写成分段函数的形式。

$$f(x) = \begin{cases} -x - 3, & x \leqslant -1, \\ x - 1, & -1 < x \leqslant 0, \\ 3x - 1, & 0 < x \leqslant 2, \\ x + 3, & x > 2. \end{cases}$$

据此,画出 $f(x)$ 的图象。

设 $t=f(x)$,则 $f(f(x))+1=f(t)+1=0$,解得 $t=-2$ 或 0。

当 $t=-2$ 时,$f(x)=-2$ 有 1 个根;当 $t=0$ 时,$f(x)=0$ 有两个根。

综上 $f(f(x))+1=0$ 根的个数为 3,故 C 选项正确。

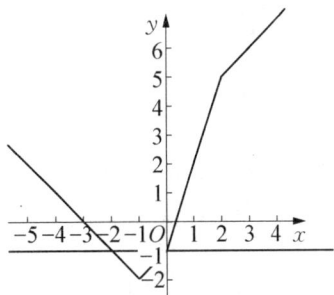

第 8 题图

9. 解析:由 $y=\sqrt{4+6x-x^2}-2$ 得 $(x-3)^2+(y+2)^2=13$,故 $y=\sqrt{4+6x-x^2}-2(x\in[0,6])$ 是以 $(3,-2)$ 为圆心的一段圆弧,记这段圆弧为曲线 $\widetilde{C}$,如图所示。设 $y=\sqrt{4+6x-x^2}-2$ 在原点处的切线为 l,并设 l 与 y 轴的夹角为 α,则为使曲线 C 是一个函数的图象,曲线 $\widetilde{C}$ 绕原点旋转的临界情况是 l 与 y 轴重合,即旋转角 θ 最大为 α。如图可知 $\tan\alpha=\dfrac{2}{3}$,所以 $\alpha=\arctan\dfrac{2}{3}$,故 B 选项正确。

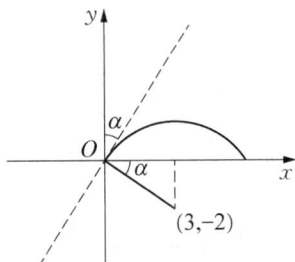

第 9 题图

评注:本题为 2009 年上海高考数学填空压轴题。

10. 点拨:显然采用反证法,先用特殊值得出周期的某些特征,再赋值导出矛盾。

解析:假设 $f(x)=\cos x^3$ 是周期函数,设它的一个正周期为 T,则恒有 $\cos x^3=\cos(x+T)^3$。令 $x=0$,可得 $\cos T^3=1$,于是存在 $k\in\mathbf{N}_+$ 使得 $T=\sqrt[3]{2k\pi}$。再令 $x=\sqrt[3]{2}T$,可得 $\cos(\sqrt[3]{2}+1)^3 T^3=\cos 2T^3=1$,因此存在 $l\in\mathbf{N}_+$ 使得 $2l\pi=(\sqrt[3]{2}+1)^3 T^3=2(3+3\sqrt[3]{4}+3\sqrt[3]{2})k\pi$,即 $l-3k=(3\sqrt[3]{4}+3\sqrt[3]{2})k$,此式左端为整数,右端为无理数,矛盾。故假设不成立,因此函数 $f(x)=\cos x^3$ 不是周期函数。

评注:我们给出 $\sqrt[3]{4}+\sqrt[3]{2}$ 为无理数的详细证明。记 $a=\sqrt[3]{4}$,$b=\sqrt[3]{2}$,假设 $a+b\in\mathbf{Q}$,则结合 $ab=2\in\mathbf{Q}$,可知 $a^2+b^2=(a+b)^2-2ab\in\mathbf{Q}$(请注意,尽管此时易得 $(a-b)^2=(a+b)^2-4ab\in\mathbf{Q}$,但无法推出 $a-b\in\mathbf{Q}$),又 $(a-b)(a^2+ab+b^2)=a^3-b^3=2\in\mathbf{Q}$,所以 $a-b\in\mathbf{Q}$,所以 $a=\dfrac{(a+b)+(a-b)}{2}\in\mathbf{Q}$,这与 $a=\sqrt[3]{4}$ 为无理数矛盾,所以假设不成立,$\sqrt[3]{4}+\sqrt[3]{2}$ 为无理数。

11. 解析:令 $f(x)=x^2+ax+b$,将 a、b 用 $[-1,1]$ 上的函数值线性表示,我们有

$$a=\frac{f(1)-f(-1)}{2},\ b=\frac{f(1)+f(-1)}{2}-1$$

再由 $|f(\pm 1)| \leqslant 2$ 即得 $-2 \leqslant a \leqslant 2$，$b \leqslant 1$。故选项 ABD 正确。

另一方面，当 $f(1)=f(-1)=-1$ 时，$b=-2<-1$，此时 $f(x)=x^2-2$ 满足题意。故 C 选项错误。

12. **点拨**：类似于习题 11，我们可以先将 a、b、c 用 $f(x)$ 在 $[-1,1]$ 上的函数值线性表示，再利用绝对值不等式。

解析：分别令 $x=0$，$\dfrac{1}{2}$，1，得到

$$f(0)=c, \quad f\left(\frac{1}{2}\right)=\frac{a}{4}+\frac{b}{2}+c, \quad f(1)=a+b+c,$$

于是

$$a=2f(0)-4f\left(\frac{1}{2}\right)+2f(1), \quad b=4f\left(\frac{1}{2}\right)-3f(0)-f(1)。$$

由绝对值不等式知：$|a| \leqslant 8$，$|b| \leqslant 8$，$|c| \leqslant 1$，$|a|+|b|+|c| \leqslant 17$。取 $a=8$，$b=-8$，$c=1$，此时 $f(x)=8x^2-8x+1$ 满足题意，因此等号可取到，所求最大值为 17。

评注：本题的背景为余弦四倍角公式。

令 $x=\cos^2\theta$，则 $8x^2-8x+1=2(2x-1)^2-1=2\cos^2 2\theta-1=\cos 4\theta \in [-1,1]$。

13. **解析**：设 $g(x)=\sqrt{x+5}$，其反函数 $g^{-1}(x)=x^2-5(x \geqslant 0)$。那么 $f(x)=g^{(4)}(x)$，$f^{-1}(x)=(((x^2-5)^2-5)^2-5)^2-5=g^{(-4)}(x)$。

$f(x)$ 与其反函数图象关于直线 $y=x$ 对称，那么它们的交点也关于 $y=x$ 对称。设交点横坐标为 x_0。我们首先说明交点必定落在 $y=x$ 上，即 $x_0=f(x_0)$，也即 x_0 是 $f(x_0)$ 的不动点。

若不然，则 $x_0>f(x_0)$ 或 $x_0<f(x_0)$。若 $x_0>f(x_0)$，由 $f(x)$ 单调增知 $f(x_0)>f^{(2)}(x_0)$，因此 $x_0>f(x_0)>f^{(2)}(x_0)$。又由 x_0 定义有 $f(x_0)=f^{-1}(x_0)$，所以 $f^{(2)}(x_0)=f(f^{-1}(x_0))=x_0$，矛盾。若 $x_0<f(x_0)$，类似地，有 $x_0<f(x_0)<f^{(2)}(x_0)$，矛盾。故必有 $x_0=f(x_0)$。

下面说明 x_0 也是 $g(x)$ 的不动点，即 $x_0=g(x_0)$。

若不然，假设 $x_0>g(x_0)$，由 $g(x)$ 单调增，得 $g(x_0)>g^{(2)}(x_0)$，所以 $x_0>g^{(2)}(x_0)$，重复上述步骤，我们最终得到 $x_0>g^{(4)}(x_0)=f(x_0)$，矛盾。假设 $x_0<g(x_0)$，同理可得 $x_0<g^{(4)}(x_0)=f(x_0)$，矛盾。因此 $x_0=g(x_0)$。

上面的讨论说明 $x_0=f(x_0)$ 可推出 $x_0=g(x_0)$。另一方面，由 $x_0=g(x_0)$ 容易得到 $x_0=f(x_0)$。又由 $x_0=g(x_0)=\sqrt{x_0+5} \geqslant 0$，解得 $x_0=\dfrac{1+\sqrt{21}}{2}$。此即所求交点横

坐标。

评注：一个函数 $f(x)$ 与其反函数图象关于直线 $y=x$ 对称，因此两者若有交点，交点必然关于 $y=x$ 对称。这里请读者注意，交点并不一定在 $y=x$ 上，例如考虑函数 $f(x)=-x$。但由本题求解过程可以看到，若函数 $f(x)$ 单调增且 $f(x)$ 与 $f^{-1}(x)$ 的图象有交点，则交点一定在 $y=x$ 上。更进一步可以得到，$f(x)$ 的 n 次迭代 $f^{(n)}(x)$ 与其反函数 $f^{(-n)}(x)$ 的图象交点横坐标必为 $f(x)$ 的不动点。

14. 解析：移项平方得到

$$f^2(x+1)-f(x+1)=f(x)-f^2(x)-\frac{1}{4}。$$

令 $g(x)=f^2(x)-f(x)$，由 $f(x)$ 是偶函数知 $g(x)$ 也是偶函数且

$$g(x+1)=-g(x)-\frac{1}{4}，$$

在上式中用 $x+1$ 替换 x，得到

$$g(x+2)=-g(x+1)-\frac{1}{4}=g(x)+\frac{1}{4}-\frac{1}{4}=g(x)，$$

这说明 $g(x)$ 是周期为 2 的周期函数，因此 $g\left(\frac{121}{2}\right)=g\left(\frac{1}{2}\right)$。在 $g(x+1)=-g(x)-\frac{1}{4}$ 取 $x=-\frac{1}{2}$，得 $g\left(\frac{1}{2}\right)=-g\left(-\frac{1}{2}\right)-\frac{1}{4}$。结合 $g(x)$ 为偶函数得 $g\left(\frac{1}{2}\right)=-\frac{1}{8}=g\left(\frac{121}{2}\right)=f^2\left(\frac{121}{2}\right)-f\left(\frac{121}{2}\right)$，解得 $f\left(\frac{121}{2}\right)=\frac{2\pm\sqrt{2}}{4}$。又由 $f(x)=\frac{1}{2}+\sqrt{f(x-1)-f^2(x-1)}\geqslant\frac{1}{2}$，知 $f\left(\frac{121}{2}\right)=\frac{2+\sqrt{2}}{4}$。

15. 解析：令 $x=y=0$，可得 $f(0)=2f(0)f(a)$，因为 $f(0)=\frac{1}{2}$，所以 $f(a)=\frac{1}{2}$，故 A 正确。

令 $y=0$，可得 $f(x)=f(x)f(a)+f(0)f(a-x)$，代入 $f(0)=f(a)=\frac{1}{2}$，可得

$$f(a-x)=f(x)，$$

原等式变形为 $f(x+y)=2f(x)f(y)$，故 C 正确。

令 $y=x$ 可得 $f(2x)=2[f(x)]^2\geqslant0$，即函数取值非负。

令 $y=a-x$ 可得 $f(a)=2[f(x)]^2$，即 $[f(x)]^2=\frac{1}{4}$，解得 $f(x)=\frac{1}{2}$。故 B 正确。

本题选 ABC。

评注:解决函数方程问题的两大方向:一、从局部入手,赋特殊值;二、从整体入手,研究函数性质如单调性奇偶性等,或整体换元变形。

16. 解析:不存在。

若存在实值函数 $f(n)$,对任意整数 n,都有 $f(-n^2+3n+1)=f^2(n)+2$。我们考察几个特殊值。

当 $n=1$ 时,有 $\qquad\qquad\qquad f(3)=f^2(1)+2$; $\qquad\qquad\qquad$ (1)

当 $n=3$ 时,有 $\qquad\qquad\qquad f(1)=f^2(3)+2$。 $\qquad\qquad\qquad$ (2)

则显然有 $f(3)\geqslant 2$,$f(1)\geqslant 2$。

由 $(1)-(2)$ 得

$$f(3)-f(1)=[f(1)-f(3)][f(1)+f(3)],$$

若 $f(1)\neq f(3)$,则 $f(1)+f(3)=-1$,与 $f(3)\geqslant 2$,$f(1)\geqslant 2$ 矛盾。

若 $f(1)=f(3)$,设为 k,代入(1)式得:$k=k^2+2\Rightarrow k^2-k+2=0$,$k$ 为虚数,与 $f(n)$ 为实值函数矛盾。

综上所述,不存在 $f(n)$,对任意整数 n,都有 $f(-n^2+3n+1)=f^2(n)+2$。

评注:为什么考察这两个特殊值? 1.小数字容易尝试;2.希望未知数的个数能小于等于方程的个数。取 $n=1$ 之后,会发现冒出来个3,没病走两步,取 $n=3$,就"闭环"了。此外,若能敏锐地发现平方带来的大小关系,本题还有另一种利用不等式链的思路。

我们从 n 较小的情况开始探究。

当 $n=0$ 时,有 $f(1)=f^2(0)+2$;

当 $n=1$ 时,有 $f(3)=f^2(1)+2$;

当 $n=2$ 时,有 $f(3)=f^2(2)+2$;

当 $n=3$ 时,有 $f(1)=f^2(3)+2$。

因为 $f(x)$ 为实值函数,由 $f(3)=f^2(1)+2$ 知 $f(3)>f^2(1)$ 且 $f(3)>2$,由 $f(1)=f^2(3)+2$ 知 $f(1)>f^2(3)$ 且 $f(1)>2$.进而有 $f(3)>f^2(1)>2f(1)>2f^2(3)>4f(3)$,矛盾。故假设不成立,满足题意的函数 $f(x)$ 不存在。

17. 解析:原函数方程中令 $x=f(y)$,得 $f(0)=2f(f(y))+2f^2(y)-1$,所以

$$f(f(y))=-f^2(y)+\frac{f(0)}{2}+\frac{1}{2},$$

再在原方程中用 $f(x)$ 替换 x,得

$$f(f(x)-f(y))=f(f(y))+2f(x)f(y)+f(f(x))-1$$

$$=\left[-f^2(y)+\frac{f(0)}{2}+\frac{1}{2}\right]+2f(x)f(y)$$

$$+\left[-f^2(x)+\frac{f(0)}{2}+\frac{1}{2}\right]-1$$

$$=-[f(x)-f(y)]^2+f(0),$$

作为填空题,已经足够看出答案为 $f(x)=-x^2+f(0)$,那么要严格证明这是唯一解,只需在 $f(f(x)-f(y))=-[f(x)-f(y)]^2+f(0)$ 的基础上,说明 $f(x)-f(y)$ 可以取遍所有实数即可。为此,用 $\dfrac{x-f(f(y))}{2f(y)}$ 替换 x,得

$$f\left(\frac{x-f(f(y))}{2f(y)}-f(y)\right)-f\left(\frac{x-f(f(y))}{2f(y)}\right)=x-1,$$

这就说明了 $f(x)-f(y)$ 可以取遍所有实数,所以有 $f(x)=-x^2+f(0)$,

代回原式得到 $f(0)=1$,所以 $f(x)=-x^2+1$.

18. 点拨:先直观感受,固定 y,当 x 趋于正无穷时,右边趋于 0,由此作为突破口详细论证。本题实际上是一道数学分析题。

解析:考虑单调递增的正数列 $\{y_n\}(n\geqslant 0)$,$y_n=y_0+d-\dfrac{d}{2^n}$,y_0 为固定的正数,$d>0$ 为待定的常数,由条件知 $f(y_{n+1})\leqslant\dfrac{C}{(y_{n+1}-y_n)^\alpha}f(y_n)^\beta$,得 $f(y_{n+1})\leqslant\dfrac{C2^{(n+1)\alpha}}{d^\alpha}f(y_n)^\beta$,为了使左边收敛,我们希望选择合适的 d,使得 $f(y_n)\leqslant\dfrac{f(y_0)}{2^{tn}}(n\geqslant 0)$,其中 t 待定。采用归纳的思想,结论对 $n=0$ 显然成立,若我们选择的 d、t 使得结论对 $n(n\geqslant 0)$ 成立,则

$$f(y_{n+1})\leqslant\frac{Cf(y_0)^{\beta-1}}{d^\alpha}\cdot\frac{f(y_0)}{2^{tn\beta-(n+1)\alpha}},\qquad(1)$$

为了使结论对 $n+1$ 成立,即

$$f(y_{n+1})\leqslant\frac{f(y_0)}{2^{tn+t}},\qquad(2)$$

观察比较 $(1)(2)$ 两式,注意到 $\dfrac{Cf(y_0)^{\beta-1}}{d^\alpha}$ 的分子为定值,分母可任意大,所以我们只需要选择 t,使得 $\dfrac{2^{t(n+1)}}{2^{tn\beta-(n+1)\alpha}}$ 为一定值即可。直接取 $t=\dfrac{\alpha}{\beta-1}$,则 $tn\beta-(n+1)\alpha=t(n+1)-$

$(\alpha+t)$，即 $\dfrac{2^{t(n+1)}}{2^{tn\beta-(n+1)\alpha}}=2^{\alpha+t}$。

所以 $f(y_{n+1}) \leqslant \dfrac{Cf(y_0)^{\beta-1}}{d^\alpha} \cdot \dfrac{f(y_0)}{2^{tn\beta-(n+1)\alpha}} = \dfrac{2^{\frac{\alpha\beta}{\beta-1}}Cf(y_0)^{\beta-1}}{d^\alpha} \cdot \dfrac{f(y_0)}{2^{t(n+1)}}$。

只需让 d 满足 $\dfrac{2^{\frac{\alpha\beta}{\beta-1}}Cf(y_0)^{\beta-1}}{d^\alpha} \leqslant 1$ 即可，注意到分子为定值，这样的 d 显然存在。

由上述过程，我们可以选择出常数 d 及存在 $t=\dfrac{\alpha}{\beta-1}$，使得 $f(y_n) \leqslant \dfrac{f(y_0)}{2^{tn}}$（$\forall n \in \mathbf{N}$）成立。

因为 f 单调不增，所以 $0 \leqslant f(y_0+d) \leqslant f(y_n) \leqslant \dfrac{f(y_0)}{2^{tn}}$，

令 $n \to +\infty$，因为 y_0+d 是定值，而两边极限是 0，所以 $f(y_0+d)=0$。

综上即证，0 属于 f 的值域。

19. 解析：设 $a_0=x$，$a_n=f^{(n)}(x)$，则 $a_n=\sqrt{2+a_{n-1}}$。 分情况讨论。

(1) 若 $-2 \leqslant x \leqslant 2$，则令 $x=2\cos\theta$，取 $\theta=\arccos\dfrac{x}{2}$，则 $a_0=2\cos\theta$，$a_1=\sqrt{2+2\cos\theta}$

$=2\cos\dfrac{\theta}{2}$，$a_2=2\cos\dfrac{\theta}{2^2}$，依此下去，由数学归纳法易证

$$a_n=2\cos\dfrac{\theta}{2^n}=2\cos\left(\dfrac{1}{2^n}\arccos\dfrac{x}{2}\right)（\forall n \in \mathbf{N}）。$$

因此 $f^{(n)}(x)=2\cos\left(\dfrac{1}{2^n}\arccos\dfrac{x}{2}\right)（|x| \leqslant 2）$。

(2) 若 $x>2$，则令 $x=t+\dfrac{1}{t}$，可反解出 $t=\dfrac{1}{2}(x \pm \sqrt{x^2-4})$。

取 $t=\dfrac{1}{2}(x+\sqrt{x^2-4})$，则 $a_0=t+\dfrac{1}{t}$，$a_1=t^{\frac{1}{2}}+t^{-\frac{1}{2}}$，由数学归纳法易得

$$a_n=t^{\frac{1}{2^n}}+t^{-\frac{1}{2^n}}，$$

故 $f^{(n)}(x)=t^{\frac{1}{2^n}}+t^{-\frac{1}{2^n}}=\left(\dfrac{x+\sqrt{x^2-4}}{2}\right)^{\frac{1}{2^n}}+\left(\dfrac{x-\sqrt{x^2-4}}{2}\right)^{\frac{1}{2^n}}（|x|>2）$。

综上所述，$f^{(n)}(x)=\begin{cases}2\cos\left(\dfrac{1}{2^n}\arccos\dfrac{x}{2}\right)，-2 \leqslant x \leqslant 2，\\[3mm] \left(\dfrac{x+\sqrt{x^2-4}}{2}\right)^{\frac{1}{2^n}}+\left(\dfrac{x-\sqrt{x^2-4}}{2}\right)^{\frac{1}{2^n}}，x>2。\end{cases}$

评注:本题非常深刻有趣,以 2 为分界,完美地使用了两种换元策略。看似不同,其实本质相同。当 $-2 \leqslant x \leqslant 2$ 时,我们容易想到对 x 进行三角换元;当 $x > 2$ 时,联想双曲余弦函数 $\cosh x = \dfrac{\mathrm{e}^x + \mathrm{e}^{-x}}{2}$,读者不难验证 $\cosh(2x) = 2(\cosh x)^2 - 1$,且 $\cosh x \geqslant 1$,利用这一性质,若我们令 $a_0 = x = 2\cosh y$,则 $a_n = 2\cosh \dfrac{y}{2^n}$。

20. 解析:我们先证明不等式左边两个和式均为非负的,即

$$\sum_{i,j=1}^{n} \frac{a_i a_j}{c_i + c_j} \geqslant 0, \quad \sum_{i,j=1}^{n} \frac{b_i b_j}{c_i + c_j} \geqslant 0。$$

只要证第一个不等式即可。定义辅助函数

$$f(x) = \sum_{i,j=1}^{n} \frac{a_i a_j}{c_i + c_j} x^{c_i + c_j} \quad (x > 0),$$

对 x 求导有

$$f'(x) = \sum_{i,j=1}^{n} a_i a_j x^{c_i + c_j - 1} = \frac{1}{x} \sum_{i,j=1}^{n} a_i a_j x^{c_i + c_j} = \frac{1}{x} \sum_{i,j=1}^{n} a_i x^{c_i} a_j x^{c_j} = \frac{1}{x} \left(\sum_{i=1}^{n} a_i x^{c_i} \right)^2 \geqslant 0。$$

因此 $f(x)$ 在 $(0, +\infty)$ 上单调增,故 $f(1) \geqslant f(0) = 0$。此即我们要证的第一个不等式。

由此立即得到

$$g(x) = \sum_{i,j=1}^{n} \frac{(a_i x + b_i)(a_j x + b_j)}{c_i + c_j} \geqslant 0 \quad (\forall x \in \mathbf{R})。$$

对 $g(x)$ 重新整理得

$$g(x) = Ax^2 + 2Cx + B,$$

其中

$$A = \sum_{i,j=1}^{n} \frac{a_i a_j}{c_i + c_j}, \quad B = \sum_{i,j=1}^{n} \frac{b_i b_j}{c_i + c_j}, \quad C = \sum_{i,j=1}^{n} \frac{a_i b_j}{c_i + c_j}。$$

若 $A = 0$,此时 $g(x) = 2Cx + B \geqslant 0 \, (\forall x \in \mathbf{R})$,故必有 $C = 0$,原不等式成立。

若 $A > 0$,则 $g(x)$ 是开口向上的二次函数,由 $g(x) \geqslant 0 \, (\forall x \in \mathbf{R})$ 知判别式 $\Delta \leqslant 0$,即 $AB \geqslant C^2$,故原不等式成立。

评注:韦东奕在看到此题时,轻描淡写地说了一句:"只需证明左边两个和式非负即可。"这句话让一位名教授困惑了很长时间,直到他解决了本题才恍然大悟,后来谈及此事,他是很高兴的,这种豁达开朗和对数学的热爱令人感动。我们不要怕人外有人,不要怕学无止境,进一寸有一寸的欢喜,况且数学是需要奉献一生的事业,任重而道远,我们应上下而求索。

第3讲　多项式、代数变形

1. 解析：在 $x \& (y \& z) = x \& y + z$ 中令 $z = y$，则 $x \& (y \& y) = x \& y + y$，即

$$x \& 0 = x \& y + y,$$

在上式中再令 $y = x$，则 $x \& 0 = x$。因此 $x \& y = x \& 0 - y = x - y$，则

$$2000 \& 2022 = -22。$$

评注：近两年的清华强基都考了新定义运算题，应加以重视。本题的想法类似于求解函数方程，通过赋值与代换，将隐藏的性质与特征凸显出来。

2. 解析：原等式化为 $a^2 - b^2 - ab = 0$，则 $\left(\dfrac{a}{b}\right)^2 - \left(\dfrac{a}{b}\right) - 1 = 0$，解得 $\dfrac{a}{b} = \dfrac{1 \pm \sqrt{5}}{2}$。

又 a，$b < 0$，则 $\dfrac{a}{b} = \dfrac{1 + \sqrt{5}}{2}$。

3. 解析：设 $k = x^3 - 3x^2 = y^3 - 3y^2 = z^3 - 3z^2$，则 x、y、z 是一元三次方程 $t^3 - 3t^2 - k = 0$ 的三个互异实根，由韦达定理即知 $x + y + z = 3$。

4. 解析：令 $f(x) = x + 1$，$g(x) = x(x+1)$，则 $f(f(x)) = x + 2$，

$$g(g(x)) = x(x+1)(x^2 + x + 1),$$

易知 $f(f(x))$ 不是 $g(g(x))$ 的因式，因此 p 不是 q 的充分条件。

又令 $f(x) = x + 1$，$g(x) = x(x+2)$，则 $f(f(x)) = x + 2$，

$$g(g(x)) = x(x+2)(x^2 + 2x + 2),$$

显然 $f(f(x))$ 是 $g(g(x))$ 的因式，但 $f(x)$ 不是 $g(x)$ 的因式，故 p 不是 q 的必要条件。本题应选 D。

5. 解析：由 $a^2(b+c) = b^2(a+c) = 1$ 知，

$$0 = a^2(b+c) - b^2(a+c) = (a-b)ab + c(a^2 - b^2) = (a-b)(ab + bc + ca)。$$

因为 $a \neq b$，所以 $ab + bc + ca = 0$，进而有 $1 = a^2(b+c) = a(ab + ac) = -abc$，则

$$c^2(a+b) - abc = c(ca + cb) - abc = -2abc = 2。$$

本题选 A。

6. 点拨：切入点很小，注意到 $1 + x^2 = xy + yz + zx + x^2 = (x+y)(x+z)$。

解析：注意到 $1 + x^2 = xy + yz + zx + x^2 = (x+y)(x+z)$，所以

$$(1+x^2)(1+y^2)(1+z^2) = [(x+y)(y+z)(z+x)]^2。$$

因为 x、y、z 为整数,所以 $(1+x^2)(1+y^2)(1+z^2)$ 为完全平方数,可排除 BC 选项。

因为 $16\,900=2^2 \times 5^2 \times 13^2$,不妨设

$$\begin{cases} x+y=2, \\ y+z=5, \\ z+x=13, \end{cases}$$

解得 $x=5$,$y=-3$,$z=8$,经检验,这组解满足题意,因此 $(1+x^2)(1+y^2)(1+z^2)$ 可能取到 $16\,900$,本题选 A。

7. 解析:$0=x^3+8y^3+6xy-1=x^3+(2y)^3+(-1)^3-3(-1)x(2y)$

$$=\frac{1}{2}(x+2y-1)\left[(x-2y)^2+(x+1)^2+(2y+1)^2\right],$$

所以 $x+2y-1=0$ 或 $x=2y=-1$。

若 $x=2y=-1$,则 $f=\dfrac{1}{2}$。

若 $x+2y-1=0$,则 $f=x^3 y=\dfrac{1}{2}x^3(1-x)$,利用导数易得此时 $f_{\max}=\dfrac{27}{512}$,也可利用不等式进行放缩,注意到,若 $x>1$ 或 $x<0$,则 $f<0$,若 $0 \leqslant x \leqslant 1$,则利用均值不等式,

有 $f=x^3 y=\dfrac{1}{2}x^3(1-x)=\dfrac{1}{6}x \cdot x \cdot x \cdot (3-3x) \leqslant \dfrac{1}{6}\left[\dfrac{x+x+x+3-3x}{4}\right]^4=\dfrac{27}{512}$,

当且仅当 $x=3-3x$,即 $x=\dfrac{3}{4}$ 时等号成立。结合 f 的连续性可知此时 f 的取值范围是 $\left(-\infty, \dfrac{27}{512}\right]$。

综上,f 的取值范围是 $\left(-\infty, \dfrac{27}{512}\right] \cup \left\{\dfrac{1}{2}\right\}$。

8. 解析:设 $f(x)=a_n x^n + a_{n-1}x^{n-1}+\cdots+a_1 x + a_0$,$a_i \in \mathbf{N}$,$i=0,1,\cdots,n$,$a_n>0$,由 $f(3)=32$ 可知 $n \leqslant 3$。若 $n=3$,则 $a_3=1$,代入 $f(3)=32$ 得 $27+9a_2+3a_1+a_0=32$,即 $9a_2+3a_1+a_0=5$,所以 $a_2=0$,$3a_1+a_0=5$,结合 $f(1)=6$ 得 $a_1+a_0=5$,解得 $a_1=0$,$a_0=5$,此时 $f(x)=x^3+5$ 满足题意,$f(2)=13$;若 $n=2$,同理不难推出此时 $f(x)=3x^2+x+2$,满足题意,$f(2)=16$;若 $n=1$,不存在满足题意的 $f(x)$。综上所述,$f(2)=13$ 或 16,本题选 BC。

9. 解析:$f(x)$ 的有理根必为整根,设为 m,则 $m^5+pm+q=0$,显然 $m<0$,

$$-m^5 < -m^5 - pm = q \leqslant 100,$$

所以 $-2 \leqslant m \leqslant -1$。

(1) $m = -1$，$q = 1 + p$，p 可取 1，2，$\cdots$，99；

(2) $m = -2$，$q = 32 + 2p$，p 可取 1，2，$\cdots$，34，

共计 133 组，本题选 B。

10. 点拨：各项系数具有"对称性"，启发我们同时除以 x^3 以利用整体代换。

解析：显然 $x = 0$ 是原方程的根，当 $x \neq 0$ 时，方程左右两边同除以 x^3 得到

$$x^2 - x - 10 - \frac{1}{x} + \frac{1}{x^2} = 0,$$

作代换 $t = x + \frac{1}{x}$，则 $t^2 = x^2 + \frac{1}{x^2} + 2$，上式化为 $t^2 - t - 12 = 0$，解得 $t = -3$ 或 4。进

而可解得原方程的 5 个根分别为 0，$\dfrac{-3 \pm \sqrt{5}}{2}$，$2 \pm \sqrt{3}$。

11. 点拨：关键是发现 $1 + \sqrt{2} + \sqrt{3} + \sqrt{6} = (1 + \sqrt{2})(1 + \sqrt{3})$，这样计算才具备可行性。

解析：原方程可变形为

$$x + \sqrt{2}y + \sqrt{3}z + \sqrt{6}w$$

$$= \frac{2021}{1 + \sqrt{2} + \sqrt{3} + \sqrt{6}}$$

$$= \frac{2021}{(1 + \sqrt{2})(1 + \sqrt{3})}$$

$$= \frac{2021}{2} - \frac{2021\sqrt{2}}{2} - \frac{2021\sqrt{3}}{2} + \frac{2021\sqrt{6}}{2},$$

即

$$\left(x - \frac{2021}{2}\right) + \sqrt{2}\left(y + \frac{2021}{2}\right) + \sqrt{3}\left(z + \frac{2021}{2}\right) + \sqrt{6}\left(w - \frac{2021}{2}\right) = 0。$$

所以

$$x = \frac{2021}{2}, \quad y = -\frac{2021}{2}, \quad z = -\frac{2021}{2}, \quad w = \frac{2021}{2}。$$

故有理数对 (x, y, z, w) 的对数为 1。

12. 解析：令 $f(x, y, z) = (x + y + z)^5 - (x^5 + y^5 + z^5)$，易知其为对称式。令 $x = -y$，

则 $f(x, y, z) = f(-y, y, z) = 0$，由因式定理知 $x + y \mid f(x, y, z)$。同理有

$$y + z \mid f(x, y, z), \quad z + x \mid f(x, y, z),$$

所以 $(x + y)(y + z)(z + x) \mid f(x, y, z)$，故

$$f(x, y, z) = (x+y)(y+z)(z+x)g(x, y, z)。$$

易知 $g(x, y, z)$ 为二次齐次对称式,由对称性,可设 $g(x, y, z) = A(x^2 + y^2 + z^2) + B(xy + yz + zx)$,即

$$f(x, y, z) = (x+y)(y+z)(z+x)[A(x^2 + y^2 + z^2) + B(xy + yz + zx)],$$

在上式中令 $x=0$,$y=z=1$,得 $30 = 4A + 2B$;令 $x=y=z=1$,得 $240 = 24A + 24B$。两式联立解得 $A = B = 5$,所以

$$f(x, y, z) = 5(x+y)(y+z)(z+x)(x^2 + y^2 + z^2 + xy + yz + zx)。$$

再由 $x^2 + y^2 + z^2 \geqslant xy + yz + zx$ 即知原不等式成立,且取等条件为 $x = y = z$。

评注:本题的核心在于因式分解,综合应用了齐次性、对称性、待定系数法。

13. 解析:考虑更一般的情形:

$$\frac{(2x+1)^{2n}}{(x+1)^n} = \sum_{i=0}^{n} a_i x^i + \frac{1}{(x+1)^n} \sum_{j=0}^{n-1} b_j x^j。$$

因为 $(2x+1)^{2n} = [2(x+1)-1]^{2n} = 2^{2n}(x+1)^{2n} - 2n \cdot 2^{2n-1}(x+1)^{2n-1} + \cdots$,所以

$$\frac{(2x+1)^{2n}}{(x+1)^n} = 2^{2n}(x+1)^n - 2n \cdot 2^{2n-1}(x+1)^{n-1} + \cdots,$$

所以 x^{n-1} 的系数 $a_{n-1} = 2^{2n} \cdot C_n^1 - 2n \cdot 2^{2n-1} = 0$。

原题即 $n = 2021$ 的情形,此时 $a_{2020} = 0$。

评注:年份是"虚"数,应研究一般情形。对于填空,考场上也可通过较小的数字猜测出答案。本题的变形、比较系数是二项式定理中常见的技巧。

14. 解析:对于任意 x_i,$1 \leqslant i \leqslant n$,将其余 $x_j (j \neq i)$ 固定,则原式脱去绝对值符号后是关于 x_i 的线性函数。线性函数必然在闭区间的端点处取到最大值,因此原式取到最大值时,必有 $x_i = 0$ 或 1,注意到 x_i 的任意性,这表明所有 $x_i (1 \leqslant i \leqslant n)$ 均为 0 或 1,因此我们仅需研究原式取到最大值时 21 个变量中 0 和 1 的个数。不妨设其中有 m 个 0,$21-m$ 个 1,则 $\sum_{i=1}^{21} \sum_{k=1}^{21} |x_i - x_k| = 2m(21-m) \leqslant 220$,当且仅当 $m = 10$ 或 11 时取到等号。本题选 C。

评注:本质是线性函数,因此极值必然在端点处取得。

15. 点拨:作为选择题,$f(x)$ 不会太复杂,我们可以试图找出所有合理的答案,一般也就是全部的解,但作为习题,我们还须弄清来龙去脉,掌握一般性的方法。

解析:全部解为 $f(x) = 0$ 或 $f(x) = 1$ 或 $f(x) = x^4$,证明如下:

若 $f(x)$ 为零次多项式,即 $f(x)$ 恒为常数,易得 $f(x) = 0$ 或 $f(x) = 1$;

若 $f(x)$ 不为零次多项式,则 $f(x)$ 的值域必然为无限集,又由 $f(f(x))=f^4(x)$ 可知, $f(x)$ 的值域中的每一个元素均为多项式 $f(x)-x^4$ 的根,这意味着多项式 $f(x)-x^4$ 存在无穷多个根,所以 $f(x)-x^4=0$, $f(x)=x^4$,经检验满足要求。

16. 解析:令 $x=1$,由 $Q(x)=a_{2017}+a_{2016}+\cdots+a_0>0$ 可知 $a_0,a_1,\cdots,a_{2017}$ 中 -1 的项数不超过 1008。令 $Q(x)=x^{2017}+x^{2016}-x^{2015}+x^{2014}-x^{2013}+\cdots+x^2-x+1$,

当 $0<x<1$ 时, $Q(x)=(1-x)+(x^2-x^3)+\cdots+(x^{2014}-x^{2015})+x^{2017}+x^{2016}>0$,

当 $x\geqslant 1$ 时, $Q(x)=x^{2017}+(x^{2016}-x^{2015})+(x^{2014}-x^{2013})+\cdots+(x^2-x)+1>0$,

所以 $Q(x)$ 满足要求,综上, $a_0,a_1,\cdots,a_{2017}$ 中取值为 -1 的项数最多为 1008,本题选 C。

评注:作为当年的压轴题,质量很高,可惜选择题的形式有些屈才了。本题对最大值的探求属于典型的组合极值求解技法,先证明个数不超过 1008,再构造出个数为 1008 的情形,两相结合即圆满解决了本题。值得关注的是构造及证明,正负交错,相邻配对,这一经典策略在许多问题中也有应用。例如本书第 4 讲不等式的例题 11。

17. 解析:(1) 记 $p=\sqrt{a}+\sqrt{b}$,若 $p=0$,则 $\sqrt{a}=-\sqrt{b}$,进而 $a=b$,因此 $\sqrt{a}=\dfrac{p}{2}=0\in\mathbf{Q}$ 。下面考虑 $p\neq 0$ 的情形。

证法一:由题意, $a-b\in\mathbf{Q}$ 且 $\sqrt{a}+\sqrt{b}\in\mathbf{Q}$,因此

$$\sqrt{a}-\sqrt{b}=\frac{a-b}{\sqrt{a}+\sqrt{b}}\in\mathbf{Q},$$

因此 $2\sqrt{a}=(\sqrt{a}+\sqrt{b})+(\sqrt{a}-\sqrt{b})\in\mathbf{Q}$,进而有 $\sqrt{a}\in\mathbf{Q}$ 。

证法二: $p-\sqrt{a}=\sqrt{b}$, $p^2+a-2p\sqrt{a}=b$, $\sqrt{a}=\dfrac{p^2+a-b}{2p}\in\mathbf{Q}$ 。

两种方法都不复杂,但证法二走得更远。

(2) 记 $p=\sqrt{a}+\sqrt{b}+\sqrt{c}$,则 a 、 b 、 c 中不会有负数,否则 $\sqrt{a}+\sqrt{b}+\sqrt{c}$ 不是实数。若 $p=0$,则 $a=0$, $\sqrt{a}=0\in\mathbf{Q}$;

下面考虑 $p\neq 0$ 的情形。

$$p-\sqrt{a}=\sqrt{b}+\sqrt{c},$$
$$p^2+a-2p\sqrt{a}=b+c+2\sqrt{bc},$$
$$(p^2+a-b-c-2p\sqrt{a})^2=4bc,$$

记 $q=p^2+a-b-c\in\mathbf{Q}$,若 $q=0$,则 $0=p^2+a-b-c=2a+2(\sqrt{ab}+\sqrt{bc}+\sqrt{ca})$ $\geqslant 2a\geqslant 0$,故必有 $a=0$,从而 $\sqrt{a}=0\in\mathbf{Q}$ 。

下面讨论 $q \neq 0$ 的情形，由 $(q - 2p\sqrt{a})^2 = 4bc$ 得

$$q^2 + 4p^2a - 4pq\sqrt{a} = 4bc,$$

注意此时 $4pq \neq 0$，故

$$\sqrt{a} = \frac{q^2 + 4p^2a - 4bc}{4pq} \in \mathbf{Q}。$$

(3) 记 $p = \sqrt{a} + \sqrt{b} + \sqrt{c} + \sqrt{d}$，假设 $\sqrt{a} \notin \mathbf{Q}$，考虑

$f(x) = (x - \sqrt{b} - \sqrt{c} - \sqrt{d})(x - \sqrt{b} - \sqrt{c} + \sqrt{d})(x - \sqrt{b} + \sqrt{c} - \sqrt{d})(x + \sqrt{b} - \sqrt{c} - \sqrt{d})$
$(x + \sqrt{b} + \sqrt{c} - \sqrt{d})(x + \sqrt{b} - \sqrt{c} + \sqrt{d})(x - \sqrt{b} + \sqrt{c} + \sqrt{d})(x + \sqrt{b} + \sqrt{c} + \sqrt{d})$，

则 $f(x) \in \mathbf{Q}[x]$。（这是因为对称性，含有根式的项全部抵消了）显然 $f(x)$ 有一根为 $p - \sqrt{a}$，下证 $p + \sqrt{a}$ 也是 $f(x)$ 的根。

由假设，$p - \sqrt{a} \notin \mathbf{Q}$，以 $p - \sqrt{a}$ 为根的次数最低的有理系数多项式为 $g(x) = (x - p)^2 - a$，则 $g(x)$ 在 $\mathbf{Q}[x]$ 上不可约。记 $d(x) = (f(x), g(x)) \neq 1$，由 $g(x)$ 不可约知 $d(x) = g(x)$，即 $g(x) \mid f(x)$，而 $g(p + \sqrt{a}) = 0$，故 $f(p + \sqrt{a}) = 0$，但这与 $f(x)$ 的构造矛盾！故假设不成立，$\sqrt{a} \in \mathbf{Q}$。

评注：对于第 2 小问，一些公开资料的答案没有考虑 p、q 为 0 的情况，这是不严谨的。

最后一问的证法最具一般性，可推出如下更一般的结论：

已知 $n \geqslant 2$，$a_1, a_2, \cdots, a_n \in \mathbf{Q}$，$\sqrt{a_1} + \sqrt{a_2} + \cdots + \sqrt{a_n} \in \mathbf{Q}$，则 $\sqrt{a_1} \in \mathbf{Q}$。

证明：考虑

$$f(x) = \prod_{\varepsilon_2, \cdots, \varepsilon_n \in \{-1, 1\}} (x + \varepsilon_2\sqrt{a_2} + \cdots + \varepsilon_n\sqrt{a_n}),$$

假设 $\sqrt{a_1} \notin \mathbf{Q}$，仿照上题过程可由 $f(p - \sqrt{a_1}) = 0$ 推出 $f(p + \sqrt{a_1}) = 0$，从而导出矛盾。

18. 点拨：先考虑 $f(x)$ 的 n 个根互异的情形，考虑构造 $F(x) = e^{-x}f(x)$，这样

$$F'(x) = -e^{-x}[f(x) - f'(x)] = -e^{-x}g(x),$$

可发现 $f(x)$ 的两零点之间必存在 $g(x)$ 的零点，对于重根的情形，会发现重根还是 $g(x)$ 的根，由此豁然开朗。

解析：我们首先证明两个引理。

引理 1：若 $F(x) = e^{-x}f(x)$ 有两个零点 a 与 b，其中 $f(x)$ 为实系数多项式且 $a < b$，则存在 $c \in (a, b)$ 使得 c 是其导函数 $F'(x)$ 的零点。

证明:若 $F'(x)$ 在区间 (a,b) 有正有负,则由零点存在定理知结论成立;若不然,$F'(x)$ 在区间 (a,b) 恒正或恒负,则 $F(x)$ 在区间 (a,b) 上单调,这与 $F(a)=F(b)=0$ 矛盾。

引理 2:设 a 是实系数多项式 $f(x)$ 的 k 重根,$k \geqslant 2$,则 a 也是其导函数 $f'(x)$ 的 $k-1$ 重根。

证明:$f(x)$ 可分解为 $f(x)=(x-a)^k g(x)$,其中 $x-a \nmid g(x)$,则

$$f'(x)=k(x-a)^{k-1}g(x)+(x-a)^k g'(x)$$
$$=(x-a)^{k-1}[kg(x)+(x-a)g'(x)]。$$

因为 $x-a \nmid kg(x)+(x-a)g'(x)$,所以 a 是 $f'(x)$ 的 $k-1$ 重根。

回到本题。不妨令 $a_1,a_2,\cdots,a_s$ 为 $f(x)$ 互不相等的单根,$b_1,b_2,\cdots,b_t$ 为 $f(x)$ 互不相等的重根(重数分别为 $\beta_1,\beta_2,\cdots,\beta_t$),则

$$f(x)=A(x-a_1)(x-a_2)\cdots(x-a_s)(x-b_1)^{\beta_1}(x-b_2)^{\beta_2}\cdots(x-b_t)^{\beta_t},$$

其中 $s+\sum_{j=1}^{t}\beta_j=n$。

令 $F(x)=\mathrm{e}^{-x}f(x)$,则 $F'(x)=-\mathrm{e}^{-x}[f(x)-f'(x)]=-\mathrm{e}^{-x}g(x)$,则 $f(x)=0$ 等价于 $F(x)=0$,$g(x)=0$ 等价于 $F'(x)=0$。从而由引理 1 知,$g(x)$ 在任意 $f(x)$ 的两个相邻根之间存在一个实根,共有 $s+t-1$ 个,将这些根记为 $c_i(1 \leqslant i \leqslant s+t-1)$。另一方面,由引理 2 知:$b_1,b_2,\cdots,b_t$ 也是 $f'(x)$ 的根,且重数分别为 $\beta_1-1,\beta_2-1,\cdots,\beta_t-1$。于是可设 $f'(x)=(x-b_1)^{\beta_1-1}(x-b_2)^{\beta_2-1}\cdots(x-b_t)^{\beta_t-1}h(x)$,从而有 $b_1,b_2,\cdots,b_t$ 也是 $g(x)=f(x)-f'(x)$ 的根,且重数分别为 $\beta_1-1,\beta_2-1,\cdots,\beta_t-1$。于是有

$$g(x)=g_1(x)\prod_{i=1}^{s+t-1}(x-c_i)\prod_{j=1}^{t}(x-b_j)^{\beta_j-1}=g_1(x)g_2(x),$$

注意到 $\deg(g(x))=n$ 且 $\deg(g_2(x))=(s+t-1)+\sum_{j=1}^{t}(\beta_j-1)=n-1$,从而 $\deg(g_1(x))=1$,故 $g_1(x)$ 存在实根,记为 c_{s+t},故

$$g(x)=A\prod_{i=1}^{s+t}(x-c_i)\prod_{j=1}^{t}(x-b_j)^{\beta_j-1},$$

这就说明了 $g(x)$ 的 n 个根也都是实根。

评注:引理 1 也可由罗尔中值定理得到。

补充一个知识点,若 $f(x)=\prod_{i=1}^{n}(x-a_i)$,$a_i \in \mathbf{R}$,则 $f'(x)=\sum_{i=1}^{n}\dfrac{f(x)}{x-a_i}$,这一结论对 n 归纳易证。或者也可利用

$$\frac{f'(x)}{f(x)} = \left[\ln f(x)\right]' = \left[\sum_{i=1}^{n} \ln(x - a_i)\right]' = \sum_{i=1}^{n} \frac{1}{x - a_i}.$$

19. 点拨：观察 $N(a_i, b_j, c_k)$，构成其乘积的三个式子很像拉格朗日插值公式的部分形式，因此考虑用拉格朗日插值公式来解决。常见的技巧就是比较同次项系数，也是一种算两次的思想。

解析：先证一个引理。

引理：$\displaystyle\sum_{0 \leqslant i \leqslant l} \prod_{\substack{0 \leqslant i' \leqslant l \\ i' \neq i}} \frac{a_i^p}{a_i - a_{i'}} = \begin{cases} 0, & p < l, \\ 1, & p = l. \end{cases}$

证明：由拉格朗日插值公式，当 $p \leqslant l$ 时，有

$$x^p = \sum_{0 \leqslant i \leqslant l} \prod_{\substack{0 \leqslant i' \leqslant l \\ i' \neq i}} \frac{x - a_{i'}}{a_i - a_{i'}} a_i^p,$$

比较上述多项式两边的 x^l 的系数，即得引理。

设 $f_s(x, y, z) = A_s x^{p_s} y^{q_s} z^{r_s}$，$1 \leqslant s \leqslant t$，$f_0(x, y, z) = x^l y^m z^n$。

记 $N(a_i) = \prod_{\substack{0 \leqslant i' \leqslant l \\ i' \neq i}}(a_i - a_{i'})$，$N(b_j) = \prod_{\substack{0 \leqslant j' \leqslant m \\ j' \neq j}}(b_j - b_{j'})$，

$$N(c_k) = \prod_{\substack{0 \leqslant k' \leqslant n \\ k' \neq k}}(c_k - c_{k'}),$$

则 $N(a_i, b_j, c_k) = N(a_i)N(b_j)N(c_k)$。 于是

$$\sum_{\substack{0 \leqslant i \leqslant l \\ 0 \leqslant j \leqslant m \\ 0 \leqslant k \leqslant n}} \frac{f_s(a_i, b_j, c_k)}{N(a_i, b_j, c_k)} = \sum_{\substack{0 \leqslant i \leqslant l \\ 0 \leqslant j \leqslant m \\ 0 \leqslant k \leqslant n}} \frac{A_s a_i^{p_s} b_j^{q_s} c_k^{r_s}}{N(a_i)N(b_j)N(c_k)}$$

$$= A_s \sum_{0 \leqslant i \leqslant l} \frac{a_i^{p_s}}{N(a_i)} \sum_{0 \leqslant i \leqslant l} \frac{b_j^{q_s}}{N(b_j)} \sum_{0 \leqslant i \leqslant l} \frac{c_k^{r_s}}{N(c_k)}$$

当 $1 \leqslant s \leqslant t$ 时，由 $\min\{p_s - l, q_s - m, r_s - n\} < 0$，结合引理知

$$\sum_{0 \leqslant i \leqslant l} \frac{a_i^{p_s}}{N(a_i)}, \sum_{0 \leqslant i \leqslant l} \frac{b_j^{q_s}}{N(b_j)}, \sum_{0 \leqslant i \leqslant l} \frac{c_k^{r_s}}{N(c_k)}$$

中至少有一个为 0，所以

$$\sum_{\substack{0 \leqslant i \leqslant l \\ 0 \leqslant j \leqslant m \\ 0 \leqslant k \leqslant n}} \frac{f_s(a_i, b_j, c_k)}{N(a_i, b_j, c_k)} = 0, 1 \leqslant s \leqslant t.$$

又 $\displaystyle\sum_{\substack{0 \leqslant i \leqslant l \\ 0 \leqslant j \leqslant m \\ 0 \leqslant k \leqslant n}} \frac{f_0(a_i, b_j, c_k)}{N(a_i, b_j, c_k)} = \sum_{0 \leqslant i \leqslant l} \frac{a_i^l}{N(a_i)} \sum_{0 \leqslant i \leqslant l} \frac{b_j^m}{N(b_j)} \sum_{0 \leqslant i \leqslant l} \frac{c_k^n}{N(c_k)} = 1 \cdot 1 \cdot 1 = 1$，因此，

$$\sum_{\substack{0 \leqslant i \leqslant l \\ 0 \leqslant j \leqslant m \\ 0 \leqslant k \leqslant n}} \frac{f(a_i, b_j, c_k)}{N(a_i, b_j, c_k)} = \sum_{\substack{0 \leqslant i \leqslant l \\ 0 \leqslant j \leqslant m \\ 0 \leqslant k \leqslant n}} \frac{f_0(a_i, b_j, c_k)}{N(a_i, b_j, c_k)} + \sum_{\substack{0 \leqslant i \leqslant l \\ 0 \leqslant j \leqslant m \\ 0 \leqslant k \leqslant n}} \sum_{s=1}^{t} \frac{f_s(a_i, b_j, c_k)}{N(a_i, b_j, c_k)} = 1.$$

20. 解析：我们先证明如下引理。

引理（梅森定理）：若 $f(x)$，$g(x)$，$h(x)$ 是互质的多项式且满足 $f(x)+g(x)+h(x)=0$，若 $f(x)g(x)h(x)$ 不是常数，则 $f(x)g(x)h(x)$ 的不同复根的个数至少是

$$\max\{\deg(f(x)), \deg(g(x)), \deg(h(x))\}+1.$$

引理的证明：由 $f(x)$，$g(x)$，$h(x)$ 互质且 $f(x)+g(x)+h(x)=0$ 可知 $f(x)$，$g(x)$，$h(x)$ 必两两互质。令 $F=\dfrac{f}{h}$，$G=\dfrac{g}{h}$，则 $F+G+1=0$，两边求导可得 $F'+G'=0$，即 $\dfrac{F'}{G'}=-1$。令

$$f(x)=a\prod_{i=1}^{k}(x-\alpha_i)^{a_i}, \ g(x)=b\prod_{i=1}^{l}(x-\beta_i)^{b_i}, \ h(x)=c\prod_{i=1}^{l}(x-\gamma_i)^{c_i},$$

其中 α_i 是 $f(x)$ 的 a_i 重根，β_i 是 $g(x)$ 的 b_i 重根，γ_i 是 $h(x)$ 的 c_i 重根，则

$$\frac{F'}{F}=(\ln F)'=\sum_{i=1}^{k}\frac{a_i}{x-\alpha_i}-\sum_{i=1}^{m}\frac{c_i}{x-\gamma_i}, \ \frac{G'}{G}=\sum_{i=1}^{l}\frac{b_i}{x-\beta_i}-\sum_{i=1}^{m}\frac{c_i}{x-\gamma_i}.$$

记 $d(x)=\prod_{i=1}^{k}(x-\alpha_i)\prod_{i=1}^{l}(x-\beta_i)\prod_{i=1}^{l}(x-\gamma_i)$，易见 $F_1=\dfrac{dF'}{F}$ 与 $G_1=\dfrac{dG'}{G}$ 均为多项式，且次数不超过 $\deg(d(x))-1$。记多项式 $p(x)$ 的不同复根的个数为 $n_0(p)$，则 $\deg(d(x))=n_0(d)=n_0(fgh)$。 又由

$$\frac{g}{f}=\frac{G}{F}=-\frac{F'G}{G'F}=-\frac{\dfrac{F'}{F}}{\dfrac{G'}{G}}=-\frac{F_1}{G_1}$$

知 $fF_1+gG_1=0$，结合 f、g 互质可知 $f \mid G_1$，$g \mid F_1$，所以

$$\deg(f(x)) \leqslant \deg(G_1) \leqslant \deg(d(x))-1,$$

$\deg(g(x)) \leqslant \deg(d(x))-1$，同理可得

$$\deg(h(x)) \leqslant \deg(d(x))-1.$$

因此

$$\max\{\deg(f(x)), \deg(g(x)), \deg(h(x))\}+1 \leqslant \deg(d(x)),$$

而 $\deg(d(x))$ 就是 $f(x)g(x)h(x)$ 的不同复根的个数,故引理得证。

回到原题,对 f^n、g^n、h^n 使用梅森定理,则

$$\deg(f) + \deg(g) + \deg(h)$$
$$\geqslant \deg(fgh) \geqslant n_0(fgh) = n_0(f^n g^n h^n)$$
$$\geqslant \max\{\deg(f^n),\ \deg(g^n),\ \deg(h^n)\} + 1$$
$$\geqslant \frac{1}{3}\big[n\deg(f) + n\deg(g) + n\deg(h)\big] + 1,$$

故 $\left(1 - \dfrac{n}{3}\right)\big[\deg(f) + \deg(g) + \deg(h)\big] \geqslant 1$,因此 $n \leqslant 2$。$n = 1$ 时,可取 $f(x) = x$,$g(x) = x + 1$,$h(x) = 2x + 1$;$n = 2$ 时,可取

$$f(x) = x^2 - 1,\ g(x) = 2x,\ h(x) = x^2 + 1。$$

综上所述,n 只能为 1 或 2。

评注:梅森定理是高等代数中的定理,却存在着巧妙的初等证明。利用这一定理,我们顺利解决了这道中科大强基压轴题。值得一提的是,数论中的费马大定理表明不定方程 $x^n + y^n = z^n$ 在整数 n 大于 2 时不存在非零的整数解 (x, y, z),该定理艰深困难,历时几百年才得到了完全证明,而本题为多项式中的"费马大定理",却简单得多。

第4讲　不等式

1. **解析**：由柯西不等式，$(x^2+4y^2+9z^2)\left(1+\dfrac{1}{4}+\dfrac{1}{9}\right) \geqslant (x+y+z)^2 = 1$，即

$$x^2+4y^2+9z^2 \geqslant \frac{36}{49},$$

当且仅当 $x=4y=9z=\dfrac{36}{49}$ 时取等号，所以 $x^2+4y^2+9z^2$ 的最小值为 $\dfrac{36}{49}$。

2. **点拨**：消元。先利用柯西不等式消去 b，再利用均值不等式消去 a。

解析：由柯西不等式和均值不等式，我们有

$$a+\frac{4}{a+b}+\frac{1}{a-b} \geqslant a+\frac{(2+1)^2}{a+b+a-b} = a+\frac{9}{2a} \geqslant 3\sqrt{2},$$

当且仅当 $a+b=2(a-b)$，$a=\dfrac{3\sqrt{2}}{2}$，即 $a=\dfrac{3\sqrt{2}}{2}$，$b=\dfrac{\sqrt{2}}{2}$ 时取等号。故本题选 C。

3. **解析**：由均值不等式，我们有

$$20\lambda\mu = \lambda a \cdot \mu b \cdot (a+8b) \leqslant \left(\frac{\lambda a+\mu b+a+8b}{3}\right)^3 = \left(\frac{\lambda+1}{3}a+\frac{\mu+8}{3}b\right)^3,$$

其中 λ、μ 为待定参数。令 $\mu+8=3(\lambda+1)$，结合取等条件 $\lambda a=\mu b=a+8b$ 可解得 $\lambda=5$，$\mu=10$，代入上式有

$$1000 = 5a \cdot 10b \cdot (a+8b) \leqslant (2a+6b)^3 = 8(a+3b)^3,$$

所以 $a+3b \geqslant 5$。当 $a=2$，$b=1$ 时取到等号。

评注：配凑系数的技法在高考中是不常见的，但在强基自招考试中屡见不鲜，值得读者重视。

4. **解析**：$x^2+\dfrac{1}{x^2}-x-\dfrac{1}{x} = x(x-1)+\dfrac{1}{x^2}(1-x) = (x-1)\left(x-\dfrac{1}{x^2}\right) = \dfrac{(x-1)^2(x^2+x+1)}{x^2} \geqslant 0$，故 A 选项正确；取 $x=0$，$y=1$ 可知 B 选项错误；取 $x=1$，$y=0$ 可知 C 选项错误；由绝对值不等式得 $|x-y| \leqslant |x-z|+|y-z|$，故 D 选项错误。本题选 A。

5. **解析**：$u=a+ab+abc = a(1+b+bc)$，由

$$b+bc = b(1+c) \leqslant \left(\frac{b+1+c}{2}\right)^2 = \left(\frac{4-a}{2}\right)^2,$$

可得

$$u \leqslant a\left(1+4-2a+\frac{a^2}{4}\right) = \frac{a^3}{4}-2a^2+5a,$$

构造辅助函数 $f(x) = \frac{x^3}{4}-2x^2+5x\,(0 \leqslant x \leqslant 3)$，求导有

$$f'(x) = \frac{3}{4}x^2-4x+5 = \frac{1}{4}(x-2)(3x-10),$$

由此易知 $f(x)$ 在 $[0,3]$ 上的最大值为 $f(2)=4$。因此

$$u \leqslant f(a) \leqslant f(2) = 4。$$

易知等号可以取到。

评注：抽丝剥茧，步步消元。同样是在 2018 年，隔壁清华也有一题大同小异，也就是习题 6。

6. 解析：为使 $u = a^2+a(b+c)$ 最大，a 和 $b+c$ 应同号，不妨设 $a \geqslant 0$，由

$$b+c \leqslant \sqrt{2(b^2+c^2)} = \sqrt{2(1-a^2)},$$

可得 $u \leqslant a^2 + a \cdot \sqrt{2(1-a^2)}$。令 $a = \sin\theta$，$\theta \in \left[0, \frac{\pi}{2}\right]$，则 $u \leqslant \sin^2\theta + \sin\theta \cdot \sqrt{2} \cdot$

$\cos\theta = \dfrac{1-\cos 2\theta}{2} + \dfrac{\sqrt{2}}{2}\sin 2\theta = \dfrac{1}{2} + \dfrac{\sqrt{2}}{2}\sin 2\theta - \dfrac{1}{2}\cos 2\theta = \dfrac{1}{2} + \dfrac{\sqrt{3}}{2}\sin(2\theta-\varphi)$，这里

$$\varphi = \arctan\frac{\sqrt{2}}{2} \in \left(0, \frac{\pi}{2}\right)。$$

因为 $2\theta-\varphi \in [-\varphi, \pi-\varphi]$，所以 $2\theta-\varphi$ 可以取到 $\dfrac{\pi}{2}$，故 $\sin(2\theta-\varphi)$ 最大值可取 1，于是

$$u \leqslant \frac{1}{2} + \frac{\sqrt{3}}{2}\sin(2\theta-\varphi) \leqslant \frac{1}{2} + \frac{\sqrt{3}}{2}。$$

当 $a = \sin\left(\dfrac{\pi}{4} + \dfrac{\varphi}{2}\right)$，$b = c = \dfrac{\sqrt{2}}{2}\cos\left(\dfrac{\pi}{4} + \dfrac{\varphi}{2}\right)$ 时可取到等号。本题选 A。

评注：本题将结论向条件的平方和形式靠拢，变为单元函数后三角换元。

7. 解析：注意到原不等式左右两边为齐次式，可将其化为

$$a \geqslant \frac{5x+12\sqrt{xy}}{x+y} = \frac{5+12\sqrt{\dfrac{y}{x}}}{1+\dfrac{y}{x}},$$

令 $t=\sqrt{\dfrac{y}{x}}>0$，则 $a\geqslant\dfrac{5+12t}{1+t^2}$，我们只需求出 $\dfrac{5+12t}{1+t^2}$ 的最大值即可。令 $m=5+12t>5$，则

$$\frac{5+12t}{1+t^2}=\frac{144m}{m^2-10m+169}=\frac{144}{m+\dfrac{169}{m}-10}\leqslant\frac{144}{2\times13-10}=9,$$

等号成立当且仅当 $m=13$。故 $a\geqslant\left(\dfrac{5+12t}{1+t^2}\right)_{\max}=9$，$a$ 的最小值为 9。本题选 B。

评注：注意到齐次性，分离变量将形式变得易于研究。本题也属于含参不等式恒成立求参数最值的问题，习题 18 是一道更好更难的此类问题。

8. 解析：由 $(a+b+c)^2\geqslant a^2+b^2+c^2-ab-bc-ca=25$，可得 $a+b+c\geqslant5$，当 a、b、c 中有一个为 5，另外两个为 0 时，可取到等号。故 $a+b+c$ 的最小值为 5。

9. 解析：注意到 $3M\geqslant(a_1+a_2+a_3)+(a_3+a_4+a_5)+(a_5+a_6+a_7)\geqslant a_1+a_2+a_3+a_4+a_5+a_6+a_7=1$，因此 $M\geqslant\dfrac{1}{3}$。取 $a_1=a_4=a_7=\dfrac{1}{3}$，$a_2=a_3=a_5=a_6=0$，此时 $M=\dfrac{1}{3}$，故本题选 B。

评注：典型的整体思维。

10. 点拨：$\sqrt{a_1+a_2+\cdots+a_n}\leqslant\sqrt{a_1}+\sqrt{a_2}+\sqrt{a_3}+\cdots+\sqrt{a_n}$
$$\leqslant\sqrt{n}\cdot\sqrt{a_1+a_2+\cdots+a_n}.$$

右边为柯西不等式，左边平方后显然。

解析：由柯西不等式，$\sqrt{4a+1}+\sqrt{4b+1}+\sqrt{4c+1}\leqslant\sqrt{3}\cdot\sqrt{4(a+b+c)+3}=\sqrt{21}$，当且仅当 $a=b=c=\dfrac{1}{3}$ 时取等号。

另一方面，显然有 $\sqrt{4a+1}+\sqrt{4b+1}+\sqrt{4c+1}\geqslant\sqrt{4(a+b+c)+3}=\sqrt{7}$，当且仅当 a、b、c 中有两个为 $-\dfrac{1}{4}$，另一个为 $\dfrac{3}{2}$ 时取等号。

因此最大值和最小值的乘积为 $\sqrt{21}\cdot\sqrt{7}=\sqrt{147}\in(12,13)$，故本题正确选项为 C。

11. 解法一：由 $x+y\leqslant2(w+z)$ 可得，$z\geqslant\dfrac{x+y-2w}{2}$，因此

$$\frac{w}{x}+\frac{z}{y}\geqslant\frac{w}{x}+\frac{x+y-2w}{2y}=w\left(\frac{1}{x}-\frac{1}{y}\right)+\frac{x}{2y}+\frac{1}{2}$$
$$\geqslant y\left(\frac{1}{x}-\frac{1}{y}\right)+\frac{x}{2y}+\frac{1}{2}=\frac{y}{x}+\frac{x}{2y}-\frac{1}{2}$$

$$\geqslant \sqrt{2}-\frac{1}{2},$$

等号成立当且仅当 $x+y=2(w+z)$，$y=w$，$\dfrac{y}{x}=\dfrac{x}{2y}$。

解法二：$\dfrac{w}{x}+\dfrac{z}{y}\geqslant \dfrac{w}{x}+\dfrac{x}{2y}+\dfrac{1}{2}-\dfrac{w}{y}\geqslant 2\sqrt{\dfrac{w}{2y}}-\dfrac{w}{y}+\dfrac{1}{2}$（当且仅当 $x+y=2(w+z)$，

$x^2=2yw$ 时取等）。令 $t=\sqrt{\dfrac{w}{2y}}$，因为 $y\geqslant w$，所以 $t\leqslant \dfrac{\sqrt{2}}{2}$。又由 $2yw=x^2\geqslant y^2$，知 $\dfrac{w}{2y}$

$\geqslant \dfrac{1}{4}$，即 $t\geqslant \dfrac{1}{2}$，所以 $t\in\left[\dfrac{1}{2},\dfrac{\sqrt{2}}{2}\right]$。因此

$$\frac{w}{x}+\frac{z}{y}\geqslant 2\sqrt{\frac{w}{2y}}-\frac{w}{y}+\frac{1}{2}=-2t^2+2t+\frac{1}{2}$$

$$=-2\left(t-\frac{1}{2}\right)^2+1$$

$$\geqslant \sqrt{2}-\frac{1}{2}\left(当且仅当\ t=\frac{\sqrt{2}}{2}\ 即\ y=w\ 时取等\right)。$$

综上，本题选 D。

12. 点拨：不要忽略代数式的几何意义，本题的形式特征明显——根号下平方和，考虑转为两点间距离，运用数形结合的思想来求解。

解析：令 $S=\sqrt{x^2-\sqrt{2}ax+a^2}+\sqrt{x^2-\sqrt{2}bx+b^2}$，则

$$S=\sqrt{\left(x-\frac{\sqrt{2}}{2}a\right)^2+\left(0-\frac{\sqrt{2}}{2}a\right)^2}+\sqrt{\left(x-\frac{\sqrt{2}}{2}b\right)^2+\left(0-\frac{\sqrt{2}}{2}b\right)^2},$$

上式的几何意义为，在平面直角坐标系中，x 轴上一动点 $X(x,0)$ 到两个定点 $A\left(\dfrac{\sqrt{2}}{2}a,\dfrac{\sqrt{2}}{2}a\right)$，$B\left(\dfrac{\sqrt{2}}{2}b,\dfrac{\sqrt{2}}{2}b\right)$ 的距离之和，设 B 关于 x 轴的对称点为 $B'\left(\dfrac{\sqrt{2}}{2}b,-\dfrac{\sqrt{2}}{2}b\right)$，则

$$S=XA+XB=XA+XB'\geqslant AB'=\sqrt{a^2+b^2},$$

又由题意，$S\leqslant \sqrt{a^2+b^2}$，所以 $S=\sqrt{a^2+b^2}$，此时 X 为 AB' 与 x 轴的交点，故 x 只有一个值可以取，容易算出交点横坐标 $x=\dfrac{\sqrt{2}ab}{a+b}$，本题选 D。

13. 点拨：条件和结论相隔较远，而联系二者的桥梁是和式。两个取等条件得统一，为此待

定系数来求解。

解析:我们引入待定参数 λ,由柯西不等式有

$$(x^2+y^2)(\lambda^2+1) \geqslant (\lambda x+y)^2,$$

$$\lambda x+y=(\lambda x+y)\left(\frac{8}{x}+\frac{1}{y}\right) \geqslant (\sqrt{8\lambda}+1)^2,$$

取等条件分别为 $x=\lambda y$ 及 $x=\sqrt{\dfrac{8}{\lambda}}y$。为使两个不等式取等条件相同,令 $\lambda=\sqrt{\dfrac{8}{\lambda}}$,解

得 $\lambda=2$,因此

$$(x^2+y^2)(4+1) \geqslant (2x+y)^2 \geqslant (4+1)^4,$$

即 $\sqrt{x^2+y^2} \geqslant 5\sqrt{5}$,当且仅当 $x=2y$ 且 $\dfrac{8}{x}+\dfrac{1}{y}=1$,即 $x=10$,$y=5$ 时可取等号。故

$\sqrt{x^2+y^2}$ 的最小值为 $5\sqrt{5}$。

14. 解析:由柯西不等式有

$$n(x_1^2+x_2^2+\cdots+x_n^2) \geqslant (x_1+x_2+\cdots+x_n)^2,$$

即

$$x_1^2+x_2^2+\cdots+x_n^2 \geqslant \frac{(x_1+x_2+\cdots+x_n)^2}{n},$$

要证原不等式成立,只需证

$$\frac{(x_1+x_2+\cdots+x_n)^2}{n} > x_1+x_2+\cdots+x_n,$$

即证

$$\frac{x_1+x_2+\cdots+x_n}{n} > 1,$$

又由均值不等式,$\dfrac{x_1+x_2+\cdots+x_n}{n} \geqslant \sqrt[n]{x_1 x_2 \cdots x_n} > 1$ 成立,原不等式得证。

评注:本题是典型的不等式链,先利用柯西不等式,再利用均值不等式。其实我们只需要关注到不等式左右两侧的次数不对,想到要把左边放缩为一次,证明就是水到渠成的事情了。

15. 解析:由题意可知

$$\frac{2022}{x_1+2022}+\frac{2022}{x_2+2022}+\cdots+\frac{2022}{x_n+2022}=1。$$

记 $a_k = \dfrac{2022}{2022 + x_k}$, $k = 1, 2, \cdots, 2022$, 则 $x_k = 2022\left(\dfrac{1}{a_k} - 1\right)$, $k = 1, 2, \cdots, 2022$, 上式

等价于 $a_1 + a_2 + \cdots + a_n = 1$, 要证的不等式等价于

$$\frac{\sqrt[n]{\left(\dfrac{1}{a_1} - 1\right)\left(\dfrac{1}{a_2} - 1\right)\cdots\left(\dfrac{1}{a_n} - 1\right)}}{n - 1} \geqslant 1,$$

即证

$$(1 - a_1)(1 - a_2)\cdots(1 - a_n) \geqslant (n - 1)^n a_1 a_2 \cdots a_n。$$

由均值不等式可知

$$1 - a_1 = a_2 + a_3 + \cdots + a_n \geqslant (n - 1) \cdot \sqrt[n-1]{a_2 a_3 \cdots a_n},$$

$$1 - a_2 = a_1 + a_3 + \cdots + a_n \geqslant (n - 1) \cdot \sqrt[n-1]{a_1 a_3 \cdots a_n},$$

$$\cdots$$

$$1 - a_n = a_1 + a_2 + \cdots + a_{n-1} \geqslant (n - 1) \cdot \sqrt[n-1]{a_1 a_2 \cdots a_{n-1}},$$

上述 n 个式子相乘即得

$$(1 - a_1)(1 - a_2)\cdots(1 - a_n) \geqslant (n - 1)^n a_1 a_2 \cdots a_n,$$

所以原不等式得证。

16. 解析: $2(xy + yz + zx) = (x + y + z)^2 - (x^2 + y^2 + z^2) = 4 - 2 = 2$, 即 $xy + yz + zx = 1$, 所以 $yz = 1 - x(y + z) = 1 - x(2 - x) = (x - 1)^2$, 故 $xyz = x(x - 1)^2$。

由 $x + y + z = 2$, $x^2 + y^2 + z^2 = 2$, 得 $y + z = 2 - x$, $y^2 + z^2 = 2 - x^2$。又由均值不等式知 $2(y^2 + z^2) \geqslant (y + z)^2$, 即 $2(2 - x^2) \geqslant (2 - x)^2$, 由此解得 $0 \leqslant x \leqslant \dfrac{4}{3}$。

记 $f(x) = x(x - 1)^2 \left(0 \leqslant x \leqslant \dfrac{4}{3}\right)$, 求导有

$$f'(x) = (x - 1)^2 + 2x(x - 1) = (x - 1)(3x - 1),$$

由此可知 $f(x)$ 在 $\left[0, \dfrac{1}{3}\right)$ 上单调增, 在 $\left(\dfrac{1}{3}, 1\right)$ 上单调减, 在 $\left(1, \dfrac{4}{3}\right]$ 上单调增, 所以

$$f(x)_{\max} = \max\left\{f\left(\dfrac{1}{3}\right), f\left(\dfrac{4}{3}\right)\right\} = \dfrac{4}{27}, \ f(x)_{\min} = \min\{f(0), f(1)\} = 0。$$

综上, xyz 的最大值为 $\dfrac{4}{27}$, 最小值为 0。

评注: 本题化为只含有 x 的单元函数是容易的, 因为是恒等变形, 后面的求导也是司空

见惯。关键性的准备工作是求出 x 的取值范围。

17. 解析:证法一:由均值不等式,有

$$\sum_{i=1}^{n} \frac{\sqrt{2}}{\sqrt{2}+x_i} \geqslant \frac{\sqrt{2}n}{\sqrt[n]{\prod_{i=1}^{n}(\sqrt{2}+x_i)}},$$

$$\sum_{i=1}^{n} \frac{x_i}{\sqrt{2}+x_i} \geqslant \frac{n\sqrt[n]{x_1 x_2 \cdots x_n}}{\sqrt[n]{\prod_{i=1}^{n}(\sqrt{2}+x_i)}} = \frac{n}{\sqrt[n]{\prod_{i=1}^{n}(\sqrt{2}+x_i)}},$$

两式相加得

$$n \geqslant \frac{(\sqrt{2}+1)n}{\sqrt[n]{\prod_{i=1}^{n}(\sqrt{2}+x_i)}},$$

即 $\prod_{i=1}^{n}(\sqrt{2}+x_i) \geqslant (\sqrt{2}+1)^n$。

证法二:对 n 归纳。

当 $n=1$ 或 2 时,易知结论成立。

假设当 $n=k(k \geqslant 2)$ 时结论成立,则当 $n=k+1$ 时,因为 $x_1 x_2 \cdots x_{k+1}=1$,所以存在 $1 \leqslant i$, $j \leqslant k+1$ 使得 $x_i \leqslant 1$, $x_j \geqslant 1$。不妨设 $x_k \leqslant 1$, $x_{k+1} \geqslant 1$,由归纳假设知

$$(\sqrt{2}+x_k x_{k+1})\prod_{i=1}^{k-1}(\sqrt{2}+x_i) \geqslant (\sqrt{2}+1)^k。$$

要证 $\prod_{i=1}^{k+1}(\sqrt{2}+x_i) \geqslant (\sqrt{2}+1)^{k+1}$,只需证

$$\frac{(\sqrt{2}+x_k)(\sqrt{2}+x_{k+1})}{\sqrt{2}+x_k x_{k+1}} \geqslant \sqrt{2}+1,$$

这等价于

$$(x_k-1)(x_{k+1}-1) \leqslant 0,$$

因为 $x_k \leqslant 1$, $x_{k+1} \geqslant 1$,所以上式显然成立,故当 $n=k+1$ 时,结论也成立。

综上,由数学归纳法可知,对任意正整数 n,总有 $\prod_{i=1}^{n}(\sqrt{2}+x_i) \geqslant (\sqrt{2}+1)^n$。

证法三:将 $\sqrt{2}$ 看成主元,将不等式左边展开有

$$\prod_{i=1}^{n}(\sqrt{2}+x_i) = (\sqrt{2})^n + (\sqrt{2})^{n-1}\sum_{i=i}^{n}x_i + (\sqrt{2})^{n-2}\sum_{1 \leqslant i < j \leqslant n} x_i x_j + \cdots + x_1 x_2 \cdots x_n,$$

由均值不等式可得

$$\sum_{i=i}^{n} x_i \geqslant \mathrm{C}_n^1, \sum_{1 \leqslant i < j \leqslant n} x_i x_j \geqslant \mathrm{C}_n^2, \cdots, x_1 x_2 \cdots x_n \geqslant \mathrm{C}_n^n,$$

所以 $\prod_{i=1}^{n}(\sqrt{2}+x_i) \geqslant (\sqrt{2})^n + \mathrm{C}_n^1(\sqrt{2})^{n-1} + \mathrm{C}_n^2(\sqrt{2})^{n-2} + \cdots + \mathrm{C}_n^n = (\sqrt{2}+1)^n$。

证法四:我们先介绍一下加权均值不等式,设 $x_i > 0, \lambda_i \geqslant 0 (i=1, 2, \cdots, n), \sum_{i=1}^{n} \lambda_i = 1$,则

$$\sum_{i=1}^{n} \lambda_i x_i \geqslant \prod_{i=1}^{n} x_i^{\lambda_i}。$$

令 $f(x) = -\ln x$,求二阶导易知 $f(x)$ 是 $(0, +\infty)$ 上的凸函数,则由琴生不等式知

$$-\ln \sum_{i=1}^{n} \lambda_i x_i = f\left(\sum_{i=1}^{n} \lambda_i x_i\right) \leqslant \sum_{i=1}^{n} \lambda_i f(x_i) = -\sum_{i=1}^{n} \lambda_i \ln x_i,$$

所以

$$\sum_{i=1}^{n} \lambda_i x_i \geqslant e^{\sum_{i=1}^{n} \lambda_i \ln x_i} = \prod_{i=1}^{n} x_i^{\lambda_i}。$$

回到本题,由加权均值不等式知

$$\sqrt{2}+x_i = (\sqrt{2}+1)\left(\frac{\sqrt{2}}{\sqrt{2}+1} \cdot 1 + \frac{1}{\sqrt{2}+1} \cdot x_i\right)$$

$$\geqslant (\sqrt{2}+1)(x_i)^{\frac{1}{\sqrt{2}+1}}, i=1, 2, \cdots, n,$$

所以

$$\prod_{i=1}^{n}(\sqrt{2}+x_i) \geqslant \prod_{i=1}^{n}(\sqrt{2}+1)(x_i)^{\frac{1}{\sqrt{2}+1}} = (\sqrt{2}+1)^n。$$

评注:本题的四种证法各有千秋。法一是考虑两个和为 n 的代数表达式,放缩后求和;法二则是观察到本题类似于伯努利不等式,具有明显易操作的递推关系,采用了数学归纳法;法三则注意到,连乘 $x_1 x_2 \cdots x_n$ 是"最小"的,完全展开,得到对称的式子,利用均值不等式可以通通化为 $x_1 x_2 \cdots x_n$。

本题历史悠久,背景为 1989 年高联二试题——已知正数 $a_1, a_2, \cdots, a_n$ 的积为 1,证明:

$$\prod_{i=1}^{n}(a_i + 2) \geqslant 3^n。$$

利用均值不等式,$a_i + 2 = a_i + 1 + 1 \geqslant 3\sqrt[3]{a}$,累乘即证,法四正是想到这一点,$\sqrt{2}$ 是无理数,为此需要加权形式的均值不等式。

18. 解析:对不等式的形式进行改写。令 $S_i = x_0 + x_1 + \cdots + x_i (i=0, 1, 2, \cdots, n)$,补充

定义 $S_{-1}=0$，则原不等式等价于

$$\sum_{i=0}^{n}\frac{1}{S_i-S_{i-1}}\geqslant\lambda\sum_{i=1}^{n}\frac{1}{S_i}$$

这个形式启发我们联想到柯西不等式：

$$a,b>0,\frac{1}{a}+\frac{1}{b}\geqslant\frac{4}{a+b}\text{（当且仅当 }a=b\text{ 时取等）。}$$

因此有

$$\sum_{i=1}^{n}\left(\frac{1}{S_i-S_{i-1}}+\frac{1}{S_{i-1}}\right)\geqslant4\sum_{i=1}^{n}\frac{1}{S_i},$$

即

$$\sum_{i=1}^{n}\left(\frac{1}{S_i-S_{i-1}}\right)+\frac{1}{S_0}\geqslant3\sum_{i=1}^{n}\frac{1}{S_i}+\frac{1}{S_n},$$

故

$$\sum_{i=0}^{n}\frac{1}{S_i-S_{i-1}}=\sum_{i=1}^{n}\frac{1}{S_i-S_{i-1}}+\frac{1}{S_0}\geqslant3\sum_{i=1}^{n}\frac{1}{S_i}+\frac{1}{S_n}>3\sum_{i=1}^{n}\frac{1}{S_i}, \qquad (1)$$

所以 $\lambda_{\max}\geqslant3$。另一方面，注意到上述柯西不等式的取等条件为 $S_i-S_{i-1}=S_{i-1}(i=1,$ $2,\cdots,n)$，即 $S_i=2S_{i-1}(i=1,2,\cdots,n)$，为此可取 $x_0=x_1=1,x_n=2^{n-1}(n\geqslant2)$，代入目标不等式得

$$3-\frac{1}{2^{n-1}}\geqslant\lambda\left(1-\frac{1}{2^n}\right),$$

即

$$\lambda\leqslant\frac{3-\dfrac{1}{2^{n-1}}}{1-\dfrac{1}{2^n}}=3+\frac{\dfrac{1}{2^n}}{1-\dfrac{1}{2^n}}。$$

上式对所有的正整数 n 都成立，故 $\lambda\leqslant3$。综上所述，$\lambda_{\max}=3$。

评注：本题是一位前辈出给我做的，他当时对标准答案感到困惑，不清楚其思维路径。这是因为标准答案没有引入 S_i 的记号，一堆 x_i 自然令人眼花缭乱。看到笔者的"翻译"后，他表示十分满意，笔者也很高兴，这是一道非常精巧的含参不等式求极值问题。遇到好的题目，正如读到好的文章一样，会让人心情愉快。

19. 解析：令 $P=(a_1-a_2^2)(a_2-a_3^2)\cdots(a_{2015}-a_{2016}^2)(a_{2016}-a_1^2)$。由已知得，对 $i=1,2,\cdots,$

2015,均有 $a_i - a_{i+1}^2 \geqslant \dfrac{11}{9}a_{i+1}^2 - a_{i+1}^2 \geqslant 0$。

若 $a_{2016} - a_1^2 \leqslant 0$,则 $P \leqslant 0$。

下设 $a_{2016} - a_1^2 > 0$,则 $P \geqslant 0$,约定 $a_{2017} = a_1$,由均值不等式得

$$
\begin{aligned}
P^{\frac{1}{2016}} &\leqslant \frac{1}{2016}\sum_{i=1}^{2016}(a_i - a_{i+1}^2) = \frac{1}{2016}\Big(\sum_{i=1}^{2016}a_i - \sum_{i=1}^{2016}a_{i+1}^2\Big) \\
&= \frac{1}{2016}\Big(\sum_{i=1}^{2016}a_i - \sum_{i=1}^{2016}a_i^2\Big) \\
&= \frac{1}{2016}\sum_{i=1}^{2016}a_i(1-a_i) \leqslant \frac{1}{2016}\sum_{i=1}^{2016}\Big(\frac{a_i + (1-a_i)}{2}\Big)^2 \\
&= \frac{1}{2016} \cdot 2016 \cdot \frac{1}{4} = \frac{1}{4},
\end{aligned}
$$

所以 $P \leqslant \Big(\dfrac{1}{4}\Big)^{2016}$,当 $a_1 = a_2 = \cdots = a_{2016} = \dfrac{1}{2}$ 时可取到等号,且此时满足 $9a_i > 11a_{i+1}^2$($i = 1, 2, \cdots, 2015$)的条件。

综上,所求最大值为 $\dfrac{1}{4^{2016}}$。

评注:对于近些年的高联二试代数题,相当一部分是可以一眼看穿的。比如本题,条件中的 9 和 11 是考试日期,不用过多关注,目标式子更重要,2016 项的乘积,且"首尾相连",这启发我们利用均值不等式化积为和,和式两两配对后就做完了,但均值不等式要求是正数——这正是 911 的作用,大局已定,还有一处细节,目标式子中最后一个括号内的值正负未定,补充说明即可。以上的思维过程,说起来啰嗦,但在脑海中,只不过电光石火一瞬间罢了。

第5讲 三角函数

1. 解析：由正弦与正切的差角公式可得

$$\tan 15° = \tan(45° - 30°) = \frac{\tan 45° - \tan 30°}{1 + \tan 45° \tan 30°} = 2 - \sqrt{3},$$

$$\sin 15° = \sin(45° - 30°) = \sin 45° \cos 30° - \cos 45° \sin 30° = \frac{\sqrt{6} - \sqrt{2}}{4},$$

所以 $\tan 15° + 2\sqrt{2} \sin 15° = 2 - \sqrt{3} + 2\sqrt{2} \cdot \dfrac{\sqrt{6} - \sqrt{2}}{4} = 1$，本题应选 D。

2. 解析：$y = \sin^2 x \cos x = -\cos^3 x + \cos x$，令 $t = \cos x \in (0, 1)$，则

$$y = -t^3 + t = t(1 - t^2)$$

$$= \sqrt{t^2(1 - t^2)(1 - t^2)} = \frac{\sqrt{2}}{2} \sqrt{2t^2(1 - t^2)(1 - t^2)}$$

$$\leqslant \frac{\sqrt{2}}{2} \sqrt{\left(\frac{2t^2 + 1 - t^2 + 1 - t^2}{3}\right)^3} = \frac{2\sqrt{3}}{9}。$$

当 $t = \dfrac{\sqrt{3}}{3}$ 即 $\cos x = \dfrac{\sqrt{3}}{3}$ 时，y 取得最大值。

评注：若不熟悉均值不等式，也可利用导数求出极值。

3. 解析：假设方程有实根，则

$$1 > \frac{\pi}{6} = |\sin x| + |\cos x| \geqslant \sin^2 x + \cos^2 x = 1,$$

矛盾，故原方程无实数解。实根的个数为 0。

4. 点拨：结果必然是一个特殊角，因此我们只需求出其某一个三角函数值。

解析：记 $\alpha = \arcsin \dfrac{\sqrt{14} + 3\sqrt{2}}{8}$，$\beta = \arcsin \dfrac{3}{4}$，则

$$\alpha, \beta \in \left(0, \frac{\pi}{2}\right), \ \sin\alpha = \frac{\sqrt{14} + 3\sqrt{2}}{8}, \ \sin\beta = \frac{3}{4},$$

从而 $\cos\alpha = \dfrac{-\sqrt{14} + 3\sqrt{2}}{8}$，$\cos\beta = \dfrac{\sqrt{7}}{4}$，所以

$$\cos(\alpha + \beta) = \frac{\sqrt{7}}{4} \cdot \frac{-\sqrt{14} + 3\sqrt{2}}{8} - \frac{\sqrt{14} + 3\sqrt{2}}{8} \cdot \frac{3}{4} = -\frac{\sqrt{2}}{2}。$$

又因为 $\alpha+\beta\in(0,\pi)$，所以 $\alpha+\beta=\dfrac{3\pi}{4}$，即 $\arcsin\dfrac{\sqrt{14}+3\sqrt{2}}{8}+\arcsin\dfrac{3}{4}=\dfrac{3\pi}{4}$。

5. 解析：令 $t=\sin x+\cos x=\sqrt{2}\sin\left(x+\dfrac{\pi}{4}\right)$，则

$$y=\dfrac{4\cdot\dfrac{1}{2}(t^2-1)+3}{t}=2t+\dfrac{1}{t}。$$

因为 $x\in\left(-\dfrac{\pi}{4},\dfrac{3\pi}{4}\right)$，所以 $t\in(0,\sqrt{2}]$，因此 $y=2t+\dfrac{1}{t}\geqslant 2\sqrt{2}$，当且仅当 $t=\dfrac{\sqrt{2}}{2}$ 时取等号。故所求最小值为 $2\sqrt{2}$。

6. 点拨：本题类似于例8，利用积化和差即可求解。

解析：由题意知，$A=\cos\dfrac{9\pi}{13}$，$B=\cos\dfrac{3\pi}{13}$，$C=\cos\dfrac{\pi}{13}$，所以

$$\cos A\cos B+\cos B\cos C+\cos C\cos A$$

$$=\cos\dfrac{9\pi}{13}\cos\dfrac{3\pi}{13}+\cos\dfrac{3\pi}{13}\cos\dfrac{\pi}{13}+\cos\dfrac{\pi}{13}\cos\dfrac{9\pi}{13}$$

$$=\dfrac{1}{2}\left(\cos\dfrac{12\pi}{13}+\cos\dfrac{6\pi}{13}+\cos\dfrac{4\pi}{13}+\cos\dfrac{2\pi}{13}+\cos\dfrac{10\pi}{13}+\cos\dfrac{8\pi}{13}\right)=\dfrac{1}{2}\sum_{k=1}^{6}\cos\dfrac{2k\pi}{13}$$

$$=\dfrac{1}{4\sin\dfrac{\pi}{13}}\sum_{k=1}^{6}2\sin\dfrac{\pi}{13}\cos\dfrac{2k\pi}{13}=\dfrac{1}{4\sin\dfrac{\pi}{13}}\sum_{k=1}^{6}\left(\sin\dfrac{(2k+1)\pi}{13}-\sin\dfrac{(2k-1)\pi}{13}\right)$$

$$=\dfrac{1}{4\sin\dfrac{\pi}{13}}\left(\sin\pi-\sin\dfrac{\pi}{13}\right)=-\dfrac{1}{4}。$$

故本题选 B。

7. 点拨：这一题型的两大类解法——三角换元，或均值不等式配凑。

解法一：令 $x=r\cos\theta$，$y=r\sin\theta$，其中 $|r|\leqslant 1$，$\theta\in\mathbf{R}$。有

$$x^2+xy-y^2=r^2(\cos^2\theta-\sin^2\theta+\sin\theta\cos\theta)$$

$$\leqslant|\cos^2\theta-\sin^2\theta+\sin\theta\cos\theta|=\left|\cos 2\theta+\dfrac{1}{2}\sin 2\theta\right|$$

$$=\dfrac{\sqrt{5}}{2}|\sin(2\theta+\varphi)|\leqslant\dfrac{\sqrt{5}}{2},$$

这里 $\tan\varphi=2$。

当 $r=1$，$x=\cos\theta=\dfrac{1}{\sqrt{10-4\sqrt{5}}}$，$y=\sin\theta=\dfrac{1}{\sqrt{10+4\sqrt{5}}}$ 时取等号，所以 x^2+xy-y^2

的最大值为 $\dfrac{\sqrt{5}}{2}$。

解法二:引入参数 λ,由均值不等式,$x^2-y^2+xy=x^2-y^2+\dfrac{1}{\lambda}\cdot x\cdot(\lambda y)\leqslant x^2-y^2+$

$\dfrac{1}{\lambda}\cdot\dfrac{x^2+\lambda^2y^2}{2}=\left(1+\dfrac{1}{2\lambda}\right)x^2+\left(\dfrac{\lambda}{2}-1\right)y^2$。令 $1+\dfrac{1}{2\lambda}=\dfrac{\lambda}{2}-1$,解得 $\lambda=\sqrt{5}+2$,代入

上式即得

$$x^2-y^2+xy\leqslant\dfrac{\sqrt{5}}{2}(x^2+y^2)\leqslant\dfrac{\sqrt{5}}{2},$$

当且仅当 $x=(\sqrt{5}+2)y$,$x^2+y^2=1$,即 $x=\dfrac{1}{\sqrt{10-4\sqrt{5}}}$,$y=\dfrac{1}{\sqrt{10+4\sqrt{5}}}$ 时取等号,所

以 x^2+xy-y^2 的最大值为 $\dfrac{\sqrt{5}}{2}$。

综上,本题应选 B。

8. 点拨:题中的形式启发我们利用万能公式三角换元。

解析:利用三角代换,令 $\alpha=\tan\dfrac{\theta}{2}$,因为 $0<\alpha<1$,所以 $k\pi<\dfrac{\theta}{2}<k\pi+\dfrac{\pi}{4}$,即 $2k\pi<$

$\theta<2k\pi+\dfrac{\pi}{2}(k\in\mathbf{Z})$。利用万能公式,原问题化为:$2k\pi<\theta<2k\pi+\dfrac{\pi}{2}(k\in\mathbf{Z})$,求关

于 x 的方程 $(\sin\theta)^x+(\cos\theta)^x=1$ 的解的个数。令 $f(x)=(\sin\theta)^x+(\cos\theta)^x$,因为 $\sin\theta$

$\in(0,1)$,$\cos\theta\in(0,1)$,所以 $f(x)$ 在 $\mathbf{R}$ 上单调递减,又 $f(2)=1$,所以 $f(x)=1$ 有且

仅有一根 $x=2$。故本题选 B。

9. 解析:$\sin A+\sin B\sin C=\sin A+\dfrac{1}{2}\left[\cos(B-C)-\cos(B+C)\right]=\sin A+\dfrac{1}{2}\cos A+$

$\dfrac{1}{2}\cos(B-C)=\dfrac{\sqrt{5}}{2}\sin(A+\varphi)+\dfrac{1}{2}\cos(B-C)\leqslant\dfrac{\sqrt{5}}{2}+\dfrac{1}{2}=\dfrac{\sqrt{5}+1}{2}$,其中 $\tan\varphi=\dfrac{1}{2}$,当

$B=C$,$A=\dfrac{\pi}{2}-\varphi$ 时可取等号,所以 $\sin A+\sin B\sin C$ 的最大值为 $\dfrac{\sqrt{5}+1}{2}$,本题应选 C。

评注:本题的放缩过程是非常典型的,积化和差从而利用条件,以及 1 的放缩。

10. 解析:在锐角 $\triangle ABC$ 中,有恒等式 $\cot A\cot B+\cot B\cot C+\cot C\cot A=1$。令 $x=\cot A$,

$y=\cot B$,$z=\cot C$,则 x、y、z 均为正数且 $xy+yz+zx=1$,结合柯西不等式可知

$$\tan A\tan B+2\tan B\tan C+3\tan C\tan A$$

$$=\dfrac{1}{xy}+\dfrac{2}{yz}+\dfrac{3}{zx}$$

$$\geqslant \frac{(1+\sqrt{2}+\sqrt{3})^2}{xy+yz+zx}=(1+\sqrt{2}+\sqrt{3})^2,$$

当且仅当 $xy=\dfrac{yz}{\sqrt{2}}=\dfrac{zx}{\sqrt{3}}$ 且 $xy+yz+zx=1$ 时取等号,这样的 x、y、z 显然是存在的。

故所求最小值为 $(1+\sqrt{2}+\sqrt{3})^2$。

11. 点拨:强基考试时间很紧,对于选择题,也要有直觉判断,题中的条件 x、y、z 均不为 $\left(k+\dfrac{1}{2}\right)\pi$ 是为选项 C 服务,很可能答案就是 C。

解析:由题意,$2\sin(x+z-y)=\sin(y+z-x)+\sin(x+y-z)=2\sin y\cos(x-z)$。

这一形式启发我们将左边的 y 分离出来,有

$$\sin(x+z-y)=\sin(x+z)\cos y-\cos(x+z)\sin y,$$

所以

$$\sin(x+z)\cos y-\cos(x+z)\sin y=\sin y\cos(x-z),$$

则

$$\sin(x+z)\cos y=\sin y\cos(x-z)+\cos(x+z)\sin y=2\sin y\cos x\cos z,$$

所以

$$\sin x\cos z\cos y+\sin z\cos x\cos y=2\sin y\cos x\cos z。$$

又由 x、y、z 均不为 $\left(k+\dfrac{1}{2}\right)\pi$,其中 k 为整数,可知 $\cos x$,$\cos y$,$\cos z$ 均不为 0,上式左右同时除以 $\cos x\cos y\cos z$,得 $\tan x+\tan z=2\tan y$。本题应选 C。

12. 点拨:一般而言,三个量即可确定三角形。本题中尽管变着花样给条件,但我们首先关注数目,三个条件,足够了,一定是可以做出来的。

解析:因为 $R=2$,由正弦定理知 $4(\sin^2 A-\sin^2 B)=(\sqrt{3}a-b)\sin B$ 等价于 $a^2-b^2=(\sqrt{3}a-b)b$,即 $a=\sqrt{3}b$。又因为 $S_{\triangle ABC}=\dfrac{c}{2}(a-b)=\dfrac{1}{2}bc\sin A$,所以

$$\sin A=\frac{a-b}{b}=\sqrt{3}-1,$$

所以 $\sin B=\dfrac{1}{\sqrt{3}}\sin A=1-\dfrac{\sqrt{3}}{3}$。注意到

$$\left(\sin\frac{A-B}{2}+\sin\frac{C}{2}\right)^2=\left(\sin\frac{A-B}{2}+\cos\frac{A+B}{2}\right)^2$$

$$=\sin^2\frac{A-B}{2}+\cos^2\frac{A+B}{2}+2\sin\frac{A-B}{2}\cos\frac{A+B}{2}$$

$$=1-\frac{1}{2}\cos(A-B)+\frac{1}{2}\cos(A+B)+\sin A-\sin B$$

$$=1-\sin A\sin B+\sin A-\sin B$$

$$=(1-\sin B)(1+\sin A)=1_{\circ}$$

因为 $a=\sqrt{3}b>b$,所以 $A>B$,结合 A、B、C 为三角形三内角知 $\sin\frac{A-B}{2}>0$, $\sin\frac{C}{2}$ >0,故

$$\sin\frac{A-B}{2}+\sin\frac{C}{2}=1_{\circ}$$

13. 解析:
$$\frac{1}{\cos^2 x}+\frac{1}{\sin^2 x\sin^2 y\cos^2 y}=\frac{1}{\cos^2 x}+\frac{4}{\sin^2 x\sin^2 2y}$$

$$\geqslant\frac{1}{\cos^2 x}+\frac{4}{\sin^2 x}$$

$$\geqslant\frac{(1+2)^2}{\cos^2 x+\sin^2 x}=9,\text{(柯西不等式)}$$

等号成立当且仅当 $\sin^2 2y=1$, $\frac{1}{\cos^2 x}=\frac{2}{\sin^2 x}$,即 $y=\frac{\pi}{4}$, $x=\arctan\sqrt{2}$ 时取等号,故本题选 C。

评注:本题为 1979 年全国高中数学联赛二试第 3 题。

14. 解析:$y=3\sin^2 x-4\sin x\cos x+2\sin x-\cos x=(2\sin x-\cos x)^2+2\sin x-\cos x-1$。

令 $t=2\sin x-\cos x$,则 $y=t^2+t-1=\left(t+\frac{1}{2}\right)^2-\frac{5}{4}$。因为 $x\in\left[0,\frac{\pi}{2}\right]$,所以 t 是

关于 x 的单调增函数,所以 $-1\leqslant t\leqslant 2$,故所求值域为 $\left[-\frac{5}{4},5\right]$。

评注:注意到 $\sin 2x$ 的存在,所以无法将 y 化为关于 $\sin x$ 或 $\cos x$ 的单元函数,但也正是 $\sin 2x$ 的存在,引导我们去配凑出 $(a\sin x+b\cos x)^2$ 的形式。

15. 解法一:$\sin\alpha=\sin\beta\cos(\alpha+\beta)=\frac{1}{2}\left[\sin(\alpha+2\beta)-\sin\alpha\right]$,则 $\sin\alpha=\frac{1}{3}\sin(\alpha+2\beta)\leqslant$

$\frac{1}{3}$,当 $\alpha=\arcsin\frac{1}{3}$, $\beta=\frac{\pi}{4}-\frac{1}{2}\arcsin\frac{1}{3}$ 时取等号,此时 α, β 为锐角。

又 $\frac{1}{\tan^2\alpha}=\frac{1}{\sin^2\alpha}-1$,所以当 $\sin\alpha$ 最大值 $\frac{1}{3}$ 时,$\tan\alpha$ 取得最大值为 $\frac{\sqrt{2}}{4}$,故本题选 A。

解法二:由题意得 $\dfrac{\sin\alpha}{\sin\beta}=\cos\alpha\cos\beta-\sin\alpha\sin\beta$,因此

$$\tan\alpha=\dfrac{\cos\beta}{\sin\beta+\dfrac{1}{\sin\beta}}=\dfrac{\sin\beta\cos\beta}{\sin^2\beta+1}=\dfrac{\sin\beta\cos\beta}{2\sin^2\beta+\cos^2\beta}。$$

又由均值不等式,有

$$\tan\alpha\leqslant\dfrac{\sin\beta\cos\beta}{2\sqrt{2\sin^2\beta\cdot\cos^2\beta}}=\dfrac{\sqrt{2}}{4},$$

当 $\beta=\arctan\dfrac{\sqrt{2}}{2}$ 时取到等号,故 $\tan\alpha$ 的最大值为 $\dfrac{\sqrt{2}}{4}$,故本题选 A。

16. 点拨:显然可以使用嵌入不等式,只需考虑对应系数即可。

证法一:由和角公式及柯西不等式,得

$$\dfrac{\sqrt{3}}{2}\cos A+\cos B+\sqrt{3}\cos C=\dfrac{\sqrt{3}}{2}\cos A+\sin A\sin C+(\sqrt{3}-\cos A)\cos C$$

$$\leqslant\dfrac{\sqrt{3}}{2}\cos A+\sqrt{\sin^2 A+(\sqrt{3}-\cos A)^2}=\dfrac{\sqrt{3}}{2}\cos A+\sqrt{4-2\sqrt{3}\cos A},$$

令 $t=\sqrt{4-2\sqrt{3}\cos A}$,则 $\dfrac{\sqrt{3}}{2}\cos A=\dfrac{1}{4}(4-t^2)$,因此

$$\dfrac{\sqrt{3}}{2}\cos A+\cos B+\sqrt{3}\cos C\leqslant\dfrac{1}{4}(4-t^2)+t=-\dfrac{1}{4}(t-2)^2+2\leqslant 2。$$

证法二:由嵌入不等式有

$$x^2+y^2+z^2\geqslant 2xy\cos C+2yz\cos A+2zx\cos B,$$

令 $x=1$,$y=\dfrac{\sqrt{3}}{2}$,$z=\dfrac{1}{2}$ 即知要证不等式成立。

17. 解析:记 $f(x+y)=f(x)\cos y+f(y)f\left(\dfrac{\pi}{2}-x\right)$ 为(＊)式。

在(＊)中令 $x=\dfrac{\pi}{2}$,$y=0$,有 $f(0)=0$。在(＊)中令 $x=0$,则有 $\left[1-f\left(\dfrac{\pi}{2}\right)\right]f(y)=0$。

若 $f(y)=0$ 对任意 $y\in\mathbf{R}$ 均成立,可得 $f(x)=0$,满足所给函数方程。

若 $f(y)$ 不恒为 0,则 $f\left(\dfrac{\pi}{2}\right)=1$。在(＊)中令 $x=\dfrac{\pi}{2}$,有

$$f\left(y+\frac{\pi}{2}\right)=\cos y=\sin\left(y+\frac{\pi}{2}\right),$$

这个式子对任意的 $y\in\mathbf{R}$ 均成立,可得 $f(x)=\sin x$。

综上, $f(x)=0$ 或 $f(x)=\sin x$。

18. 解析:设 $t=\tan\dfrac{x}{2}\in(-\sqrt{3},-1)\bigcup(-1,0)\bigcup(0,1)$,由万能公式有:

$$\sin x=\frac{2t}{1+t^2},\ \cos x=\frac{1-t^2}{1+t^2},\ \tan x=\frac{2t}{1-t^2},$$

则 $g(t)=f(x)=\dfrac{2t}{1-t^2}+\dfrac{1-t^2}{2t}-\dfrac{1+t^2}{2t}+\dfrac{1+t^2}{1-t^2}=\dfrac{1+t}{1-t}-t=\dfrac{2}{1-t}+(1-t)-2$。

因为 $1-t>0$,由基本不等式有

$$g(t)=\frac{2}{1-t}+(1-t)-2\geqslant 2\sqrt{2}-2(当且仅当\ t=1-\sqrt{2}\ 时取等号)。$$

因为 $-1<1-\sqrt{2}<0$,故最小值可取到, $f(x)$ 的最小值为 $2\sqrt{2}-2$。

评注:本题也可以不用万能公式,先化成只含正弦和余弦的形式,再类似习题 5 进行求解。

19. 解析:记 $f\left(x+\dfrac{1}{2}\right)+f(x)=f(2x)$ 为(∗)式。

在(∗)中令 $x=0$,得 $f\left(\dfrac{1}{2}\right)=0$,所以 $f\left(\dfrac{1}{2}\right)=-b+d=0$。

在(∗)中令 $x=\dfrac{1}{4}$,得 $f\left(\dfrac{3}{4}\right)+f\left(\dfrac{1}{4}\right)=f\left(\dfrac{1}{2}\right)=0$,而 $f\left(\dfrac{3}{4}\right)=-a-d$,

$$f\left(\frac{1}{4}\right)=a-d,$$

因此 $d=0$,进而 $b=d=0$。此时 $f(x)=a\sin 2\pi x+c\sin 4\pi x$,将其代入(∗)式,有

$$a\sin(2\pi x+\pi)+c\sin(4\pi x+2\pi)+a\sin 2\pi x+c\sin 4\pi x=a\sin 4\pi x+c\sin 8\pi x,$$

化简得 $(2c-a)\sin 4\pi x-c\sin 8\pi x=0$,也即 $\sin 4\pi x\left[(2c-a)-2c\cos 4\pi x\right]=0$,这个式子对任意的 $x\in\mathbf{R}$ 均成立,故必有 $2c-a=2c=0$,即 $a=c=0$。

综上, $a=b=c=d=0$,因此 a、b、c、d 中能确定的参数为 a、b、c、d。

20. 点拨:不难想到柯西不等式,重点是如何分配这些平方项与四次方项,目标是凑出平方和为 1。

解析:由柯西不等式,有

$$\frac{2\sin^4\alpha+3\cos^4\beta}{4\sin^2\alpha+5\cos^2\beta}+\frac{2\cos^4\alpha+3\sin^4\beta}{4\cos^2\alpha+5\sin^2\beta}$$

$$=\left(\frac{2\sin^4\alpha}{4\sin^2\alpha+5\cos^2\beta}+\frac{2\cos^4\alpha}{4\cos^2\alpha+5\sin^2\beta}\right)+\left(\frac{3\cos^4\beta}{4\sin^2\alpha+5\cos^2\beta}+\frac{3\sin^4\beta}{4\cos^2\alpha+5\sin^2\beta}\right)$$

$$\geqslant\frac{2(\sin^2\alpha+\cos^2\alpha)^2}{4(\sin^2\alpha+\cos^2\alpha)+5(\sin^2\beta+\cos^2\beta)}+\frac{3(\sin^2\beta+\cos^2\beta)^2}{4(\sin^2\alpha+\cos^2\alpha)+5(\sin^2\beta+\cos^2\beta)}=\frac{5}{9},$$

当且仅当

$$\frac{\sin^2\alpha}{4\sin^2\alpha+5\cos^2\beta}=\frac{\cos^2\alpha}{4\cos^2\alpha+5\sin^2\beta},\quad\frac{\cos^2\beta}{4\sin^2\alpha+5\cos^2\beta}=\frac{\sin^2\beta}{4\cos^2\alpha+5\sin^2\beta}$$

时取等号,易知取等条件为 $\alpha+\beta=\dfrac{\pi}{2}$,故所求最小值为 $\dfrac{5}{9}$。

21. 解析:设 $S=\sqrt{3+2\sqrt3\cos\theta+\cos^2\theta}+\sqrt{5-2\sqrt3\cos\theta+\cos^2\theta+4\sin^2\theta}$,则

$$S=\sqrt{(\cos\theta+\sqrt3)^2}+\sqrt{9-2\sqrt3\cos\theta-3\cos^2\theta}$$

$$=\cos\theta+\sqrt3+\sqrt{9-2\sqrt3\cos\theta-3\cos^2\theta}。$$

令 $x=\cos\theta\in[-1,1]$,$f(x)=x+\sqrt3+\sqrt{9-2\sqrt3x-3x^2}$,则

$$S=f(x),\ x\in[-1,1],$$

我们只需求 $f(x)$ 在 $[-1,1]$ 上的最大值。求导有

$$f'(x)=1-\frac{\sqrt3+3x}{\sqrt{9-2\sqrt3x-3x^2}},$$

令 $f'(x)=0$,即 $6x^2+4\sqrt3x-3=0$,解得 $x_0=\dfrac{\sqrt{30}-2\sqrt3}{6}<1$,且有 $2\sqrt3x_0+3x_0^2=\dfrac{3}{2}$。当 $x=x_0$ 时,$f(x)$ 取得最大值 $\dfrac{\sqrt{30}-2\sqrt3}{6}+\sqrt3+\sqrt{9-\dfrac{3}{2}}=\dfrac{2\sqrt3+2\sqrt{30}}{3}$。

故本题选 D。

评注:本题化简后,形式很差,导数法的优点是思路清晰,缺点是计算较繁。本题为选择题,也可考虑排除法,令 $f(\theta)=\sqrt{3+2\sqrt3\cos\theta+\cos^2\theta}+\sqrt{5-2\sqrt3\cos\theta+\cos^2\theta+4\sin^2\theta}$。注意到 $f\left(\dfrac{\pi}{2}\right)=3+\sqrt3>2\sqrt2+\sqrt3>\sqrt2+\sqrt3$,所以 AB 选项错误。

下面证明:$f(\theta)<\sqrt2+2\sqrt3$。这等价于 $\sqrt{5-2\sqrt3\cos\theta+\cos^2\theta+4\sin^2\theta}<\sqrt2+2\sqrt3-(\sqrt3+\cos\theta)=\sqrt2+\sqrt3-\cos\theta$,平方即得 $-4\cos^2\theta+2\sqrt2\cos\theta+4<2\sqrt6$。因为

$-4\cos^2\theta + 2\sqrt{2}\cos\theta + 4 = -4\left(\cos\theta - \dfrac{\sqrt{2}}{4}\right)^2 + \dfrac{9}{2} \leqslant \dfrac{9}{2} < 2\sqrt{6}$，所以 $f(\theta) < \sqrt{2} + 2\sqrt{3}$

成立，故 C 选项错误，本题只能选 D。

22. 点拨：条件与目标均有非常好的"三角形式"，换元后就可水落石出。

解析：由条件 $a+b+c=abc$ 联想到三角换元。令 $a=\tan A$，$b=\tan B$，$c=\tan C$，其中 A、B、C 为锐角 $\triangle ABC$ 的三个内角，原不等式等价于

$$6\cos A + 10\cos B + 15\cos C \leqslant 19,$$

即

$$12\cos A + 20\cos B + 30\cos C \leqslant 38, \tag{1}$$

由嵌入不等式有

$$2yz\cos A + 2zx\cos B + 2xy\cos C \leqslant x^2 + y^2 + z^2,$$

令 $x=5$，$y=3$，$z=2$ 即知(1)式成立，证毕。

23. 解析：n 边形的外角和为 2π，所以 $\angle 1 + \angle 2 + \cdots + \angle n = 2\pi$，又由例 3 的证法三可知，当 $x \in \left(0, \dfrac{\pi}{2}\right)$ 时，$\sin x > \dfrac{2}{\pi}x$，所以

$$\sin\angle 1 + \sin\angle 2 + \cdots + \sin\angle n > \dfrac{2}{\pi}(\angle 1 + \angle 2 + \cdots + \angle n) = 4。$$

评注：例 3 的四种证明方法中，法一二四均不太适用于本题，但法三却可以游刃有余。这表明不同的方法各有千秋，各有其适用的情形，所以兼听则明，一定要博采众长，集思广益。

24. 解析：由 $2^{n-1} = \left[g_{n-1}(x)\right]^2 - g_n(x)g_{n-2}(x)$，可得

$$\dfrac{\left[g_n(x)\right]^2 - g_{n+1}(x)g_{n-1}(x)}{\left[g_{n-1}(x)\right]^2 - g_n(x)g_{n-2}(x)} = 2,$$

整理得

$$\dfrac{g_{n+1}(x) + 2g_{n-1}(x)}{g_n(x)} = \dfrac{g_n(x) + 2g_{n-2}(x)}{g_{n-1}(x)}。$$

由 $g_0(x)=1$，$g_1(x)=x$ 知 $g_2(x)=x^2-2$，因此

$$\dfrac{g_n(x) + 2g_{n-2}(x)}{g_{n-1}(x)} = \dfrac{g_2(x) + 2g_0(x)}{g_1(x)} = x,$$

所以 $g_n(x) = xg_{n-1}(x) - 2g_{n-2}(x)$。

用数学归纳法易证 $g_n(x)$ 为 n 次整系数多项式。

记 $f_n(x)=\dfrac{g_n(x)}{2^{\frac{n}{2}}}$，则 $f_0(x)=1$，$f_1(x)=\dfrac{x}{\sqrt{2}}$。

又由 $g_n(x)=xg_{n-1}(x)-2g_{n-2}(x)$，有

$$f_n(x)=\frac{x}{\sqrt{2}}\cdot f_{n-1}(x)-f_{n-2}(x)。$$

在上式中令 $x=2\sqrt{2}\cos\theta$，有

$$f_0(2\sqrt{2}\cos\theta)=1=\frac{\sin\theta}{\sin\theta}，\quad f_1(2\sqrt{2}\cos\theta)=2\cos\theta=\frac{\sin 2\theta}{\sin\theta}，$$

由数学归纳法可知，$f_n(2\sqrt{2}\cos\theta)=\dfrac{\sin(n+1)\theta}{\sin\theta}$。易知 $\theta=\dfrac{\pi}{n+1}$，$\dfrac{2\pi}{n+1}$，$\cdots$，$\dfrac{n\pi}{n+1}$ 是 $f_n(2\sqrt{2}\cos\theta)=0$ 的解，且这些 θ 对应的 $\cos\theta$ 互不相同，因此

$$x=2\sqrt{2}\cos\theta\left(\theta=\frac{\pi}{n+1}，\frac{2\pi}{n+1}，\cdots，\frac{n\pi}{n+1}\right)$$

是 $f_n(x)=0$ 的 n 个互不相同的根。又因为 $f_n(x)$ 为 n 次整系数多项式，所以这 n 个根就是 $f_n(x)=0$ 的全部根，再由 $g_n(x)=2^{\frac{n}{2}}f_n(x)$ 知 $g_n(x)=0$ 的全部根为

$$x=2\sqrt{2}\cos\frac{k\pi}{n+1}(k=1，2，\cdots，n)。$$

评注:我们已经在第 3 讲代数变形、多项式中学习了有关切比雪夫多项式的性质和结论,那么本题在得到 $g_n(x)=xg_{n-1}(x)-2g_{n-2}(x)$ 后,很容易联想到切比雪夫多项式的递推关系与相关性质。

25. 解析:如图,在单位圆中,设半径 $OA_i(i=1，2，\cdots，n)$ 与 Ox 的夹角为 x_i,A_i 在 x 轴上的投影为 B_i,设以 A_iB_{i+1}(这里 $B_{n+1}=O$)为对角线且四边与坐标轴平行或垂直的矩形的面积分别为 $S_i(i=1，2，\cdots，n)$,则

$$S_1=\sin x_1(\cos x_1-\cos x_2)=\frac{1}{2}\sin 2x_1-\sin x_1\cos x_2，$$

$$S_2=\sin x_2(\cos x_2-\cos x_3)=\frac{1}{2}\sin 2x_2-\sin x_2\cos x_3，$$

……

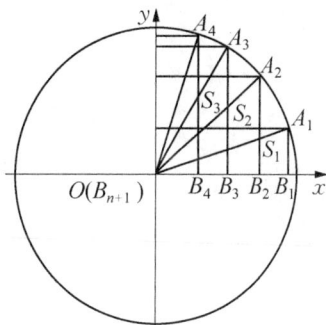

第 25 题图

$$S_{n-1} = \sin x_{n-1}(\cos x_{n-1} - \cos x_n) = \frac{1}{2}\sin 2x_{n-1} - \sin x_{n-1}\cos x_n,$$

$$S_n = \sin x_n \cos x_n = \frac{1}{2}\sin 2x_n,$$

显然各长方形面积之和小于四分之一个圆的面积，即 $S_1 + S_2 + \cdots + S_n < \dfrac{\pi}{4}$，整理即得原不等式成立。

评注：我们都知道三角不等式 $\sin x < x < \tan x \left(0 < x < \dfrac{\pi}{2}\right)$ 的经典证法，利用单位圆比较相关面积大小。本题类似，目标不等式中有非常显眼而奇怪的 $\dfrac{\pi}{2}$，这启发我们有可能表示面积。将式子作恒等变形，专攻其几何含义，也就不难得证了。

第6讲 数列

1. 解析:设公比为 q,则由 $\{a_n\}$ 为实数列可知 q 为实数,

$$\frac{S_6}{S_3}=\frac{S_3+q^3 S_3}{S_3}=1+q^3=\frac{7}{8},$$

解得 $q=-\frac{1}{2}$。从而 $S_n=a_1\cdot\frac{1-q^n}{1-q}=-2(1-q^n)$,故 $\lim\limits_{n\to\infty}S_n=-2$,本题应选 D。

评注:原题题干为"等比数列 $\{a_n\}$",这样需考虑 q 的复数解,四个选项均不正确。因此笔者改为"等比实数列 $\{a_n\}$"。

2. 证法一:对任意 $n\in\mathbf{N}_+$,存在 $k\in\mathbf{N}$ 使得 $2^k\leqslant n<2^{k+1}$,则

$$\sum_{i=1}^{n}\frac{1}{i}\geqslant\sum_{i=1}^{2^k}\frac{1}{i}=1+\frac{1}{2}+\left(\frac{1}{3}+\frac{1}{4}\right)+\left(\frac{1}{5}+\frac{1}{6}+\frac{1}{7}+\frac{1}{8}\right)+\cdots+\left(\frac{1}{2^{k-1}+1}+\cdots+\frac{1}{2^k}\right)$$

$$\geqslant 1+\frac{1}{2}+\left(\frac{1}{4}+\frac{1}{4}\right)+\left(\frac{1}{8}+\frac{1}{8}+\frac{1}{8}+\frac{1}{8}\right)+\cdots+\left(\frac{1}{2^k}+\cdots+\frac{1}{2^k}\right)$$

$$=1+\underbrace{\frac{1}{2}+\frac{1}{2}+\frac{1}{2}+\cdots+\frac{1}{2}}_{k\uparrow}=1+\frac{k}{2},$$

所以

$$\sum_{i=1}^{\infty}\frac{1}{i}=\lim_{n\to\infty}\sum_{i=1}^{n}\frac{1}{i}=+\infty。$$

证法二:由第 4 讲的对数不等式,对任意 $x>0$,有 $\ln(x+1)<x$,则

$$\sum_{i=1}^{n}\frac{1}{i}>\sum_{i=1}^{n}\ln\frac{i+1}{i}=\sum_{i=1}^{n}(\ln(i+1)-\ln i)=\ln(n+1),$$

所以

$$\sum_{i=1}^{\infty}\frac{1}{i}=+\infty。$$

评注:在本书第 10 讲中,我们会给出本结论的另外两种典型证明。

3. 解析:设 $b_n=\frac{a_n}{a_{n-1}}(n\geqslant 2)$,则 $b_2=3$,原递推式可化为 $b_n=2b_{n-1}+1$,即

$$b_n+1=2(b_{n-1}+1),$$

则 $b_n+1=2(b_{n-1}+1)=\cdots=2^{n-2}(b_2+1)=2^n$,所以 $b_n=2^n-1$,进而对 $n\geqslant 2$ 有

$$a_n = a_1 b_2 b_3 \cdots b_n = \prod_{i=2}^{n}(2^i - 1) = \prod_{i=1}^{n}(2^i - 1),$$

又 $a_1 = 1$ 也满足上式,所以对任意的正整数 n, $a_n = \prod_{i=1}^{n}(2^i - 1)$。

4. 解析:令 $b_n = 4^{a_n}$,则 $b_n > 0$, $b_{n+2} + 4b_{n+1} - 12b_n = 0$,特征方程为 $x^2 + 4x - 12 = 0$,解得 $x_1 = -6$, $x_2 = 2$,所以可设通项公式为 $b_n = c_1 \cdot (-6)^n + c_2 \cdot 2^n$。

由 $b_n > 0$ 知必有 $c_1 = 0$, $c_2 > 0$,故 $a_n = \log_4(c_2 \cdot 2^n) = \log_4 c_2 + \dfrac{n}{2}$,所以

$$\lim_{n \to \infty} \frac{a_n}{n} = \lim_{n \to \infty} \left(\frac{\log_4 c_2}{n} + \frac{1}{2} \right) = \frac{1}{2}。$$

5. 点拨:考场上争分夺秒,完全可以通过多算几个特例来迅速得出正确答案。

解析:我们考虑更一般的情形,事实上, $a_n a_{n+3} - a_{n+1} a_{n+2} = (a_{n+2} - a_{n+1})(a_{n+2} + a_{n+1}) - (a_{n+2} - a_n)a_{n+2} = a_n a_{n+2} - a_{n+1}^2$,而 $a_n a_{n+2} - a_{n+1}^2 = a_n(a_n + a_{n+1}) - a_{n+1}^2 = a_n^2 - a_{n+1}(a_n - a_{n+1}) = -(a_{n-1}a_{n+1} - a_n^2)$,这说明 $\{a_n a_{n+3} - a_{n+1} a_{n+2}\}$ 是首项为 $a_1 a_4 - a_2 a_3 = 1$,公比为 -1 的等比数列,所以 $a_{2020} \cdot a_{2023} - a_{2021} \cdot a_{2022} = (-1)^{2019}(a_1 a_4 - a_2 a_3) = -1$,故本题选 A。

6. 解析:用数学归纳法易证 $x_n \in [0, 1)$ 对任意自然数 n 恒成立,所以 $x_n = \{x_n\}$,这里 $\{x\} = x - [x]$ 表示实数 x 的小数部分,又由归纳过程知, $x_{n+1} = \{2x_n\}$,由此易知 $x_n = \{2^n x_0\}$。又由 $x_0 = x_{2021} = \{2^{2021} x_0\}$ 知, $2^{2021} x_0 - x_0$ 为整数,设 $k = 2^{2021} x_0 - x_0$,则 $0 \leqslant k < 2^{2021} - 1$,故 k 共有 $2^{2021} - 1$ 个取值,相应的 x_0 的可能值共有 $2^{2021} - 1$ 个。

7. 解析:令 $b_n = \sqrt{1 + 2a_n}$,则 $b_1 = 5$ 且 $a_n = \dfrac{b_n^2 - 1}{2}$,代入原递推关系整理得 $4b_{n+1}^2 = b_n^2 + 6b_n + 9 = (b_n + 3)^2$,由 $b_n > 0$ 得 $2b_{n+1} = b_n + 3$,即 $2(b_{n+1} - 3) = b_n - 3$,故 $\{b_n - 3\}$ 是首项为 2,公比为 $\dfrac{1}{2}$ 的等比数列,所以 $b_n = \dfrac{1}{2^{n-2}} + 3$,则

$$a_{10} = \frac{1}{2}(b_{10}^2 - 1) = \frac{1}{2}\left(\frac{1}{2^{16}} + \frac{3}{2^7} + 8 \right),$$

显然有 $4 < a_{10} < \dfrac{9}{2}$,

故与 a_{10} 最接近的整数为 4。

8. 解析:由 $a_{n+2} = 4a_{n+1} - 3a_n - 20$, $a_{n+2} - a_{n+1} = 3(a_{n+1} - a_n) - 20$,使用待定系数法可得 $a_{n+2} - a_{n+1} - 10 = 3(a_{n+1} - a_n - 10)$。又 $a_2 - a_1 - 10 = -2$,所以 $\{a_{n+1} - a_n - 10\}_{n \geqslant 1}$ 是首项为 -2,公比为 3 的等比数列,故 $a_{n+1} - a_n - 10 = -2 \times 3^{n-1}$,即 $(a_{n+1} + 3^n) - (a_n +$

$3^{n-1})=10$，故 $\{a_n+3^{n-1}\}_{n\geqslant1}$ 是首项为 2，公差为 10 的等差数列，从而 $a_n+3^{n-1}=2+$ $10(n-1)=10n-8$，即 $a_n=-3^{n-1}+10n-8$。由此计算知 $a_1=1$，$a_2=9$，$a_3=13$，a_4 $=5$，$a_5=-39<0$。

当 $n\geqslant5$ 时，$a_{n+1}-a_n=10-2\times3^{n-1}\leqslant10-2\times3^4<0$，因此从 $\{a_n\}$ 从第 5 项开始均为负数，故 S_n 的最大值为 $S_4=a_1+a_2+a_3+a_4=1+9+13+5=28$。故本题选 A。

评注：得到 $a_{n+1}-a_n-10=-2\times3^{n-1}$ 后，也可使用累差法，殊途同归。

9. 点拨：通项是难以求出的，考虑恒等变形，目标式启发我们研究倒数。

解析：因为 $a_{n+1}-a_n=a_n^2\geqslant0$ 且 $a_0=\dfrac{1}{4}$，所以 $a_n\geqslant\dfrac{1}{4}$。由 $a_{n+1}=a_n^2+a_n=a_n(a_n+1)$ 得

$$\frac{1}{a_{n+1}}=\frac{1}{a_n(a_n+1)}=\frac{1}{a_n}-\frac{1}{a_n+1},$$

所以 $\dfrac{1}{a_n+1}=\dfrac{1}{a_n}-\dfrac{1}{a_{n+1}}$，从而

$$\sum_{i=0}^{2022}\frac{1}{a_i+1}=\sum_{i=0}^{2022}\left(\frac{1}{a_i}-\frac{1}{a_{i+1}}\right)=\frac{1}{a_0}-\frac{1}{a_{2023}}=4-\frac{1}{a_{2023}},$$

又 $a_{2023}=\displaystyle\sum_{i=0}^{2022}(a_{i+1}-a_i)+a_0\geqslant2023a_0^2+a_0>1$，所以 $\left[\displaystyle\sum_{i=0}^{2022}\frac{1}{a_i+1}\right]=3$。

10. 解析：设 $a_n=k$，则 $k-\dfrac{1}{2}<\sqrt{n}<k+\dfrac{1}{2}$，即 $k^2-k+\dfrac{1}{4}<n<k^2+k+\dfrac{1}{4}$。又 n 为正整数，所以 $k^2-k+1\leqslant n\leqslant k^2+k$，故共有 $2k$ 个 n 使得 a_n 取值为 k。令 $2+4+\cdots+$ $2k=k(k+1)\leqslant2021$，解得 $k\leqslant44$，所以 $a_1,a_2,\cdots,a_{2021}$ 中有 $2k$ 个 $k(k=1,2,\cdots,44)$，还有 $2021-44\times45=41$ 个 45，故

$$S_{2021}=\sum_{k=1}^{44}2k\cdot k+41\times45=\frac{44\times45\times(2\times44+1)}{3}+1845=60\,585。$$

11. 点拨：补上一个对偶式，得到特征方程两根的形式，从而利用递推关系求解。

解析：记 $a_n=\left(\dfrac{1+\sqrt5}{2}\right)^n+\left(\dfrac{1-\sqrt5}{2}\right)^n$，则由其所对应的特征方程知数列 $\{a_n\}$ 满足 $a_{n+2}=$ $a_{n+1}+a_n$。易知 $a_0=2$，$a_1=1$，由此得到 $a_2=3$，$a_3=4$，$a_4=7$，$a_5=11$，$a_6=18$，$a_7=$ 29，$a_8=47$，$a_9=76$，$a_{10}=123$，$a_{11}=199$，$a_{12}=322$。由 $\left|\dfrac{1-\sqrt5}{2}\right|\in(0,1)$，知 $\left(\dfrac{1-\sqrt5}{2}\right)^{12}\in(0,1)$，因此 $a_{12}-1<\left(\dfrac{1+\sqrt5}{2}\right)^{12}<a_{12}$，即 $321<\alpha^{12}<322$，故 $[\alpha^{12}]=$

321。

12. 解析:由 $\begin{cases} a_n^2 - a_{n-1}a_{n+1} = 2^{n-1}, \\ a_{n-1}^2 - a_{n-2}a_n = 2^{n-2}, \end{cases}$ 可得

$$a_n^2 - a_{n-1}a_{n+1} = 2(a_{n-1}^2 - a_{n-2}a_n)(\forall n \geqslant 3)。$$

重新整理有

$$\frac{a_{n+1} + 2a_{n-1}}{a_n} = \frac{a_n + 2a_{n-2}}{a_{n-1}} = \cdots = \frac{a_3 + 2a_1}{a_2} = 4,$$

因此 $a_n = 4a_{n-1} - 2a_{n-2}$,从而 $a_n \equiv 4a_{n-1} - 2a_{n-2} \pmod{10}$。令 $b_n(0 \leqslant b_n \leqslant 9)$ 表示 a_n 模 10 的余数,b_n 即为 a_n 的个位数,计算 $\{b_n\}$ 的前 36 项如下:

$$1, 4, 4, 8, 4, 0, 2, 8, 8, 6, 8, 0,$$
$$4, 6, 6, 2, 6, 0, 8, 2, 2, 4, 2, 0,$$
$$6, 4, 4, 8, 4, 0, 2, 8, 8, 6, 8, 0, \cdots$$

可以看出,从第 2 项开始,$\{b_n\}$ 是以 24 为周期的周期数列,故 $b_{2020} = b_{4+24\times 84} = b_4 = 8$,本题应选 A。

评注:我们得到 $a_n = 4a_{n-1} - 2a_{n-2}$ 后,不可盲目求出通项公式,那就南辕北辙了。利用余数数列从某项开始必然为周期数列,多写几项找到周期即可。

13. 点拨:运用极端原理,考虑最大的那些项,从而便于分析。

解析:由(1)知 $\{a_n\}$ 严格单调递增。假设存在 m,$1 \leqslant m \leqslant N-2$,使得 a_m,a_{N-1},a_N 均为正数,则 $a_m + a_N$,$a_{N-1} + a_N$ 必然不是 $\{a_n\}$ 中的项,故由(2)可知 $a_m + a_{N-1}$ 必为 $\{a_n\}$ 中的项。又因为 $a_m + a_{N-1} > a_{N-1}$,所以 $a_m + a_{N-1} = a_N$,即 $a_m = a_N - a_{N-1}$。这表明 $\{a_n\}$ 中最多有三项为正。同理可知,$\{a_n\}$ 中最多有三项为负,因此 $N \leqslant 3 + 3 + 1 = 7$。

另一方面,考虑数列 $-3, -2, -1, 0, 1, 2, 3$,易知其符合题意,故本题应选 B。

14. 解析:设该数列为 $\{a_n\}$,则 $a_n = a_1 + 4n - 4$,前 n 项和 $S_n = \frac{1}{2}(a_1 + a_1 + 4n - 4)n = 2n^2 + na_1 - 2n$。由题意,有 $S_n - a_1 + a_1^2 = a_1^2 + (n-1)a_1 + 2n^2 - 2n < 100$,即 $a_1^2 + (n-1)a_1 + 2n^2 - 2n - 100 < 0$,故 $\Delta = (n-1)^2 - 4(2n^2 - 2n - 100) = -7n^2 + 6n + 401 > 0$,所以 $1 \leqslant n \leqslant 8$。又题干指出存在第二项,因此该数列可能的项数为 $2, 3, \cdots, 8$。

15. 解析:由递推关系知 $a_{n+1} - a_n = (a_n - 1)^2 \geqslant 0$,结合 $a_1 = 2$ 知 $a_n \geqslant 2$。原递推关系可化为 $a_{n+1} - 1 = a_n(a_n - 1)$,所以

$$\frac{1}{a_{n+1} - 1} = \frac{1}{a_n(a_n - 1)} = \frac{1}{a_n - 1} - \frac{1}{a_n},$$

即

$$\frac{1}{a_n}=\frac{1}{a_n-1}-\frac{1}{a_{n+1}-1},$$

故

$$\sum_{i=1}^{n}\frac{1}{a_i}=\sum_{i=1}^{n}\left(\frac{1}{a_i-1}-\frac{1}{a_{i+1}-1}\right)=1-\frac{1}{a_{n+1}-1}.$$

所以要证 $1-\dfrac{1}{2^{2^{n-1}}}<\displaystyle\sum_{i=1}^{n}\frac{1}{a_i}<1-\frac{1}{2^{2^n}}$，等价于证明 $2^{2^{n-1}}<a_{n+1}-1<2^{2^n}$。由 $a_{n+1}-1$

$=a_n(a_n-1)$ 及 $a_n\geqslant 2$ 知

$$a_{n+1}-1>(a_n-1)^2>(a_{n-1}-1)^{2^2}>\cdots>(a_2-1)^{2^{n-1}}=(3-1)^{2^{n-1}}=2^{2^{n-1}}.$$

另一方面，$a_{n+1}=a_n^2-a_n+1<a_n^2$，所以 $a_{n+1}<a_n^2<a_{n-1}^{2^2}<\cdots<a_1^{2^n}=2^{2^n}$。

综上可知 $2^{2^{n-1}}<a_{n+1}-1<2^{2^n}$，故原不等式成立。

16. **点拨**：本题等价于第 2 讲的习题 19。

解析：本题需考虑两种情形。

情形一：$-1\leqslant a_1\leqslant 1$，此时显然 $0\leqslant a_n\leqslant 1(n\geqslant 2)$，故可采用三角换元，设

$$b_n=\arccos a_n,\ 0\leqslant b_n\leqslant\frac{\pi}{2},\text{则}\ a_n=\cos b_n,$$

由 $a_{n+1}=\sqrt{\dfrac{a_n+1}{2}}$ 可知

$$\cos b_n=2\cos^2 b_{n+1}-1=\cos 2b_{n+1},$$

所以 $b_n=2b_{n+1}$，从而易得

$$a_n=\cos\frac{\arccos a_1}{2^{n-1}}.$$

情形二：$a_1>1$，显然此时恒有 $a_n>1$，我们采取另一种换元策略，由 $a_{n+1}=\sqrt{\dfrac{a_n+1}{2}}$ 知

$4a_{n+1}^2=2a_n+2$，令 $d_n=2a_n$，则 $d_{n+1}^2=d_n+2$，注意到 $d_n>2$，可作如下换元：

令 $d_n=e_n+\dfrac{1}{e_n}$，$e_n>1$，可反解出 $e_n=\dfrac{1}{2}(d_n+\sqrt{d_n^2-4})$，则由 $d_{n+1}^2=d_n+2$ 得 e_{n+1}^2+

$\dfrac{1}{e_{n+1}^2}=e_n+\dfrac{1}{e_n}$，所以 $e_{n+1}^2=e_n$，易得

$$a_n = \frac{1}{2}\left[(a_1 + \sqrt{a_1^2 - 1})^{\frac{1}{2^{n-1}}} + (a_1 - \sqrt{a_1^2 - 1})^{\frac{1}{2^{n-1}}}\right],$$

综上所述，$a_n = \begin{cases} \cos\dfrac{\arccos a_1}{2^{n-1}}, & -1 \leqslant a_1 \leqslant 1; \\ \dfrac{1}{2}\left[(a_1 + \sqrt{a_1^2 - 1})^{\frac{1}{2^{n-1}}} + (a_1 - \sqrt{a_1^2 - 1})^{\frac{1}{2^{n-1}}}\right], & a_1 > 1. \end{cases}$

17. 点拨：先考虑最简单的情形，$a_1 + a_2$ 等于某个 a_k，从而便于探究首项与公差间的关系。

解析：设 $\{a_n\}$ 的公差为 d。由条件知 $a_1 + a_2 = a_k$（k 是某个正整数），则

$$2a_1 + d = a_1 + (k-1)d,$$

即 $(k-2)d = a_1 = 2019$，必有 $k \neq 2$，且 $d = \dfrac{a_1}{k-2}$。这样就有

$$a_n = a_1 + (n-1)d = a_1 + \frac{n-1}{k-2}a_1,$$

而此时对任意正整数 n，

$$a_1 + a_2 + \cdots + a_n = na_1 + \frac{n(n-1)}{2}d = a_1 + (n-1)a_1 + \frac{n(n-1)}{2}d$$

$$= a_1 + \left((n-1)(k-2) + \frac{n(n-1)}{2}\right)d，确实为 \{a_n\} 中的一项。$$

因此，仅需考虑使 $k-2 \mid a_1$ 成立的正整数 k 的个数。注意到 2019 为两个质数 3 与 673 之积，易知 $k-2$ 可取 -1，1，3，673，2019 这 5 个值，对应得到 5 个满足条件的等差数列。

18. 解析：本题取 $a_n = n(n = 1, 2, 3, \cdots)$，易知选项 A 正确，D 错误。对于选项 C，当 $n \geqslant 2$ 时，由题意，$\exists m_1, m_2 \in \mathbf{N}_+$，使得 $S_n = a_{m_1}$，$S_{n-1} = a_{m_2}$，所以 $a_n = S_n - S_{n-1} = a_{m_1} - a_{m_2}$；当 $n = 1$ 时，因为存在 m_3 使得 $S_2 = a_{m_3}$，所以 $a_1 = S_2 - a_2 = a_{m_3} - a_2$。故 C 也正确。对于选项 B，我们使用反证法，假设存在满足要求的等比数列 $\{a_n\}$，设 $a_n = a_1 q^{n-1}$（$a_1 \neq 0$，$q \neq 0$）。

(1) 若 $|q| = 1$，由题意存在 $m \in \mathbf{N}_+$ 使得 $a_1 + a_2 = a_m$，$a_1(1+q) = a_1 q^{m-1}$，取模得 $|1+q| = 1$，则 $1 = |1+q|^2 = (1+q)(1+\bar{q}) = 1 + q\bar{q} + q + \bar{q} = 2 + 2\mathrm{Re}\,q$，所以 $\mathrm{Re}\,q = -\dfrac{1}{2}$，结合 $|q| = 1$ 可得 $q = -\dfrac{1}{2} \pm \dfrac{\sqrt{3}}{2}\mathrm{i}$，此时总有 $S_3 = a_1(1 + q + q^2) = 0$，但 $a_n \neq 0$（$\forall n \in \mathbf{N}_+$），矛盾。

(2) 若 $|q| \neq 1$，由题意知，$\forall n \in \mathbf{N}_+$，$\exists m \in \mathbf{N}_+$，使得 $1 + q + \cdots + q^{n-1} = q^{m-1}$。注意到 $(1 + q + \cdots + q^{n-1})(1 + q^n) = 1 + q + \cdots + q^{n-1} + q^n + \cdots + q^{2n-1}$，

故存在 $l \in \mathbf{N}_+$ 使得 $(1+q+\cdots+q^{n-1})(1+q^n)=q^{l-1}$。由此可知,对 $\forall n \in \mathbf{N}_+$,$\exists m$,$l \in \mathbf{N}_+$,使得 $1+q^n=q^{l-m}$,即对 $\forall n \in \mathbf{N}_+$,$\exists t \in \mathbf{Z}$,使得 $1+q^n=q^t$。

当 $|q|>1$ 时,此时 $1+q^n=q^t$,显然 $t \neq n$,故只有 $t \leqslant n-1$ 或 $t \geqslant n+1$。若 $t \leqslant n-1$,则 $|q|^{n-1} \geqslant |q|^t=|1+q^n| \geqslant |q|^n-1$,即 $1 \geqslant |q|^n-|q|^{n-1}=|q|^{n-1}(|q|-1)$;若 $t \geqslant n+1$,则 $1+|q|^n \geqslant |1+q^n|=|q|^t \geqslant |q|^{n+1}$,即 $1 \geqslant |q|^n(|q|-1) \geqslant |q|^{n-1}(|q|-1)$。因此总有 $1 \geqslant |q|^{n-1}(|q|-1)$ 成立。但当 $n \to +\infty$ 时,$|q|^{n-1}(|q|-1) \to +\infty$,矛盾。

当 $|q|<1$ 时,$|q^t| \in (0,|q|) \cup \left(\dfrac{1}{|q|},+\infty\right)$。当 n 充分大时,$|1+q^n| \to 1$,故存在 n 使得 $|1+q^n|$ 落在区间 $\left(|q|,\dfrac{1}{|q|}\right)$ 内,此时关于 t 的方程 $1+q^n=q^t$ 无解。

综上,数列 $\{a_n\}$ 不可能是等比数列。选项 B 错误。本题应选 AC。

评注:本题的困难在于 B 选项,笔者所见的解析仅仅在实数域内作了证明,这里我们考虑了 q 为复数的情况,$|q|$ 表示的是模长,并证明了复数域内不存在这样的等比数列。

19. 点拨:类似于函数方程,采用赋值法,对条件等式的下标赋值。

解析:记 $a_{2m+n}=2a_m+a_n+2m^2+4mn$ 为 $(*)$ 式。在 $(*)$ 中取 $m=1$,得 $a_{n+2}=a_n+4n+8$,因此只要再求出 a_2 即可。易得 $a_3=15$,$a_5=35$。在 $(*)$ 中取 $m=2$,$n=1$,得 $a_5=2a_2+a_1+8+8$,所以 $a_2=8$。观察猜测 $a_n=n(n+2)$。

下面用跳跃数学归纳法证明我们的猜测。

(1) 显然对 $n=1$ 或 2,有 $a_n=n(n+2)$;

(2) 假设当 $n=k$ 时,$a_k=k(k+2)$;当 $n=k+2$ 时,$a_{k+2}=a_k+4k+8=k(k+2)+4(k+2)=(k+2)(k+4)$,所以命题对 $n=k+2$ 也成立。

综上,对任意的正整数 n,均有 $a_n=n(n+2)$。

评注:也可对奇数项和偶数项分别累和,对 $k \in \mathbf{N}_+$ 有

$$a_{2k+1}=\sum_{i=1}^{k}(a_{2i+1}-a_{2i-1})+a_1=\sum_{i=1}^{k}(8i+4)+3=4k^2+8k+3$$
$$=(2k+1)(2k+3),$$
$$a_{2k+2}=\sum_{i=1}^{k}(a_{2i+2}-a_{2i})+a_2=\sum_{i=1}^{k}(8i+8)+8=4k^2+12k+8$$
$$=(2k+2)(2k+4)。$$

又 $a_1=3$,$a_2=8$,故以上两式对 $k=0$ 也成立,因此对任意正整数 n,$a_n=n(n+2)$。

20. 解析:令 $b_i=\dfrac{a_{i+1}}{a_i}(1 \leqslant i \leqslant 8)$,则对每个符合条件的数列 $\{a_n\}$ 有

$$\prod_{i=1}^{8} b_i = \prod_{i=1}^{8} \frac{a_{i+1}}{a_i} = \frac{a_9}{a_1} = 1, \text{且 } b_i \in \left\{2, 1, -\frac{1}{2}\right\} (1 \leqslant i \leqslant 8)。$$

反之,由符合上述条件的 8 项数列 $\{b_n\}$ 可唯一确定一个符合题设条件的 9 项数列 $\{a_n\}$。

记符合要求的数列 $\{b_n\}$ 的个数为 N。显然 $b_i (1 \leqslant i \leqslant 8)$ 中有偶数个 $-\frac{1}{2}$,即 $2k$ 个 $-\frac{1}{2}$;继而有 $2k$ 个 2,$8-4k$ 个 1。当给定 k 时,$\{b_n\}$ 的取法有 $C_8^{2k} C_{8-2k}^{2k}$ 种,易见 k 的可能值只有 0、1、2,所以

$$N = 1 + C_8^2 C_6^2 + C_8^4 C_4^4 = 1 + 28 \times 15 + 70 \times 1 = 491。$$

因此,符合条件的数列 $\{a_n\}$ 的个数为 491。

21. **点拨:**数感非常重要,本题中两个数列是指数型迅速增大的,这导致其大小主要取决于项数即下标,而非起始项或底数,由此思路便豁然开朗。

解析:先证明对任意正整数 n,有 $b_n > a_{n+1}$。

当 $n=1$ 时,$b_1 = 5 > 2^2 = a_2$;

假设当 $n=k$ 时,有 $b_k > a_{k+1}$;

当 $n=k+1$ 时,$b_{k+1} = 5^{b_k} > 5^{a_{k+1}} > 2^{a_{k+1}} = a_{k+2}$。

因此对任意正整数 n,有 $b_n > a_{n+1}$。

下面证明,对任意正整数 n,有 $a_{n+2} > 3b_n$。

当 $n=1$ 时,$a_3 = 16 > 15 = 3b_1$;

假设当 $n=k$ 时,有 $a_{k+2} > 3b_k$;

当 $n=k+1$ 时,

$$a_{k+3} = 2^{a_{k+2}} > 2^{3b_k} = \left(\frac{8}{5}\right)^{b_k} \cdot 5^{b_k} \geqslant \left(1 + \frac{3}{5}\right)^5 \cdot 5^{b_k} > \left(1 + \frac{3}{5} \cdot 5\right) \cdot 5^{b_k} > 3b_{k+1}。$$

因此任意正整数 n,有 $a_{n+2} > 3b_n$。

综上所述,我们有 $b_{24} > a_{25} > 3b_{23} > b_{23}$,所以满足 $b_m > a_{25}$ 的 m 的最小值为 24。

22. **点拨:**本题的数列是难以求出通项公式的,但是注意结论,要证明 $\{S_n\}$ 中有无穷多项是完全平方数,只需证明 $\{S_n\}$ 的某个特殊的无穷子列中有无穷多项是完全平方数,这个无穷子列也许是可以求出通项公式的,所以我们不妨多写几项寻找规律,就能发现 $S_{2^n-1} = (u+v)n \cdot 2^{n-1}$。

解析:对正整数 n,有

$$S_{2^{n+1}-1} = a_1 + (a_2 + a_3) + (a_4 + a_5) + \cdots + (a_{2^{n+1}-2} + a_{2^{n+1}-1})$$

$$= u + v + (a_1 + u + a_1 + v) + (a_2 + u + a_2 + v) + \cdots$$

$$+ (a_{2^n-1} + u + a_{2^n-1} + v)$$

$$= 2^n(u+v) + 2S_{2^n-1},$$

所以

$$\frac{S_{2^{n+1}-1}}{2^{n+1}} = \frac{S_{2^n-1}}{2^n} + \frac{u+v}{2},$$

故 $\dfrac{S_{2^n-1}}{2^n} = \dfrac{S_1}{2} + (n-1) \cdot \dfrac{u+v}{2} = n \cdot \dfrac{u+v}{2}$，即 $S_{2^n-1} = (u+v)n \cdot 2^{n-1}$。

设 $u+v = 2^k \cdot q$，其中 k 是非负整数，q 是奇数。取 $n = q \cdot l^2$，其中 l 与 $k-1$ 同奇偶，此时 $S_{2^n-1} = q^2 l^2 \cdot 2^{k-1+q \cdot l^2}$，注意到 q 是奇数，故 $k-1+q \cdot l^2$ 一定是偶数，所以，S_{2^n-1} 是完全平方数。由于 l 有无穷多个，故数列 $\{S_n\}$ 中有无穷多项是完全平方数。

23. 点拨:分母的形式很繁琐,考虑倒数作差。

解析:(1) 由条件等式变形可得

$$1 + \sum_{i=1}^{n} \frac{1}{a_i} = \frac{1}{a_n - a_{n+1}}，\text{所以 } 1 + \sum_{i=1}^{n+1} \frac{1}{a_i} = \frac{1}{a_{n+1} - a_{n+2}},$$

两式作差得

$$\frac{1}{a_{n+1}} = \frac{1}{a_{n+1} - a_{n+2}} - \frac{1}{a_n - a_{n+1}},$$

整理得 $a_{n+1}^2 = a_n a_{n+2}$，所以

$$\frac{a_{n+1}}{a_n} = \frac{a_n}{a_{n-1}} = \cdots = \frac{a_2}{a_1} = \frac{a_1 - \dfrac{1}{1 + \dfrac{1}{a_1}}}{a_1} = \frac{a_1}{a_1 + 1}。$$

类似地,有

$$\frac{1}{b_{n+1}} = \frac{1}{b_{n+2} - b_{n+1}} - \frac{1}{b_{n+1} - b_n},$$

整理得 $3b_{n+1}^2 + b_n b_{n+2} = 2b_n b_{n+1} + 2b_{n+1} b_{n+2}$，

所以

$$3 + \frac{b_n}{b_{n+1}} \cdot \frac{b_{n+2}}{b_{n+1}} = 2\frac{b_n}{b_{n+1}} + 2\frac{b_{n+2}}{b_{n+1}},$$

令 $c_n = \dfrac{b_{n+1}}{b_n}$，则 $c_1 = \dfrac{b_2}{b_1} = \dfrac{b_1 + 2}{b_1 + 1}$，由上式得

$$3 + \frac{c_{n+1}}{c_n} = \frac{2}{c_n} + 2c_{n+1},$$

整理得 $c_{n+1} = \dfrac{3c_n - 2}{2c_n - 1}$，

此为分式递推数列，数列的不动点为方程 $x = \dfrac{3x - 2}{2x - 1}$ 的解 $x = 1$，

所以 $\dfrac{1}{c_n - 1} = \dfrac{2c_{n-1} - 1}{c_{n-1} - 1} = \dfrac{1}{c_{n-1} - 1} + 2 = \cdots = \dfrac{1}{c_1 - 1} + 2n - 2 = b_1 + 2n - 1$，

所以

$$\frac{b_{n+1}}{b_n} = c_n = \frac{1}{b_1 + 2n - 1} + 1 = \frac{b_1 + 2n}{b_1 + 2n - 1},$$

由 $a_{100}b_{100} = a_{101}b_{101}$ 得 $\dfrac{a_{100}}{a_{101}} = \dfrac{b_{101}}{b_{100}}$，所以 $\dfrac{a_1 + 1}{a_1} = \dfrac{b_1 + 200}{b_1 + 199}$，易得 $a_1 - b_1 = 199$。

(2) 显然有 $\{a_n\}$ 严格递减，$\{b_n\}$ 严格递增，又 $a_{100} = b_{99}$，所以

$$a_1 > a_2 > \cdots > a_{99} > a_{100} = b_{99} > b_{98} > \cdots > b_2 > b_1 > 0,$$

又 $a_{100} + b_{100} - a_{99} - b_{99} = \dfrac{1}{1 + \sum\limits_{i=1}^{99} \dfrac{1}{b_i}} - \dfrac{1}{1 + \sum\limits_{i=1}^{99} \dfrac{1}{a_i}}$，显然有

$$1 + \sum_{i=1}^{99} \frac{1}{b_i} > 1 + \sum_{i=1}^{99} \frac{1}{a_i} > 0,$$

所以 $a_{100} + b_{100} - a_{99} - b_{99} < 0$，结合 $a_{100} = b_{99}$ 可知 $b_{100} < a_{99}$，

又 $a_{101} + b_{101} - a_{100} - b_{100} = \dfrac{1}{1 + \sum\limits_{i=1}^{100} \dfrac{1}{b_i}} - \dfrac{1}{1 + \sum\limits_{i=1}^{100} \dfrac{1}{a_i}}$，

利用 $a_1 > a_2 > \cdots > a_{99} > a_{100} = b_{99} > b_{98} > \cdots > b_2 > b_1 > 0$ 且 $b_{100} < a_{99}$ 可知，

$$1 + \sum_{i=1}^{100} \frac{1}{b_i} > 1 + \sum_{i=1}^{100} \frac{1}{a_i} > 0,$$

所以 $a_{101} + b_{101} - a_{100} - b_{100} < 0$，即 $a_{101} + b_{101} < a_{100} + b_{100}$。

评注：作为 CMO 的第一题，本题的第一问综合考察了数列的一些基本功，第二问比较有

趣，笔者首先注意到 $a_1 > a_2 > \cdots > a_{99} > a_{100} = b_{99} > b_{98} > \cdots > b_2 > b_1 > 0$，和

$$a_{101} + b_{101} - a_{100} - b_{100} = \frac{1}{1 + \sum\limits_{i=1}^{100} \dfrac{1}{b_i}} - \frac{1}{1 + \sum\limits_{i=1}^{100} \dfrac{1}{a_i}}$$

这两个明显的事实,再注意到 $b_1, b_2, \cdots, b_{99}$ 这 99 个数均小于 $a_1, a_2, \cdots, a_{100}$ 中的任意一项,所以应该有 $1 + \sum\limits_{i=1}^{100} \dfrac{1}{b_i} > 1 + \sum\limits_{i=1}^{100} \dfrac{1}{a_i}$,但还缺少对 b_{100} 大小程度的刻画。我们只需再证明 b_{100} 小于 $a_1, a_2, \cdots, a_{100}$ 中的某一项即可,这又如何证明呢?

退一步海阔天空。只需研究 $a_{100} + b_{100} - a_{99} - b_{99}$。

第7讲　复数

1. 解析：$|z_n| = \left| \prod\limits_{k=1}^{n}\left(1 + \dfrac{\mathrm{i}}{\sqrt{k}}\right) \right| = \prod\limits_{k=1}^{n}\left|1 + \dfrac{\mathrm{i}}{\sqrt{k}}\right| = \prod\limits_{k=1}^{n}\sqrt{\dfrac{k+1}{k}} = \sqrt{n+1}$。

2. 解析：$\sum\limits_{k=1}^{2020}\sin\dfrac{k\pi}{2021} = \sum\limits_{k=1}^{2020}\mathrm{Im}\,\mathrm{e}^{\frac{k\pi\mathrm{i}}{2021}} = \mathrm{Im}\left(\sum\limits_{k=1}^{2020}\mathrm{e}^{\frac{k\pi\mathrm{i}}{2021}}\right) = \mathrm{Im}\left(\mathrm{e}^{\frac{\pi\mathrm{i}}{2021}} \cdot \dfrac{1 - \mathrm{e}^{\frac{2020\pi\mathrm{i}}{2021}}}{1 - \mathrm{e}^{\frac{\pi\mathrm{i}}{2021}}}\right)$

$= \mathrm{Im}\left(\dfrac{1 + \mathrm{e}^{\frac{\pi\mathrm{i}}{2021}}}{1 - \mathrm{e}^{\frac{\pi\mathrm{i}}{2021}}}\right) = \mathrm{Im}\left(\dfrac{\mathrm{e}^{-\frac{\pi\mathrm{i}}{4042}} + \mathrm{e}^{\frac{\pi\mathrm{i}}{4042}}}{\mathrm{e}^{-\frac{\pi\mathrm{i}}{4042}} - \mathrm{e}^{\frac{\pi\mathrm{i}}{4042}}}\right) = \dfrac{\cos\dfrac{\pi}{4042}}{\sin\dfrac{\pi}{4042}} = \cot\dfrac{\pi}{4042}$。

评注：只用三角函数同样可以解决，在第5讲中有介绍。

3. 解析：由 $z^2 - 2az + a^2 - a = 0$，可解得 $z = a + \mathrm{i}\sqrt{-a}$ 或 $a - \mathrm{i}\sqrt{-a}$。又 $|z| = 1$，所以 $a^2 - a = 1$，结合 $a < 0$，可得 $a = \dfrac{1 - \sqrt{5}}{2}$。

4. 解析：由三角不等式，$|z_1| + |z_2| + |z_3| \geqslant |z_1 + z_2 + z_3| = |10 + 10\mathrm{i}| = 10\sqrt{2}$，当且仅当 $\arg z_1 = \arg z_2 = \arg z_3 = \arg(z_1 + z_2 + z_3) = \dfrac{\pi}{4}$ 时取等。此时 $5 - a = 6 - 4b$，$2 + 2a = 3 + b$，$3 - a = 1 + 3b$，解得 $a = \dfrac{5}{7}$，$b = \dfrac{3}{7}$，所以当 $|z_1| + |z_2| + |z_3|$ 最小时，

$$3a + 6b = \dfrac{33}{7}。$$

评注：本题的数值是精心设计的，因为两个未知数 a、b 要满足三个方程。

5. 解析：如图，设 $A(0, 1)$，$B(1, 0)$，$C(0, -1)$，$D(-1, 0)$，$P(1, 1)$。在复平面上，$z = x + y\mathrm{i}$，x，$y \in \mathbf{R}$，$|x| + |y| \leqslant 1$ 表示的区域是正方形 $ABCD$（含边界），则 $|z - 1 - \mathrm{i}|$ 表示点 P 到正方形 $ABCD$ 内一点的距离。易知，$|z - 1 - \mathrm{i}| \leqslant PC = PD = \sqrt{5}$，故所求最大值为 $\sqrt{5}$。

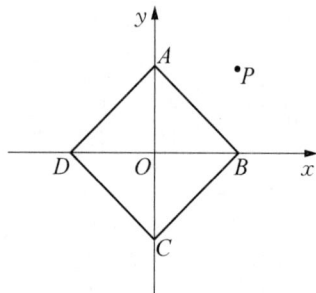
第5题图

6. 解析：设 $1 + \mathrm{i}$ 和 $1 + a\mathrm{i}$ 表示的点分别为 A、B。显然当固定 z_1 不变时，z 的轨迹是一个半径为1的圆；在此基础上，令 z_1 变化，易知此时 z 的轨迹是一个半径为1的圆沿着向

量 $\overrightarrow{AB}$ 平移 $|a-1|$ 个长度单位形成的图形,如图所示

($a>1$ 的情形的示意图)。于是 $\pi+4=\pi+2|a-1|$,解

得 $a=-1$ 或 3。

7. 解析:设 $\dfrac{z-1}{z+1}=x\mathrm{i}(x\in\mathbf{R}\text{ 且 }x\neq0)$,则 $z=\dfrac{1+x\mathrm{i}}{1-x\mathrm{i}}$,所

以 $|z|=1$,故可设 $z=\cos\theta+\mathrm{i}\sin\theta$,$\theta\in(0,2\pi)$,则

$$|z^2+z+3|^2=(\cos2\theta+\cos\theta+3)^2+(\sin2\theta+\sin\theta)^2$$

$$=6\cos2\theta+8\cos\theta+11$$

$$=12\cos^2\theta+8\cos\theta+5$$

$$=12\left(\cos\theta+\frac{1}{3}\right)^2+\frac{11}{3}\geqslant\frac{11}{3},$$

当 $z=-\dfrac{1}{3}\pm\dfrac{2\sqrt{2}}{3}\mathrm{i}$ 时取等号。故所求最小值为 $\sqrt{\dfrac{11}{3}}=\dfrac{\sqrt{33}}{3}$。

8. 解析:设 $z=\cos\theta+\mathrm{i}\sin\theta(\theta\in[0,2\pi])$,则

$$|(z-2)(z+1)^2|=|z-2|\cdot|z+1|^2=|\cos\theta-2+\mathrm{i}\sin\theta|\cdot|\cos\theta+1+\mathrm{i}\sin\theta|^2$$

$$=\sqrt{(5-4\cos\theta)(2+2\cos\theta)^2}\leqslant\sqrt{\left(\frac{5-4\cos\theta+2+2\cos\theta+2+2\cos\theta}{3}\right)^3}=3\sqrt{3},$$

当且仅当 $\cos\theta=\dfrac{1}{2}$ 时取等号。故所求最大值为 $3\sqrt{3}$。

9. 解析:因为 $|z_1|=1\neq0$,所以

$$\left(\frac{z_2}{z_1}\right)^2-2\cdot\frac{z_2}{z_1}+5=0,$$

解得 $\dfrac{z_2}{z_1}=1\pm2\mathrm{i}$。由此得 $|z_2|=|z_1|\cdot\left|\dfrac{z_2}{z_1}\right|=\sqrt{5}$,$\left|\sin\left(\arg\dfrac{z_2}{z_1}\right)\right|=\dfrac{2}{\sqrt{5}}$,故

$$S_{\triangle Oz_1z_2}=\frac{1}{2}\cdot|z_1|\cdot|z_2|\cdot\left|\sin\left(\arg\frac{z_2}{z_1}\right)\right|=1。$$

本题应选 A。

评注:也可取特殊值,令 $z_1=1$,则 $z_2^2-2z_2+5=0$,解得 $z_2=1\pm2\mathrm{i}$,于是 $S_{\triangle Oz_1z_2}=\dfrac{1}{2}\times$

$1\times2=1$。

10. 解法一:设 $z_1-3\mathrm{i}=2\cos\alpha+2\mathrm{i}\sin\alpha$,$z_2-8=\cos\beta+\mathrm{i}\sin\beta$,其中 α,$\beta\in\mathbf{R}$。于是

$$(z_1-3\mathrm{i})-(z_2-8)=(2\cos\alpha-\cos\beta)+\mathrm{i}(2\sin\alpha-\sin\beta),$$

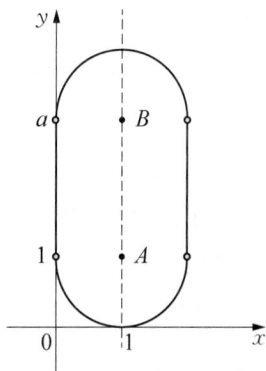

第 6 题图

则 $|w-3\mathrm{i}+8|=|(z_1-3\mathrm{i})-(z_2-8)|=\sqrt{5-4\cos(\alpha-\beta)}\in[1,3]$。这说明 w 的

轨迹是一个圆环,且圆环的小圆半径为1,大圆半径为3,故所求面积为 $\pi(3^2-1^2)=8\pi$。

解法二:易知 z_1 的轨迹是一个半径为2的圆,z_2 的轨迹是一个半径为1的圆。先固定

z_1 不变,则 $w=z_1-z_2$ 此时轨迹是一个半径为1的圆;再让 z_1 变化,最后得到的图形是

一个半径为1的圆,其圆心沿着一个半径为2的圆周运动形成的,也就是一个圆环,易知

圆环的小圆半径为1,大圆半径为3,所求面积为 8π。

综上,本题应选 B。

11. 解析:由题意,z_3-z_2 与 z_1-z_2 对应的向量的夹角为 $\dfrac{\pi}{3}$ 且模长相同,由复数乘法的几何

意义,有

$$z_3-z_2=(z_1-z_2)(\cos\theta+\mathrm{i}\sin\theta)=(3-\mathrm{i})(\cos\theta+\mathrm{i}\sin\theta),$$

其中 $\theta=\dfrac{\pi}{3}$ 或 $-\dfrac{\pi}{3}$。 因此

$$z_3=\frac{\sqrt3-1}{2}+\frac{3+3\sqrt3}{2}\mathrm{i}\ \text{或}\ -\frac{\sqrt3+1}{2}+\frac{3-3\sqrt3}{2}\mathrm{i}。$$

12. 解析:设 $z=\cos\theta+\mathrm{i}\sin\theta(\theta\in\mathbf{R})$,则

$$1=z^{17}+z=(\cos17\theta+\cos\theta)+\mathrm{i}(\sin17\theta+\sin\theta),$$

即 $\cos17\theta+\cos\theta=1$,$\sin17\theta+\sin\theta=0$。 因此

$$1=\cos^2 17\theta+\sin^2 17\theta=(1-\cos\theta)^2+\sin^2\theta=2-2\cos\theta,$$

故 $\cos\theta=\dfrac{1}{2}$,则 $z=\dfrac{1}{2}\pm\dfrac{\sqrt3}{2}\mathrm{i}$。检验知 $\dfrac{1}{2}\pm\dfrac{\sqrt3}{2}\mathrm{i}$ 都是原方程的解,本题应选 A。

评注:也可利用模长,有 $|1-z|=|z^{17}|=1$。又 $|z|=1$,得 $z=\dfrac{1}{2}\pm\dfrac{\sqrt3}{2}\mathrm{i}$,检验知满足

要求。

13. 解析:注意到 $z^2-2z+2=z^2-2z+(1-\mathrm{i})(1+\mathrm{i})=(z-1+\mathrm{i})(z-1-\mathrm{i})$,则

$$\left|\frac{z^2-2z+2}{z-1+\mathrm{i}}\right|=|z-1-\mathrm{i}|。$$

由 $|3z-7\mathrm{i}|=3$ 知 $\left|z-\dfrac{7\mathrm{i}}{3}\right|=1$,$z$ 在复平面上表示以 $A\left(0,\dfrac{7}{3}\right)$ 为圆心,半径为1的圆

C。又设 $B(1,1)$,则 $|z-1-\mathrm{i}|$ 的几何意义是点 B 到圆 C 上一点的距离,易知

$$\frac{2}{3}=AB-1\leqslant|z-1-\mathrm{i}|\leqslant AB+1=\frac{8}{3}。$$

本题应选 AD。

14. 解析：因为 $z+\bar{z}=1$，故可设 $z=\dfrac{1}{2}+y\mathrm{i}(y\in\mathbf{R})$，又设 $A\left(\dfrac{1}{2},\,y\right)$，$B(-1,\,0)$，$C(0,\,1)$，则

$$|z+1|-|z-\mathrm{i}|=AB-AC,$$

由三角不等式知 $AB-AC\leqslant BC=\sqrt{2}$，当且仅当 A、B、C 三点共线时取等号。当点 A 位于线段 BC 的垂直平分线下方时，$AB-AC<0$，此时 $y<-\dfrac{1}{2}$。令 $t=-y-\dfrac{1}{2}>0$，则

$$|z+1|-|z-\mathrm{i}|=\left|\dfrac{3}{2}+y\mathrm{i}\right|-\left|\dfrac{1}{2}+(y-1)\mathrm{i}\right|=\sqrt{\dfrac{9}{4}+y^2}-\sqrt{\dfrac{1}{4}+(y-1)^2}$$

$$=\sqrt{\dfrac{9}{4}+\left(t+\dfrac{1}{2}\right)^2}-\sqrt{\dfrac{1}{4}+\left(t+\dfrac{3}{2}\right)^2}$$

$$=\dfrac{-2t}{\sqrt{\dfrac{9}{4}+\left(t+\dfrac{1}{2}\right)^2}+\sqrt{\dfrac{1}{4}+\left(t+\dfrac{3}{2}\right)^2}}$$

$$=\dfrac{-2}{\sqrt{\dfrac{9}{4t^2}+\left(1+\dfrac{1}{2t}\right)^2}+\sqrt{\dfrac{1}{4t^2}+\left(1+\dfrac{3}{2t}\right)^2}}。$$

当 $t>0$ 时，上式值为负且关于 t 单调减，易见 $t\to+\infty$ 时，上式 $\to-1$。

综上，所求取值范围为 $(-1,\,\sqrt{2}]$。

评注：非常典型，利用复数的几何意义，转化为复平面内的几何问题。笔者所见的参考答案对于下界的说明不严谨，这里我们是运用了函数思想和分母有理化，严格地进行了证明。

15. 点拨：三个复数是容易求出的，关键是内心如何表示。

解析：由对称性及 $z_1z_2z_3=0$，不妨设 $z_3=0$，则 $z_1+z_2=8+2\mathrm{i}$，$z_1z_2=15+10\mathrm{i}$。由韦达定理知 z_1、z_2 是方程 $z^2-(8+2\mathrm{i})z+15+10\mathrm{i}=0$ 的两根 5、$3+2\mathrm{i}$。不妨设 $z_1=5$，$z_2=3+2\mathrm{i}$，则三角形 ABC 在复平面上的顶点坐标为 $A(5,\,0)$，$B(3,\,2)$，$C(0,\,0)$。设三角形 ABC 的内心为 $I(x_I,\,y_I)$，由内心性质知

$$(x_I,\,y_I)=\overrightarrow{CI}=\lambda\left(\dfrac{\overrightarrow{CA}}{|\overrightarrow{CA}|}+\dfrac{\overrightarrow{CB}}{|\overrightarrow{CB}|}\right)=\lambda\left(1+\dfrac{3}{\sqrt{13}},\,\dfrac{2}{\sqrt{13}}\right),$$

$$(x_I-5,\,y_I)=\overrightarrow{AI}=\mu\left(\dfrac{\overrightarrow{AB}}{|\overrightarrow{AB}|}+\dfrac{\overrightarrow{AC}}{|\overrightarrow{AC}|}\right)=\mu\left(-\dfrac{\sqrt{2}}{2}-1,\,\dfrac{\sqrt{2}}{2}\right),$$

解得 $y_1 = \dfrac{10}{5+2\sqrt{2}+\sqrt{13}}$，又 $10 = 5+2+3 < 5+2\sqrt{2}+\sqrt{13} < 5+4+4 < 20$，所以

$y_1 \in (0.5, 1)$，本题应选 B。

16. 点拨：2019 通常并不是本质的，我们可以从较小的情况开始研究。考虑 $x^3 = 1$，其根为

1、ω、ω^2，其中 $\omega = -\dfrac{1}{2} + \dfrac{\sqrt{3}}{2}\mathrm{i}$，则

$$\frac{1}{1+\omega} + \frac{1}{1+\omega^2} = \frac{1+\omega+1+\omega^2}{(1+\omega)(1+\omega^2)} = \frac{2+\omega+\omega^2}{2+\omega+\omega^2} = 1。$$

这启发我们，要将 $x^n = 1$ 的两个互相共轭的根配对进行计算。

解析：不妨设 $x_k = \cos\dfrac{2k\pi}{2019} + \mathrm{i}\cos\dfrac{2k\pi}{2019}$ ($k = 1, 2, \cdots, 2018$)，易知 x_k 与 x_{2019-k} 共轭，则

$$\frac{1}{1+x_k} + \frac{1}{1+x_{2019-k}} = \frac{1+x_k+1+x_{2019-k}}{(1+x_k)(1+x_{2019-k})} = \frac{2+x_k+x_{2019-k}}{2+x_k+x_{2019-k}}$$

$$= 1 (k = 1, 2, \cdots, 2018)。$$

于是我们有

$$\frac{1}{x_1+1} + \frac{1}{x_2+1} + \cdots + \frac{1}{x_{2018}+1} = \frac{1}{2}\sum_{k=1}^{2018}(x_k+x_{2019-k}) = \frac{1}{2}\sum_{k=1}^{2018}1 = 1009。$$

17. 解析：设 $\varepsilon = \cos\dfrac{\pi}{n} + \mathrm{i}\sin\dfrac{\pi}{n}$ (i 为虚数单位)，则 $\sin\dfrac{k\pi}{n} = \dfrac{\varepsilon^k - \varepsilon^{-k}}{2\mathrm{i}} = \dfrac{\varepsilon^{2k}-1}{2\mathrm{i}\varepsilon^k}$，所以

$$\sin\frac{\pi}{n}\sin\frac{2\pi}{n}\cdots\sin\frac{(n-1)\pi}{n} = \prod_{k=1}^{n-1}\frac{\varepsilon^{2k}-1}{2\mathrm{i}\varepsilon^k} = \frac{1}{(2\mathrm{i})^{n-1}\varepsilon^{\frac{1}{2}n(n-1)}}\prod_{k=1}^{n-1}(\varepsilon^{2k}-1)$$

$$= \frac{1}{(2\mathrm{i})^{n-1}(\varepsilon^{\frac{n}{2}})^{n-1}}\prod_{k=1}^{n-1}(\varepsilon^{2k}-1) = \frac{1}{(2\mathrm{i})^{n-1}\mathrm{i}^{n-1}}\prod_{k=1}^{n-1}(\varepsilon^{2k}-1)$$

$$= \frac{1}{2^{n-1}}\prod_{k=1}^{n-1}(1-\varepsilon^{2k})。$$

注意到 $1, \varepsilon^2, \varepsilon^4, \cdots, \varepsilon^{2(n-1)}$ 是方程 $x^n = 1$ 的 n 个根，故

$$\prod_{k=1}^{n-1}(x-\varepsilon^{2k}) = 1+x+x^2+\cdots+x^{n-1}，$$

在上式中令 $x = 1$ 即得 $\displaystyle\prod_{k=1}^{n-1}(1-\varepsilon^{2k}) = n$，所以 $\sin\dfrac{\pi}{n}\sin\dfrac{2\pi}{n}\cdots\sin\dfrac{(n-1)\pi}{n} = \dfrac{n}{2^{n-1}}$。

评注：与例 2 不同，本题若只用三角函数就很困难，由此可见复数的重要地位。

18. 解析：由 $z^1 + z^{10} - z^{11} = z^{-1} + z^{-10} - z^{-11}$，得 $-1 + z^1 + z^{10} - z^{11} = -1 + z^{-1} + z^{-10} - z^{-11}$，

因式分解有 $(1-z)(z^{10}-1)=(z^{-1}-1)(1-z^{-10})$，所以

$$(1-z)(z^{10}-1)z^{11}=(1-z)(z^{10}-1)，$$

即 $(1-z)(1-z^{10})(1-z^{11})=0$。

又 $z^{111}=1$，可设 $z=\cos\dfrac{2k\pi}{111}+\mathrm{i}\sin\dfrac{2k\pi}{111}(k=0,1,\cdots,110)$，只要找 k 使得 $z=1$ 或 $z^{10}=1$ 或 $z^{11}=1$，即找 k 使得 $111\mid k$ 或 $111\mid 10k$ 或 $111\mid 11k$。因为 10 和 11 均与 111 互质，故只有 $k=0$ 满足要求，满足条件的 z 只有 1 个。

评注：核心是因式分解和一点数论的分析，对于整除符号与互质等概念的详细解释，可参考本书第 9 讲数论。

19. 解析：将这些小孩依次记为 $a_k(k=1,2,\cdots,m+n)$，并对 a_k 赋值，

$$a_k=\begin{cases}\omega, & a_k\text{ 表示男孩时,}\\[2mm] \bar{\omega}, & a_k\text{ 表示女孩时,}\end{cases}$$

其中 $\omega=-\dfrac{1}{2}+\dfrac{\sqrt{3}}{2}\mathrm{i}$。补充定义 $a_{m+n+1}=a_1$，$a_{m+n+2}=a_2$，则对 $\forall 1\leqslant k\leqslant m+n$，有

$$a_k a_{k+1} a_{k+2}=\begin{cases}\omega^{-1}, & a_k\text{、}a_{k+1}\text{、}a_{k+2}\text{ 中恰有一个男孩,}\\[2mm] \omega, & a_k\text{、}a_{k+1}\text{、}a_{k+2}\text{ 中恰有一个女孩,}\\[2mm] 1, & a_k\text{、}a_{k+1}\text{、}a_{k+2}\text{ 中全是男（女）孩,}\end{cases}$$

于是 $1=(a_1 a_2\cdots a_{m+n})^3=\prod_{k=1}^{m+n}a_k a_{k+1} a_{k+2}=\omega^{b-a}$，故 $a-b$ 是 3 的倍数。

20. 解析：令 $f(z)=az^2+bz+c$，$g(z)=z^{-2}f(z)=a+bz^{-1}+cz^{-2}$，$h(z)=\mathrm{e}^{\mathrm{i}\alpha}g(\mathrm{e}^{\mathrm{i}\beta}z)=c'z^{-2}+b'z^{-1}+a'$。这里的 $c'=c\mathrm{e}^{\mathrm{i}(\alpha-2\beta)}$，$b'=b\mathrm{e}^{\mathrm{i}(\alpha-\beta)}$，所以可取适当的实数 α、β，使 $c',b'\geqslant 0$，对 $0<r\leqslant 1$，有

$$\frac{1}{r^2}\geqslant|h(r\mathrm{e}^{\mathrm{i}\theta})|\geqslant|\mathrm{Im}\,h(r\mathrm{e}^{\mathrm{i}\theta})|=|r^{-2}c'\sin 2\theta+r^{-1}b'\sin\theta+\mathrm{Im}\,a'|。$$

若 $\mathrm{Im}\,a'\geqslant 0$，则对任意的 $0<\theta<\dfrac{\pi}{2}$，有

$$\frac{1}{r^2}\geqslant r^{-2}c'\sin 2\theta+r^{-1}b'\sin\theta\geqslant 2r^{-\frac{3}{2}}\sqrt{b'c'\sin 2\theta\sin\theta}，$$

由此推得对任意 $0<r\leqslant 1$，$\theta\in\left(0,\dfrac{\pi}{2}\right)$，有

$$|bc|=b'c'\leqslant\frac{1}{4r\sin 2\theta\sin\theta}，$$

故

$$|bc| \leqslant \min_{0 < r \leqslant 1, \theta \in (0, \frac{\pi}{2})} \frac{1}{4r\sin 2\theta \sin \theta} = \min_{\theta \in (0, \frac{\pi}{2})} \frac{1}{4\sin 2\theta \sin \theta}$$

$$= \frac{1}{4 \max\limits_{\theta \in (0, \frac{\pi}{2})} \sin 2\theta \sin \theta} = \frac{3\sqrt{3}}{16}.$$

若 $\operatorname{Im} a' \leqslant 0$，则对任意的 $-\dfrac{\pi}{2} < \theta < 0$，令 $\theta' = -\theta \in \left(0, \dfrac{\pi}{2}\right)$ 有

$$\frac{1}{r^2} \geqslant r^{-2} c' \sin 2\theta' + r^{-1} b' \sin \theta' \geqslant 2r^{-\frac{3}{2}} \sqrt{b'c' \sin 2\theta' \sin \theta'},$$

同理可得 $|bc| \leqslant \dfrac{3\sqrt{3}}{16}$。

令 $f(z) = \dfrac{\sqrt{2}}{8} z^2 - \dfrac{\sqrt{6}}{4} z - \dfrac{3\sqrt{2}}{8}$，此时 $|bc| = \dfrac{3\sqrt{3}}{16}$，且对于 $z = re^{i\theta}$，$0 \leqslant r \leqslant 1$，有

$$|f(re^{i\theta})| = \frac{1}{32} \left[(r^2 \cos 2\theta - 2\sqrt{3} r\cos \theta - 3)^2 + (r^2 \sin 2\theta - 2\sqrt{3} r\sin \theta)^2 \right]$$

$$= \frac{1}{32} \left[r^4 + 18r^2 + 9 - (4\sqrt{3} r^3 \cos \theta + 12r^2 \cos \theta - 12\sqrt{3} r\cos \theta) \right]$$

$$= \frac{1}{32} \left[2r^4 + 12r^2 + 18 - (2\sqrt{3} r\cos \theta + r^2 - 3)^2 \right]$$

$$\leqslant \frac{1}{32} (2r^4 + 12r^2 + 18) \leqslant 1.$$

综上所述，$|bc|$ 的最大值为 $\dfrac{3\sqrt{3}}{16}$。

评注：这是中国数学奥林匹克历史上最困难的问题之一。我们不能仅仅满足于看懂答案，更要理顺思路，知其所以然。第一个变换 $g(z) = z^{-2} f(z)$，其目的是分离 a，便于后续的放缩舍弃，因为目标是求 $|bc|$ 的最大值，第二个变换 $h(z) = e^{i\alpha} g(e^{i\beta} z)$，这是为了将复系数 b、c 改变辐角而保持模长，变为实数 b'、c'，且 $|bc| = b'c'$，从而才有后续的均值不等式。最后由取等条件构造出 $f(z)$，再加以证明，这里需要一些三角函数恒等变形与配方的功力。

21. 解析：首先若 z_1，z_2，$\cdots$，z_n 中有 $n-1$ 个值为 1，则不等式显然成立。若存在某个 z_j 模长小于 1，且 z_1，z_2，$\cdots$，z_{j-1}，z_{j+1}，$\cdots$，z_n 不全为 1，则考虑关于 z_j 的下述函数

$$f(z_j) = \frac{\left| 1 - \prod_{k=1}^{n} z_k \right|}{\left| n - \sum_{k=1}^{n} z_k \right|}.$$

由最大模原理，$f(z_j)$ 在 $|z_j|=1$ 时可以取到最大值，即我们可以用 z_j' 代替 z_j，使得 $f(z_j) \leqslant f(z_j')$ 且 $|z_j'|=1$。对 $z_k(k=1, 2, \cdots, n)$ 执行上述调整，最后我们可以得到每个 $|z_k|$ 都为 1 或者 $z_1, z_2, \cdots, z_n$ 中有 $n-1$ 个值为 1，后一种情况下，原不等式成立是显然的。所以我们只需证明在 $|z_k|=1(k=1, 2, \cdots, n)$ 时，有

$$\left| n - \sum_{k=1}^{n} z_k \right| \geqslant \left| 1 - \prod_{k=1}^{n} z_k \right|。$$

下面对 n 归纳证明。当 $n=1$ 时，命题显然成立；假设命题对 n 成立，我们证明命题对 $2n$ 也成立。设 $z_{2k-1} \cdot z_{2k} = \omega_k^2 (k=1, 2, \cdots, n)$，由复数的三角形式可知 ω_k 对应的向量所在直线是 z_{2k-1} 与 z_{2k} 夹角的角平分线，进一步地我们还有 $z_{2k-1} + z_{2k} = 2c_k \omega_k$，易知其中 $c_k \in [-1, 1]$，则要证

$$\left| 2n - \sum_{k=1}^{2n} z_k \right| \geqslant \left| 1 - \prod_{k=1}^{2n} z_k \right|，$$

即证

$$2 \left| n - \sum_{k=1}^{n} c_k \omega_k \right| \geqslant \left| 1 - \prod_{k=1}^{n} \omega_k^2 \right|。$$

又由归纳假设，

$$\left| n - \sum_{k=1}^{n} c_k \omega_k \right| \geqslant \left| 1 - \prod_{k=1}^{n} c_k \omega_k \right|，$$

故只要证

$$2 \left| 1 - \prod_{k=1}^{n} c_k \omega_k \right| \geqslant \left| 1 - \prod_{k=1}^{n} \omega_k^2 \right|。$$

令 $c = c_1 c_2 \cdots c_n \in \mathbf{R}$，$\omega = \omega_1 \omega_2 \cdots \omega_k$，则 $|\omega|=1$，等价于证明 $2|1-c\omega| \geqslant |1-\omega^2|$，也即

$$4(1-c\omega)(1-c\bar{\omega}) \geqslant (1-\omega^2)(1-\bar{\omega}^2)$$
$$\Leftrightarrow 4(1+c^2-c\omega-c\bar{\omega}) \geqslant 2-\omega^2-\bar{\omega}^2$$
$$\Leftrightarrow 4c^2-4(\omega+\bar{\omega})c+2+\omega^2+\bar{\omega}^2 \geqslant 0$$
$$\Leftrightarrow (2c-\omega-\bar{\omega})^2 \geqslant 0，$$

故不等式成立，所以命题对 $2n$ 成立。

又当命题对 n 成立时，显然有命题对 $n-1$ 也成立，只需利用归纳假设，令 $z_n=1$ 即可。

综上所述，原不等式对所有的正整数 n 都成立，由此即证。

评注：待证不等式的形式非常优美简洁，我们曾在第 2 讲的例题 12 中证明过 z_k 均为实

数的情形,这里 z_k 变成复数,难度增大了许多。首先必须使用高等数学中的最大模原理——如果单变量复变函数 f 是一个全纯函数,那么它的模的局部最大值不可能在其定义域的内部取到,只有在边界上才可以取到。以本题为例,运用这一强大的工具,我们可以将条件 $|z_k| \leqslant 1$ 变为 $|z_k| = 1$,将单位圆内变成了单位圆上。值得一提的是,习题 20 也可以运用最大模原理,只需在 $|z| = 1$ 的情况下证明,但竞赛是有考纲要求的,不可能出现必须借助于高等数学的题目,所以其解答通过巧妙的变换放缩,使得最终模长 r 的幂次为 -1,自然有 $r^{-1} \leqslant 1$,从而用初等数学的技巧规避掉了高等数学的定理,但本题不然,最大模原理的使用是必须的。

对 n 归纳是一个自然的思路,从 n 推到 $n+1$ 是困难的,但是,从 n 推到 $n-1$ 是显然的,这启发我们立刻联想到均值不等式的反向归纳证法,只需再做一个工作,在命题对 n 成立的前提下,证明命题对 $2n$ 也成立。思路与方法最重要的,至此我们已经迈过了最艰难的高山,山后是一片坦途。后续的配对、利用归纳、模的运算、配方等等过程,都是水到渠成的事情。对于最后一步配方,我们也可以将 $4c^2 - 4(\omega + \bar{\omega})c + 2 + \omega^2 + \bar{\omega}^2$ 视为一个关于实数 c 的实系数二次函数,其开口向上,判别式 $\Delta = 16(\omega + \bar{\omega})^2 - 16(2 + \omega^2 + \bar{\omega}^2) = 0$,同样可以最终圆满证明这个迷人的复数不等式。

山外有山,人外有人,学无止境。本题笔者力所不逮,上述解答要感谢金牌教练赵斌老师(网名历经数学竞赛)与 IMO 金牌得主王昊宇学长(网名桌游小黄鸭)的帮助与指导。

第8讲　平面几何

1. 解析: 显然由命题 q 可推出命题 p。下面设 $\triangle ABC$ 的内心与外心重合,并设其为 O。由内心及外心性质,有 $\angle BOC = 90° + \dfrac{1}{2}\angle BAC = 2\angle BAC$,所以 $\angle BAC = 60°$。同理, $\angle ABC = \angle ACB = 60°$,所以 $\triangle ABC$ 是正三角形。故 p 是 q 的充要条件。

2. 解析: 利用中线长公式,BC 边上的中线长 $= \sqrt{\dfrac{1}{2}b^2 + \dfrac{1}{2}c^2 - \dfrac{1}{4}a^2} = 2\sqrt{14}$。

3. 解析: 由 A、B、C、D 四点共圆,可知 $\angle PAB = \angle PCD$,$\angle PBA = \angle PDC$,所以 $\dfrac{PA}{PC}$ $= \dfrac{PB}{PD} = \dfrac{AB}{CD}$。即 $\dfrac{PA}{5+PB} = \dfrac{PB}{4+PA} = \dfrac{1}{2}$,由此得 $PA = \dfrac{14}{3}$,$PB = \dfrac{13}{3}$。故 AP 的长度为 $\dfrac{14}{3}$。

4. 解析: 由题易得,$\triangle ABE \cong \triangle CAD$,所以 $\angle DAO = \angle BAE = \angle ACD$,从而 $\angle AOD = 180° - (\angle DAO + \angle ADO) = 180° - (\angle ACD + \angle ADC) = 180° - 120° = 60°$,所以 AE 和 CD 的夹角为 $60°$。

5. 解析: 取正 n 边形的一个顶点记为 A,设环绕点 A 共有 m 个正 n 边形,则这 m 个正 n 边形在点 A 处的角恰形成一个周角,因此

$$m \cdot \frac{n-2}{n} \cdot 180 = 360,$$

即 $m = \dfrac{2n}{n-2} = 2 + \dfrac{4}{n-2}$。又 m、n 为正整数且 $n \geq 3$,所以 $n-2 \in \{1, 2, 4\}$,故 $n \in \{3, 4, 6\}$,且显然正三角形,正方形,正六边形可以满足要求,所以 n 的值为 3 或 4 或 6。

6. 解析: 如图,连接 CF,因为 $\angle DOE = \angle DFC = 90°$,$\angle ODE = \angle FDC$,所以 $\triangle DOE \sim \triangle DFC$,故 $DO \cdot DC = DE \cdot DF$。又 $DO \cdot DC = 2DO^2$,所以 $DO^2 = \dfrac{1}{2}DE \cdot DF$,进而

$$OE^2 = DE^2 - DO^2 = 24^2 - \frac{1}{2} \times 24 \times 42 = 72,$$

故 $OE = 6\sqrt{2}$。本题应选 C。

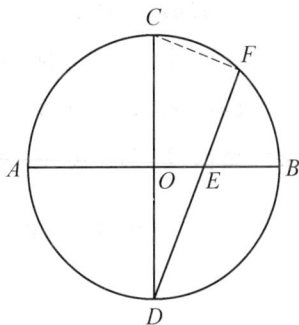

第6题图

7. 解析:如图,因为 $AD /\!/ BC$,所以 $\angle ADM = 180° - \angle BCD = 180° - \angle ABM$,所以 A、B、M、D 四点共圆。由正弦定理及四点共圆性质,

$$\frac{AM}{BM} = \frac{\sin\angle ABM}{\sin\angle BAM} = \frac{\sin\angle ADM}{\sin\angle BDC} = \frac{\sin\angle BCD}{\sin\angle BDC} = \frac{BD}{BC},$$

而 $\triangle BCD$ 是以 BC 为底的等腰三角形,易知

$$\frac{BD}{BC} \in \left(\frac{1}{2}, +\infty\right).$$

且对任意的等腰 $\triangle BCD$,只要 $\angle ABD < \angle CBD$,那么在线段 CD 上一定存在一点 M,使得 $\angle ABM = \angle CBD = \angle BCD$。即满足题意的点 M 一定存在,所以 $\dfrac{AM}{BM}$ 的取值范围为 $\left(\dfrac{1}{2}, +\infty\right)$。

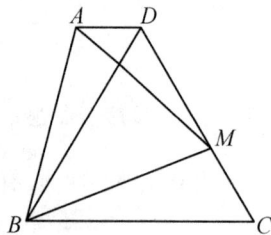

第 7 题图

8. 解析:如图,设小圆为圆 O',AK、BK 分别交圆 O' 于点 A'、B'。我们证明:KL 平分 $\angle AKB$。由两圆内切知,圆 O 与圆 O' 位似,位似中心为点 K,所以 $A'B' /\!/ AB$。又由 AB 与圆 O' 相切,所以 $O'L \perp AB$,进而 $O'L \perp A'B'$,所以 $\angle B'A'L = \angle A'B'L$。由四点共圆性质知,$\angle B'KL = \angle B'A'L = \angle A'B'L = \angle A'KL$,即 $\angle BKL = \angle AKL$。由角平分线性质知 $AL : BL = AK : BK = 2 : 5$,所以 $BL = 25$。本题应选 B。

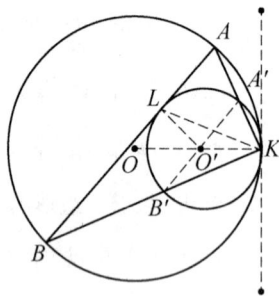

第 8 题图

9. 解析:如图,连接 BE。因为 $DE = OA = OC$,在 $\triangle OBC$ 外接圆中,$\angle DBE = \angle OBC$,从而 $\angle OBD = \angle CBE$。又 $180° = \angle AOB + \angle OBD + \angle OAD = \angle AOB + 2\angle OBD = \angle AOB + 2\angle CBE$,且 $\angle AOB = 2\angle ACB = 2\angle BCE$,所以 $2\angle BCE + 2\angle EBC = 180°$。这说明 $\angle BEC = 90°$,由四点共圆知 $\angle BOC = \angle BEC = 90°$。而 $OB = OC$,故 $\angle OBC = 45°$。

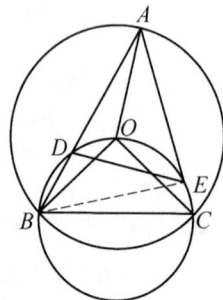

第 9 题图

10. 解析:如图,连接 AC,由四点共圆知,$\angle ACD = \angle ABD = \angle CBD = \angle CAD = 30°$,所以 $AD = CD = \dfrac{\sqrt{3}}{3}AC$。由托勒密定理可得

$$AB \cdot CD + AD \cdot BC = AC \cdot BD,$$

所以 $AB + BC = \sqrt{3}BD = 6\sqrt{3}$。故

$$S_{ABCD} = S_{\triangle ABD} + S_{\triangle CBD}$$

$$= \frac{1}{2}AB \cdot BD \cdot \sin \angle ABD + \frac{1}{2}BC \cdot BD \cdot \sin \angle CBD$$

$$= \frac{1}{2}BD \cdot (AB + BC)\sin 30° = 9\sqrt{3}。$$

本题应选 B。

11. 解析：记以 AB 为直径的圆为圆 O，O 为 AB 中点，CD 与圆 O 的切点为 E。由题意知，在 $\triangle OEC$ 中，$\angle OEC = 90°$，OE

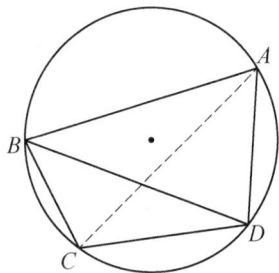

第 10 题图

$= \frac{1}{2}$，$OC = \frac{\sqrt{3}}{2}$，因此 $CE = \frac{\sqrt{2}}{2}$。由 $\triangle DEO \backsim \triangle OEC$ 可得 $DE = \frac{OE^2}{CE} = \frac{\sqrt{2}}{4}$，所以

$$S_{\triangle BCD} = S_{\triangle OCD} - S_{\triangle OBC} = \frac{1}{2} \times OE \times CD - \frac{1}{2} \times OB \times OC = \frac{3\sqrt{2} - 2\sqrt{3}}{16}。$$

故本题选 C。

12. 解析：对凸四边形 $ABCD$，由 $\angle ABD = \angle BDC$，知 $AB \parallel CD$；由 $\angle CAD = \angle ACB$，知 $AD \parallel BC$。故四边形 $ABCD$ 为平行四边形。

如图，设 AC、BD 交于点 O，则 O 为 AC 中点。下面我们固定 AC 不变，因为 $\angle CAD = 40°$，所以点 D 在一条固定的射线上运动，我们只需要求出该射线上满足 $\angle CDO = 50°$ 的点 D 的个数即可。

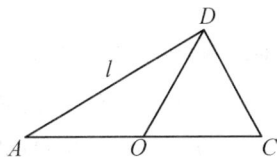

第 12 题图

我们首先说明这样的 D 是存在的。事实上，设从 A 出发且与 AC 夹角为 $40°$ 的射线为 l，过点 C 作 l 的垂线，垂足为 D。由 $\angle ADC = 90°$ 及 O 为 AC 中点，易得 $\angle CDO = 50°$。

设满足上述情形的 $\triangle OCD$ 的外接圆为圆 O_1。若在 l 上还有一点 D' 满足 $\angle CD'O = 50°$，则 O、C、D、D' 四点共圆，即 D' 也在圆 O_1 上。而 l 与圆 O_1 最多有两个交点，所以满足条件的 D 至多两个。

假设 l 与圆 O_1 只有一个交点，则 l 与圆 O_1 相切且 D 为切点，所以 $O_1D \perp l$。又 $CD \perp l$，故 O_1、C、D 三点共线。但 O_1 是等腰 $\triangle OCD$ 的外接圆圆心，且 $\angle COD < 90°$，所以 O_1 不可能落在 CD 上，矛盾。故假设不成立，l 与圆 O_1 有两个交点，因此 l 上满足 $\angle CDO = 50°$ 的点 D 有两个。

又易知对不同的点 D，OD 与 AC 的夹角是不同的，对应的四边形 $ABCD$ 不相似。综上，符合题意且不相似的凸四边形 $ABCD$ 的个数为 2。

13. 解析：如图，连接 AF，由 $CF : FG : GE = 2 : 2 : 3$ 知 $S_{\triangle CFD} : S_{\triangle DFG} : S_{\triangle DEG} = 2 : 2 : 3$，故

$S_{\triangle DFG}=S_{\triangle CFD}$，$S_{\triangle DEG}=\dfrac{3}{2}S_{\triangle CFD}$。由 $BF:FD=5:4$，可得

$S_{\triangle BEF}:S_{\triangle DEF}=5:4$，即 $S_{\triangle BEF}=\dfrac{5}{4}(S_{\triangle DFG}+S_{\triangle DEG})=$

$\dfrac{25}{8}S_{\triangle DFG}=\dfrac{25}{8}S_{\triangle CFD}$。由 $AG:GD=1:1$，有 $S_{\triangle AGE}=S_{\triangle DEG}$

$=\dfrac{3}{2}S_{\triangle CFD}$，$S_{\triangle AFG}=S_{\triangle DFG}=S_{\triangle CFD}$。又因为 $BF:FD=5:$

4，所以 $S_{\triangle ABF}=\dfrac{5}{4}S_{\triangle ADF}=\dfrac{5}{4}(S_{\triangle AFG}+S_{\triangle DFG})=\dfrac{5}{2}S_{\triangle CFD}$。

故

$$S_{\triangle ABE}=S_{\triangle ABFE}-S_{\triangle BEF}=S_{\triangle ABF}+S_{\triangle AFG}+S_{\triangle AGE}-\dfrac{25}{8}S_{\triangle CFD}$$

$$=\dfrac{5}{2}S_{\triangle CFD}+S_{\triangle CFD}+\dfrac{3}{2}S_{\triangle CFD}-\dfrac{25}{8}S_{\triangle CFD}=\dfrac{15}{8}S_{\triangle CFD},$$

即 $S_{\triangle CFD}:S_{\triangle ABE}=8:15$。本题应选 A。

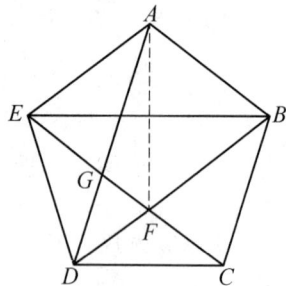

第 13 题图

14. 解析：如图，延长 CE、BA 交于点 G，则由 $AD\perp AE$ 知，AE 平分 $\angle CAG$，由此易得 E 为 CG 的中点。又因为 CE // AD，所以 F 为 AD 的中点。由角平分线定理得 $CD:BD=AC:AB=4:3$，因此 $CD=4$。又在 $\triangle ABC$ 中，由余弦定理，可计算得 $\cos\angle BCA=\dfrac{11}{16}$。于是

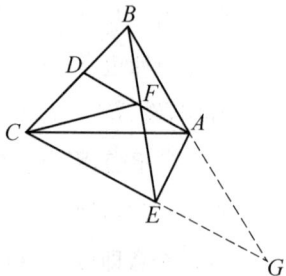

第 14 题图

$$CF=|\overrightarrow{CF}|=\dfrac{1}{2}|\overrightarrow{CD}+\overrightarrow{CA}|$$

$$=\dfrac{1}{2}\sqrt{|\overrightarrow{CD}|^2+|\overrightarrow{CA}|^2+2\overrightarrow{CD}\cdot\overrightarrow{CA}}$$

$$=\dfrac{1}{2}\sqrt{4^2+8^2+2\times4\times8\times\cos\angle BCA}$$

$$=\dfrac{1}{2}\sqrt{124}=\sqrt{31}。$$

15. 解析：设与 $\overrightarrow{PA}$、$\overrightarrow{PB}$、$\overrightarrow{PC}$ 同向的单位向量分别为 $\vec{e_1}$、$\vec{e_2}$、$\vec{e_3}$，则 $\vec{e_1}+\vec{e_2}+\vec{e_3}=\vec{0}$。又设 $\vec{e_1}$ 与 $\vec{e_2}$ 夹角为 θ，由 $\vec{e_1}+\vec{e_2}=-\vec{e_3}$ 及 $|\vec{e_1}+\vec{e_2}|=2\cos\dfrac{\theta}{2}$，可知 $\cos\dfrac{\theta}{2}=\dfrac{1}{2}$，所以 $\theta=120°$。同理可知，$\vec{e_1}$、$\vec{e_2}$、$\vec{e_3}$ 中任意两个向量的夹角均为 $120°$，即 $\angle APB=\angle BPC=\angle CPA=$ $120°$。又由 $\angle A=90°$，$AB=1$，$AC=\sqrt{3}$，易知 $\angle ABC=60°$，$BC=2$，因此 $\angle PAB=$

$60° - \angle PBA = \angle ABC - \angle PBA = \angle PBC$。结合 $\angle APB = \angle BPC$,可得 $\triangle APB \backsim$ $\triangle BPC$,故 $\dfrac{AP}{BP} = \dfrac{PB}{PC} = \dfrac{AB}{BC} = \dfrac{1}{2}$。本题应选 ABCD。

评注:点 P 为 $\triangle ABC$ 的费马点。利用旋转和余弦定理,还可求得 $PA + PB + PC = \sqrt{7}$。

16. 解析:如图所示,$\angle C$ 可能是锐角,也可能是钝角。因此选项 A、B、C 均不正确。无论哪种情形,均有 $\angle MOP = \angle PBN = \angle PBD$,因此 B、O、P、D 四点共圆。本题应选 D。

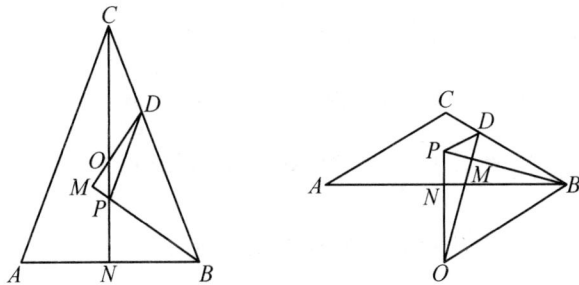

第 16 题图

17. 点拨:题干中有丰富的相等、垂直条件,通过割补旋转,构造新的全等,将等量关系迁移活用。

解析:延长 CB 至点 E_1,使得 $E_1C = 1$。连接 AE_1、AC、AD,则 $E_1B = 1 - BC = DE$。又 $\angle ABE_1 = \angle AED = 90°$,$AB = AE = 1$,所以 $\triangle ABE_1 \cong \triangle AED$,从而 $AE_1 = AD$。又 $AC = AC$,$CE_1 = CD$,所以 $\triangle ACE_1 \cong \triangle ACD$,故 $S_{\triangle ACE_1} = S_{\triangle ACD} = \dfrac{1}{2} AB \cdot CE_1 = \dfrac{1}{2}$,则

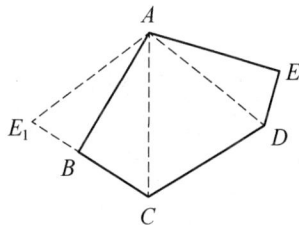

第 17 题图

$$S_{ABCDE} = S_{AE_1CD} = S_{\triangle ACE_1} + S_{\triangle ACD} = 1。$$

18. 解析:直线 APD 截 $\triangle BCE$,由梅涅劳斯定理,得

$$\dfrac{BP}{PE} \cdot \dfrac{EA}{AC} \cdot \dfrac{CD}{DB} = 1,$$

故

$$\dfrac{BP}{PE} = \dfrac{AC}{EA} \cdot \dfrac{DB}{CD} = \dfrac{3}{2} \cdot \dfrac{1}{2} = \dfrac{3}{4}。$$

因此

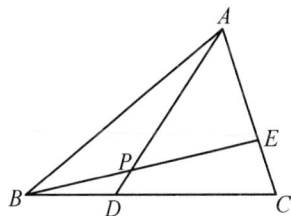

第 18 题图

$$\frac{S_{\triangle BDP}}{S_{\triangle BCE}}=\frac{BP}{BE}\cdot\frac{BD}{BC}=\frac{3}{7}\cdot\frac{1}{3}=\frac{1}{7}.$$

而 $S_{\triangle BCE}=\frac{1}{3}\triangle ABC=\frac{1}{3}$，所以 $S_{\triangle BDP}=\frac{1}{21}$，故 $S_{PDCE}=S_{\triangle BCE}-S_{\triangle BDP}=\frac{2}{7}$。 本题应选 B。

19. 解析：由 $\frac{AD}{AB}=x$，$\frac{AE}{AC}=y$ 及三角形面积公式知：$S_{\triangle ADE}=$

$xyS_{\triangle ABC}=xy$。 又

$$\frac{S_{\triangle BDF}}{S_{\triangle ADE}}=\frac{BD\cdot DF\cdot\sin\angle BDF}{AD\cdot DE\cdot\sin\angle ADE}=\frac{BD}{AD}\cdot\frac{DF}{DE}=\frac{1-x}{x}\cdot z,$$

所以 $S_{\triangle BDF}=(1-x)yz$。由三元均值不等式可知 $S_{\triangle BDF}$

$\leqslant\left(\frac{1-x+y+z}{3}\right)^3=\left(\frac{2}{3}\right)^2=\frac{8}{27}$，等号成立当且仅当 x

$=\frac{1}{3}$，$y=z=\frac{2}{3}$。 故 $\triangle BDF$ 的面积的最大值为 $\frac{8}{27}$。

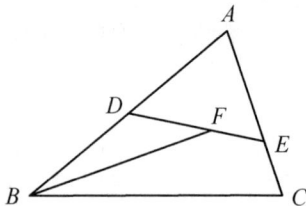

第 19 题图

20. 解法一：不妨设 $\triangle ABC$ 的边长为 1。在 $\triangle ACD$ 中，$\angle ACD$ $=10°$，$\angle DAC=20°$，所以 $\angle ADC=150°$。 由正弦定理得，

$$\frac{AD}{\sin 10°}=\frac{AC}{\sin 150°}=\frac{1}{\sin 150°}=2,$$

故 $AD=2\sin 10°$。 在 $\triangle ABD$ 中，由余弦定理得

$$BD=\sqrt{(2\sin 10°)^2+1^2-2\times 1\times 2\sin 10°\times\cos 80°}=1,$$

所以 $BD=BC$。从而 $\angle BDC=\angle BCD=\angle ACD+\angle ACB$ $=70°$，本题应选 B。

第 20 题图

解法二：设 $\angle ABD=\alpha$。 由角元塞瓦定理，有

$$\frac{\sin\angle ACD}{\sin\angle DCB}\cdot\frac{\sin\angle CBD}{\sin\angle DBA}\cdot\frac{\sin\angle BAD}{\sin\angle DAC}=1,$$

即

$$\frac{\sin 10°}{\sin 70°}\cdot\frac{\sin(60°-\alpha)}{\sin\alpha}\cdot\frac{\sin 80°}{\sin 20°}=1。$$

则

$$\frac{\sin(60°-\alpha)}{\sin\alpha}=\frac{\sin 20°\sin 70°}{\sin 10°\sin 80°}=\frac{\sin 20°\cos 20°}{\sin 10°\cos 10°}=\frac{\sin 40°}{\sin 20°}。$$

因为 $0°<\alpha<60°$，所以上式左边随 α 的增大而减小。故只有 $\alpha=20°$ 使得上式成立。由此易得 $\angle BDC=70°$。

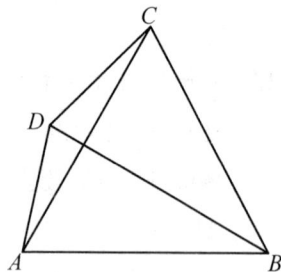

评注:对于最后一个三角函数方程,也可完全类似于例 7,使用三角恒等变换进行求解,这里不再赘述。

21. 解析:如图,以点 A 为圆心,AE 和 AC 为半径分别作圆交 CA 延长线于点 G、S。易知,$DE \parallel BC$,$BC \perp BS$,因此 $DE \perp BS$。又 $BD \perp ES$,所以 D 为 $\triangle BES$ 的垂心,进而 $SD \perp BE$。结合 $DQ \perp BE$ 知,S、D、Q 三点共线。由题知 $AP \parallel SQ$,故 $\dfrac{CP}{PQ} = \dfrac{CA}{AS} = 1$,即 $CP = PQ$。

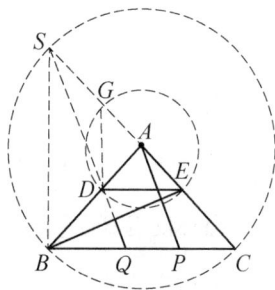

第 21 题图

22. 解析:记 $D_0 = B$,$D_{2021} = C$,则

$$1 = \frac{D_k D_{k+1}}{D_{k+1} D_{k+2}} = \frac{S_{\triangle AD_k D_{k+1}}}{S_{\triangle AD_{k+1} D_{k+2}}} = \frac{AD_k \cdot AD_{k+1} \cdot \sin \alpha_{k+1}}{AD_{k+1} \cdot AD_{k+2} \cdot \sin \alpha_{k+2}},$$

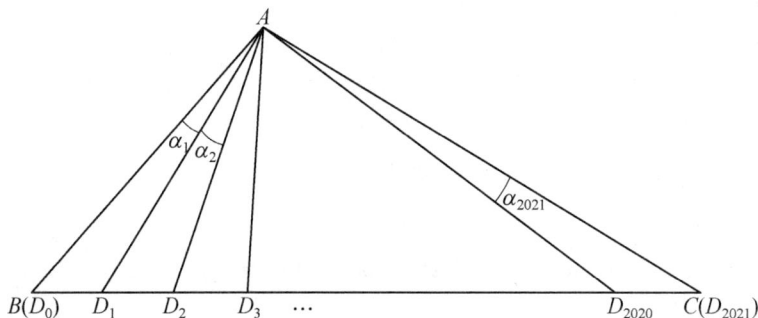

第 22 题图

即

$$\frac{\sin \alpha_{k+1}}{\sin \alpha_{k+2}} = \frac{AD_{k+2}}{AD_k}.$$

故

$$\frac{\sin \alpha_1 \sin \alpha_3 \cdots \sin \alpha_{2021}}{\sin \alpha_2 \sin \alpha_4 \cdots \sin \alpha_{2020}} = \sin \alpha_{2021} \prod_{k=0}^{1009} \frac{\sin \alpha_{2k+1}}{\sin \alpha_{2k+2}} = \sin \alpha_{2021} \prod_{k=0}^{1009} \frac{AD_{2k+2}}{AD_{2k}}$$

$$= \sin \alpha_{2021} \cdot \frac{AD_{2020}}{AD_0} = \frac{\sin \alpha_{2021} \sin \angle B}{\sin \angle AD_{2020} B}$$

$$= \frac{\sin \alpha_{2021} \sin \angle B}{\sin \angle AD_{2020} C} = \sin \angle B \cdot \frac{D_{2020} C}{AC}$$

$$= \sin \angle B \cdot \frac{1}{2021} \cdot \frac{BC}{AC} = \frac{\sin \angle B}{2021} \cdot \frac{\sin \angle BAC}{\sin \angle B}$$

$$= \frac{\sin 150^\circ}{2021} = \frac{1}{4042}.$$

故本题应选 D。

23. 解法一:延长 CA 至点 F,使得 $AF = CA$,连接 BF。

易知 $BF = 2AD = 2$,注意到

$$S_{\triangle BEF} = 3S_{\triangle BAE} = \frac{3}{2}S_{\triangle ABC},$$

且 $S_{\triangle BEF} \leqslant \frac{1}{2}BE \cdot BF = 2$,所以 $S_{\triangle ABC} = \frac{2}{3}S_{\triangle BEF} \leqslant \frac{4}{3}$,

当且仅当 $BE \perp BF$,即 $BE \perp AD$ 时取等号。故 $S_{\triangle ABC}$ 最大为 $\frac{4}{3}$。

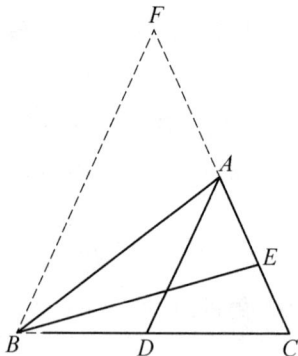

第 23 题图

解法二:设角 A、B、C 所对三边分别为 a、b、c,由中线长公式,得

$$AD^2 = \frac{2(b^2+c^2)-a^2}{4} = 1,\quad BE^2 = \frac{2(a^2+c^2)-b^2}{4} = 4,$$

所以 $b^2 = a^2 - 4$,$c^2 = 6 - \frac{1}{2}a^2$。进而

$$S_{\triangle ABC} = \frac{1}{2}bc\sin A = \frac{1}{2}\sqrt{b^2c^2 - (bc\cos A)^2} = \frac{1}{2}\sqrt{b^2c^2 - \frac{(b^2+c^2-a^2)^2}{4}}$$

$$= \frac{1}{2}\sqrt{(a^2-4)\left(6-\frac{1}{2}a^2\right) - \frac{\left(2-\frac{1}{2}a^2\right)^2}{4}}$$

$$= \frac{1}{2}\sqrt{\frac{64}{9} - \frac{(9a^2-68)^2}{144}} \leqslant \frac{4}{3},$$

当 $a = \frac{2\sqrt{17}}{3}$,$b = \frac{4\sqrt{2}}{3}$,$c = \frac{2\sqrt{5}}{3}$ 时取等号,故 $S_{\triangle ABC}$ 的最大值为 $\frac{4}{3}$。

24. 解析:由弦切角定理,$\angle CMB = \angle MAB = \angle MAC$。又 $\angle MCB = \angle ACM$,所以 $\triangle CBM \backsim \triangle CMA$,故 A 选项正确。

同理,$\triangle CBN \backsim \triangle CNA$,则 $\angle CNB = \angle CAN = \angle NMB$。由题意,$\angle AMQ = \angle CNB$,所以 $\angle AMQ = \angle NMB$。结合 $\angle MAQ = \angle MNB$,可得 $\triangle AQM \backsim \triangle NBM$,故 B 选项正确。

因为 $\angle AMQ = \angle NMB$,所以 $\angle AMN = \angle QNB$。又 $\angle ANM = \angle QBM$,所以 $\triangle MAN \backsim \triangle MQB$,故 C 选项正确。

由 $\triangle CBM \backsim \triangle CMA$,$\triangle CBN \backsim \triangle CNA$ 及 $CM = CN$,得 $\frac{BM}{AM} = \frac{CM}{CA} = \frac{CN}{CA} = \frac{BN}{AN}$,即

$AM \cdot BN = AN \cdot BM$。又由 $\triangle MAN \backsim \triangle MQB$，得 $\dfrac{AN}{BQ} = \dfrac{MN}{BM}$，即 $AN \cdot BM = BQ \cdot$

MN。因此，$AM \cdot BN = BQ \cdot MN$，进而 $\dfrac{AM}{BQ} = \dfrac{MN}{BN}$，故 $\triangle MAN \backsim \triangle BQN$，D 选项正确。

综上，本题应选 ABCD。

评注：四边形 $ANBM$ 为调和四边形，具有丰富的几何性质。学有余力的读者可以自主拓展研习。

25. 解析：由题意，$\angle AFC = \angle ADC = 90°$，所以 A、C、D、F 四点共圆，从而 $\angle BDF = 180° - \angle CDF = \angle BAC$。故 A 选项正确。

因为 O 为 $\triangle ABC$ 外心，所以 $\angle OBD = 90° - \angle BAC$。又 $\angle BDF = \angle BAC$，则 $\angle OBD + \angle BDF = 90°$，所以 $OB \perp FD$，即 $\overrightarrow{OB} \cdot \overrightarrow{FD} = 0$。故 B 选项正确。同理可知，$\overrightarrow{OC} \cdot \overrightarrow{ED} = 0$，C 选项正确。

由垂直等价条件，要证 $\overrightarrow{OH} \cdot \overrightarrow{IJ} = 0$，只要证明 $OI^2 - OJ^2 = HI^2 - HJ^2$。因为 $OC \perp ID$，$OB \perp DJ$，所以

$$OI^2 - OD^2 = CI^2 - CD^2,$$
$$OJ^2 - OD^2 = BJ^2 - BD^2,$$

两式相减得，$OI^2 - OJ^2 = CI^2 - BJ^2 + BD^2 - CD^2$。又因为 $BC \perp DA$，所以

$$BD^2 - CD^2 = BA^2 - CA^2,$$

从而 $OI^2 - OJ^2 = CI^2 - BJ^2 + BA^2 - CA^2$。由 $BH \perp AJ$，$CH \perp AI$，得

$$BA^2 - BJ^2 = HA^2 - HJ^2,$$
$$CI^2 - CA^2 = HI^2 - HA^2,$$

故 $OI^2 - OJ^2 = HA^2 - HJ^2 + HI^2 - HA^2 = HI^2 - HJ^2$，即 $OH \perp IJ$。故 D 选项正确。

综上，本题应选 ABCD。

评注：本题多次利用了垂直判定的充要条件，且四个选项层层递进，由浅入深。

26. 解析：在 $\triangle ABC$ 中，设 $\angle B$、$\angle C$ 的角平分线分别交 AC、AB 于点 D、E，且 $BD = CE$。

设 $AB = c$，$BC = a$，$CA = b$，由角平分线长公式，

$$BD = \frac{2}{a+c} \sqrt{acp(p-b)}, \quad CE = \frac{2}{a+b} \sqrt{abp(p-c)},$$

其中 $p = \dfrac{1}{2}(a+b+c)$。由 $BD = CE$，平方后整理可得

$$(a+b)^2 c(a+c-b) = (a+c)^2 b(a+b-c),$$

所以

$$0 = (a+b)^2c(a+c) - bc(a+b)^2 - (a+c)^2b(a+b) + bc(a+c)^2$$
$$= (a+b)(a+c)(ac+bc-ab-bc) + bc(2a+b+c)(c-b)$$
$$= (c-b)\left[(a+b)(a+c)a + bc(2a+b+c)\right],$$

故必有 $c-b=0$，即 $b=c$。故 $\triangle ABC$ 是等腰三角形。

评注：本定理也可利用反证法等手段加以证明，但不如代数手段直接明了。值得注意的是，因为 $b=c$ 时等式显然成立，由因式定理，$(a+b)^2c(a+c) - bc(a+b)^2 - (a+c)^2b(a+b) + bc(a+c)^2$ 必然存在因式 $b-c$，这给我们的变形以启发。

27. **点拨**：对于乘积等式，可视为圆幂，可利用相似，可化为比例，本题中 X、Y 为"晚辈"，我们自然地想到化为比例重新配对，考虑 $AC：AB$，继而联想到角平分线定理，本题也就不难了。

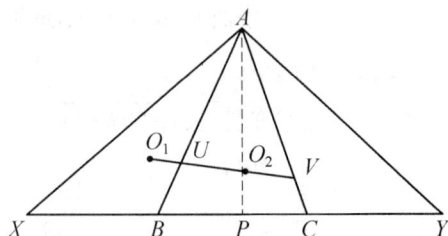

第 27 题图

解析：如图，作 $\angle BAC$ 的内角平分线交 BC 于点 P，$\triangle ACX$ 和 $\triangle ABY$ 的外接圆分别记为圆 O_1 和圆 O_2。由角平分线性质知，$\dfrac{BP}{CP}$

$=\dfrac{AB}{AC}$。又 $BX \cdot AC = CY \cdot AB$，所以 $\dfrac{BX}{CY} = \dfrac{AB}{AC}$，从而

$$\frac{PX}{PY} = \frac{BX+BP}{CY+CP} = \frac{AB}{AC} = \frac{BP}{CP},$$

即 $CP \cdot PX = BP \cdot PY$。这说明点 P 对圆 O_1 和圆 O_2 的幂相等，所以点 P 在圆 O_1 和圆 O_2 的根轴上。又显然点 A 也在圆 O_1 和圆 O_2 的根轴上，所以 AP 即为圆 O_1 和圆 O_2 的根轴。因此 $AP \perp O_1O_2$，这表明点 U、V 关于直线 AP 对称，所以 $\triangle AUV$ 是等腰三角形。

28. **点拨**：注意到两边的形式，存在明显的几何特征，右边让我们联想到勾股定理，左边让我们联想到余弦定理。数形结合，便可迎刃而解。

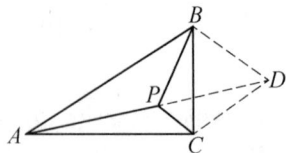

第 28 题图

解析：如图，在平面上作线段 PA、PB、PC，使得任意两线段的夹角为 $120°$，且 $PA=z$，$PB=y$，$PC=x$。由余弦定理知，$BC=a$，$AC=b$，$AB=\sqrt{a^2+b^2}$。由勾股定理的逆定理知，$\angle ACB = 90°$。

易知点 P 为 $\triangle ABC$ 的费马点。以 BC 为边向外作等边

$\triangle BCD$，由费马点性质，A、P、D 三点共线，且 $PA+PB+PC=AD$。在 $\triangle ACD$ 中，AC $=b$，$CD=CB=a$，$\angle ACD=150°$，由余弦定理，

$$AD=\sqrt{AC^2+CD^2-2AC\cdot CD\cdot\cos\angle ACB}=\sqrt{a^2+b^2+\sqrt{3}ab},$$

故 $x+y+z=PA+PB+PC=AD=\sqrt{a^2+b^2+\sqrt{3}ab}$。

29. **点拨：** 有趣的好题，优美的结论。切入点很明显，先考虑 $n=4$ 的情形，对于内切圆半径，又可联想到第 5 讲中知识拓展中的结论，至此问题已经解决一半，余下的困难是如何将四边形推广到 n 边形。

解析： 首先证明：$n=4$ 时，结论成立。设圆的半径为 1，圆内接四边形的四条边所对的圆周角依次为 A、B、C、D。此时对于 P 只有两种划分方式。其中一种方式划分出的两个三角形三边长分别为 $2\sin A$，$2\sin B$，$2\sin(A+B)$；$2\sin C$，$2\sin D$，$2\sin(C+D)$，分别记这两个三角形的内切圆半径为 r_1 和 r_2，则由相关结论（本书第 5 讲）可知

$$r_1=\cos A+\cos B-\cos(A+B)-1,$$

同理，$r_2=\cos C+\cos D-\cos(C+D)-1$。

因为 $A+B+C+D=\pi$，所以 $\cos(A+B)+\cos(C+D)=0$，从而 $L=r_1+r_2=\cos A+\cos B+\cos C+\cos D-2$，故 $n=4$ 时，L 的表达式与划分方式无关，为定值。

对于一般的情形，可以每次选择划分中两个有公共边的三角形，将这两个三角形合并成的四边形，用另一种方式划分。这样形成一个操作，从一个划分转化成另一个划分。根据上述结果，可知操作前后的划分出的所有三角形内切圆半径之和不变，那么，为了证明所有划分方式得到的半径之和是一定值，只需说明任意两个划分都可以通过一系列这种操作互相转化，只需说明任意一个划分都可以通过一系列这种操作转化为同一个特殊的划分——从一个顶点伸出 $n-3$ 条对角线。

将 P 的顶点编号为 $1, 2, \cdots, n$，对于任意一个划分，如果没有以顶点 1 为端点的对角线，则顶点 1、2、n 必定两两连线，将此三角形与一个和它共边的三角形合成一个四边形，采用上述操作，我们就得到这样的一个划分，此划分中至少有一条对角线是以顶点 1 为端点。

进一步地，对于该划分，如果存在一条对角线不以顶点 1 为端点，则可取最小的 i，使得顶点 1、$i(3\leqslant i\leqslant n-2)$ 间没有连线，那么由 i 的最小性可知 1、$i-1$ 有连线（可以是 P 的边），设 $j>i$ 是最小的 j，使得 1、j 之间有连线（可以是 P 的边），于是划分中必然有三角形 1、$i-1$、j，设与之共边的一个三角形为 $i-1$、k、j，其中 $i-1<k<j$，

将这两个三角形合并成一个四边形,去掉连线 $i-1$、j,添加连线 1、k。经过这样的调整,得到的划分相比之前多了一条从顶点 1 出发的对角线,因为对角线的条数是有限的,故经有限次调整,我们一定可以得到一个所有对角线都从顶点 1 出发的划分。

综上所述,所有划分都可以转化为同一个划分,且转化过程中 L 保持不变,即 L 不随对角线的分割方式而改变。

第9讲 数论

1. 解析:由带余除法知 m、n 是存在且唯一的,计算知 $2021 \equiv 7 \pmod{19}$,$2021^2 \equiv 7^2 \equiv -8 \pmod{19}$,$2021^3 \equiv (-8) \times 7 \equiv 1 \pmod{19}$,则 $2021^{2022} = 2021^{3 \times 674} \equiv 1 \pmod{19}$,即 $n \equiv 1 \pmod{19}$,又 $0 \leqslant n \leqslant 18$,所以 $n = 1$。

2. 点拨:与习题 1 类似但略有不同,为了研究模 12 的余数,我们可分别考虑模 3 与模 4。
   解析:由带余除法知 m、n 是存在且唯一的。对等式两边模 3,得 $n \equiv (-1)^{2020} = 1 \pmod{3}$;对等式两边模 4,得 $n \equiv (-1)^{2021} = -1 \pmod{4}$。结合 $0 \leqslant n \leqslant 11$ 知 $n = 7$。

3. 解析:因为 x 为正整数,所以 $x^2 < x(x+1) + 1 < (x+1)^2$,即 $x(x+1) + 1$ 在两个相邻的完全平方数之间,因此 $x(x+1) + 1$ 不可能是完全平方数,故方程的正整数解有 0 组。

4. 解析:因式分解有 $(x+y)(x-y) = 4p^2$,则 $x+y$ 与 $x-y$ 均为 $4p^2$ 的因数。又因为 $x+y$ 与 $x-y$ 奇偶性相同,所以当 $p > 2$ 时,必有 $x+y = 2p^2$,$x-y = 2$;当 $p = 2$ 时,$(x+y)(x-y) = 16$ 且 $x+y > x-y$,此时仍有 $x+y = 8 = 2p^2$,$x-y = 2$。无论哪种情形,都有 $x = p^2 + 1$,$y = p^2 - 1$,故 $x^3 - y^3 = (x-y)(x^2 + xy + y^2) = 6p^4 + 2$。

5. 解析:注意到 $x^2 + x + 1 = x(x+1) + 1$ 为奇数,$y^2 + y + 1 = y(y+1) + 1$ 为奇数,所以 $(x^2 + x + 1)^2 + (y^2 + y + 1)^2 \equiv 2 \pmod{4}$,而完全平方数模 4 的余数为 0 或 1,所以 $(x^2 + x + 1)^2 + (y^2 + y + 1)^2$ 不可能为完全平方数。本题应选 A。

6. 解析:当 $n \leqslant 4$ 时,容易验证 $(n, a) = (2, 3)$ 或 $(3, 4)$ 满足方程。
   当 $n \geqslant 5$ 时,$n^3 < n^3 + 2n^2 + 8n - 5 = (n+1)^3 - (n-2)(n-3) < (n+1)^3$,故此时不存在自然数组 (n, a) 满足方程。本题应选 C。

7. 解析:由高斯取整函数的性质,有 $[x] \leqslant x < [x] + 1$,结合函数 $y = x^3$ 单调递增,所以 $[x]^3 - 3 \leqslant x^3 - 3 < ([x] + 1)^3 - 3$,即 $[x]^3 - 3 \leqslant [x] < ([x] + 1)^3 - 3$,设 $k = [x] \in \mathbf{Z}$,得 $k^3 - k - 3 \leqslant 0$ 且 $k^3 + 3k^2 + 2k - 2 > 0$,易得 $k = 1$。将 $[x] = 1$ 代入原方程,得 $x = \sqrt[3]{4} \in (1, 2)$ 满足 $[x] = 1$ 的要求,所以方程只有一个实数解为 $x = \sqrt[3]{4}$。本题应选 B。

8. 点拨:关键是考虑小数部分,也即 2^i 模 7 的余数。
   解析:由 $2^3 \equiv 1 \pmod{7}$ 可知,对 $k \in \mathbf{N}$,有 $2^{3k} \equiv 1 \pmod{7}$,$2^{3k+1} \equiv 2 \pmod{7}$,$2^{3k+2} \equiv 4 \pmod{7}$,则

$$Y = \sum_{i=0}^{2021} \left[\frac{2^i}{7}\right] = \sum_{k=0}^{673} \left(\frac{2^{3k} - 1}{7} + \frac{2^{3k+1} - 2}{7} + \frac{2^{3k+2} - 4}{7}\right)$$

$$= \sum_{k=0}^{673}(2^{3k}-1)=\sum_{k=0}^{673}8^k-674。$$

注意到 $8^k+8^{k+2}=8^k \cdot 65\equiv 0(\bmod 10)$ 对任意正整数 k 成立,所以数列 $\{8^k\}$ 中除首项 8^0 外任意连续四项之和均为 10 的倍数,又其项数 $674\equiv 2(\bmod 4)$,所以 $Y\equiv 8^0+8^1-674\equiv 5(\bmod 10)$。 故 Y 的个位数字是 5。

9. 解析:注意到 $2^n+2^n=2^{n+1}$,取 n 满足 $n\equiv 0(\bmod 3)$,$n\equiv 0(\bmod 4)$,$n\equiv -1(\bmod 5)$ 即可,由中国剩余定理知,满足上述同余方程组的正整数 n 存在且有无穷多个,具体的解为 $n=60k+24$,$k\in \mathbf{N}$,此时有 $(2^{20k+8})^3+(2^{15k+6})^4=(2^{12k+5})^5$。 故方程的正整数解的组数为无穷多。

10. 解析:因为 $9\mid 10^9-1$,$10^9-1\mid y_n$,所以 $9\mid y_n$,又 y_n 各位数字之和 $S(y_n)=2n+2$,所以 $S(y_n)\equiv y_n\equiv 0(\bmod 9)$,即 $n+1\equiv 0(\bmod 9)$。设 $n=9k-1$,$k\in \mathbf{N}_+$,则

$$y_n=\frac{11}{9}(10^{n+1}-1)=\frac{11}{9}(10^{9k}-1)$$

$$=\frac{11}{9}(10^9-1)(10^{9(k-1)}+10^{9(k-2)}+\cdots+10^9+1)。$$

因为 $10^9-1\mid y_n$,所以 $9\mid 10^{9(k-1)}+10^{9(k-2)}+\cdots+10^9+1$。 而

$$10^{9(k-1)}+10^{9(k-2)}+\cdots+10^9+1\equiv \underbrace{1+1+\cdots+1}_{k\text{个}1}=k(\bmod 9),$$

因此 $9\mid k$,故 k 的最小值为 9,n 的最小值为 $9\times 9-1=80$。

11. 解析:由对称性,不妨设 $\sqrt{a+b}=k-1$,$\sqrt{b+c}=k$,$\sqrt{c+a}=k+1$($k\in \mathbf{N}_+$ 且 $k\geqslant 2$),易得 $a=\frac{1}{2}k^2+1$,$b=\frac{1}{2}k^2-2k$,$c=\frac{1}{2}k^2+2k$,由 a、b、c 均为正整数知,k 为偶数且 $k>4$,所以 k 的最小值为 6。 故 $a^2+b^2+c^2=\frac{3}{4}k^4+9k^2+1\geqslant 1297$,当 $a=19$,$b=6$,$c=30$ 时可取等号。 故所求最小值为 1297。

12. 解析:设 $F=\overline{a_1a_2a_3a_4a_5a_6a_7a_8a_9a_{10}}$,其中 $1\leqslant a_1\leqslant 9$,$0\leqslant a_i\leqslant 9$,$i=2,3,\cdots,10$。 由题意 $a_1+a_2+\cdots+a_{10}=81$。 令 $b_i=9-a_i$,$i=1,2,\cdots,10$,则 $b_1+b_2+\cdots+b_{10}=9$,其中 $0\leqslant b_1\leqslant 8$,$0\leqslant b_i\leqslant 9$,$i=2,3,\cdots,10$,此不定方程的非负整数解共有 $C_{9+10-1}^{10-1}=C_{18}^9=48\,620$ 组,去掉唯一一组不合题意的解 $(9,0,\cdots,0)$,共有 $48\,620-1=48\,619$ 个筑梦数。

13. 点拨:由问题的形式可知应将六位数分为前后两段,化为代数表示后求解。
解析:设 $\overline{y_1y_2f_3}=m$,$\overline{f_4d_5d_6}=n$,则 $100\leqslant m\leqslant 999$,$1\leqslant n\leqslant 999$。 条件等式等价于

$1000\dfrac{m}{n}+1=(1+m)^2$，即 $\dfrac{1000}{n}=2+m$。因为 $102\leqslant 2+m\leqslant 1001$，所以 $1\leqslant n\leqslant 9$ 且 $n\mid 1000$，故 n 的取值集合为 $\{1,2,4,5,8\}$。因此对应的 (m,n) 有 5 种不同的取值，对应的六位数为 $1000m+n=1000\times\left(\dfrac{1000}{n}-2\right)+n$，即 $998\,001$，$498\,002$，$248\,004$，$198\,005$，$123\,008$。这样的六位数之和为 $2\,065\,020$。

14. 解析：因为 $\left[\dfrac{x}{2}\right]$，$\left[\dfrac{x}{3}\right]$，$\left[\dfrac{x}{5}\right]$ 为整数，所以 x 为整数。令 $x=30m+n$，其中 $m,n\in\mathbf{Z}$ 且 $0\leqslant n\leqslant 29$，则原方程化为 $m=n-\left[\dfrac{n}{2}\right]-\left[\dfrac{n}{3}\right]-\left[\dfrac{n}{5}\right]$。显然，对每个给定的 $0\leqslant n\leqslant 29$，m 唯一确定，从而 x 确定。这样的 (m,n) 共有 30 组，故方程的解的个数为 30。本题应选 A。

15. 解析：设 $m=10!\times a$，$n=10!\times b$，其中 $(a,b)=1$，因为 $mn=(m,n)[m,n]=10!\times 50!$，所以 $ab=\dfrac{50!}{10!}=11\times 12\times\cdots\times 50$，则 ab 的质因子为 $2,3,5,7,11,13,17,19,23,29,31,37,41,43,47$，共 15 个不同的质因子。由于 $(a,b)=1$，所以 a、b 不含相同的质因子。在上述 15 个质因子中选择 k 个给 a，剩下的给 b，总的选法数为 $\mathrm{C}_{15}^0+\mathrm{C}_{15}^1+\cdots+\mathrm{C}_{15}^{15}=2^{15}$。不同的选法对应不同的 (a,b)，也对应不同的 (m,n)。故本题应选 B。

16. 点拨：在第 6 讲数列中我们见过类似的问题，核心是构造对偶式，利用特征方程得出递推关系。

解析：设 $a_n=(4+2\sqrt{3})^n+(4-2\sqrt{3})^n$，由特征方程可知，$a_n$ 满足递推关系 $a_{n+2}=8a_{n+1}-4a_n$，且 $a_1=8$，$a_2=56$。由数学归纳法，易证 $a_n\in\mathbf{Z}$，$n\in\mathbf{N}_+$。又 $0<4-2\sqrt{3}<1$，所以 $a_n-1<C_n<a_n$，进而 $[C_n]=a_n-1$，$[C_n]+1=a_n$。只需证明 2^{n+1} 整除 a_n 即可，同样用数学归纳法是容易证明的，所以对 $\forall n\in\mathbf{N}_+$，2^{n+1} 整除 $[C_n]+1$。

17. 点拨：强基考试需把握时间，本题可以直接填小于，因为类似于 $S(n)$ 远小于 n，显然 $D(A)$ 也会远小于 A，如此下去 b_{2022} 会变得很小。当然，我们也可以给出严格的证明，方法也完全等同于 $S(n)$ 的放缩。

解析：由题意可知，若 A 为 k 位数，则 $D(A)\leqslant 9\times(1+2+\cdots+2^{k-1})=9\times(2^k-1)<10\times 2^k$。因为 $b_0=2033^{10}<10^{40}$，所以 b_0 至多为 40 位数，则 $b_1<10\times 2^{40}<8^{14}\times 10<10^{15}$，故 b_1 至多为 15 位数，进而 $b_2<10\times 2^{15}=10\times 8^5<10^6$，所以 b_2 至多为 6 位数，从而 $b_3<10\times 2^6=640$，因此 b_3 至多为 3 位数，则 $b_4<10\times 2^3<80$，所以 b_4 至多为两位数，进而 $b_5<10\times 2^2=40$，依此类推可得对于所有的 $n\geqslant 5$，b_n 至多为两位数，其各位

数字的平方和不超过 $81+81=162$，特别地，b_{2022} 各位数字的平方和小于 200。

18. 解析：由 $100 \mid 2^y+y$ 等价于 $4 \mid 2^y+y$ 且 $25 \mid 2^y+y$。

显然 $y \neq 1$，所以 $y \geqslant 2$，所以 $4 \mid 2^y$，进而 $4 \mid y$。设 $y=4m$，则由 $25 \mid 2^y+y$，得 $5 \mid 2^{4m}+4m$，所以 $2^{4m}+4m \equiv 1-m \equiv 0 \pmod 5$，即 $m \equiv 1 \pmod 5$。设 $m=5n+1$，则 $y=4m=20n+4$，此时已满足 $4 \mid 2^y+y$，只需 $25 \mid 2^y+y$ 即可。由欧拉定理，$2^{\varphi(25)}=2^{20} \equiv 1 \pmod{25}$，从而 $2^y+y=2^{20n+4}+20n+4 \equiv 2^4+20n+4=20(n+1) \equiv 0 \pmod{25}$，等价于 $n+1 \equiv 0 \pmod 5$。设 $n=5k+4$，则 $y=20n+4=100k+84$，结合 $1<y \leqslant 2022$ 可得 $0 \leqslant k \leqslant 19$。故满足题意的正整数 y 的个数为 20。

评注：这种步步为营的方法很常见。从简单的情形出发，得到 y 具有的同余性质，并作等价代换，进而再推出 y 具有的性质，最终水落石出。

19. 解析：$0 \equiv 2a+3b+5c+7d \equiv b+c+d \pmod 2$，所以 $b+c+d$ 为偶数，因此 b、c、d 中必有一个为 2，又 $0=10a+7b+5c+3d-(2a+3b+5c+7d)=8a+4b-4d$，即 $d=2a+b$，所以 b、d 不为 2，b、d 均为奇质数，进而有 $c=2$。原等式化为 $2a+3b+7d=10a+7b+3d=142$，则 $142=2a+3b+7d \geqslant 2 \times 2+3 \times 3+7d$，所以 $d \leqslant 18$，又 $142-3d=10a+7b=2(2a+3b)+6a+b \geqslant 2(142-7d)+6 \times 2+3$，得 $d \geqslant 15$，故 d 的取值只可能是 17。将 $c=2$，$d=17$ 代入原等式，有 $2a+3b=23$，$10a+7b=91$，解得 $a=7$，$b=3$，所以 $a+b+c+d=7+3+2+17=29$。本题应选 B。

评注：这样的问题一般会有一个质数是 2，所以优先进行奇偶分析，再作不等式放缩。

20. 解析：由题意，$2\mathrm{C}_n^k=\mathrm{C}_n^{k-1}+\mathrm{C}_n^{k+1}$，则

$$2\frac{n!}{k!(n-k)!}=\frac{n!}{(k-1)!(n-k+1)!}+\frac{n!}{(k+1)!(n-k-1)!},$$

进而

$$\frac{2}{k(n-k)}=\frac{1}{(n-k)(n-k+1)}+\frac{1}{k(k+1)},$$

即 $2(k+1)(n-k+1)=k(k+1)+(n-k)(n-k+1)$，以 k 为主元重新整理，得

$$4k^2-4nk+n^2-n-2=0。$$

上述关于 k 的方程有整数解，故判别式 $\Delta=(4n)^2-16(n^2-n-2)=16(n+2)$ 必为完全平方数，即 $n+2$ 为完全平方数。设 $m^2=n+2 \leqslant 2022<2025=45^2$，则 $m \leqslant 44$。又 $m^2=n+2 \geqslant 3+2=5$，所以 $m \geqslant 3$，此时可取 $k=\frac{4n-4\sqrt{n+2}}{8}=\frac{1}{2}(m-2)(m+1) \leqslant n-1$。由于 $m-2$ 与 $m+1$ 奇偶性不同且 $3 \leqslant m \leqslant 44$，所以 k 为正整数，对应的 n 为

理想数。因为 m 共有 42 个,故所求理想数的个数为 42。本题应选 C。

21. 解析:注意到边长为 3、4、5 的三角形满足题意,故选项 CD 正确。

对于选项 A,当 $a=1$ 时,由三角不等式知,$|b-c|<a=1$。又 b、c 为正整数,所以 $|b-c|=0$,即 $b=c$,于是 $S_{\triangle ABC}=\dfrac{1}{2}\cdot 1\cdot\sqrt{b^2-\dfrac{1}{4}}=\dfrac{1}{4}\sqrt{4b^2-1}$。而 $4b^2-1\equiv-1\pmod 4$,所以 $4b^2-1$ 不是完全平方数,从而 $S_{\triangle ABC}$ 为无理数。故选项 A 错误。

对于选项 B,当 $a=2$ 时,不妨设 $b\leqslant c$。由三角不等式,$c-b<a=2$,所以则 $c=b$ 或 $c=b+1$。若 $c=b$,此时 $S=\dfrac{1}{2}\cdot 2\cdot\sqrt{b^2-1}=\sqrt{b^2-1}$ 不是有理数;若 $c=b+1$,则半周长 $p=\dfrac{2b+3}{2}$,由海伦公式得

$$S_{\triangle ABC}=\sqrt{p(p-a)(p-b)(p-c)}=\dfrac{1}{4}\sqrt{3(4b^2+4b-3)}。$$

而 $3(4b^2+4b-3)\equiv-1\pmod 4$,所以 $3(4b^2+4b-3)$ 不是完全平方数,从而 $S_{\triangle ABC}$ 为无理数。故选项 B 错误。

综上,本题应选 CD。

22. 解析:证明:假设 $\{4n+1\}$ 中只有有限个质数,记为 $q_1,q_2,\cdots,q_l$。考虑

$$M=4(q_1q_2\cdots q_l)^2+1,$$

由假设易知,M 为奇合数。首先证明 M 的素因子全为 $4k+1$ 型。若不然,设 M 有 $4k-1$ 型素因子 p,则 $(2q_1q_2\cdots q_l)^2\equiv-1\pmod p$。注意到 $\dfrac{p-1}{2}$ 是奇数,且显然 p 与 $2q_1q_2\cdots q_l$ 互质,由费马小定理,有

$$-1=(-1)^{\frac{p-1}{2}}\equiv(2q_1q_2\cdots q_l)^{p-1}\equiv1\pmod p,$$

即 $2\equiv0\pmod p$。这与 p 为奇质数矛盾,因此 M 的素因子全为 $4k+1$ 型,显然这些质数均异于 $q_1,q_2,\cdots,q_l$,矛盾,故假设不成立,所以 $\{4n+1\}$ 中有无穷多个质数。

评注:本题比起 $\{4n-1\}$ 情形的构造就困难了一些。证明的本质是利用 -1 不是 $4k-1$ 型质数的二次剩余,感兴趣的读者可以再自主深入了解。

23. 解析:设 $2n+1=a^2$,$3n+1=b^2$,则 $a^2+b^2=5n+2\equiv2\pmod 5$,结合完全平方数模 5 余 0 或 ±1 可知,$a^2\equiv b^2\equiv1\pmod 5$,又 a 为奇数,所以 $a\equiv\pm1\pmod{10}$。又因为 n 不超过 2022,所以 $a^2=2n+1\leqslant4045$,易得 $1<a\leqslant63$。——验证 $a=9$,11,19,21,29,31,39,41,49,51,59,61 的情形,可知只有 $a=9$ 满足要求,此时 $n=40$,故满足题意

的正整数 n 的个数为 1。

评注:笔者所见的参考答案均有误——设 $2n+1=a^2$，$3n+1=b^2$，得 $(3a)^2-6b^2=3$，其与佩尔方程 $x^2-6y^2=3$ 的正整数解显然一一对应。后者的最小正整数解为 $(3,1)$。由佩尔方程的性质知其全部解为 $x_k=\dfrac{(3+2\sqrt{6})(5+2\sqrt{6})^k+(3-2\sqrt{6})(5-2\sqrt{6})^k}{2}$，计算知 $x_1=3$，$x_2=27$，且 x_k 满足递推公式 $x_{k+2}=10x_{k+1}-x_k$，则 $x_3=267>189$。易知 $\{x_k\}$ 单调递增，因此只有 $x_2=27$ 符合题意，此时 $n=40$。故满足题意的正整数 n 的个数为 1。

上述解答是有可取之处的，也是笔者首先考虑的方法，但问题在于 $\{x_k\}$ 并不一定是全部解，只是一个基本解 $(3,1)$ 所产生的解系，我们很难判断广义佩尔方程 $x^2-6y^2=3$ 是否只有这一个基本解，所以笔者转变了思路，既然穷举是必要的，那么就研究 n 的性质以缩小范围，利用模 5 可以较好地减少需要穷举的数量。

24. 解析:注意到 $ab+ac+ad+bc+bd+cd=\dfrac{1}{2}\left[(a+b+c+d)^2-(a^2+b^2+c^2+d^2)\right]$

$=\dfrac{1}{2}\left[36-(a^2+b^2+c^2+d^2)\right]$，要求其正整数取值个数，即求 $a^2+b^2+c^2+d^2$ 小于 36 的不同取值的个数。由柯西不等式得 $(a^2+b^2+c^2+d^2)(1+1+1+1)\geqslant(a+b+c+d)^2=36$，则 $a^2+b^2+c^2+d^2\geqslant 9$。又因为 $a^2+b^2+c^2+d^2$ 与 $a+b+c+d$ 奇偶性相同，所以 $a^2+b^2+c^2+d^2$ 的取值必为 10 到 34 之间的偶数。

下证 $a^2+b^2+c^2+d^2$ 不为 8 的倍数。若不然，则 $a^2+b^2+c^2+d^2\equiv 0\pmod 4$，此时 a、b、c、d 要么同为偶数要么同为奇数。

(1) a、b、c、d 同为偶数。设 $a=2a'$，$b=2b'$，$c=2c'$，$d=2d'$，则 $a'+b'+c'+d'=3$，$a^2+b^2+c^2+d^2=4(a'^2+b'^2+c'^2+d'^2)$，因为 $a'^2+b'^2+c'^2+d'^2\equiv a'+b'+c'+d'\equiv 1\pmod 2$，所以 $a^2+b^2+c^2+d^2$ 不是 8 的倍数，矛盾。

(2) a、b、c、d 同为奇数。因为奇数的平方模 8 余 1，所以 $a^2+b^2+c^2+d^2\equiv 4\pmod 8$，从而 $a^2+b^2+c^2+d^2$ 不是 8 的倍数，矛盾。

因此 $a^2+b^2+c^2+d^2$ 的取值必为 10 到 34 之间的偶数且不为 8 的倍数。

另一方面，设 $f(a,b,c,d)=a^2+b^2+c^2+d^2$，则 $f(2,2,1,1)=10$，$f(2,2,2,0)=12$，$f(3,2,1,0)=14$，$f(3,3,0,0)=18$，$f(4,2,0,0)=20$，$f(4,2,1,-1)=22$，$f(5,1,0,0)=26$，$f(5,1,1,-1)=28$，$f(5,2,0,-1)=30$，$f(4,4,0,-2)=34$。因此 $a^2+b^2+c^2+d^2$ 可以取到所有 10 到 34 之间不为 8 的倍数的偶数，故所求正整数取值个数为 10。

25. 证法一:由费马小定理，对 $\forall 1\leqslant i\leqslant p-1$，存在 $x_i\in\mathbf{Z}$ 使得 $i^{p-1}=px_i+1$，则

$$\left[(p-1)!\right]^{p-1} = \prod_{i=1}^{p-1}(px_i+1) \equiv p\sum_{i=1}^{p-1}x_i+1 \pmod{p^2}.$$

又由威尔逊定理,存在 $k \in \mathbf{Z}$ 使得 $(p-1)!=kp-1$,则

$$\left[(p-1)!\right]^{p-1} = (kp-1)^{p-1} \equiv (-1)^{p-1}+(-1)^{p-2}(p-1)kp$$
$$= kp+1 \pmod{p^2}.$$

因此

$$\sum_{i=1}^{p-1}i^{p-1} = p\sum_{i=1}^{p-1}x_i+p-1 \equiv \left[(p-1)!\right]^{p-1}-1+p-1$$
$$\equiv kp+p-1 = (p-1)!+p \pmod{p^2}.$$

证法二:先证引理:

已知 p 为质数,则 $p \mid \sum_{k=1}^{p-1}k^m \Leftrightarrow p-1 \nmid m$。

证明:由费马小定理,我们只需考虑 $0 \leqslant m < p-1$ 的情形。

当 $m=0$ 时,$p-1 \mid m$ 且显然 $p \nmid \sum_{k=1}^{p-1}k^m$,此时命题成立。

当 $m \neq 0$ 时,考虑同余方程 $x^m-1 \equiv 0 \pmod{p}$,由拉格朗日定理,其至多 m 个解,又 $m < p-1$,故必有 $S \in \{1,2,\cdots,p-1\}$ 不满足此方程。因为 $(S,p)=1$,当 k 过模 p 的缩系时,Sk 也过模 p 的缩系,所以

$$\sum_{k=1}^{p-1}k^m \equiv \sum_{k=1}^{p-1}(Sk)^m \pmod{p},$$

即 $p \mid (S^m-1)\sum_{k=1}^{p-1}k^m$,又由 S 的取法知当 $p \nmid S^m-1$,所以 $p \mid \sum_{k=1}^{p-1}k^m$。

综上引理得证。

回到原题,令 $f(x)=(x-1)(x-2)\cdots[x-(p-1)]+1-x^{p-1}=a_{p-2}x^{p-2}+\cdots+a_1x+(p-1)!+1$,则 $f(0)=(p-1)!+1$,$f(i)=1-i^{p-1}$,$1 \leqslant i \leqslant p-1$,故待证式等价于

$$\sum_{i=0}^{p-1}f(i) \equiv 0 \pmod{p^2}.$$

由费马小定理知,$f(i) \equiv 0 \pmod{p}$,$1 \leqslant i \leqslant p-1$,即在模 p 意义下,$1,2,\cdots,p-1$ 这 $p-1$ 个数是 $f(x)$ 的根。又 $f(x)$ 为 $p-2$ 次多项式,则由拉格朗日定理知,$f(x)$ 的各项系数均为 p 的倍数。令 $g(x)=a_{p-2}x^{p-2}+\cdots+a_1x$,则

$$\sum_{i=0}^{p-1}g(i) = \sum_{i=0}^{p-1}\sum_{j=1}^{p-2}a_j \cdot i^j = \sum_{j=1}^{p-2}\left(a_j\sum_{i=0}^{p-1}i^j\right).$$

由引理知,对 $1 \leqslant j \leqslant p-2$,

$$\sum_{i=0}^{p-1} i^j = \sum_{i=1}^{p-1} i^j \equiv 0 \pmod{p}。$$

又因为 a_i 都是 p 的倍数,所以

$$\sum_{i=0}^{p-1} g(i) = \sum_{j=1}^{p-2} \left(a_j \sum_{i=0}^{p-1} i^j \right) \equiv 0 \pmod{p^2}。$$

于是

$$\sum_{i=0}^{p-1} f(i) = \sum_{i=0}^{p-1} \left[g(i) + (p-1)! + 1 \right] \equiv p \left[(p-1)! + 1 \right] \equiv 0 \pmod{p^2}。$$

最后一步同余等式利用了威尔逊定理。综上即证。

评注:设 m 是正整数,a 是与 m 互质的整数,若 a 模 m 的阶等于 $\varphi(m)$,则称 a 为模 m 的一个原根。法二的引理事实上证明了质数必存原根。阶、原根等的定义与性质超出本书主旨,感兴趣的读者可以自主拓展研习。

26. **点拨**:关键是证明更强的结论:$x^4 + y^4 = z^2$ 无正整数解。这是数论中的常见操作,恐怕读者也已经见怪不怪了。这么处理的原因是关注到形式类似于勾股方程,所以可以直接利用勾股方程的相关结论与方法。

解析:事实上,我们可以证明更强的结论:$x^4 + y^4 = z^2$ 无正整数解。假设此方程有正整数解,则存在一组解使得 z 是所有正整数解中最小的,设这组解为 (x_0, y_0, z_0)。

若 $(x_0, y_0) > 1$,则 (x_0, y_0) 有素因子 p,由 $p^4 \mid x_0^4 + y_0^4$ 知 $p^4 \mid z_0^2$,从而 $p^2 \mid z_0$。令 $x_1 = \dfrac{x_0}{p}$,$y_1 = \dfrac{y_0}{p}$,$z_1 = \dfrac{z_0}{p^2}$,则 x_1,y_1,z_1 是满足 $x^4 + y^4 = z^2$ 的一组正整数解,且 $z_1 < z_0$,这与 z_0 的最小性矛盾。故必有 $(x_0, y_0) = 1$。同理可证,$(y_0, z_0) = (x_0, z_0) = 1$。

若 z_0 为偶数,由 $(x_0, y_0) = 1$ 知 x_0、y_0 均为奇数。但 $x_0^4 + y_0^4 \equiv 2 \pmod 4$,$z_0^2 \equiv 0 \pmod 4$,方程不可能成立。故只有 z_0 为奇数,x_0、y_0 一奇一偶。

不妨设 x_0 为奇数,y_0 为偶数,则 $x_0^4 = (z_0 + y_0^2)(z_0 - y_0^2)$。设 $d = (z_0 + y_0^2, z_0 - y_0^2)$,显然 d 为奇数,且 $d \mid z_0 + y_0^2$,$d \mid z_0 - y_0^2$,所以 $d \mid 2z_0$,$d \mid 2y_0^2$,从而 $d \mid (2z_0, 2y_0^2) = 2(z_0, y_0^2) = 2$。由于 d 为奇数,所以 $d = 1$,这说明 $z_0 + y_0^2$ 与 $z_0 - y_0^2$ 互质,故可设 $z_0 + y_0^2 = u^4$,$z_0 - y_0^2 = v^4$,其中 u,v 为正奇数,$(u, v) = 1$,$uv = x_0$。

两式相减,得 $2y_0^2 = u^4 - v^4$,即 $y_0^2 = \dfrac{u^2 + v^2}{2} \cdot (u^2 - v^2)$。因为 $u^2 + v^2$ 模 4 余 2,所以 $\dfrac{u^2 + v^2}{2}$ 为奇数,仿照上述讨论可知 $\left(\dfrac{u^2 + v^2}{2}, u^2 - v^2 \right) = 1$,故可设

$\dfrac{u^2+v^2}{2}=s^2$，$u^2-v^2=t^2$，其中 s 为正奇数，t 为正偶数，$(s,t)=1$，$st=y_0$。

于是我们得到 $v^2+t^2=u^2$，这是一个勾股方程，且 $v<u<t$。由勾股方程的性质，存在 m，$n\in\mathbf{N}_+$，使得 $v=m^2-n^2$，$t=2mn$，$u=m^2+n^2$，代入 $\dfrac{u^2+v^2}{2}=s^2$ 得 $m^4+n^4=s^2$。

这说明 m、n、s 是 $x^4+y^4=z^2$ 的一组正整数解，显然 $s>1$。注意到 $z_0=\dfrac{1}{2}(u^4+v^4)\geqslant\dfrac{1}{4}(u^2+v^2)^2=s^4>s$，这与 z_0 的最小性矛盾。故假设不成立，方程 $x^4+y^4=z^2$ 无正整数解。由此即证 $x^4+y^4=z^4$ 无正整数解。

27. **点拨**：待证等式的形式和结论让我们想起了第7讲复数的习题17，所以使用复数的三角形式是自然的。困难在于本题出现了欧拉函数，为此，我们应先暂时放下伟大的欧拉，考虑简单情形，再回到原题。本题的形式关联了复数、三角函数、数论，也说明了数学的统一性。

证明：(1)注意到 $2\cos\dfrac{k\pi}{n}=\mathrm{e}^{\frac{k\pi}{n}\mathrm{i}}+\mathrm{e}^{-\frac{k\pi}{n}\mathrm{i}}$，所以

$$\prod_{k=1}^{n-1}2\cos\dfrac{k\pi}{n}=\prod_{k=1}^{n-1}(\mathrm{e}^{\frac{k\pi}{n}\mathrm{i}}+\mathrm{e}^{-\frac{k\pi}{n}\mathrm{i}})=\prod_{k=1}^{n-1}\mathrm{e}^{-\frac{k\pi}{n}\mathrm{i}}\prod_{k=1}^{n-1}(1+\mathrm{e}^{\frac{2k\pi}{n}\mathrm{i}})。$$

因为 $\mathrm{e}^{\frac{2k\pi}{n}\mathrm{i}}(k=0,1,\cdots,n-1)$ 是 $x^n-1=0$ 的所有根，所以

$$x^n-1=\prod_{k=0}^{n-1}(x-\mathrm{e}^{\frac{2k\pi}{n}\mathrm{i}}),$$

所以

$$\prod_{k=1}^{n-1}(1+\mathrm{e}^{\frac{2k\pi}{n}\mathrm{i}})=\dfrac{1}{2}\prod_{k=0}^{n-1}(1+\mathrm{e}^{\frac{2k\pi}{n}\mathrm{i}})=\dfrac{(-1)^n}{2}\prod_{k=0}^{n-1}(-1-\mathrm{e}^{\frac{2k\pi}{n}\mathrm{i}})$$

$$=\dfrac{(-1)^n}{2}[(-1)^n-1]=1。$$

所以

$$\prod_{k=1}^{n-1}2\cos\dfrac{k\pi}{n}=\prod_{k=1}^{n-1}\mathrm{e}^{-\frac{k\pi}{n}\mathrm{i}}=\mathrm{e}^{-\frac{\pi}{n}\mathrm{i}\cdot\frac{n(n-1)}{2}}=\mathrm{e}^{-\frac{(n-1)\pi}{2}\mathrm{i}}=(-1)^{\frac{n-1}{2}},$$

即

$$\prod_{k=1}^{n-1}\cos\dfrac{k\pi}{n}=\dfrac{(-1)^{\frac{n-1}{2}}}{2^{n-1}}。$$

下面用数学归纳法证明本题结论。

当 $n=3$ 时，$\varphi(3)=2$，由已证等式知结论成立。

假设当 $n<2m+1$ 且为大于1的奇数时结论成立，当 $n=2m+1$ 时，利用归纳假设、数论知识与已证等式，有

$$\frac{(-1)^{\frac{n-1}{2}}}{2^{n-1}}=\prod_{k=1}^{n-1}\cos\frac{k\pi}{n}=\prod_{\substack{1<d\leqslant n\\d\mid n}}\prod_{\substack{1\leqslant c\leqslant d\\(c,d)=1}}\cos\frac{c\pi}{d}=\prod_{k=1}^{\varphi(n)}\cos\frac{a_k\pi}{n}\cdot\prod_{\substack{1<d<n\\d\mid n}}\frac{(-1)^{\frac{\varphi(d)}{2}}}{2^{\varphi(d)}},$$

并利用等式 $n=\sum_{d\mid n}\varphi(d)$，可得

$$\sum_{\substack{1<d<n\\d\mid n}}\varphi(d)=n-\varphi(1)-\varphi(n)=n-1-\varphi(n),$$

代入上式即得

$$\prod_{k=1}^{\varphi(n)}\cos\frac{a_k\pi}{n}=\frac{(-1)^{\frac{\varphi(n)}{2}}}{2^{\varphi(n)}}。$$

由数学归纳法知，对任意奇数 $n>1$，要证等式成立。

（2）先证明对正整数 $n>3$，有

$$\prod_{k=1}^{n-1}\left(1+2\cos\frac{2k\pi}{n}\right)=\begin{cases}0, & 3\mid n,\\(-1)^{n-1}, & 3\nmid n。\end{cases}$$

注意到 $1+2\cos\dfrac{2k\pi}{n}=1+e^{\frac{2k\pi}{n}i}+e^{-\frac{2k\pi}{n}i}$，又 $(z-e^{\frac{2k\pi}{n}i})(z-e^{-\frac{2k\pi}{n}i})=z^2+1-z(e^{\frac{2k\pi}{n}i}+e^{-\frac{2k\pi}{n}i})$，

令 $z^2+1=-z$，即 $z^2+z+1=0$。故可取 $z=\dfrac{-1+\sqrt{3}i}{2}=e^{\frac{2\pi}{3}i}$，此时有

$$(z-e^{\frac{2k\pi}{n}i})(z-e^{-\frac{2k\pi}{n}i})=-z(1+e^{\frac{2k\pi}{n}i}+e^{-\frac{2k\pi}{n}i})=-z\left(1+2\cos\frac{2k\pi}{n}\right),$$

从而

$$\prod_{k=1}^{n-1}\left(1+2\cos\frac{2k\pi}{n}\right)=\prod_{k=1}^{n-1}-\frac{1}{z}(z-e^{\frac{2k\pi}{n}i})(z-e^{-\frac{2k\pi}{n}i})。$$

因为 $e^{\frac{2k\pi}{n}i}(k=0,1,2,\cdots,n-1)$ 是 $x^n-1=0$ 的所有根，$e^{-\frac{2k\pi}{n}i}(k=0,1,2,\cdots,n-1)$ 是 $x^n-1=0$ 的所有根，所以

$$\prod_{k=1}^{n-1}(z-e^{\frac{2k\pi}{n}i})=\prod_{k=1}^{n-1}(z-e^{-\frac{2k\pi}{n}i})=\frac{z^n-1}{z-1}。$$

故

$$\prod_{k=1}^{n-1}\left(1+2\cos\frac{2k\pi}{n}\right)=\frac{(-1)^{n-1}}{z^{n-1}}\cdot\frac{(z^n-1)^2}{(z-1)^2}。$$

对 n 按模 3 的余数分情况讨论,并结合 $z=\mathrm{e}^{\frac{2\pi}{3}\mathrm{i}}$,易得

$$\prod_{k=1}^{n-1}\left(1+2\cos\frac{2k\pi}{n}\right)=\begin{cases}0, & 3\mid n,\\(-1)^{n-1}, & 3\nmid n。\end{cases}$$

回到本题,设 b_k 是 a_k 模 n 的最小非负剩余,则 $\cos\dfrac{2a_k\pi}{n}=\cos\dfrac{2b_k\pi}{n}$。 因此,可不妨设 a_1,a_2,$\cdots$,$a_{\varphi(n)}$ 是模 n 的最小非负缩系。

仿照(1)的做法,我们仍用数学归纳法证明结论成立。为了叙述方便,记

$$T(n)=\prod_{k=1}^{\varphi(n)}\left(1+2\cos\frac{2a_k\pi}{n}\right)。$$

计算知,$T(2)=-1$。

当 $n=4$ 时,$T(4)=1$,结论成立;

假设当 $n<m$ 且 $(n,3)=1$ 时,结论成立。当 $n=m$ 时,若 $3\mid m$,则归纳假设可调整为当 $n<m+1$ 且 $(n,3)=1$ 时,结论成立。因此,总可以假设 $3\nmid m$。我们对 m 分奇偶讨论。

若 m 为奇数,则 m 的因子全为奇数且与 3 互质,运用已证等式与归纳假设可得

$$\begin{aligned}1&=\prod_{k=1}^{m-1}\left(1+2\cos\frac{2k\pi}{m}\right)=\prod_{\substack{1<d\leqslant m\\d\mid m}}\prod_{\substack{1\leqslant c\leqslant d\\(c,d)=1}}\left(1+2\cos\frac{2c\pi}{d}\right)\\&=\prod_{\substack{1<d\leqslant m\\d\mid m}}T(d)=T(m)。\end{aligned}$$

若 m 为偶数,则 m 的因子为 2 及其他与 3 互质的正整数,运用已证等式与归纳假设可得

$$-1=\prod_{k=1}^{m-1}\left(1+2\cos\frac{2k\pi}{m}\right)=\prod_{\substack{1<d\leqslant m\\d\mid m}}T(d)=T(2)T(m)=-T(m)。$$

无论哪种情况,都能得到 $T(m)=1$。故 $n=m$ 时,结论成立。

综上,由数学归纳法知要证等式成立。

28. 证法一:对 a 归纳,当 $a=1$ 时,结论显然成立。

假设当 $a<k$ 时结论成立,考虑当 $a=k$ 时的情形。

(1) 若 $(k,b)=1$,设 $d=(k,\varphi(k))$,则 $d\leqslant\varphi(k)<k$,由归纳假设,存在正整数 n_0,使得

$$d\mid b^{n_0}-n_0,$$

则由欧拉定理结合 $d \mid \varphi(k)$ 可知,对任意的正整数 t,有

$$d \mid b^{n_0 + t\varphi(k)} - (n_0 + t\varphi(k)),$$

又由裴蜀定理知,存在正整数 x、y,使得

$$x\varphi(k) - yk = d。$$

令 $t = t_0 x$,t_0 为正整数,有

$$b^{n_0 + t\varphi(k)} - (n_0 + t\varphi(k)) \equiv b^{n_0} - n_0 - t_0(d + yk) \equiv b^{n_0} - n_0 - t_0 d \pmod{k},$$

注意到 $d \mid b^{n_0} - n_0$,$d \mid k$,所以显然存在 t_0,使得 $b^{n_0} - n_0 - t_0 d \equiv 0 \pmod{k}$,此时

$$k \mid b^{n_0 + t\varphi(k)} - (n_0 + t\varphi(k)),$$

所以该情形下命题成立;

(2) 若 $(k, b) \neq 1$,取 (k, b) 的一个素因子 p,设 $k = p^l k_0$,l 为正整数,k_0 与 p 互质,则由欧拉定理,对任意的正整数 j,有 $k_0 \mid p^{j\varphi(k_0)} - 1$,所以存在 $r > l$,使得 $k_0 \mid p^r - 1$,由归纳假设可知,存在正整数 n_0,使得

$$k_0 \mid (b^{p^r})^{n_0} - n_0,$$

结合 $k_0 \mid p^r - 1$ 可知 $k_0 \mid (b^{p^r})^{n_0} - p^r n_0$,又 $r > l$,$p \mid b$,所以

$$p^l \mid (b^{p^r})^{n_0} - p^r n_0,$$

结合 $k = p^l k_0$,$(p^l, k_0) = 1$ 可知 $k \mid (b^{p^r})^{n_0} - p^r n_0$,所以该情形下命题成立。

综上所述,当 $a = k$ 时命题也成立,所以命题对所有的正整数 a 都成立,也即对任意的正整数 a,b,存在正整数 n,使得 $a \mid b^n - n$。

证法二:先给出一个引理。

引理:若质数 $p \nmid b$,则对 $\forall r \in \mathbf{N}_+$,$\exists n_\alpha \in \mathbf{N}_+$,使得 $n_\alpha \equiv r \pmod{p-1}$,且当 n 满足 $n \equiv n_\alpha \pmod{p^\alpha(p-1)}$ 时,有 $b^n \equiv n \pmod{p^\alpha}$。

引理证明:对 α 归纳,

当 $\alpha = 1$ 时,取 n_1 满足 $\begin{cases} n_1 \equiv r \pmod{p-1}, \\ n_1 \equiv b^r \pmod{p}, \end{cases}$ 由中国剩余定理可知其存在,则若 $n \equiv n_1 \pmod{p(p-1)}$,则 $b^n \equiv b^{n_1} \equiv b^r \equiv n_1 \equiv n \pmod{p}$。

假设 $\alpha = \beta$ 时,引理成立,则当 $\alpha = \beta + 1$ 时,取 $\alpha = \beta$ 时所定的 n_β,再取 $n_{\beta+1}$ 满足 $\begin{cases} n_{\beta+1} \equiv r \pmod{p-1}, \\ n_{\beta+1} \equiv b^{n_\beta} \pmod{p^{\beta+1}}, \end{cases}$ 由中国剩余定理可知其存在,故 $n_{\beta+1} \equiv n_\beta \pmod{(p-1)}$,$n_{\beta+1} \equiv$

$b^{n_\beta} \equiv n_\beta (\text{mod } p^\beta)$，故有 $n_{\beta+1} \equiv n_\beta (\text{mod } p^\beta(p-1))$，则若 $n \equiv n_{\beta+1} (\text{mod } p^{\beta+1}(p-1))$，由阶的性质可得 $b^n \equiv b^{n_{\beta+1}} \equiv b^{n_\beta} \equiv n_{\beta+1} \equiv n (\text{mod } p^{\beta+1})$，即在 $\alpha = \beta+1$ 时，引理也成立，故知引理成立。

注意到：若 $p \mid b$，则当 $n \in \mathbf{N}_+$，且 $n \equiv 0 (\text{mod } p^\alpha)$，因 $n \geqslant p^\alpha \geqslant \alpha$，可知 $b^n \equiv 0 \equiv n (\text{mod } p^\alpha)$，记 $p^+(n)$ 表示 n 的最大素因子，我们通过对 a 的不同素因子个数 $\omega(a)$ 进行归纳证明：存在正整数 M、n_0，使得 $p^+(M) \leqslant p^+(a)$，且若 $n \in \mathbf{N}_+$，$n \equiv n_0 (\text{mod } M)$，则应有

$$a \mid b^n - n。$$

当 $\omega(a) = 1$，即 $a = p^\alpha$ 时，若 $p \mid b$，取 $n_0 = 0$，$M = p^\alpha$；若 $p \nmid b$，由引理取出 n_α，令

$$M = p^\alpha(p-1)，\quad n_0 = n_\alpha，$$

即 $p^+(M) = p \leqslant p^+(a)$ 成立。

假设当 $\omega(a) = k$ 时命题成立，则当 $\omega(a) = k+1$ 时，设 $p^+(a) = p$，$a = p^\alpha \cdot a'$（$p \nmid a'$），注意到 $\omega(a') = k$，由归纳假设，可取出 (a', b) 对应的 M' 和 n_0'，此时

$$p^+(M') \leqslant p^+(a') < p。$$

若 $p \mid b$，取 $M = p^\alpha \cdot M'$，n_0 满足 $\begin{cases} n_0 \equiv n_0' (\text{mod } M')，\\ n_0 \equiv 0 (\text{mod } p^\alpha)。\end{cases}$ 由中国剩余定理可知其存在，故若 $n \in \mathbf{N}_+$，$n \equiv n_0 (\text{mod } M)$，则 $n \geqslant p^\alpha \geqslant \alpha$，有 $p^\alpha \mid b^n - n$，又由 $n \equiv n_0' (\text{mod } M')$ 可知 $a' \mid b^n - n$，故 $a \mid b^n - n$ 成立；

若 $p \nmid b$，取 $M = p^\alpha(p-1) \cdot M'$，对于 $r = n_0'$，由引理取出 n_α，取 n_0 满足 $\begin{cases} n_0 \equiv n_0' (\text{mod } M'(p-1))，\\ n_0 \equiv n_\alpha (\text{mod } p^\alpha)，\end{cases}$ 因 $p^+(M'(p-1)) < p$，由中国剩余定理可知解存在，而 n_0

$\equiv n_0' \equiv n_\alpha (\text{mod } (p-1))$，故 $n_0 \equiv n_\alpha (\text{mod } p^\alpha(p-1))$，所以若 $n \in \mathbf{N}_+$，$n \equiv n_0 (\text{mod } M)$，则 $n \equiv n_\alpha (\text{mod } p^\alpha(p-1))$，故 $p^\alpha \mid b^n - n$，同上有 $a' \mid b^n - n$，故 $a \mid b^n - n$ 成立。

综上所述可知原命题成立。

评注：本题及证法一是笔者高中时的原创，问题乍一看很短，形式也单纯，但做起来比较困难。尽管使用的都是最基本的数论知识与定理，但技巧较高且较多，例如选择对 a 归纳，分类讨论，考虑 $d = (k, \varphi(k))$，设出 $k = p^l k_0$ 这样的分解等等，证法二来自于笔者的学生尹同学，其首先证明了一个有力的引理，在此基础上证明了加强的命题。不难发现两种证法存在高度的统一性，本质都是对 a 与 b 是否互质的情形进行分类讨论，并利用数学归纳法来创设强有力的前提。

山外有山，学无止境。如果读者有其他任何形式的证法，还请不吝赐教联系笔者，笔者愿意聆听学习。

第 10 讲　极限与导数

1. 解析:如图所示, $f'(x)$ 的最大值是 $f'(a)$,最小值是 $f'(b)$ 。由导数定义有

$$S'(t) = \lim_{\Delta t \to 0} \frac{S(t + \Delta t) - S(t)}{\Delta t} = \lim_{\Delta t \to 0} \frac{f(t) \cdot \Delta t}{\Delta t} = f(t),$$

所以 $S'(t)$ 的最大值是 $S'(c)$,最小值是 $S'(b)$ 。本题应选 D。

评注:以直代曲是数学中的重要思想方法。祖冲之利用割圆术求圆周率,阿基米德求曲边三角形的面积都采用了这一思想。

2. 点拨:将数列通项进行因式分解,从而出现便于前后相消的形式。

解析:注意到

$$a_n = \prod_{k=2}^{n} \frac{k^3 - 1}{k^3 + 1} = \prod_{k=2}^{n} \frac{(k-1)(k^2 + k + 1)}{(k+1)(k^2 - k + 1)} = \prod_{k=2}^{n} \frac{k-1}{k+1} \prod_{k=2}^{n} \frac{k(k+1) + 1}{(k-1)k + 1}$$

$$= \frac{2}{n(n+1)} \cdot \frac{n(n+1) + 1}{3} = \frac{2}{3} \left[1 + \frac{1}{n(n+1)} \right],$$

所以 $\lim_{n \to \infty} a_n = \frac{2}{3}$ 。 本题应选 B。

3. 解析:显然 $x = 0$ 时等式不成立,故原方程等价于 $a = x^2 - \frac{1}{x}$ 。令 $f(x) = x^2 - \frac{1}{x}$,则原方程只有一个实数解等价于 $y = a$ 与 $y = f(x)$ 只有一个交点。 $f'(x) = 2x + \frac{1}{x^2} = \frac{1}{x^2}(2x^3 + 1)$,所以当 $x \in \left(-\infty, -\frac{1}{\sqrt[3]{2}} \right)$ 时, $f(x)$ 单调减,当 $x \in \left(-\frac{1}{\sqrt[3]{2}}, 0 \right)$ 或 $x \in (0, +\infty)$ 时, $f(x)$ 单调增。 又 $\lim_{x \to -\infty} f(x) = \lim_{x \to +\infty} f(x) = +\infty$, $\lim_{x \to 0^-} f(x) = +\infty$, $\lim_{x \to 0^+} f(x) = -\infty$, $f\left(-\frac{1}{\sqrt[3]{2}} \right) = \frac{3}{2} \sqrt[3]{2}$,所以当 $a < \frac{3}{2} \sqrt[3]{2}$ 时, $y = a$ 与 $y = f(x)$ 只有一个交点。本题应选 B。

4. 解析: $\int_{-1}^{1} (1 - \sin x) x^2 \, dx = \int_{-1}^{1} x^2 \, dx - \int_{-1}^{1} x^2 \sin x \, dx$,其中 $\int_{-1}^{1} x^2 \, dx = \frac{x^3}{3} \Big|_{-1}^{1} = \frac{2}{3}$,而 $x^2 \sin x$ 是奇函数,所以 $\int_{-1}^{1} x^2 \sin x \, dx = 0$,故 $\int_{-1}^{1} (1 - \sin x) x^2 \, dx = \frac{2}{3}$ 。

5. 解析: $f'(x) = ax - (1 + 2a) + \frac{2}{x}$ 。设 $f(x)$ 在 $\left(\frac{1}{2}, 1 \right)$ 上的极大值点为 t ,由费马引理知 $f'(t) = 0$,即 $a = \frac{1}{t} \in (1, 2)$ 。计算知 $f'\left(\frac{1}{2} \right) = \frac{3}{2}(2 - a) > 0$, $f'(1) = 1 - a < 0$,

$f'(x)$ 由对勾函数平移得到,由其图象性质知 $f'(x)$ 在 $\left(\dfrac{1}{2},1\right)$ 上先正后负,所以 $f(x)$ 在 $\left(\dfrac{1}{2},1\right)$ 上先增后减,所以 $f(x)$ 在 $\left(\dfrac{1}{2},1\right)$ 上有极大值。故本题选 A。

6. 解析:令 $\Delta x = x-2$,由导数定义,

$$\lim_{x\to 2}\frac{f(5-x)-3}{x-2}=-\lim_{\Delta x\to 0}\frac{f(3-\Delta x)-f(3)}{-\Delta x}=-f'(3),$$

所以 $f'(3)=-2$。由此可写出 $f(x)$ 在 $(3,f(3))$ 处的切线方程为

$$y-f(3)=f'(3)(x-3),$$

即 $2x+y-9=0$。故本题应选 B。

7. 解析:由题意 $f(x)\geqslant 0$,分离变量得 $a\leqslant 3\ln x+x^2+\dfrac{5}{x}$。令 $g(x)=3\ln x+x^2+\dfrac{5}{x}$,$x>0$,只要求 $g(x)$ 的最小值。求导有 $g'(x)=\dfrac{3}{x}+2x-\dfrac{5}{x^2}=\dfrac{(x-1)(2x^2+2x+5)}{x^2}$,且 $2x^2+2x+5=2\left(x+\dfrac{1}{2}\right)^2+\dfrac{9}{2}>0$,所以 $g(x)$ 在 $(0,1)$ 上单调减,在 $(1,+\infty)$ 上单调增,所以 $g(x)_{\min}=g(1)=6$。故 $a\leqslant g(x)_{\min}=6$,从而 a 的最大值为 6。

8. 解析:令 $g(x)=\dfrac{f(x)}{x}$,$x>0$,则 $g'(x)=\dfrac{xf'(x)-f(x)}{x^2}>0$,所以 $g(x)$ 在 $(0,+\infty)$ 上单调增,故 $g\left(\dfrac{1}{2}\right)<g(1)$,即 $2f\left(\dfrac{1}{2}\right)<f(1)$。本题应选 A。

评注:技巧,补充几个。对于含有 $f(x)$ 与 $f'(x)$ 的不等式的一类题型,往往需要构造函数通过求导来得到同一形式。例如若 $\lambda f(x)+f'(x)>0$,则考虑 $g(x)=\mathrm{e}^{\lambda x}f(x)$,可得 $g(x)$ 单调递增;若 $nf(x)+xf'(x)>0$,则考虑 $t(x)=x^n f(x)$。

9. 解析:当 $0<x<1$ 时,$\sin x<x$,所以 $0<\dfrac{\sin x}{x}<1$,进而 $\left(\dfrac{\sin x}{x}\right)^2<\dfrac{\sin x}{x}$。令 $f(x)=\dfrac{\sin x}{x}$,则 $f'(x)=\dfrac{x\cos x-\sin x}{x^2}=\dfrac{\cos x}{x^2}(x-\tan x)<0$,所以 $f(x)$ 在 $(0,1)$ 上单调减,从而 $\dfrac{\sin x}{x}=f(x)<f(x^2)=\dfrac{\sin x^2}{x^2}$。故本题应选 B。

10. 解析:(1) 求导有 $f'(x)=4x^3+3px^2=x^2(4x+3p)$,所以 $f(x)$ 在 $\left(-\infty,-\dfrac{3}{4}p\right)$ 上单调减,在 $\left(-\dfrac{3}{4}p,+\infty\right)$ 上单调增。故要使 $f(x)>0$,等价于

$$f\left(-\frac{3}{4}p\right)=\frac{81}{256}p^4-\frac{27}{64}p^4+q>0,$$

即 $q>\frac{27}{256}p^4$。

（2）由（1）知，$f(x)$ 在 $\left(-\infty,-\frac{3}{4}p\right)$ 上单调减，在 $\left(-\frac{3}{4}p,+\infty\right)$ 上单调增，

$f\left(-\frac{3}{4}p\right)$ 是最小值。

当 $f\left(-\frac{3}{4}p\right)>0$ 时，显然不存在这样的 a_1，a_2，a_3，a_4。

当 $f\left(-\frac{3}{4}p\right)=0$ 时，$f(x)$ 与 x 轴只有一个交点，所以 $-\frac{3}{4}p$ 是 $f(x)$ 的四重根，即

$$f(x)=\left(x+\frac{3}{4}p\right)^4。$$

比较系数知 $p=q=0$。

当 $f\left(-\frac{3}{4}p\right)<0$ 时，$f(x)$ 与 x 轴有两个交点，所以 $f(x)$ 有两个不同根。易知若 α 是 $f(x)$ 的 n 重根，则 α 是 $f'(x)$ 的 $n-1$ 重根。因为 $f'(x)=x^2(4x+3p)$，所以 $f(x)$ 有一个三重根，一个单重根。易知 $f(x)$ 的三重根为 0，可设 $f(x)=x^3(x-\beta)$。比较系数知 $p=-\beta$，$q=0$。又由 $f\left(-\frac{3}{4}p\right)<0$，得 $\frac{27}{256}p^4>q=0$，所以只需 $p\neq0$，$q=0$ 即可。

综上所述，p、q 满足的条件为 $q=0$。

11. 解析：质心位置为

$$\frac{\int_{-1}^{2}(2+x)x\,\mathrm{d}x}{\int_{-1}^{2}(2+x)\,\mathrm{d}x}=\frac{\left(x^2+\frac{x^3}{3}\right)\Big|_{-1}^{2}}{\left(2x+\frac{x^2}{2}\right)\Big|_{-1}^{2}}=\frac{6}{\frac{15}{2}}=\frac{4}{5}。$$

故本题选 D。

12. 点拨：利用极限的四则运算法则及极限存在定理即可。

解析：（1）$\displaystyle\lim_{n\to\infty}\frac{6n^2-5n}{4n^2-3n+2}=\lim_{n\to\infty}\frac{6-\dfrac{5}{n}}{4-\dfrac{3}{n}+\dfrac{2}{n^2}}=\frac{6-0}{4-0+0}=\frac{3}{2}$；

（2）$\displaystyle\lim_{n\to\infty}\frac{a^{n+1}+b^{n+1}}{a^n+b^n}=\lim_{n\to\infty}\frac{a+b\left(\dfrac{b}{a}\right)^n}{1+\left(\dfrac{b}{a}\right)^n}=a$；

$(3) \lim_{n \to \infty}(\sqrt{n^2+n}-n)=\lim_{n \to \infty}\dfrac{n}{\sqrt{n^2+n}+n}=\lim_{n \to \infty}\dfrac{1}{\sqrt{1+\dfrac{1}{n}}+1}=\dfrac{1}{2}$;

(4) 不妨设 $a \geqslant b$，则 $a \leqslant \sqrt[n]{a^n+b^n} \leqslant \sqrt[n]{2a^n}=a\sqrt[n]{2}$。因为 $\lim_{n \to \infty}a\sqrt[n]{2}=a$，结合夹逼定理知，

$$\lim_{n \to \infty}\sqrt[n]{a^n+b^n}=a=\max\{a,\ b\}。$$

13. 解析：易知 $\{a_n\}$ 为正项数列。由递推式知当 $n \geqslant 1$ 时，$a_{n+1}<1$。又 $a_1=1$，所以 $a_n \leqslant 1$，

$\forall n \geqslant 1$，从而 $a_{n+1}=\dfrac{1}{1+a_n} \geqslant \dfrac{1}{2}$。故对任意正整数 n，都有 $\dfrac{1}{2} \leqslant a_n \leqslant 1$，即 $\{a_n\}$ 是有界

数列。设 $f(x)=\dfrac{1}{1+x}$，$x>0$，则 $a_{n+1}=f(a_n)$，且显然 $f(x)$ 单调减。

下面用数学归纳法证明：对任意正整数 n，有 $a_{2n-1}>a_{2n+1}$，$a_{2n}<a_{2n+2}$。

当 $n=1$ 时，计算易知 $a_1>a_3$，$a_2<a_4$；

假设当 $n=k$ 时，结论已成立，即 $a_{2k-1}>a_{2k+1}$，$a_{2k}<a_{2k+2}$；

当 $n=k+1$ 时，$a_{2k+1}=f(a_{2k})>f(a_{2k+2})=a_{2k+3}$，$a_{2k+2}=f(a_{2k+1})<f(a_{2k+3})=a_{2k+4}$，

所以结论对 $n=k+1$ 也成立。

综上，对任意正整数 n，结论均成立，即 $\{a_n\}$ 的奇子列单调减，偶子列单调增。又 $\{a_n\}$ 有

界，所以 $\{a_n\}$ 的奇子列和偶子列极限均存在。设 $\lim_{n \to \infty}a_{2n-1}=A$，$\lim_{n \to \infty}a_{2n}=B$，由递推公式

得 $a_{n+2}=\dfrac{1+a_n}{2+a_n}$。当 n 为奇数时，令 $n \to \infty$，得 $A=\dfrac{1+A}{2+A}$，解得 $A=\dfrac{-1 \pm \sqrt{5}}{2}$。又 $a_n \geqslant$

$\dfrac{1}{2}$，由极限的保序性质知 $A \geqslant \dfrac{1}{2}>0$，所以 $A=\dfrac{\sqrt{5}-1}{2}$。同理可得 $B=\dfrac{\sqrt{5}-1}{2}$。因此

$\{a_n\}$ 的奇子列和偶子列均收敛于 $\dfrac{\sqrt{5}-1}{2}$，故 $\{a_n\}$ 的极限存在且为 $\dfrac{\sqrt{5}-1}{2}$。

评注：有时数列 $\{a_n\}$ 整体不具有单调性，但其奇偶子列各自具有单调性，这就需要分开

讨论，最后统一求解。对于本题中的数列 $\{a_n\}$，我们也可以形象地理解为，其在极限处

"左右横跳"，且越来越靠近极限。

14. 证法一：反证法，假设 $\{a_n\}$ 收敛，设 $\lim_{n \to \infty}a_n=A$。即

$$\sum_{k=1}^{\infty}\dfrac{1}{k}=A,$$

所以

$$\sum_{k=1}^{\infty}\dfrac{1}{2k}=\dfrac{A}{2}$$

所以

$$\frac{A}{2} = \sum_{k=1}^{\infty} \frac{1}{k} - \sum_{k=1}^{\infty} \frac{1}{2k} = \sum_{k=1}^{\infty} \frac{1}{2k-1},$$

所以

$$0 = \frac{A}{2} - \frac{A}{2} = \sum_{k=1}^{\infty} \frac{1}{2k-1} - \sum_{k=1}^{\infty} \frac{1}{2k} = \sum_{k=1}^{\infty} \frac{1}{(2k-1)2k} > 0, \text{矛盾}。$$

所以假设不成立,原命题得证。

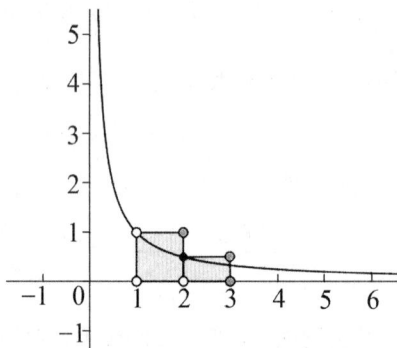

证法二:由定积分的定义,$1 + \frac{1}{2} + \cdots + \frac{1}{n}$ 大于 $f(x) = \frac{1}{x}$ 在 $[1, n+1]$ 上与 x 轴围成的面积,即

$$1 + \frac{1}{2} + \cdots + \frac{1}{n} > \int_1^{n+1} \frac{1}{x} \mathrm{d}x = \ln x \Big|_1^{n+1} = \ln(n+1)。$$

当 $n \to \infty$ 时,$\ln(n+1) \to +\infty$,所以正整数的倒数和发散。

评注:在证法一中我们对极限进行了一些四则运算,这些运算律之所以成立是因为 $\{a_n\}$ 为正项数列,所以若 $\{a_n\}$ 收敛,则 $\{a_n\}$ 绝对收敛,而绝对收敛的数列是满足一系列运算律的。至于绝对收敛的定义和性质等,学有余力的读者可以自行拓展研习。

我们曾在第 6 讲数列中利用对数不等式得到了 $a_n > \ln(n+1)$,进一步地,令 $b_n = 1 + \frac{1}{2} + \cdots + \frac{1}{n} - \ln n$,$b_n > \ln(n+1) - \ln n > 0$,且 $b_{n+1} - b_n = \frac{1}{n+1} - \ln\left(1 + \frac{1}{n}\right) < 0$,所以 $\{b_n\}$ 单调递减有下界,故其极限存在,记为 γ,我们称 γ 为欧拉常数,$\gamma \approx 0.5772156649 \cdots$。

15. 解析:(1) 证法一:由均值不等式,

$$\sqrt[n+1]{a_n} < \frac{1+n\left(1+\frac{1}{n}\right)}{n+1} = 1+\frac{1}{n+1}, \quad \sqrt[n+2]{\frac{1}{b_n}} < \frac{1+(n+1)\cdot\frac{n}{n+1}}{n+2} = \frac{n+1}{n+2},$$

即 $a_n < a_{n+1}$，$b_n > b_{n+1}$。

证法二：由二项式定理，

$$a_n = \left(1+\frac{1}{n}\right)^n = \sum_{k=0}^{n} C_n^k \frac{1}{n^k} = 2 + \sum_{k=2}^{n} C_n^k \frac{1}{n^k}。$$

当 $k \geqslant 2$ 时，$C_n^k \frac{1}{n^k} = \frac{1}{k!}\left(1-\frac{1}{n}\right)\left(1-\frac{2}{n}\right)\cdots\left(1-\frac{k-1}{n}\right) < \frac{1}{k!}\left(1-\frac{1}{n+1}\right)\left(1-\right.$

$\left.\frac{2}{n+1}\right)\cdots\left(1-\frac{k-1}{n+1}\right) = C_{n+1}^k \frac{1}{(n+1)^k}$，所以

$$a_n = 2 + \sum_{k=2}^{n} C_n^k \frac{1}{n^k} < 2 + \sum_{k=2}^{n+1} C_{n+1}^k \frac{1}{(n+1)^k} = a_{n+1}。$$

又由伯努利不等式，得

$$\left(\frac{1+\frac{1}{n-1}}{1+\frac{1}{n}}\right)^n = \left(1+\frac{1}{n^2-1}\right)^n > 1+\frac{n}{n^2-1} > 1+\frac{1}{n}，\text{即 } b_{n-1} > b_n。$$

(2) 由(1)知，$a_1 \leqslant a_n < a_{n+1} < b_{n+1} < b_n \leqslant b_1$，$\forall n \in \mathbf{N}_+$，所以 $\{a_n\}$ 单调递增有上界，$\{b_n\}$ 单调递减有下界。由单调有界原理知 $\{a_n\}$，$\{b_n\}$ 极限存在，且

$$\lim_{n\to\infty}\left(1+\frac{1}{n}\right)^{n+1} = \lim_{n\to\infty}\left(1+\frac{1}{n}\right)^n \cdot \left(1+\frac{1}{n}\right) = \lim_{n\to\infty}\left(1+\frac{1}{n}\right)^n。$$

评注：我们将本题中 $\{a_n\}$ 的极限记为 e，即 $e = \lim_{n\to\infty}\left(1+\frac{1}{n}\right)^n$，这就是自然对数的底数，是非常重要的一个数学常数。高中课本所给出的定义是 $e = 1 + \frac{1}{1!} + \frac{1}{2!} + \frac{1}{3!} + \cdots$。

事实上，由第(1)小问证法二中的

$$C_n^k \frac{1}{n^k} = \frac{1}{k!}\left(1-\frac{1}{n}\right)\left(1-\frac{2}{n}\right)\cdots\left(1-\frac{k-1}{n}\right)，$$

可知对于固定的 k，$\lim_{n\to\infty} C_n^k \frac{1}{n^k} = \frac{1}{k!}$。

设 $e_n = 1 + \sum_{k=1}^{n} \frac{1}{n!}$，对任意给定的正整数 m，当 $n > m$ 时，

$$a_n = 1 + 1 + \sum_{k=2}^{n} C_n^k \frac{1}{n^k} > 1 + 1 + \sum_{k=2}^{m} C_n^k \frac{1}{n^k}.$$

在上式中令 $n \to \infty$，得 $\mathrm{e} \geqslant 1 + 1 + \sum_{k=2}^{m} \frac{1}{k!} = e_m$。另一方面，由 a_n 的展开式易得 $a_n <$

e_n，所以 $a_m < e_m \leqslant \mathrm{e}$。因为 $\lim\limits_{m \to \infty} a_m = \mathrm{e}$，由夹逼定理有 $\lim\limits_{m \to \infty} e_m = \mathrm{e}$，即 $\mathrm{e} = 1 + \frac{1}{1!} + \frac{1}{2!} +$

$\frac{1}{3!} + \cdots$。

16. 点拨：对于(1)，习题 15 已经解决了数列极限，那么我们应想方设法将函数化归到数列的情形，由此自然想到高斯函数。

解析：(1) 由高斯函数性质，$[x] \leqslant x < [x] + 1$，所以当 $x > 1$ 时，有

$$\left(1 + \frac{1}{[x]+1}\right)^{[x]} < \left(1 + \frac{1}{x}\right)^{x} < \left(1 + \frac{1}{[x]}\right)^{[x]+1}.$$

当 $x \to +\infty$ 时，$[x] \to +\infty$，由已知数列极限 $\mathrm{e} = \lim\limits_{n \to \infty} \left(1 + \frac{1}{n}\right)^n$ 知，上述不等式左右两边的极限均为 e。再由函数极限的夹逼定理，即得 $\lim\limits_{x \to +\infty} \left(1 + \frac{1}{x}\right)^x = \mathrm{e}$。当 $x < 0$ 时，设 $t = -x > 0$，则

$$\lim_{x \to -\infty} \left(1 + \frac{1}{x}\right)^x = \lim_{t \to +\infty} \left(1 - \frac{1}{t}\right)^{-t} = \lim_{t \to +\infty} \left(1 + \frac{1}{t-1}\right)^t = \lim_{t \to +\infty} \left(1 + \frac{1}{t-1}\right)^{t-1} \left(1 + \frac{1}{t-1}\right) = \mathrm{e}$$

这就证明了 $\lim\limits_{x \to \infty} \left(1 + \frac{1}{x}\right)^x = \mathrm{e}$。

(2) 利用面积法可以证明如下熟知不等式，

$$\sin x < x < \tan x, \ 0 < x < \frac{\pi}{2}.$$

所以 $\cos x < \frac{\sin x}{x} < 1$，注意到此不等式对 $-\frac{\pi}{2} < x < 0$ 也成立，由夹逼定理即得

$\lim\limits_{x \to 0} \frac{\sin x}{x} = 1$。或者也可利用

$$\left| \frac{\sin x}{x} - 1 \right| < 1 - \cos x = 2\sin^2 \frac{x}{2} \leqslant 2\left(\frac{x}{2}\right)^2 = \frac{x^2}{2},$$

由极限定义知 $\lim\limits_{x \to 0} \frac{\sin x}{x} = 1$。

评注：本题的两个极限可以衍生处出许多其他极限，并且在推导初等函数的导数时有重

要应用。例如,设 $f(x) = \ln x$, $g(x) = \sin x$,则

$$f'(x) = \lim_{\Delta x \to 0} \frac{\ln(x + \Delta x) - \ln x}{\Delta x} = \lim_{\Delta x \to 0} \frac{1}{x} \ln\left(1 + \frac{\Delta x}{x}\right)^{\frac{x}{\Delta x}} = \frac{1}{x} \ln e = \frac{1}{x},$$

$$g'(x) = \lim_{\Delta x \to 0} \frac{\sin(x + \Delta x) - \sin x}{\Delta x} = \lim_{\Delta x \to 0} \cos\left(x + \frac{\Delta x}{2}\right) \frac{\sin \frac{\Delta x}{2}}{\frac{\Delta x}{2}} = \cos x。$$

17. 解析:由定积分定义,

$$\lim_{n \to \infty} \sum_{k=0}^{n-1} \frac{120}{\sqrt{n^2 + kn}} = \lim_{n \to \infty} \sum_{k=0}^{n-1} \frac{1}{n} \cdot \frac{120}{\sqrt{1 + \frac{k}{n}}} = \int_0^1 \frac{120}{\sqrt{1+x}} dx$$

$$= 240\sqrt{1+x} \Big|_0^1 = 240(\sqrt{2} - 1)。$$

18. 解析:对原式变形并利用洛必达法则,有

$$\lim_{x \to 0^+} \left[\frac{1}{2}(2^x + 3^x)\right]^{\frac{4}{x}} = \lim_{x \to 0^+} e^{\frac{4[\ln(2^x + 3^x) - \ln 2]}{x}} = e^{\lim_{x \to 0^+} \frac{4[\ln(2^x + 3^x) - \ln 2]}{x}}$$

$$= e^{\lim_{x \to 0^+} \frac{4(2^x \ln 2 + 3^x \ln 3)}{2^x + 3^x}} = e^{2(\ln 2 + \ln 3)} = 36。$$

19. 解析:当 $x \in \left(0, \frac{\pi}{2}\right)$ 时, $\sin x + \cos x = \sqrt{2} \sin\left(x + \frac{\pi}{4}\right) \leqslant \sqrt{2} < \frac{\pi}{2}$,所以 $\frac{\pi}{2} > \frac{\pi}{2} -$

$\sin x > \cos x > 0$,从而 $\sin(\sin x) = \cos\left(\frac{\pi}{2} - \sin x\right) < \cos(\cos x)$, $\cos(\sin x) =$

$\sin\left(\frac{\pi}{2} - \sin x\right) > \sin(\cos x)$ 。 故选项 AB 错误。

当 $x = \arctan \frac{5}{4}\pi$ 时, $\tan(\tan x) - \sin(\sin x) = 1 - \sin(\sin x) > 0$;当 $x = \arctan \pi$ 时,

$\tan(\tan x) - \sin(\sin x) = -\sin(\sin x) < 0$ 。 注意到 $\tan(\tan x) - \sin(\sin x)$ 在

$\left(\arctan \pi, \arctan \frac{5}{4}\pi\right)$ 上连续,由零点存在定理知,存在 $x \in \left(\arctan \pi, \arctan \frac{5}{4}\pi\right) \subseteq$

$\left(0, \frac{\pi}{2}\right)$ 使得 $\tan(\tan x) = \sin(\sin x)$ 。 故选项 C 正确。

下面证明,当 $x \in \left(0, \frac{\pi}{2}\right)$ 时, $\tan(\sin x) - \sin(\tan x) > 0$ 。

令 $f(x) = \tan(\sin x) - \sin(\tan x)$,则

$$f'(x) = \frac{\cos x}{\cos^2(\sin x)} - \frac{\cos(\tan x)}{\cos^2 x} = \frac{\cos^3 x - \cos^2(\sin x)\cos(\tan x)}{\cos^2(\sin x)\cos^2 x}。$$

当 $x \in \left(0, \arctan \dfrac{\pi}{2}\right)$ 时，$0 < \tan x$，$\sin x < \dfrac{\pi}{2}$，所以 $\cos(\tan x)$ 与 $\cos(\sin x)$ 均为正数。

由均值不等式及琴生不等式，得

$$\sqrt[3]{\cos^2(\sin x)\cos(\tan x)} \leqslant \frac{1}{3}\left[2\cos(\sin x) + \cos(\tan x)\right] \leqslant \cos\frac{2\sin x + \tan x}{3}。$$

令 $g(x) = 2\sin x + \tan x - 3x$，$x \in \left(0, \dfrac{\pi}{2}\right)$，则

$$g'(x) = \cos x + \cos x + \frac{1}{\cos^2 x} - 3 \geqslant 3 - 3 = 0，$$

所以 $g(x) > g(0) = 0$，从而 $\dfrac{1}{3}(2\sin x + \tan x) > x$，进一步有

$$\sqrt[3]{\cos^2(\sin x)\cos(\tan x)} < \cos x，$$

所以 $f'(x) > 0$。故 $f(x)$ 在 $\left(0, \arctan \dfrac{\pi}{2}\right)$ 上单调增，所以 $f(x) > f(0) = 0$。

当 $x \in \left[\arctan \dfrac{\pi}{2}, \dfrac{\pi}{2}\right)$ 时，$\sin\left(\arctan \dfrac{\pi}{2}\right) \leqslant \sin x < 1$。计算知 $\sin\left(\arctan \dfrac{\pi}{2}\right) =$

$\dfrac{\pi}{\sqrt{\pi^2 + 4}} > \dfrac{\pi}{4}$，所以 $\dfrac{\pi}{4} < \sin x < 1$，从而 $\sin(\tan x) \leqslant 1 < \tan(\sin x) < \tan 1$。

综上，当 $x \in \left(0, \dfrac{\pi}{2}\right)$ 时，$\tan(\sin x) - \sin(\tan x) > 0$。故选项 D 错误。

本题应选 C。

评注：有时高校的自主命题不会控制难度，本题的四个选项可以作为四个单独的问题，尤其 D 选项难度很大。因此考生在应试时一定要懂得判断取舍，要合理安排，统筹兼顾。

20. 解法一：由熟知的对数不等式，对 $\forall k \in \mathbf{N}_+$，有 $\dfrac{1}{k+1} < \ln\left(1 + \dfrac{1}{k}\right) < \dfrac{1}{k}$，所以

$$S_n < \sum_{k=1}^{n} \ln\left(1 + \frac{1}{n+k-1}\right) = \ln 2n - \ln n = \ln 2，$$

$$S_n > \sum_{k=1}^{n} \ln\left(1 + \frac{1}{n+k}\right) = \ln(2n+1) - \ln(n+1) = \ln\left(2 - \frac{1}{n+1}\right)。$$

由夹逼定理知 $\lim\limits_{n \to \infty} S_n = \ln 2$。

解法二：由定积分定义，S_n 大于 $f(x) = \dfrac{1}{x}$ 在 $[n+1, 2n+1]$ 上与 x 轴围成的面积，小

于 $f(x) = \dfrac{1}{x}$ 在 $[n, 2n]$ 上与 x 轴围成的面积,所以

$$\ln \frac{2n+1}{n+1} = \ln x \mid_{n+1}^{2n+1} = \int_{n+1}^{2n+1} \frac{1}{x}\mathrm{d}x < S_n < \int_{n}^{2n} \frac{1}{x}\mathrm{d}x = \ln x \mid_{n}^{2n} = \ln 2,$$

由夹逼定理知 $\lim\limits_{n \to \infty} S_n = \ln 2$。

评注:注意到 $S_n = 1 - \dfrac{1}{2} + \dfrac{1}{3} - \dfrac{1}{4} + \cdots + \dfrac{1}{2n-1} - \dfrac{1}{2n}$,由本题可得 $\ln 2 = 1 - \dfrac{1}{2} + \dfrac{1}{3} - \dfrac{1}{4} + \cdots$,这就是 $\ln 2$ 的泰勒展开式。事实上,利用欧拉常数,令 $b_n = 1 + \dfrac{1}{2} + \cdots + \dfrac{1}{n} - \ln n$,有 $\lim\limits_{n \to \infty} S_n = \lim\limits_{n \to \infty}(b_{2n} + \ln 2n - b_n - \ln n) = \lim\limits_{n \to \infty}(b_{2n} - b_n + \ln 2) = \gamma - \gamma + \ln 2 = \ln 2$。

第11讲　杂题选讲（平面向量、立体几何、解析几何等）

1. 解析：设 O 为任意一点，则 $\overrightarrow{AD}+\overrightarrow{BC}=\overrightarrow{AO}+\overrightarrow{OD}+\overrightarrow{BO}+\overrightarrow{OC}=\overrightarrow{AC}+\overrightarrow{BD}$，同理 $\overrightarrow{AB}+\overrightarrow{DC}$ $=\overrightarrow{AC}+\overrightarrow{DB}=\overrightarrow{AC}-\overrightarrow{BD}$。故 $(\overrightarrow{AD}+\overrightarrow{BC})\cdot(\overrightarrow{AB}+\overrightarrow{DC})=(\vec{a}+\vec{b})\cdot(\vec{a}-\vec{b})=|\vec{a}|^2-|\vec{b}|^2$。

2. 解析：由皮克定理，多边形面积 $S=8+\dfrac{10}{2}-1=12$。本题应选 C。

    评注：如果不知道皮克定理，考场上应直接利用特殊情形来得出正确选项。

3. 解析：由题意，甲和丙的职业都不是 B，所以乙的职业是 B。而乙（B）年龄比 C 大，比甲小，所以甲的职业是 A，从而丙的职业是 C。综上，本题应选 A。

4. 解析：根据题意，只有一个人做对了，可分别假设甲、乙、丙之一做对，看谁说错了。

    若甲做对了，则只有甲说错，符合题意；

    若乙做对了，则只有乙说错，符合题意；

    若丙做对了，则乙、丙均说错，不符题意。

    综上，无法确定谁做对了。本题应选 D。

5. 解析：由题意可知，小孙借的《红楼梦》在第三层，故 C 正确。小李只能借阅《三国演义》，故 D 正确。《西游记》在第一层，《水浒传》在第二层，或者《水浒传》在第一层，《西游记》在第二层均符合题意，故 AB 错误。本题应选 CD。

6. 解析：如图，因为 $BF_1=BA$，AF_1 的中点为 H，所以 $AF_1\perp BH$，故结论1正确。$\angle F_1BH=\angle ABH$，由椭圆的光学性质知：BH 是椭圆的切线，故结论2也正确。

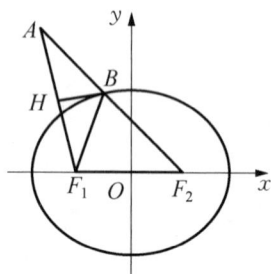
第6题图

7. 点拨：联想我们第1讲集合的容斥原理与伯努利装错信封问题，关键是掌握集合的语言。

    解析：设 D_i 打开对应锁的情形构成集合 A_i，$i=1,2,3$，则 $|A_i|=6!$，$i=1,2,3$；$|A_i\cap A_j|=5!$，$1\leqslant i<j\leqslant 3$；$|A_1\cap A_2\cap A_3|=4!$。$D_1$、$D_2$、$D_3$ 这三把钥匙不能打开对应的锁的情形对应的集合为 $\overline{A_1}\cap\overline{A_2}\cap\overline{A_3}$，由容斥原理，$|\overline{A_1}\cap\overline{A_2}\cap\overline{A_3}|=7!-3\times 6!+3\times 5!-4!$，则所求概率为 $\dfrac{7!-3\times 6!+3\times 5!-4!}{7!}=\dfrac{67}{105}$。

8. 解析：由期望定义，$EY=\left(\dfrac{1}{2}\cdot 1+\dfrac{1}{2^2}\cdot 2+\dfrac{1}{2^3}\cdot 0\right)\cdot\displaystyle\sum_{n=0}^{+\infty}\dfrac{1}{8^n}=\dfrac{1}{1-\dfrac{1}{8}}=\dfrac{8}{7}$。

9. 解析：不妨设 $x_1<x_2<x_3<x_4$，则 $x_2\leqslant x\leqslant x_3$，$x_2\leqslant y\leqslant x_3$。要使 $x>y$，只有 $x=x_3$，$y=x_2$，即 x_1 与 x_2 在一组，x_3 与 x_4 在一组。故

$$P(x>y)=\frac{A_2^2 \cdot A_2^2 \cdot A_2^2}{A_4^4}=\frac{1}{3}。$$

10. 解析:如图,设圆上一点坐标为 $(2\cos\alpha,2\sin\alpha)$,则从该点引出的椭圆切线对应的切点弦方程为 $\dfrac{2\cos\alpha \cdot x}{2}+2\sin\alpha \cdot y=1$,即 $\cos\alpha \cdot x+2\sin\alpha \cdot y=1$。注意到这也是椭圆 $x^2+4y^2=1$ 的切线,且切点为 $\left(\cos\alpha,\dfrac{1}{2}\sin\alpha\right)$。因此,所有切点弦围成的图形为椭圆 $x^2+4y^2=1$,此椭圆内(不含边界)任一点不在任何切点弦上。故所求区域面积为 $\pi\times1\times\dfrac{1}{2}=\dfrac{\pi}{2}$,本题应选 A。

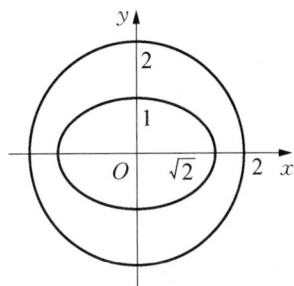

第 10 题图

11. 解析:对于某个给定的数对 (i,j),$1\leqslant i<j\leqslant n$,若 (i,j) 是 a_1,a_2,$\cdots$,a_n 的顺序对,则记 $x_{ij}=1$,否则记 $x_{ij}=0$。对 1,2,$\cdots$,n 的某个排列,将 i 与 j 位置互换,就得到一个新的排列,所以 (i,j) 是 1,2,$\cdots$,n 的 $\dfrac{n!}{2}$ 个排列的顺序对,所以 $E(x_{ij})=\dfrac{1}{2}$。于是

$$E(X)=\sum_{1\leqslant i<j\leqslant n}E(x_{ij})=\frac{1}{2}C_n^2=\frac{n(n-1)}{4}。$$

评注:或者也可类似地定义逆序对,设 Y 为 a_1,a_2,$\cdots$,a_n 的逆序对的个数,显然 $E(X)=E(Y)$,结合 $E(X)+E(Y)=C_n^2$ 同样可以得出答案。

12. 解析:若渐近线斜率存在,设该渐近线为 $y=kx+m$。由本书第 10 讲所介绍的渐近线性质,必有 $\lim\limits_{x\to\infty}\left(\dfrac{x}{\sqrt{3}}+\dfrac{1}{x}-kx-m\right)=0$,故 $k=\dfrac{1}{\sqrt{3}}$,$m=0$。若渐近线斜率不存在,设该渐近线为 $x=n$,则 $x=n$ 与 $f(x)$ 图象无交点,由 $f(x)$ 的定义域知只有 $n=0$。因此 $f(x)$ 的两条渐近线为 $y=\dfrac{x}{\sqrt{3}}$ 及 $x=0$,$f(x)$ 在这两条直线所成的较小的角里。易见两渐近线夹角为 $\dfrac{\pi}{3}$,则离心率 $e=\dfrac{c}{a}=\sqrt{1+\left(\dfrac{b}{a}\right)^2}=\sqrt{1+\left(\tan\dfrac{\pi}{6}\right)^2}=\dfrac{2\sqrt{3}}{3}$。

13. 解析:显然四面体的四个顶点不可能在平面 α 的同一侧,否则这四个顶点共面。故四个顶点分布在 α 两侧。若一侧有一个顶点,另一侧有三个顶点,则平面 α 与四面体的某个面平行,这样的 α 有 4 个。若两侧各有两个顶点,则平面 α 与四面体的一组对棱平行,这样的 α 有 3 个。综上,四面体中位面的个数为 7。

14. 解析:如图,过点 A 作底面 BCD 的垂线 AH,垂足为 H,则 H 为 $\triangle BCD$ 的中心。在

Rt$\triangle ABH$ 中，$AB=6$，$BH=2\sqrt{3}$，所以 $AH=\sqrt{AB^2-BH^2}=2\sqrt{6}$。因为 $AM=5$，所以 AM 是以 AH 为轴线的圆锥的母线，则 $HM=1$，AM 与平面 BCD 所成角为固定值。又由最小角原理，AM 与 BC 所成角 α 的最小值即为 AM 与平面 BCD 所成的角，当且仅当 AM 在平面 BCD 上的投影与 BC 平行时可取最小值，相应的 $\cos\alpha$ 取到最大值。易知最大值为 $\dfrac{HM}{AM}=\dfrac{1}{5}$。

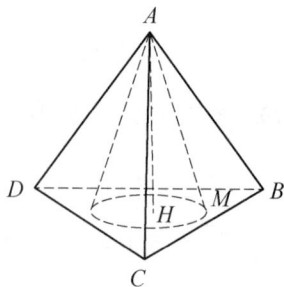

第 14 题图

15. 点拨：先找特殊的点，注意到 D、B_1 到三条棱 A_1D_1、AB、CC_1 的距离都为 1，自然会猜想 B_1D 上任意一点到三条棱的距离都相等。

解析：不妨设正方体棱长为 1。注意到点 D、B_1 到三条棱 A_1D_1、AB、CC_1 的距离都为 1，下面证明 B_1D 上任一点到三条棱的距离都相等。建立如图所示的空间直角坐标系，其中 D 为原点。设 B_1D 上一点 P 坐标为 (a,a,a)，作 $PE\perp$ 平面 A_1D，垂足为 E，再作 $EF\perp A_1D_1$，垂足为 F，则 PF 就是点 P 到直线 A_1D_1 的距离。易知 $E(a,0,a)$，$F(a,0,1)$，所以 $PE=|a|$，$EF=|1-a|$，从而 $PF=\sqrt{a^2+(1-a)^2}$。同理可得，点 P 到直线 AB、CC_1 的距离也是 $\sqrt{a^2+(1-a)^2}$，所以 B_1D 上任一点与正方体 $ABCD$-$A_1B_1C_1D_1$ 的三条棱 A_1D_1、AB、CC_1 所在直线的距离都相等。故本题应选 A。

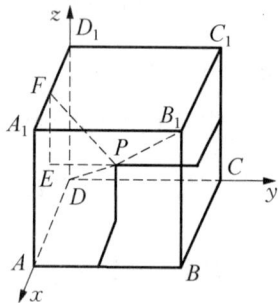

第 15 题图

16. 解析：如图，延长 AO 交 BC 于点 D，设 $\overrightarrow{AD}=\lambda\overrightarrow{AO}=\lambda x\overrightarrow{AB}+\lambda y\overrightarrow{AC}$。因为 B、D、C 三点共线，所以 $\lambda x+\lambda y=1$，即 $x+y=\dfrac{1}{\lambda}=\dfrac{AO}{AD}=\dfrac{AO}{AO+OD}=\dfrac{1}{1+\dfrac{OD}{AO}}$。又由 $\cos\angle BAC=\dfrac{1}{3}$，

得 $\cos\angle OAF=\dfrac{\sqrt{6}}{3}$，$\sin\angle OAF=\dfrac{\sqrt{3}}{3}$，所以 $\dfrac{OE}{OA}=\dfrac{OF}{OA}=\sin\angle OAF=\dfrac{\sqrt{3}}{3}$。而 $OD\geqslant OE$，所以 $\dfrac{OD}{OA}\geqslant\dfrac{OE}{OA}=\dfrac{\sqrt{3}}{3}$，从而

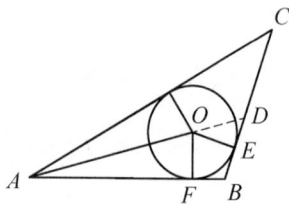

第 16 题图

$x+y\leqslant\dfrac{1}{1+\dfrac{\sqrt{3}}{3}}=\dfrac{3-\sqrt{3}}{2}$，等号成立当且仅当 $OD=OE$，即 $AB=AC$。故 $x+y$ 的最大

值为 $\dfrac{3-\sqrt{3}}{2}$。

17. 解析：如图，注意到直线 $kx-2y-2k+8=0$ 与 $2x+k^2y-4k^2-4=0$ 都过定点 $A(2，4)$。因为 $k>4$，所以 $kx-2y-2k+8=0$ 斜率为 $\dfrac{k}{2}>0$，与 x 轴交于点 $B\left(2-\dfrac{8}{k}，0\right)$，$2x+k^2y-4k^2-4=0$ 斜率为 $-\dfrac{2}{k^2}<0$，与 y 轴交于点 $C\left(0，4+\dfrac{4}{k^2}\right)$。设围成的四边形面积为 S，则

$$S=S_{\triangle ACO}+S_{\triangle ABO}=\dfrac{1}{2}\left(4+\dfrac{4}{k^2}\right)\cdot2+\dfrac{1}{2}\left(2-\dfrac{8}{k}\right)\cdot4$$

$$=\dfrac{4}{k^2}-\dfrac{16}{k}+8=4\left(\dfrac{1}{k}-2\right)^2-8。$$

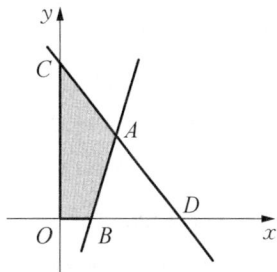

第 17 题图

因为 $k>4$，所以 $\dfrac{1}{k}\in\left(0，\dfrac{1}{4}\right)$，所以 $S\in\left(\dfrac{17}{4}，8\right)$。故所求面积的范围为 $\left(\dfrac{17}{4}，8\right)$。

18. 解析：由勾股定理逆定理知 $\angle ACB=90°$。设点 B 在底面的射影为点 D，则 $V_{B\text{-}ACM}=\dfrac{1}{3}\cdot S_{\triangle ACM}\cdot BD=\dfrac{1}{3}\cdot\dfrac{\sqrt{3}}{4}\cdot BD=\dfrac{\sqrt{2}}{12}$，因此 $BD=\dfrac{\sqrt{6}}{3}$。注意到 $BD<BM\cdot\sin60°=\dfrac{\sqrt{3}}{2}$，因此满足题意的点 B 有两个。下面分情况讨论。

① 二面角 $B\text{-}MC\text{-}A$ 的平面角为钝角。在 $\triangle BDM$ 与 $\triangle BDC$ 中，由勾股定理，得 $DM=\sqrt{BM^2-BD^2}=\dfrac{\sqrt{3}}{3}$，$CD=\sqrt{BC^2-BD^2}=\dfrac{\sqrt{21}}{3}$。在 $\triangle DMC$ 中，由余弦定理，得 $\cos\angle DMC=\dfrac{DM^2+MC^2-CD^2}{2\cdot DM\cdot MC}=-\dfrac{\sqrt{3}}{2}$，所以 $\angle DMC=150°$。则 $\angle AMD=360°-\angle AMC-\angle DMC=150°$。在 $\triangle DMA$ 中，由余弦定理，得 $AD^2=MA^2+MD^2-2\cdot MA\cdot MD\cdot\cos150°=\dfrac{7}{3}$。再由勾股定理，得 $AB=\sqrt{AD^2+BD^2}=\sqrt{3}$。

② 二面角 $B\text{-}MC\text{-}A$ 的平面角为锐角。同理可得 $AB=\sqrt{2}$。

综上，AB 长度可能为 $\sqrt{2}$ 或 $\sqrt{3}$，本题应选 BC。

19. 解析：易知所设空间区域是一个单位半球，问题即求能放进单位半球内的正四面体 $ABCD$ 的棱长最大值。不妨设正四面体的顶点 A 为 z 轴坐标最大的顶点，我们首先考虑底面 $\triangle BCD$ 在平面 xOy 上的情形。此时易得正四面体 $A\text{-}BCD$ 的最大边长为 $\dfrac{\sqrt{6}}{2}$，

高为 1。当底面 $\triangle BCD$ 不在平面 xOy 上时,此时显然有正四面体 $A\text{-}BCD$ 的高 $h < 1$,进而棱长小于 $\dfrac{\sqrt{6}}{2}$。故 d 的最大值为 $\dfrac{\sqrt{6}}{2}$。

20. 解析:如图所示,在 a、b、c 上取三条线段 AB、CC_1、A_1D_1,作一个平行六面体 $ABCD\text{-}A_1B_1C_1D_1$。在 c(直线 A_1D_1)上取一点 P,过直线 a 与点 P 作一个平面 β,平面 β 与 DD_1 交于 Q,与 CC_1 交于 R,则由面面平行的性质定理,得 $QR \parallel a$。于是 PR 不与 a 平行,但 PR 与 a 共面,故 PR 与 a 相交,因此直线 PR 是与 a、b、c 都相交的一条直线。由点 P 的任意性知,与 a、b、c 都相交的直线有无穷多条。

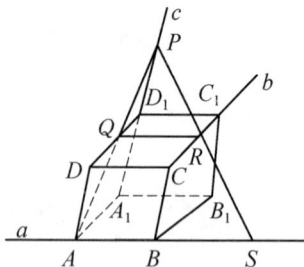

第 20 题图

21. 点拨:研究 P_n 的递推关系即可,通项的求解是基本功。

解析:设初始时球在甲手中,第 n 次传球之后,球又回到甲手中的概率为 P_n,则 $P_0 = 1$ 且 n 次传球传不到甲手上的概率为 $1 - P_n$。考虑第 $n+1$ 次传球时,球回到甲手中的概率 P_{n+1}。显然只可能是第 n 次球传到了其余的 $k-1$ 个人手中然后再传给了甲,据此有 $P_{n+1} = \dfrac{1}{k-1}(1 - P_n)$,$P_0 = 1$。进而 $(1-k)^{n+1}P_{n+1} - (1-k)^n P_n = -(1-k)^n$,累和可得

$$(1-k)^n P_n = \sum_{i=0}^{n-1}\left[(1-k)^{i+1}P_{i+1} - (1-k)^i P_i\right] + P_0$$

$$= -\frac{1-(1-k)^n}{1-(1-k)} + 1 = \frac{(1-k)^n + k - 1}{k},$$

故 $P_n = \dfrac{(1-k)^n + k - 1}{k(1-k)^n} = \dfrac{(k-1)^{n-1} + (-1)^n}{k(k-1)^{n-1}}$。

22. 解析:由对称性,不妨设点 I 在第一象限,记 e 为双曲线的离心率,k_{IA}、k_{IB} 分别表示直线 IA、IB 的斜率,设 $A(x_0,\,y_0)$,$B(-x_0,\,-y_0)$,$I(x_1,\,y_1)$,则

$$\frac{x_0^2}{a^2} - \frac{y_0^2}{b^2} = 1,\ \frac{x_1^2}{a^2} - \frac{y_1^2}{b^2} = 1.$$

两式相减整理可得 $\dfrac{y_1 - y_0}{x_1 - x_0} \cdot \dfrac{y_1 + y_0}{x_1 + x_0} = \dfrac{b^2}{a^2}$,即 $k_{IA} \cdot k_{IB} = \dfrac{b^2}{a^2}$。则 $e = \sqrt{1 + k_{IA} \cdot k_{IB}} = \sqrt{1 - \tan\alpha\tan\beta} = \dfrac{\sqrt{5}}{2}$,所以 $\tan\alpha\tan\beta = -\dfrac{1}{4}$。故 A 正确。

考虑点 I 无限趋于点 B,则 $\dfrac{\alpha}{2} \to 0$,$\dfrac{\beta}{2} \to \dfrac{\pi}{4}$,此时 $\tan\dfrac{\alpha}{2}\tan\dfrac{\beta}{2} \to 0$,从而 $\tan\dfrac{\alpha}{2}\tan\dfrac{\beta}{2}$ 不

可能为定值。故 B 错误。

设 $I(x,y)$，则 $\tan(\alpha+\beta)=\dfrac{\tan\alpha+\tan\beta}{1-\tan\alpha\tan\beta}=\dfrac{4}{5}\cdot\left(\dfrac{y}{x+2}-\dfrac{y}{x-2}\right)=\dfrac{16y}{5(4-x^2)}=-\dfrac{4}{5y}$。

注意到 $S=\dfrac{1}{2}\cdot4\cdot y=2y$，则 $S\cdot\tan(\alpha+\beta)=-\dfrac{8}{5}$。又 $S\cdot\cot(\alpha+\beta)=-\dfrac{5y^2}{2}$ 会随着 y 的取值不断变化，从而 $S\cdot\cot(\alpha+\beta)$ 不可能为定值。故 C 正确，D 错误。

综上，本题应选 AC。

23. 解析：解法一：由题意知 $\langle\vec{a},\vec{b}\rangle=\dfrac{\pi}{4}$。令 $\vec{m}=-\vec{c}$，则 $(\vec{a}-\vec{m})\cdot\left(\dfrac{1}{2}\vec{b}-\vec{m}\right)=0$。如图所示，将 $\vec{a}$、$\vec{b}$ 放入平面直角坐标系，设 $\vec{a}=\overrightarrow{OA}$，$\vec{b}=\overrightarrow{OC}$，$OC$ 中点为 B，则 $A(3,0)$，$B(1,1)$，$C(2,2)$。

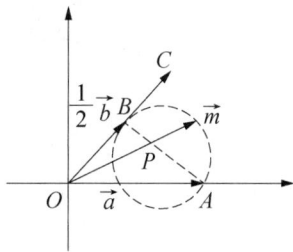

第 23 题图

由图可知，$\vec{m}$ 的终点在以 AB 为直径的圆上，圆心坐标为 $P\left(2,\dfrac{1}{2}\right)$，半径为 $r=\dfrac{1}{2}|AB|=\dfrac{\sqrt{5}}{2}$。故 $|\vec{b}+\vec{c}|=$

$|\vec{b}-\vec{m}|\geqslant|CP|-r=\dfrac{3-\sqrt{5}}{2}$，当且仅当 $\vec{m}$ 的终点是线段 CP 与以 AB 为直径的圆的交点时取等号。所求最小值为 $\dfrac{3-\sqrt{5}}{2}$。

解法二：不妨设 $\vec{a}=(3,0)$，$\vec{b}=(2,2)$，$\vec{c}=(x,y)$。由 $(\vec{a}+\vec{c})\cdot(\vec{b}+2\vec{c})=0$，可得 $2x^2+8x+2y^2+2y+6=0$，即 $(x+2)^2+\left(y+\dfrac{1}{2}\right)^2=\dfrac{5}{4}$。令 $x=-2+\dfrac{\sqrt{5}}{2}\cos\theta$，$y=-\dfrac{1}{2}+\dfrac{\sqrt{5}}{2}\sin\theta$，则 $|\vec{b}+\vec{c}|^2=x^2+y^2+4x+4y+8=-4x-y-3+4x+4y+8=3y+5=\dfrac{7}{2}+\dfrac{3\sqrt{5}}{2}\sin\theta\geqslant\dfrac{7-3\sqrt{5}}{2}=\dfrac{14-6\sqrt{5}}{4}=\left(\dfrac{3-\sqrt{5}}{2}\right)^2$，所以 $|\vec{b}+\vec{c}|\geqslant\dfrac{3-\sqrt{5}}{2}$，当 $\theta=\dfrac{3}{2}\pi$ 时取等号，故所求最小值为 $\dfrac{3-\sqrt{5}}{2}$。

24. 解析：如图，记给定的 5 点分别为 A、B、C、D、E，过其中一个点作另外四点连线的垂线，共有 6 条，所以 5 个点共能产生 30 条垂线。任取 2 条垂线，共有交点 $C_{30}^2=435$ 个。

(1) 由同一顶点出发的 6 条垂线的交点是顶点，有 $5\times C_6^2=75$ 个，应舍去；

(2) 由其中三点，作另外两点连线的垂线时，得到的 3 条垂线是平行的，没有交点，此时共有 $C_5^3=10$ 组 3 条垂线，多算了 $10C_3^2=30$ 个交点，应舍去；

(3) 由 5 个点中的三点构成三角形,此时的垂线有 3 条,且这三条垂线交于一点,即三角形的垂心,此点被多算了 $C_3^2 - 1 = 2$ 次,此种情况共多算了 $2 \times C_5^3 = 20$ 个交点,应舍去;所以至多有 $435 - 75 - 30 - 20 = 310$ 个交点。

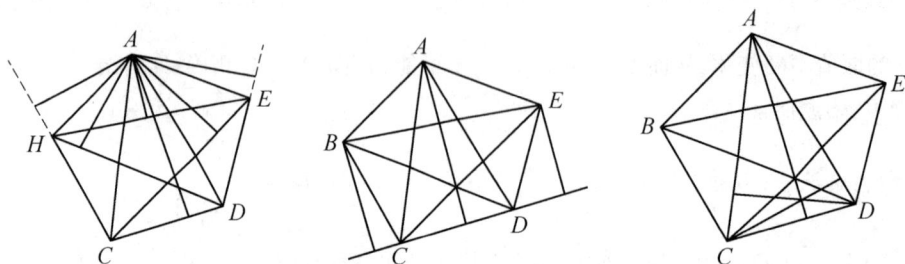

第 24 题图